国家卫生健康委员会"十三五"规划教材

全国中医住院医师规范化培训教材

卫 生 法 规

第 2 版

主 编 周 嘉 信 彬

副主编 赵西巨 刘大华

编 委 （以姓氏笔画为序）

王 洋（黑龙江中医药大学）　　　　　　陈 青（湖南中医药大学第一附属医院）

朱 亮（上海中医药大学附属岳阳中西医　　陈 瑛（上海中医药大学附属曙光医院）
　　　结合医院）　　　　　　　　　　　周 嘉（上海中医药大学附属岳阳中西医

刘大华（湖南中医药大学）　　　　　　　　　　结合医院）

安 琪（山东中医药大学）　　　　　　　赵西巨（山东中医药大学）

李 屹（上海中医药大学）　　　　　　　信 彬（首都医科大学附属北京中医医院）

李 玮（山东中医药大学）　　　　　　　崔 瑾（首都医科大学附属北京中医医院）

张晨曦（首都医科大学附属北京中医医院）　湛 欢（湖南中医药大学）

秘 书 居 丽（上海中医药大学附属岳阳中西医　　张智武（首都医科大学附属北京中医医院）
　　　　结合医院）

人民卫生出版社

图书在版编目（CIP）数据

卫生法规/周嘉,信彬主编. —2 版. —北京：
人民卫生出版社,2021.4
全国中医住院医师规范化培训国家卫生健康委员会规
划教材
ISBN 978-7-117-30116-9

Ⅰ.①卫…　Ⅱ.①周…②信…　Ⅲ.①卫生法－中国
－教材　Ⅳ.①D922.16

中国版本图书馆 CIP 数据核字（2020）第 111726 号

| 人卫智网　www.ipmph.com | 医学教育、学术、考试、健康，购书智慧智能综合服务平台 |
| 人卫官网　www.pmph.com | 人卫官方资讯发布平台 |

卫 生 法 规
第 2 版

主　　编：周　嘉　信　彬
出版发行：人民卫生出版社（中继线 010-59780011）
地　　址：北京市朝阳区潘家园南里 19 号
邮　　编：100021
E - mail：pmph @ pmph.com
购书热线：010-59787592　010-59787584　010-65264830
印　　刷：三河市君旺印务有限公司
经　　销：新华书店
开　　本：787×1092　1/16　印张：17
字　　数：382 千字
版　　次：2015 年 4 月第 1 版　　2021 年 4 月第 2 版
　　　　　2021 年 4 月第 2 版第 1 次印刷（总第 2 次印刷）
标准书号：ISBN 978-7-117-30116-9
定　　价：58.00 元
打击盗版举报电话：010-59787491　E-mail：WQ @ pmph.com
质量问题联系电话：010-59787234　E-mail：zhiliang @ pmph.com

数字增值服务编委会

主　编　周　嘉　信　彬

副主编　赵西巨　刘大华

编　委　（以姓氏笔画为序）

　　　　王　洋（黑龙江中医药大学）

　　　　朱　亮（上海中医药大学附属岳阳中西医结合医院）

　　　　刘大华（湖南中医药大学）

　　　　安　琪（山东中医药大学）

　　　　李　屹（上海中医药大学）

　　　　李　玮（山东中医药大学）

　　　　张晨曦（首都医科大学附属北京中医医院）

　　　　陈　青（湖南中医药大学第一附属医院）

　　　　陈　瑛（上海中医药大学附属曙光医院）

　　　　周　嘉（上海中医药大学附属岳阳中西医结合医院）

　　　　赵西巨（山东中医药大学）

　　　　信　彬（首都医科大学附属北京中医医院）

　　　　崔　瑾（首都医科大学附属北京中医医院）

　　　　湛　欢（湖南中医药大学）

秘　书　居　丽（上海中医药大学附属岳阳中西医结合医院）

　　　　张智武（首都医科大学附属北京中医医院）

3

修 订 说 明

为适应中医住院医师规范化培训快速发展和教材建设的需要,进一步贯彻落实《国务院关于建立全科医生制度的指导意见》《医药卫生中长期人才发展规划(2011—2020年)》和《国家卫生计生委等7部门关于建立住院医师规范化培训制度的指导意见》,按照《国务院关于扶持和促进中医药事业发展的若干意见》要求,规范中医住院医师规范化培训工作,培养合格的中医临床医师队伍,经过对首版教材使用情况的深入调研和充分论证,人民卫生出版社全面启动全国中医住院医师规范化培训第二轮规划教材(国家卫生健康委员会"十三五"规划教材)的修订编写工作。

为做好本套教材的出版工作,人民卫生出版社根据新时代国家对医疗卫生人才培养的要求,成立国家卫生健康委员会第二届全国中医住院医师规范化培训教材评审委员会,以指导和组织教材的修订编写和评审工作,确保教材质量;教材主编、副主编和编委的遴选按照公开、公平、公正的原则,在全国60余家医疗机构近1000位专家和学者申报的基础上,经教材评审委员会审定批准,有500余位专家被聘任为主审、主编、副主编、编委。

本套教材始终贯彻"早临床、多临床、反复临床",处理好"与院校教育、专科医生培训、执业医师资格考试"的对接,实现了"基本理论转变为临床思维、基本知识转变为临床路径、基本技能转变为解决问题的能力"的转变,注重培养医学生解决问题、科研、传承和创新能力,造就医学生"职业素质、道德素质、人文素质",帮助医学生树立"医病、医身、医心"的理念,以适应"医学生"向"临床医生"的顺利转变。

根据该指导思想,本套教材在上版教材的基础上,汲取成果,改进不足,针对目前中医住院医师规范化培训教学工作实际需要,进一步更新知识,创新编写模式,将近几年中医住院医师规范化培训工作的成果充分融入,同时注重中医药特色优势,体现中医思维能力和临床技能的培养,体现医考结合,体现中医药新进展、新方法、新趋势等,并进一步精简教材内容,增加数字资源内容,使教材具有更好的思想性、实用性、新颖性。

本套教材具有以下特色:

1. **定位准确,科学规划** 本套教材共25种。在充分调研全国近200家医疗机构及规范化培训基地的基础上,先后召开多次会议深入调研首版教材的使用情况,并广泛听取了长期从事规培工作人员的意见和建议,围绕中医住院医师规范化培训的目标,分为临床学科(16种)、公共课程(9种)两类。本套教材结合中医临床实际情况,充分考虑各学科内亚专科的培训特点,能够满足不同地区、不同层次的培训要求。

2. **突出技能,注重实用** 本套教材紧扣《中医住院医师规范化培训标准(试行)》要求,将培训标准规定掌握的以及编者认为在临床实践中应该掌握的技能与操作采用"传统"模式编写,重在实用,可操作性强,强调临床技术能力的训练和提高,重点体现中医住院医师规范化培训教育特色。

3. **问题导向,贴近临床** 本套教材的编写模式不同于本科院校教材的传统模式,采用问题导向和案例分析模式,以案例提示各种临床情境,通过问题与思路逐层、逐步分解临床诊疗流程和临证辨治思维,并适时引入、扩展相关的知识点。教材编写注重情境教学方法,根据诊治流程和实际工作中的需要,将相关的医学知识运用到临床,转化为"胜任力",重在培养学员中医临床思维能力和独立的临证思辨能力,为下一阶段专科医师培训打下坚实的基础。

4. **诊疗导图,强化思维** 本套教材设置各病种"诊疗流程图"以归纳总结临床诊疗流程及临证辨治思维,设置"临证要点"以提示学员临床实际工作中的关键点、注意事项等,强化中医临床思维,提高实践能力,体现中医住院医师规范化培训教育特色。

5. **纸数融合,创新形式** 本套教材以纸质教材为载体,设置随文二维码,通过书内二维码融入数字内容,增加视频/微课资源、拓展资料及习题等,使读者阅读纸书时即可学习数字资源,充分发挥富媒体优势和数字化便捷优势,为读者提供优质适用的融合教材。教材编写与教学要求匹配、与岗位需求对接,与中医住院医师规范化培训考核及执业考试接轨,实现了纸数内容融合、服务融合。

6. **规范标准,打造精品** 本套教材以《中医住院医师规范化培训实施办法(试行)》《中医住院医师规范化培训标准(试行)》为编写依据,强调"规范化"和"普适性",力争实现培训过程与内容的统一标准与规范化。其临床流程、思维与诊治均按照各学科临床诊疗指南、临床路径、专家共识及编写专家组一致认可的诊疗规范进行编写。在编写过程中,病种与案例的选择,紧扣标准,体现中医住院医师规范化培训期间分层螺旋、递进上升的培训模式。教材修订出版始终坚持质量控制体系,争取打造一流的、核心的、标准的中医住院医师规范化培训教材。

人民卫生出版社医药卫生规划教材经过长时间的实践和积累,其优良传统在本轮教材修订中得到了很好的传承。在国家卫生健康委员会第二届全国中医住院医师规范化培训教材评审委员会指导下,经过调研会议、论证会议、主编人会议、各专业教材编写会议和审定稿会议,编写人员认真履行编写职责,确保了教材的科学性、先进性和实用性。参编本套教材的各位专家从事中医临床教育工作多年,业务精纯,见解独到。谨此,向有关单位和个人表示衷心的感谢!希望各院校及培训基地在教材使用过程中,及时提出宝贵意见或建议,以便不断修订和完善,为下一轮教材的修订工作奠定坚实的基础。

人民卫生出版社有限公司

2020 年 3 月

国家卫生健康委员会"十三五"规划教材
全国中医住院医师规范化培训
第二轮规划教材书目

序号	教材名称	主编		
1	卫生法规（第2版）	周 嘉	信 彬	
2	全科医学（第2版）	顾 勤	梁永华	
3	医患沟通技巧（第2版）	张 捷	高祥福	
4	中医临床经典概要（第2版）	赵进喜		
5	中医临床思维（第2版）	顾军花		
6	中医内科学·呼吸分册	王玉光	史锁芳	
7	中医内科学·心血管分册	方祝元	吴 伟	
8	中医内科学·消化分册	高月求	黄穗平	
9	中医内科学·肾病与内分泌分册	倪 青	邓跃毅	
10	中医内科学·神经内科分册	高 颖	杨文明	
11	中医内科学·肿瘤分册	李和根	吴万垠	
12	中医内科学·风湿分册	刘 维	茅建春	
13	中医内科学·急诊分册	方邦江	张忠德	
14	中医外科学（第2版）	刘 胜		
15	中医皮肤科学	陈达灿	曲剑华	
16	中医妇科学（第2版）	梁雪芳	徐莲薇	刘雁峰
17	中医儿科学（第2版）	许 华	肖 臻	李新民
18	中医五官科学（第2版）	彭清华	忻耀杰	
19	中医骨伤科学（第2版）	詹红生	冷向阳	谭明生
20	针灸学	赵吉平	符文彬	
21	推拿学	房 敏		
22	传染病防治（第2版）	周 华	徐春军	
23	临床综合诊断技术（第2版）	王肖龙	赵 萍	
24	临床综合基本技能（第2版）	李 雁	潘 涛	
25	临床常用方剂与中成药	翟华强	王燕平	

国家卫生健康委员会
第二届全国中医住院医师规范化培训教材
评审委员会名单

前　言

为深入实施《国家中长期教育改革和发展规划纲要（2010—2020 年）》和国务院《关于建立住院医师规范化培训制度的指导意见》，全面实施以"5＋3"为主体的临床医学人才培养体系，培养高素质、高水平、应用型的中医药临床人才，以适应我国医疗卫生体制改革和发展的需要，更好地服务于人民群众提高健康水平的需求，在国家卫生健康委员会和国家中医药管理局的指导下，组织和规划了中医住院医师规范化培训国家卫生健康委员会"十三五"规划教材的编写工作。

卫生法规是住院医师规范化培训的重要课程之一，该书根据国家公共卫生服务体系、医疗服务体系、医疗保障体系和药品保障体系的相关法律法规知识，系统介绍卫生法、医务人员执业法律制度、药品管理法律制度、公共卫生法律制度、医疗事故处理法律制度、中医药法律制度、血液管理法律制度、母婴保健法律制度、职业病防治法律制度等法律和行政规章制度。

随着我国卫生体制改革的不断深入，对于卫生法制建设提出了更多、更新、更高的要求。本教材与住院医师规范化培训特色相结合，内容上将法律知识与临床紧密结合，重点突出我国卫生法制建设的进展与国家卫生法律知识，力求反映我国卫生法制建设的新进展和卫生法学研究的新成果。经反复思考，对原有教材结构、布局、内容，做了适当调整，例如增加《医疗纠纷预防和处理条例》《中医药法》《精神卫生法》等相关内容，让住院医师掌握最新国家法律、行业法规，成为知法、懂法、守法、用法的高素质人才，提高法律素养和意识，根本上改善医疗法制环境，促进医疗卫生事业的发展。

本教材的编写团队集中了全国高水平中医医院从事临床教学和研究的专家、教师以及高水平医科大学从事卫生法学教学和研究的专家、教师，编写团队的构建上充分体现了理论与实践相结合的培养特色。教材编写的框架、体例、思路等在主编周嘉和信彬的主持和协调下经大家共同讨论而成。本教材编写过程中坚持"治病救人"的原则，以保障各类人群生命健康合法权益为主旨；编写内容上满足住院医师的临床需求，将基本概念和专业法规相结合，同时包含医学科学发展引起的法律问题与相关法律法规；编写体例上理论结合实践，通过实际案例分析给出可供参考的解决方案，从而使本教材具有理论性、科学性和实用性等特点。

　　本教材具体章节的编写工作分配如下：绪论由赵西巨、李玮、安琪编写，第一章临床医务人员执业法律制度由赵西巨、李玮、安琪编写，第二章医疗机构及医疗技术管理法律制度由赵西巨、李玮、安琪编写，第三章药品管理法律制度由周嘉、李屹、陈瑛编写，第四章公共卫生法律制度由周嘉、朱亮编写，第五章医疗纠纷预防与处理法律制度由刘大华、陈青、湛欢编写，第六章中医药法律制度由信彬、张晨曦、崔瑾编写，第七章其他相关卫生法律制度由信彬、张晨曦、崔瑾编写，第八章医学发展与法律由周嘉、王洋编写。

　　本教材在编写过程中得到人民卫生出版社、上海中医药大学、上海中医药大学附属岳阳中西医结合医院、首都医科大学附属北京中医医院的相关领导和老师们的大力支持和帮助，在此表示感谢！感谢各位主编、副主编、编委所在院校相关领导的支持！感谢本教材编写团队所有成员的辛勤付出！由于编者的能力和水平有限，如有错误和不当之处，希望同行和广大读者批评指正。

《卫生法规》编委会

2020 年 3 月

目　录

绪 论

PPT 课件

绪论PPT

培训目标

1. 明确《卫生法规》培训的功能。
2. 掌握学习《卫生法规》的方法。
3. 为具体卫生法规的学习指明方向。

一、《卫生法规》的地位和功能

为了深入实施《国家中长期教育改革和发展规范纲要（2010—2020 年）》和《中共中央国务院关于深化医药卫生体制改革的意见》，贯彻落实教育部、原卫生部（卫生部现为国家卫生健康委员会）联合召开的第二次全国医学教育改革工作会议精神，全面实施以"5+3"为主体的临床医学人才培养体系，培养高素质、高水平、应用型的医学人才，人民卫生出版社组织编写中医住院医师规范化培训国家卫生健康委员会"十三五"规范教材。《卫生法规》作为该系列教材之一，主要是在本科阶段卫生法规教育的基础上，结合中医住院医师工作的实际情况，有针对性地讲述实际工作过程中可能遇到的卫生法律问题，通过案例分析对临床工作中出现的纠纷进行法理分析，结合我国卫生法律的规定给出可供参考的解决方案。

（一）《卫生法规》在中医住院医师规范化培训教材中的地位

中医住院医师规范化培训国家卫生健康委员会"十三五"规范教材是在中医、中西医结合专业本科、研究生教育的基础上为完善其职业人格和提高其临床执业水平而编写的一套培训教材。《卫生法规》作为完善中医住院医师职业人格的培训教材之一，主要是通过对我国卫生法律法规的培训使中医、中西医结合类住院医师树立依法行医意识，明确自己在执业过程中的权利、义务和责任，实现从"医匠"到自觉依照规范执业的"医师"的转变。中医、中西医结合类住院医师通过《卫生法规》的学习能最大限度地明确执业规范，规避执业风险，知道执业的哪些环节是最易出现问题的，应如何预防问题出现，出现问题应如何去应对，从而做到理性执业、自信执业，成为适应时代要求的称职医师。

（二）《卫生法规》在中医住院医师规范化培训教材中的功能

1. 深化认识的功能　本科阶段的卫生法规教育，由于学生缺乏医疗临床的实际经验，对我国卫生法规的学习主要停留在书本上的认识和了解阶段，并没有具体的实践感受。而中医住院医师已实际从事医疗临床工作，在充分了解中医、中西医结合类医疗临床全过程的基础上，对中医、中西医结合类诊疗护理过程中的卫生法律规范和可能出现的卫生法律问题有了切实的体会。通过《卫生法规》课的培训可以加深中医住院医师对卫生法律规范的进一步掌握，提高遵守卫生法律规范的自觉性；通过对实际案例的全面、细致的分析，提高防范和解决卫生法律问题的能力。

2. 防范和化解执业风险的功能　市场经济的主要特点就是利益的多元化和利益主体的多元化。但是，由于存在利益的有限性和人类欲望的无限性之间的基本矛盾，在法律关系的产生、变更和终止的过程中法律关系主体存在不同的认识是在所难免的。中医住院医师在执业的过程中与患者或患者家属对治疗结果出现不同的认识也是很正常的。我国的卫生法律、法规正是理性和公正地平衡医患双方权利义务的准则。通过《卫生法规》课的培训，我们的中医住院医师就能清楚地明白自己在执业过程中应遵守的卫生法律规范，从而最大限度地防范医疗风险；出现医疗纠纷后也能清楚地明确自己在该事件中的责任，从而积极配合医疗机构和患方有效解决医疗纠纷。住院医师真诚、理智的解决纠纷的态度也能获得患者和患者家属的理解和谅解。

3. 强化"社会人"的功能　中医住院医师刚刚走向专业工作岗位，容易缺乏遵守行为规范的自觉性和独立承担、勇于承担责任的意识。而遵守行为规范和独立承担、勇于承担责任，是对一个"社会人"的基本要求。通过卫生法规课的培训使中医、中西医结合类住院医师明确自己在诊疗护理过程中的权利、义务、法律责任，提高自己作为"社会人"的角色定位，依法从事诊疗护理工作，以一个合格的"社会人"的形象取信于患者和患者家属。

4. 提高人文素质的功能　我国的医学院校特别是中医类院校大多是专业型院校，在本科教育阶段缺乏人文教育的环境和有针对性的人文课程教育。纵观多年来我国出现的医疗纠纷，其中很大一部分是由于医生缺乏与患者有效的沟通而产生的，我们的医生只看到了"病"，而没有看到生病的"人"，缺乏与患者和患者家属有效沟通的基本素质和技巧，使得医患之间的基本信任丧失殆尽。没有诚信的医患关系，双方的利益就无法实现有效的平衡，所以医疗纠纷层出不穷。通过卫生法规课的培训可以使中医、中西医结合类住院医师树立法治理念、权利义务观念、法律责任意识，结合职业道德的修养，在提高自我保护能力的同时有效地为患者服务，从而形成有中国特色的和谐的医患关系。

二、卫生法规课程的主要内容和讲述方法

（一）卫生法规课程的主要内容

《卫生法规》教材是针对中医住院医师执业培训所编写的教材。它不是我国现行卫生法律、法规的罗列，也不是对卫生法律、法规的解释，而是对中医住院医师在执业全过程可能遇到的卫生法律问题依据法学理论进行有针对性的、重点的剖析和论

证，并结合对实际案例的深入分析来提高中医、中西医结合类住院医师应对和解决医疗纠纷的能力。为此，我们选择了以下卫生法律、法规进行重点讲述：

第一章"临床医务人员执业法律制度"：主要从国家对中医住院医师的管理和中医住院医师的权利义务以及执业规范的角度来剖析临床医务人员执业法律制度。

第二章"医疗机构及医疗技术管理法律制度"：主要讲述医疗机构的准入和行为规范以及医疗技术的分级管理和临床应用。

第三章"药品管理法律制度"：从中医住院医师临床用药的角度讲述药品管理的规范。

第四章"公共卫生法律制度"：从中医住院医师如何应对传染病和突发公共卫生事件的角度讲述传染病防治规范和突发公共卫生事件的处置规范。

第五章"医疗纠纷预防与处理法律制度"：不仅关注医疗纠纷的预防和处理原则，而且关注医疗纠纷预防和处理的具体法律制度和规范，让医疗从业人员知晓规则和程序及其背后法理，为化解和有效处置医疗纠纷助力。从卫生行政管理和医院管理的角度讲述中医住院医师针对医疗事故的预防和处置。从医院管理和维护医务人员合法权益的角度全面分析如何应对和处理医疗侵权纠纷。

第六章"中医药法律制度"：全面分析我国对中医、中西医结合、中药的管理规范，使中医住院医师明确自己的职业特点和行为规范。

第七章"其他相关卫生法律制度"：对与中医住院医师执业相关的血液管理、母婴保健、职业病防治和精神卫生等法律规范进行有针对性的解读。

第八章"医学发展与法律"：对科学技术和医学技术发展引发的法律问题进行介绍和分析，启发中医住院医师的思维。

（二）卫生法规课程的讲述方法

1．不求全面但求实效　本书并不是对有关的卫生法律法规进行全面的解读，而是针对中医住院医师在执业过程中可能遇到或经常遇到的卫生法律法规的问题进行解读，结合实际案例分析判断，并提出切实可行的解决方案。当中医住院医师遇到与卫生法律法规相关的问题时，能够在本书中找到答案，并针对发生的问题做出可行的处置方法，以增强实效。

2．依据法学理论分析卫生法律问题　本书对卫生法律规范的分析不是简单的字面解释，也不是孤立的、片面的解释，而是在剖析该卫生法律立法目的基础上，运用法学理论和卫生法学理论探求该卫生法律规范的真意，使中医、中西医结合类住院医师在正确理解该卫生法律规范的基础上形成依法执业的自觉性，即达到守法的高级状态——守法主体不论是外在的行为，还是内在动机都符合法的精神和要求，严格履行法律义务，充分行使法律权利，从而真正实现法律调整的目的。

3．结合案例分析问题　考虑到中医住院医师平时临床工作繁重，故在编写本教材时注重采用平实、易懂的语言，以临床中实际出现的案例引出卫生法律问题，使中医、中西医结合类住院医师有直观的感受，并能够在教材中找到解决问题的方法，使该教材既像一本工具书，又像是住院医师忠实的朋友，能够在遇到困难时提供切实可行的解决方案。

三、如何学习卫生法规

卫生法规是对我国卫生法律法规的统称。自改革开放以来，我国的卫生立法取得了可喜的进步，基本形成了有中国特色的社会主义卫生法律体系。但仍然存在很多问题：法律有限、法规众多；法律、法规内容冲突；部门立法为主，专家立法有限；适应社会主义市场经济的卫生法律不足，含有计划经济内容的法律仍然存在；卫生法学的理论水平有限，导致卫生立法缺乏统筹安排和理论指导；未建立相对稳定和规范的卫生体制等等。因此，中医住院医师在学习卫生法规时应注意以下几点：

（一）时刻牢记卫生事业的公益性

卫生事业的公益性贯穿于卫生立法、执法、司法的全过程。比如，法律法规规定：医疗机构对危重病人应当立即抢救。对限于设备或者技术条件不能诊治的病人，应当及时转诊。医疗机构必须承担相应的预防保健工作，承担县级以上人民政府卫生行政部门委托的支援农村、指导基层医疗卫生工作等任务。当发生重大灾害、事故、疾病流行或者其他意外情况时，医疗机构及其卫生技术人员必须服从县级以上人民政府卫生行政部门的调遣。这些规定充分体现了卫生事业的公益性。

《中共中央国务院关于深化医药卫生体制改革的意见》明确提出，"坚持以人为本，把维护人民健康权益放在第一位。坚持医药卫生事业为人民健康服务的宗旨，以保障人民健康为中心，以人人享有基本医疗卫生服务为根本出发点和落脚点，从改革方案设计、卫生制度建立到服务体系建设都要遵循公益性的原则，着力解决群众反映强烈的突出问题，努力实现全体人民病有所医。坚持立足国情，建立中国特色的医药卫生体制。"

卫生法所调整的卫生法律关系，体现的是以实现"公益性"为目的的社会资源的二次分配，因此卫生市场主体的权利、义务的设定必须全面贯彻"卫生事业公益性"的要求。《医疗事故处理条例》和《中华人民共和国侵权责任法》所设定的医疗机构的免责条款也有别于以盈利为目的的法律关系主体的法律责任。这些年来出现的医疗机构拒绝收治病人、医疗侵权中将医疗机构的责任无限化、将医患关系等同于消费关系、在医疗侵权中对医疗机构实行惩罚性赔偿、医疗机构内部以利益为先的绩效考核、医疗机构和医生对患者实行的防御性治疗等现象和做法都违背了卫生立法的本意和卫生事业公益性的原则。中医住院医师学习卫生法规必须时刻牢记卫生事业的公益性，只有这样才能正确理解和掌握我国卫生法律法规所规定的医疗主体的权利、义务和责任，成为善于主张权利、积极履行义务、勇于承担责任的模范。

（二）遵守行为规范比解决纠纷更重要

中医住院医师只有正确理解我国卫生法律法规所规定的卫生法律规范以及这些卫生法律规范与自己利益的密切关系才能形成自觉遵守卫生法律的意识，最大限度地防范和减少医疗纠纷的发生。法律制定的主要目的在于为法律关系主体设定体现国家意志的权利义务，只有对侵犯法律关系主体的权利和违反法律义务的才设定法律责任予以救济，通过救济恢复法律所设定的权利和义务。中医住院医师通过学习卫生法规能够明确：遵守行为规范比解决纠纷更重要。卫生法律所设定的卫生法律规范体现了国家、社会和个人利益的有效平衡，只有依法行医才能有效防范和化解医疗风险。《孙子兵法》云"知己知彼，百战不殆"，然而我们的医疗机构及其医务人员在

面对医疗风险时主要输在了"不知己"的情况,例如:医疗机构哪些信息应予公开、向谁公开、如何公开;医疗机构的行为规范哪些符合法律的规定,哪些不符合法律的规定;医务人员的诊疗护理操作规程是否符合技术规范和法律规范等。而我国现行的医疗纠纷的处理机制又主要是由医疗机构提供证据,《最高人民法院关于适用〈中华人民共和国民事诉讼法〉的解释》第九十条规定:当事人对自己提出的诉讼请求所依据的事实或者反驳对方诉讼请求所依据的事实,应当提供证据加以证明,但法律另有规定的除外。现实的情况是我们的医疗机构面对医疗纠纷无法举出证据或者无法有效举出证据,究其原因不是我们的医疗机构真的做错了,而是在"不知己"的情况下缺乏提供和利用证据的基本素质。如果我们的医疗机构及其医务人员能够明白遵守行为规范比解决纠纷更重要这一点,就能自信执业,从容面对医疗纠纷。

（三）以培训作为指导形成自学意识

卫生法律法规本身是不断变动和更新的。中医住院医师规范化培训国家卫生健康委员会"十三五"规划教材只是相对固化的教材,中医住院医师有着本科或研究生阶段打下的比较扎实的理论功底,完全具备自学的条件。培训的目的主要在于为中医住院医师指明深化学习的方向和应予完善的知识点,以及理论转化为临床的实务操作技巧。卫生法规作为非技术类课程,中医住院医师可以在培训老师的指导下结合临床实务自学。自学过程中注意以下几点:

1. 带着问题去学　带着问题学既能提高学习的兴趣,又能深化对该问题的认识。中医住院医师学习卫生法规是比较枯燥的,只有从对自身有用的角度入手学习才能提高学习的兴趣,在兴趣的引领下才能深化对有关卫生法律问题的认识。

2. 结合自己临床工作的特点去学　临床工作千差万别,自己所从事的临床工作有什么特点,和别的临床工作有什么差异,在自己所从事的临床工作中最容易出现问题的环节在哪里,哪些是诊疗护理过程中应保留的证据,自己所从事的诊疗护理工作可能还有哪些管理或技术上的不足,这些都是需要留心观察和归纳总结的问题。通过培训和学习,医疗从业人员可以形成对自己所从事的临床工作的行为规范,以及防范和化解医疗风险的方法的认知。

3. 从完善医生职业人格的角度去学　世界卫生组织关于"健康"的定义是:"健康乃是一种在身体上、精神上的完满状态,以及良好的适应力,而不仅仅是没有疾病和衰弱的状态。"健康就是人们所指的身心健康,也就是说,一个人在躯体、心理、社会适应力和道德四方面都健全,才是真正健康的人。世界卫生组织关于"健康"的定义不仅颠覆了人们传统的"健康"观念,同时极大地促进了诊疗护理观念的变革。医生的使命不仅仅是救死扶伤,而是要由被动医疗向主动医疗转变,如建立全国联网的公民健康档案和医疗档案等;随着生物技术、基因技术的发展,积极探索治疗疾病的新观念和新方法;从患者个体的差异出发提出科学的保健方案;培育公民的养生理念,研究养生的途径和方法;培养公民良好的健康意识和健康习惯等,为世界文明的发展作贡献。因此,对于什么样的医生才是合格的医生这个问题,在新的历史条件下必须重新进行诠释。我们的中医、中西医结合类住院医师必须适应新时代对医疗卫生的要求,通过理论学习和临床实践去塑造自己的职业人格,成为新时代合格的医生。

（赵西巨　李　玮　安　琪）

第一章

临床医务人员执业法律制度

培训目标

1. 掌握执业医师资格考试与注册制度，执业医师的权利和义务以及执业规则。

2. 熟悉执业医师的考核与培训制度，医师多点执业制度。

3. 掌握护士执业注册制度、护士的权利与义务。

4. 熟悉违反《执业医师法》《护士条例》的法律责任。

第一节　执业医师法律制度

一、医师资格考试与注册制度

（一）概述

为加强执业医师队伍建设，提高医师的职业道德和业务素养，保障医师的合法权益，保护人民健康，1998 年 6 月 26 日，第九届全国人大常委会第三次会议通过《中华人民共和国执业医师法》（以下简称《执业医师法》），自 1999 年 5 月 1 日起施行。为了贯彻实施《执业医师法》，1999 年卫生部成立了卫生部医师资格考试委员会，并发布了《医师资格考试暂行办法》《医师执业注册管理办法》《医师定期考核管理办法》《关于医师执业注册中执业范围的暂行规定》《医师外出会诊管理暂行规定》《传统医学师承和确有专长人员医师资格考核考试办法》等配套规定。2017 年 7 月 31 日经国家卫生计生委通过的《中医医术确有专长人员医师资格考核注册管理暂行办法》，自 2017 年 12 月 20 日起施行，对中医类别确有专长人员医师资格考核注册管理工作进一步做了规定。

2003 年 8 月，国务院颁布《乡村医生从业管理条例》，自 2004 年 1 月 1 日起施行。尚未取得执业医师资格或者执业助理医师资格，经注册在村医疗卫生机构从事预防、保健和一般医疗服务的乡村医生，适用于《乡村医生从业管理条例》；但自该条例公布

之日即 2003 年 8 月 5 日起进入村医疗卫生机构从事预防、保健和医疗服务的人员，应当具备执业医师资格或者执业助理医师资格；不具备此条件的地区，根据实际需要，可以允许具有中等医学专业学历的人员，或者经培训达到中等医学专业水平的其他人员申请执业注册，进入村医疗卫生机构执业。具体办法由省、自治区、直辖市人民政府制定。

《执业医师法》是调整医师资格考试、执业注册和执业活动中产生的各种社会关系的法律规范。医师是指依法取得执业医师资格或者执业助理医师资格，经注册取得医师执业证书，在医疗、预防、保健机构中从事相应医疗、预防、保健业务的专业医务人员。《执业医师法》中所称的医师，包括执业医师和执业助理医师。

（二）医师资格考试制度

医师资格是指从事医师职业所应具备的学识、技术和能力的必备条件和身份。医师资格考试是评价申请医师资格者是否具备执业所必需的专业知识与技能的考试。

《执业医师法》规定，国家实行医师资格考试制度；医师资格统一考试的办法，由国务院卫生行政部门制定，由省级以上人民政府卫生行政部门组织实施。

1. 医师资格考试类别　医师资格考试分为执业医师资格考试和助理执业医师资格考试。考试类别分为临床、中医（包括中医、民族医、中西医结合）、口腔、公共卫生四类。考试方式分为实践技能考试和医学综合笔试。医师资格考试实行国家统一考试，每年举行一次。2019 年，天津、吉林、上海、江苏（新增）、福建、湖南（新增）、广东（新增）、广西、海南、贵州、云南、宁夏（新增）12 个地区开展临床执业医师、临床助理医师、具有规定学历的中医执业医师、具有规定学历的中医助理医师医学综合笔试"一年两试"试点。考试时间由国家卫生健康委员会医师资格考试委员会办公室确定。

2. 医师资格考试条件　根据《执业医师法》《医师资格考试暂行办法》《传统医学师承和确有专长人员医师资格考核考试办法》及《医师资格考试报名资格规定（2014 版）》的相关规定，医师资格考试条件规定如下：

（1）医师资格考试报考人员应按本人取得学历的医学专业和与之相一致的试用期合格证明报考相应类别的医师资格，医学成人学历教育不作为执业医师资格考试的依据；但 2002 年 10 月 31 日前，成人高等教育、自学考试、各类高等学校远程教育的医学类专业，该学历作为报考相应类别的医师资格的学历依据。

（2）参加执业医师资格考试的条件：具有高等学校医学专业本科以上学历，在执业医师指导下，在医疗、预防或者保健机构中试用期满 1 年的；取得执业助理医师执业证书后，具有高等学校医学专科学历，在医疗、预防或者保健机构中工作满 2 年的；取得执业助理医师执业证书后，具有中等专业学校医学专业学历，在医疗、预防或者保健机构中工作满 5 年的；取得临床医学（含中医、中西医结合）、口腔医学、公共卫生专业学位研究生学历的。

（3）参加助理执业医师资格考试的条件：具有高等学校医学专科学历或者中等专业学校医学专业学历，在执业医师指导下，在医疗、预防或者保健机构中试用期满一年的，可以申请参加助理执业医师资格考试。

（4）传统医学师承和确有专长人员医师资格考试条件：师承和确有专长人员取

得《传统医学师承出师证书》或《传统医学医术确有专长证书》后，在执业医师指导下，在授予《传统医学师承出师证书》或《传统医学医术确有专长证书》的省（自治区、直辖市）内的医疗机构中试用期满1年并考核合格，可以申请参加执业助理医师资格考试；师承和确有专长人员取得执业助理医师执业证书后，在医疗机构中从事传统医学医疗工作满5年，可以申请参加执业医师资格考试。传统医学师承和确有专长人员取得执业助理医师执业证书后，取得国务院教育行政部门认可的成人高等教育中医类医学专业专科以上学历，其执业时间和取得成人高等教育学历时间符合规定的，可以报考具有规定学历的中医类别相应的执业医师资格。

（5）中医（专长）医师参加医师资格考试的条件：中医（专长）医师通过学历教育取得省级以上教育行政部门认可的中医专业学历的，或者执业时间满五年、期间无不良执业记录的，可以申请参加中医类别执业医师资格考试。

（6）已获得临床执业医师资格的人员，取得省级以上教育行政部门认可的中医专业学历或者脱产两年以上系统学习中医药专业知识并获得省级中医药管理部门认可，或者参加省级中医药行政部门批准举办的西医学习中医培训班，并完成了规定课程学习，取得相应证书的，可以申请参加中西医结合执业医师资格考试。

已获得临床执业助理医师资格的人员，取得省级以上教育行政部门认可的中医专业学历或者脱产两年以上系统学习中医药专业知识并获得省级中医药管理部门认可，或者参加省级中医药行政部门批准举办的西医学习中医培训班，并完成了规定课程学习，取得相应证书的，可以申请参加中西医结合执业助理医师资格考试。

（7）经注册在村医疗卫生机构从事预防、保健和一般医疗服务的乡村医生，符合《执业医师法》的有关规定条件，也可以申请参加国家医师资格考试。

（8）在军队（含武警、公安边防、消防、警卫部队）所属医疗、预防、保健机构中工作，符合报名条件的现役人员按照属地管理原则，到驻地附近考点办公室报名，并参加相应考试。

经军队主管部门批准有资格开展对社会服务的军队医院聘用或试用的非现役人员持所在军队医院出具的试用期合格证明可以报名参加医师资格考试。

（9）境外人员在中国境内申请医师考试（包括注册、执业或者从事临床示教、临床研究等活动），按照国家有关规定办理。

有下列情形之一的，不予受理医师资格考试报名：①卫生职业高中毕业生；②基础医学类、法医学类、护理学类、辅助医疗类、医学技术类等相关医学类和药学类、医学管理类毕业生；③医学专业毕业，但教学大纲和专业培养方向或毕业证书注明为非医学方向的；④非现役人员持有资格开展对社会服务的军队医院以外的军队医疗、预防、保健机构出具的试用期合格证明报考或在军队报名参加医师资格考试的，不予受理医师资格考试报名；⑤现役军人持地方医疗、预防、保健机构出具的试用期证明报考的；⑥持《专业证书》或《学业证书》报名参加医师资格考试的；⑦1999年1月1日以后入学的卫生职工中等专业学校的学生毕业后报考执业助理医师资格考试的。

参加全国统一执业医师资格考试或者执业助理医师资格考试，成绩合格的，即授予执业医师资格或执业助理医师资格，并由省级卫生行政部门颁发卫生部统一印制的《医师资格证书》。医师资格一经合法取得，就不得非法剥夺。

☰ 知识拓展

中医医师资格管理双轨制

为进一步解决此类人员的医师资格问题，发挥他们的积极作用，引导和规范他们更好地提供中医药服务，《中华人民共和国中医药法》（简称《中医药法》）在《执业医师法》规定的基础上，作了进一步改革完善，确立了通过考核方式取得中医医师资格的制度。

《中华人民共和国中医药法》第十五条第一款对中医医师资格管理做了原则性规定。

一是从事中医医疗活动的人员应当依照《执业医师法》的规定，通过中医医师资格考试取得中医医师资格，并进行执业注册。根据《执业医师法》的规定，医师包括执业医师和执业助理医师。国家实行医师资格考试制度和医师执业注册制度。

二是中医医师资格考试的内容应当体现中医药特点。在《中医药法》立法过程中，有的意见提出，中医药有其独特的理论和技术方法，中医医师资格考试的内容应当体现中医药特点，避免西医化。根据这一意见，《中医药法》增加相应规定，强调中医医师资格考试的内容应当体现中医药特点。

《中华人民共和国中医药法》第十五条第二款对以师承方式学习中医或者经多年实践，医术确有专长的人员的资格管理做了特别规定。

根据该款规定，一是以师承方式学习中医或者经多年实践，医术确有专长的人员，由至少两名中医医师推荐，经省、自治区、直辖市人民政府中医药主管部门组织实践技能和效果考核合格后，即可取得中医医师资格。

制定本款规定的初衷是为解决此类人员合法行医资格问题，更好地为当地群众提供中医药服务，此类人员可以通过考核的方式，而无需通过国家统一考试即可取得医师资格，这是对本条第一款的例外规定。

二是此类人员取得中医医师资格并按照考核内容进行执业注册后，即可在注册的执业范围内，以个人开业的方式或者在医疗机构内从事中医医疗活动。这里强调，此类人员应当按照考核的内容，即一定的专长，进行执业注册，并在注册的执业范围内开展执业活动。例如，考核的是中医正骨，就只能注册中医正骨，不得超出考核范围进行注册和执业。

此外，根据《执业医师法》的规定，申请个体行医的执业医师，须经注册后在医疗、预防、保健机构中执业满五年。根据《中华人民共和国中医药法》第十五条第二款规定，此类人员按照考核内容进行执业注册后，即可以个人开业的方式从事中医医疗活动，无需在医疗、预防、保健机构中执业满五年。

（三）医师执业注册制度

医师执业注册是指对具备医师资格者进行执业活动的管理。《执业医师法》规定，国家实行医师执业注册制度。国务院卫生行政部门负责全国医师执业注册监督管理工作，县级以上地方卫生行政部门是医师执业注册的主管部门，负责本行政区域内

的医师执业注册监督管理工作。医师资格考试成绩合格取得执业医师资格或执业助理医师资格后,申请人即可向所在地县级以上人民政府卫生行政部门申请医师执业注册。

《医师执业证书》是证明医师取得执业许可的法律文件。未经注册取得《医师执业证书》者,不得从事医疗、预防、保健活动。医师经注册取得《医师执业证书》后,方可在医疗、预防、保健机构中按照注册的执业地点、执业类别、执业范围从事相应的医疗、预防、保健业务。其中,执业地点是指医师执业的医疗、预防、保健机构及其登记注册的地址。执业类别是指医师从事医疗、预防、保健中哪类执业活动。执业范围是指医师执业的具体诊疗科目,包括内科、外科、儿科等《医疗机构诊疗科目名录》中的各类科目。

1. 医师执业注册类别与范围   根据《医师执业注册管理办法(2017)》《关于医师执业注册中执业范围的暂行规定(2001年)》以及《卫生部关于修订口腔类别医师执业范围的通知(2006年)》的相关规定,医师执业注册类别分临床、中医(包括中医、民族医和中西医结合)、口腔、公共卫生。

(1)临床类别医师执业范围:包括内科专业,外科专业,妇产科专业,儿科专业,眼耳鼻咽喉科专业,皮肤病与性病专业,精神卫生专业,职业病专业,医学影像和放射治疗专业,医学检验、病理专业,全科医学专业,急救医学专业,康复医学专业,预防保健专业,特种医学与军事医学专业,计划生育技术服务专业,省级以上卫生行政部门规定的其他专业。

(2)口腔类别医师执业范围:包括口腔专业、口腔麻醉专业、口腔病理专业、口腔影像专业、省级以上卫生行政部门规定的其他专业。

(3)公共卫生医师执业范围:包括公共卫生类别专业、省级以上卫生行政部门规定的其他专业。

(4)中医类别(包括中医、民族医、中西医结合)医师执业范围:包括中医专业、中西医结合专业、蒙医专业、藏医专业、维医专业、傣医专业、全科医学专业,省级以上卫生行政部门规定的其他专业。

(5)根据国家有关规定,取得全科医学专业技术职务任职资格者,可申请注册全科医学专业作为执业范围。

医师进行执业注册的类别必须以取得医师资格的类别为依据,医师不得从事执业注册范围以外其他专业的执业活动。医师依法取得两个或两个以上类别医师资格的,只能选择一个类别及其中一个相应的专业作为执业范围进行注册,从事执业活动。以下两种情形除外:①在县及县级以下医疗机构(主要是乡镇卫生院和社区卫生服务机构)执业的临床医师,从事基层医疗卫生服务工作,确因工作需要,经县级卫生行政部门考核批准,报设区的市级卫生行政部门备案,可申请同一类别至多三个专业作为执业范围进行注册;②在乡镇卫生院和社区卫生服务机构中执业的临床医师因工作需要,经过国家医师资格考试取得公共卫生类医师资格,可申请公共卫生类别专业作为执业范围进行注册;在乡镇卫生院和社区卫生服务机构中执业的公共卫生医师因工作需要,经过国家医师资格考试取得临床类医师资格,可申请临床类别相关专业作为执业范围进行注册。

在计划生育技术服务机构中执业的临床医师，其执业范围为计划生育技术服务专业。在医疗机构中执业的临床医师以妇产科专业作为执业范围进行注册的，其范围含计划生育技术服务专业。

一般情况下医师不得超出执业范围进行执业活动，但有下列情况之一的，不属于超范围执业：①对患者实施紧急医疗救护的；②临床医师依据《住院医师规范化培训规定》和《全科医师规范化培训试行办法》等，进行临床转科的；③依据国家有关规定，经医疗、预防、保健机构批准的卫生支农、会诊、进修、学术交流、承担政府交办的任务和卫生行政部门批准的义诊等；④符合《医师外出会诊管理暂行规定》的；⑤省级以上卫生行政部门规定的其他情形。

知识拓展

福建省中医、中西医结合医师执业范围暂行规定
闽卫中医〔2014〕60号

一、中医、中西医结合医师执业范围分为一、二级科目

其中，中医一级科目为中医专业或中医类别全科医学专业，一级科目为中医专业的，可设二级科目，具体为内科专业、外科专业、妇产科专业、儿科专业、骨伤科专业、肛肠科专业、皮肤病与性病专业、眼耳鼻咽喉科专业、针灸推拿康复专业、急救医学专业、预防保健专业、精神卫生专业等。

中西医结合一级科目为中西医结合专业或中医类别全科医学专业，一级科目为中西医结合专业的，可设二级科目，具体为内科专业、外科专业、妇产科专业、儿科专业、眼耳鼻咽喉科专业、皮肤病与性病专业、精神卫生专业、职业病专业、医学影像和放射治疗专业、医学检验和病理专业、急救医学专业、康复医学专业、预防保健专业、特种医学与军事医学专业、计划生育技术服务专业等。

二、中医、中西医结合医师的执业范围应与所学专业相适应，并按照注册的执业范围及聘用专业在各级各类医疗机构各临床科室执业。

三、中医、中西医结合医师取得处方权后，可以根据临床需要和执业机构规定使用中药饮片、中成药、医疗机构中药制剂、化学药品、生物制品等药品。医疗用毒性药品、精神药品、麻醉药品和放射性药品的使用，按照《处方管理办法》及其他有关法律、法规和规章执行。

四、具有高等院校中医或中西医结合专业本科以上学历的中医、中西医结合医师，按照《医疗技术临床应用管理办法》的规定，经医疗技术临床应用能力审核合格的，可以开展与其专业能力相适应的各类医疗技术。

五、执业类别为中医，执业范围注册为内科、外科、妇产科、儿科的中医、中西医结合医师，可按照《福建省母婴保健、计划生育技术服务许可管理办法》（闽卫妇幼〔2009〕186号）的规定，申请从事相应的母婴保健和计划生育技术服务。

六、中医、中西医结合医师应以中医诊疗服务为主，合理应用各类医疗技术开展与其专业相适应的诊疗服务。鼓励其以提高临床效果、效率和减少经济费用为

目标，在所从事的专业范围内择优运用中医或西医诊疗方法，优化临床诊疗方案。

七、申请注册中医、中西医结合执业范围为二级科目的，由本人提出申请，所在执业机构同意，由注册机关组织或委托二级以上医疗机构考核合格，经审核同意，予以注册。注册机关在注册时应将注册的二级科目在其医师执业证书的"备注"栏中注明。已经注册的中医、中西医结合医师，申请执业范围为二级科目的，应按上述规定办理变更注册手续，并在其医师执业证书的"备注"栏中注明。

2. 医师执业注册条件及注册规定　国家实行医师执业注册制度。医师执业应当经注册取得《医师执业证书》，未经注册取得《医师执业证书》者，不得从事医疗、预防、保健活动。国家建立医师管理信息系统，实行医师电子注册管理。

（1）准予注册：《执业医师法》规定，取得医师资格的，可以向所在地县级以上人民政府卫生行政部门申请注册。医师经注册后，可以在医疗、预防、保健机构中按照注册的执业地点、执业类别、执业范围执业，从事相应的医疗、预防、保健业务。未经医师注册取得执业证书，不得从事医师执业活动。

《医师执业注册管理办法》规定，拟在医疗、保健机构中执业的人员，应当向批准该机构执业的卫生计生行政部门申请注册；拟在预防机构中执业的人员，应当向该机构的同级卫生计生行政部门申请注册。申请医师执业注册，应当提交下列材料：医师执业注册申请审核表；近6个月2寸白底免冠正面半身照片；医疗、预防、保健机构的聘用证明；省级以上卫生计生行政部门规定的其他材料。

获得医师资格后2年内未注册者、中止医师执业活动2年以上或者《医师执业注册管理办法》规定的不予注册的情形消失的医师申请注册时，还应当提交在省级以上卫生计生行政部门指定的机构接受连续6个月以上的培训，并经考核合格的证明。

注册主管部门应当自收到注册申请之日起20个工作日内，对申请人提交的申请材料进行审核。审核合格的，予以注册并发放《医师执业证书》。

（2）不予注册：《医师执业注册管理办法》规定，有下列情形之一的，不予注册：①不具有完全民事行为能力的；②因受刑事处罚，自刑罚执行完毕之日起至申请注册之日止不满二年的；③受吊销《医师执业证书》行政处罚，自处罚决定之日起至申请注册之日止不满二年的；④甲类、乙类传染病传染期、精神疾病发病期以及身体残疾等健康状况不适宜或者不能胜任医疗、预防、保健业务工作的；⑤重新申请注册，经考核不合格的；⑥在医师资格考试中参与有组织作弊的；⑦被查实曾使用伪造医师资格或者冒名使用他人医师资格进行注册的；⑧国务院卫生行政管理部门规定不宜从事医疗、预防、保健业务的其他情形的。

（3）注销注册：医师注册后有下列情形之一的，医师个人或者其所在的医疗、预防、保健机构，应当自知道或者应当知道之日起30日内报告注册主管部门，办理注销注册：①死亡或者被宣告失踪的；②受刑事处罚的；③受吊销《医师执业证书》行政处罚的；④医师定期考核不合格，并经培训后再次考核仍不合格的；⑤连续两个考核周期未参加医师定期考核的；⑥中止医师执业活动满二年的；⑦身体健康状况不适宜继续执业的；⑧出借、出租、抵押、转让、涂改《医师执业证书》的；⑨在医师资格考试中

参与有组织作弊的；⑩本人主动申请的；⑪国务院卫生行政管理部门规定不宜从事医疗、预防、保健业务的其他情形的。

（4）变更注册：医师变更执业地点、执业类别、执业范围等注册事项的，应当通过国家医师管理信息系统提交医师变更执业注册申请及省级以上卫生计生行政部门规定的其他材料。

医师只有一个执业机构的，视为其主要执业机构。医师承担经主要执业机构批准的卫生支援、会诊、进修、学术交流、政府交办事项等任务和参加卫生计生行政部门批准的义诊，以及在签订帮扶或者托管协议医疗机构内执业等，不需办理执业地点变更和执业机构备案手续。

注册主管部门应当自收到变更注册申请之日起 20 个工作日内办理变更注册手续。对因不符合变更注册条件不予变更的，应当自收到变更注册申请之日起 20 个工作日内书面通知申请人，并说明理由。

（5）重新注册：《执业医师法》规定，中止医师执业活动 2 年以上的及不予注册的情形消失的，申请重新执业，应当重新申请注册。

《医师执业注册管理办法》规定，重新申请注册的人员，应当提交在省级以上卫生计生行政部门指定的机构接受连续 6 个月以上的培训，并经考核合格的证明。

（6）备案：医师注册后有下列情况之一的，其所在的医疗、预防、保健机构应当自办理相关手续之日起 30 日内报注册主管部门，办理备案：调离、退休、退职；被辞退、开除；省级以上卫生计生行政部门规定的其他情形。上述备案满 2 年且未继续执业的予以注销。

3. 乡村医生执业注册　符合《乡村医生从业管理条例》的规定申请在村医疗卫生机构执业的人员，应当持村医疗卫生机构出具的拟聘用证明和相关学历证明、证书，向村医疗卫生机构所在地的县级人民政府卫生行政主管部门申请执业注册。县级人民政府卫生行政主管部门应当自受理申请之日起 15 日内完成审核工作，对符合规定条件的，准予执业注册，发给乡村医生执业证书；对不符合规定条件的，不予注册，并书面说明理由。

乡村医生经注册取得执业证书后，方可在聘用其执业的村医疗卫生机构从事预防、保健和一般医疗服务。未经注册取得乡村医生执业证书的，不得执业。

乡村医生执业证书有效期为 5 年。乡村医生执业证书有效期满需要继续执业的，应当在有效期满前 3 个月申请再注册。县级人民政府卫生行政主管部门应当自受理申请之日起 15 日内进行审核，对符合省、自治区、直辖市人民政府卫生行政主管部门规定条件的，准予再注册，换发乡村医生执业证书；对不符合条件的，不予再注册，由发证部门收回原乡村医生执业证书。

二、医师执业要求与执业规则

（一）医师执业要求

《执业医师法》明确了医师的职责，即医师应当具备良好的职业道德和医疗执业水平，发扬人道主义精神，履行防病治病、救死扶伤、保护人民健康的神圣职责。医师依法履行职责，进行执业活动，受法律保护。

（二）医师的执业规则

医师执业规则，是指医师在执业活动中依法应当遵守的规定和原则。医师执业规则的目的是规范医务人员的执业行为，实质是要求医务人员执业过程中为或者不为一定行为的法律义务，具有强制性。《执业医师法》规定，医师执业应当遵守以下执业规则：

1. 医师实施医疗、预防、保健措施，签署有关医学证明文件，必须亲自诊查、调查，并按照规定及时填写医学文书，不得隐匿、伪造或者销毁医学文书及有关资料，不得出具与自己执业范围无关或者与执业类别不相符的医学证明文件。

案例评析

医生开具假证明被处分

案例：2011年3月，田某因一起车祸被判向受害人赔偿12万元。判决生效后，田某未按判决履行义务。法官多次督促田某履行判决义务，田某屡次拒绝履行并逃避执行。法院启动强制执行程序，然而执行进展不大。2011年10月中旬，执行法官到田某所在企业找田某，田某所在企业负责人向法院提供了田某由某市某医院精神科出具的"中度抑郁发作伴躯体症状"住院休假的建议书及住院证明，该企业负责人说田某提供住院休假的病假条已有半年左右。然而法官发现，田某的病假证明、住院证明都是某市某医院精神科黄医生所开，而且最新的住院证明时间显示日期仅为最近2天，田某应该还在医院住院。第2天，法官就来到某市某医院调查，却发现田某并未在医院住院。经法院查明，医生黄某出具虚假证明和休假建议书，妨碍了法院执行公务，浪费了司法资源，法院向某市某医院发送司法建议，将医生黄某开虚假证明的情况予以通告。医院接到司法建议后，经调查属实，对黄某处行政警告，予以待岗6个月，罚款5 000元，并扣发管理主任3～6个月津贴等。

评析：医疗诊断证明是具有一定法律效力的医疗文件。本案中医生黄某开具的住院证明等文件属于医疗证明，其虚开不真实的医疗诊断证明违反了《执业医师法》的执业规则，应承担相应的行政责任。医疗诊断证明的法律效力主要体现在可以作为司法鉴定、因病休假、办理病退、工伤认定、残疾鉴定、申请生育二胎指标、保险索赔等重要依据。擅自虚开伪造医疗诊断证明有时会对案件事实的认定产生重大影响，情节严重的，还将依法追究刑事责任。《执业医师法》第三十七条规定："医师在执业活动中，未经亲自诊查、调查，签署诊断、治疗、流行病学等证明文件或者有关出生、死亡等证明文件的；或隐匿、伪造或者擅自销毁医学文书及有关资料的，由县级以上人民政府卫生行政部门予以警告或者责令暂停6个月以上1年以下执业活动；情节严重的，吊销其医师执业证书；构成犯罪的，依法追究刑事责任。"

2. 对急危患者，医师应当采取紧急措施及时进行诊治，不得拒绝急救处置。

3. 医师应当使用经国家有关部门批准使用的药品、消毒药剂和医疗器械。除正当治疗外，不得使用麻醉药品、医疗用毒性药品、精神药品和放射性药品。

4. 医师应当如实向患者或者其家属介绍病情，但应注意避免对患者产生不利后果。医师进行实验性临床医疗，应当经医院批准，并征得患者本人或者其家属同意。

案例评析

未告知患者手术并发症侵犯患者知情同意权

案例： 陈某因左眼复发性结膜囊肿于 1999 年 6 月 24 日在某甲医院施行左眼脂肪瘤摘除术，同年 7 月 2 日，陈某出院。术后陈某感到左眼上睑下垂，不能睁眼，遂于同年 10 月 19 日再次至某甲医院就诊，于同月 22 日施行左眼上睑下垂矫正术。术后，陈某左眼能微睁，但仍受限。同月 26 日，陈某出院。随后，陈某到上海华山医院就诊，被告知其左眼上睑下垂系提上睑肌损伤所致。陈某遂以某甲医院在治疗过程中有过错为由，向上海市长宁区医疗事故鉴定委员会申请进行医疗事故鉴定，该委员会于 2000 年 8 月 28 日出具鉴定书，内容为：①某甲医院的诊断与治疗原则并无不当；②病员目前左眼上睑下垂属术后并发症。鉴定结论为：本医疗事件不属于医疗事故范畴。陈某收到鉴定书后未申请复议，于 2000 年 10 月 24 日诉诸法院，认为某甲医院在术前未向本人告知有关术后并发症，且在手术中割断了提上睑肌，要求某甲医院承担过错的赔偿责任，赔偿内容为：医疗费 3 888 元、误工费 10 000 元、残疾者生活补助费 178 571 元、精神损失费 50 000 元、交通住宿费 7 541 元，共计人民币 250 000 元。

评析： 一审法院审理过程中，就某甲医院在为陈某施行手术过程中是否具有过错以及过错程度等内容委托上海市长宁区医疗事故鉴定委员会补充鉴定，该鉴定委员会出具的补充意见为：①陈某术后左眼上睑下垂属术后并发症，某甲医院在手术过程中并无不当；②某甲医院手术前谈话记录不够完善，但与治疗过程和结果无直接关联。一审法院审理后认为，根据鉴定部门出具的鉴定结论不能证明某甲医院在手术过程中具有过错，故对于陈某要求某甲医院赔偿医疗费、误工费、残疾者生活补助费、交通住宿费的诉讼请求，不予支持。

判决后，陈某提起上诉。二审法院经审理查明，原审认定事实无误，予以确认。二审法院另查明，某甲医院在为陈某施行左眼脂肪瘤摘除术前，未明确将术后可能产生提上睑肌断裂的并发症告知陈某。二审法院在审理过程中，委托上海市高级人民法院法医鉴定室就陈某伤情进行鉴定，结论为：陈某左眼上睑重度下垂，容貌毁损，构成九级伤残。二审法院审理后认为，由于某甲医院未完全向陈某明示术后风险，致使陈某丧失选择手术与否的机会，并造成严重后果，侵害了患者的知情权，所以某甲医院应当就此承担民事侵权责任。对于陈某的上诉请求，二审法院部分予以支持。二审法院判决：①撤销原审法院判决；②某甲医院于二审判决生效后十日内赔偿陈某医疗费、误工费、残疾者生活补助费、车旅费、精神损失费共计人民币 62 388.47 元。

患者同意接受相应的医疗行为建立在其自愿选择的基础之上，因此要求医

疗机构履行法定的说明、告知义务，否则将侵犯患者的知情同意权。侵犯患者知情同意权的表现形式主要为未履行告知义务或者履行告知义务不完整。本案中，医疗机构未告知患者手术并发症属于违反法定说明、告知义务的表现，其行为侵犯了患者的知情同意权，造成患者健康权受到损害，应当承担赔偿责任。《中华人民共和国侵权责任法》（简称《侵权责任法》）第五十五条规定："医务人员在诊疗活动中应当向患者说明病情和医疗措施。需要实施手术、特殊检查、特殊治疗的，医务人员应当及时向患者说明医疗风险、替代医疗方案等情况，并取得其书面同意；不宜向患者说明的，应当向患者的近亲属说明，并取得其书面同意。医务人员未尽到前款义务，造成患者损害的，医疗机构应当承担赔偿责任。"医疗机构在诊疗过程中应严守告知义务，避免因侵犯患者的知情同意权引起不必要的医疗纠纷。

案例评析

切除卵巢未告知，医院赔偿 26 万元

案例：李某，女，36 岁，江西省于都县人，某公司职员。2009 年 3 月 8 日，李某因下腹部疼痛、触及包块伴痛经 1 年多，到赣州市某医院就诊，经超声检查，初步诊断为子宫肌瘤，左侧卵巢多发囊肿等，并收入院。医院给李某制定了"子宫全切除加左侧附件切除"的手术方案。手术前一天，医院向李某说明了手术的风险并取得了其书面同意意见。2010 年 3 月 12 日，医院为李某进行了手术。在手术过程中，医生打开腹腔，进行探查发现：子宫增大，约 110mm×68mm×97mm 大小，子宫后壁可见多个紫蓝色囊肿，左侧卵巢可见多个紫蓝色结节，多个囊肿融合，大小约 6cm×5cm×5cm，右侧卵巢囊肿 6cm×6cm×7cm，子宫后壁与双侧卵巢囊肿，双侧输卵管粘连严重，不易分离，医师改变手术方式，行子宫全切除加双侧附件切除术。但医师在切除李某右侧子宫附件时，未告知家属。手术切下的子宫和双附件未送病理检查。手术成功，未发生感染及其他并发症，手术切口愈合良好。2009 年 3 月 20 日，李某出院，出院后一个月返回医院复诊时，才得知自己的子宫和双侧附件都已被切除。

李某认为医院侵犯了其知情同意权，向人民法院提起医疗侵权诉讼。请求法院判决医院赔偿其残疾赔偿金、精神抚慰金、医疗费等共计人民币 32 万余元。2012 年 8 月 3 日，法院以医院改变手术方式未告知患者本人，侵犯了患者的知情权，且不能提供证据证明患者右侧附件存在必须切除的病变为由，判决医院赔偿原告各项损失 26 万余元。一审判决后，医院提出上诉，二审法院以一审认定事实清楚，适用法律正确，予以驳回。

评析：知情同意权是医疗行为中患者及其亲属的权利，对于医疗机构来说则要求其履行法定的说明、告知义务，手术中擅自扩大手术范围属于医疗机构侵犯患者知情同意权的表现。本案中，原手术虽取得了患者的书面同意，但就扩大的

手术范围并未告知患方并征得患方的同意,此为医务人员对患方知情同意权的一种忽视。医疗机构采取的手术措施是否得当在所不问,其行为首先侵犯了患者的知情同意权。其次,医方的过失行为也侵犯了李某的健康权、身体权,李某可在提起侵权之诉时一并主张精神损害赔偿。

5. 医师不得利用职务之便,索取、非法收受患者财物或者牟取其他不正当利益。

案例评析

收受患者红包被吊销医师执业证书

案例: 天津市某附属肿瘤医院主任医师魏某在 1985 年曾因违反职业纪律向患者索要"红包",被医院发现后受到纪律处分。但魏某并未从中吸取教训。2000 年 7 月在为 69 岁患者孙某进行肿瘤诊治中,又收受了患者家属的"红包"上千元。

天津市卫生局依法立案调查。根据调查结果,天津市卫生局除同意天津市某附属肿瘤医院对魏某做出收一罚十、停职检查的处理决定外,又做出吊销其医师执业证书,停止其医师执业活动的处理决定。魏某成为天津市贯彻执行《执业医师法》以来,首例因违法收受患者红包而被吊销执业医师证书的案例。

评析:《执业医师法》第二十七条规定:"医师不得利用职务之便,索取、非法收受患者财物或者牟取其他不正当利益。"

关于收受患者红包是否构成非国家工作人员受贿罪的问题,应当具体问题具体分析。虽然司法实践中少有医生因收取患者红包而获刑的案例,但若医生利用职务上的便利,并为患者谋取利益,数额较大的,可以在遵循罪刑法定原则的前提下认为构成非国家工作人员受贿罪;若医生没有为患者谋取利益,则不能按照犯罪处理,但应当因违反卫生行政部门的相关规定受到相应的行政处罚。

6. 遇有自然灾害、传染病流行、突发重大伤亡事故及其他严重威胁人民生命健康的紧急情况时,医师应当服从县级以上人民政府卫生行政部门的调遣。

7. 医师发生医疗事故或者发现传染病疫情时,应当依照有关规定及时向所在机构或者卫生行政部门报告。医师发现患者涉嫌伤害事件或者非正常死亡时,应当按照有关规定向有关部门报告。

8. 执业助理医师应当在执业医师的指导下,在医疗、预防、保健机构中按照其执业类别执业。在乡、民族乡、镇的医疗、预防、保健机构中工作的执业助理医师,可以根据医疗诊治的情况和需要,独立从事一般的执业活动。

三、医师的权利与义务

(一)医师的权利

医师权利,是指经考试取得医师资格,并依法注册取得执业证书的医师在执业活动中依法所享有的权利。

《执业医师法》规定，医师在执业活动中享有下列权利：

1．在注册的执业范围内，进行医学诊查、疾病调查、医学处置、出具相应的医学证明文件，选择合理的医疗、预防、保健方案。

2．按照国务院卫生行政部门规定的标准，获得与本人执业活动相当的医疗设备基本条件。

3．从事医学研究、学术交流，参加专业学术团体。

4．参加专业培训，接受继续医学教育。

5．在执业活动中，人格尊严、人身安全不受侵犯。

6．获取工资报酬和津贴，享受国家规定的福利待遇。

7．对所在机构的医疗、预防、保健工作和卫生行政部门的工作提出意见和建议，依法参与所在机构的民主管理。

（二）医师的义务

医师义务，是指取得执业证书的医师在执业活动中依法必须履行的责任。《执业医师法》规定，医师在执业活动中必须履行下列义务：

1．遵守法律、法规，遵守技术操作规范。

2．树立敬业精神，遵守职业道德，履行医师职责，尽职尽责为患者服务。

3．关心、爱护、尊重患者，保护患者的隐私。

4．努力钻研业务，更新知识，提高专业技术水平。

5．宣传卫生保健知识，对患者进行健康教育。

四、医师的考核与培训

（一）医师的考核

为了加强医师执业管理，提高医师素质，保证医疗质量和医疗安全，《执业医师法》规定了医师的考核制度，县级以上人民政府卫生行政部门负责指导、检查和监督医师考核工作。

医师考核制度分为平时考核与定期考核两部分进行。平时考核是基础，医疗机构每年皆可进行平时考核，为定期考核积累材料、提供依据。

（二）医师的培训

医师的培训，是指以提高医师的医疗水平和综合素质为目的各种教育和训练活动。医师培训的内容主要包括岗位培训、全科医师培训、进修教育、毕业后医学教育、继续医学教育等。

县级以上人民政府卫生行政部门应当制定医师培训计划，对医师进行多种形式的培训，为医师接受继续医学教育提供条件。医疗、预防、保健机构应当依照规定和计划保证本机构医师的培训和继续医学教育。县级以上人民政府卫生行政部门委托的承担医师考核任务的医疗卫生机构，应当为医师的培训和接受继续医学教育提供和创造条件。

五、违反《中华人民共和国执业医师法》之法律责任

（一）违反《执业医师法》之行政责任

1．以不正当手段取得医师执业证书的，由发给证书的卫生行政部门吊销；对负

有直接责任的主管人员和其他直接责任人员,依法给予行政处分。

2.医师在执业活动中,有下列行为之一的,由县级以上人民政府卫生行政部门给予警告或者责令暂停六个月以上一年以下执业活动;情节严重的,吊销其医师执业证书:①违反卫生行政规章制度或者技术操作规范,造成严重后果的;②由于不负责任延误急危病重患者的抢救和诊治,造成严重后果的;③造成医疗责任事故的;④未经亲自诊查、调查,签署诊断、治疗、流行病学等证明文件或者有关出生、死亡等证明文件的;⑤隐匿、伪造或者擅自销毁医学文书及有关资料的;⑥使用未经批准使用的药品、消毒药剂和医疗器械的;⑦不按照规定使用麻醉药品、医疗用毒性药品、精神药品和放射性药品的;⑧未经患者或者其家属同意,对患者进行实验性临床医疗的;⑨泄露患者隐私,造成严重后果的;⑩利用职务之便,索取、非法收受患者财物或者牟取其他不正当利益的;⑪发生自然灾害、传染病流行、突发重大伤亡事故以及其他严重威胁人民生命健康的紧急情况时,不服从卫生行政部门调遣的;⑫发生医疗事故或者发现传染病疫情,患者涉嫌伤害事件或者非正常死亡,不按照规定报告的。

案例评析

医院组织实习生观摩人流手术侵犯患者隐私权

案例:2003年9月2日,患者王某到某医院做无痛人工流产手术。王某在麻醉剂的作用下一直处于睡眠状况。醒来后从朋友口中得知,自己在手术台上做人流的整个过程被人观摩。王某认为,医院的行为严重侵犯了自己的隐私权,给自己造成了极大的精神压力,在与医院协商未果的情况下,向法院起诉,要求医院向自己赔礼道歉,并赔偿医疗费、交通费和精神损害抚慰金等3万元。

法院经审理后认为,根据本案查明的事实,原告并没有同意被告组织学生观摩其人工流产手术。公民不愿公开同时又无害于社会利益且不违反法律的一切信息,均属于隐私权的内容。妇女的人工流产应属于个人隐私,人体的生殖器官更是典型的隐私权客体的内容,医院的治疗人员接触患者隐私部位,不存在侵犯隐私权的问题。但观摩的见习医生尽管被称为"医生",但对于原告来说,他们属于与治疗活动无关的人员。保护隐私权和医学教学并不矛盾。医院完全可以采取协商和补偿的方式解决;而且,医学教学也并非像被告所说,是一种完全的公益事业。因此,让作为患者的原告无偿牺牲隐私为被告提供医学教学的人体教材,有失公允。

综上,被告未经原告同意擅自组织实习学生观摩原告人工流产的行为,侵犯了原告的隐私权,根据法律有关规定,判决被告赔偿原告精神损失抚慰金人民币2万元,驳回原告要求被告返还医疗费和赔偿交通费、精神损害抚慰金的诉讼请求。一审判决后,被告不服向上级法院提起上诉,2004年7月二审法院驳回了被告的上诉,维持原判。

评析:隐私权作为一种最基本的民事权利受到法律严格保护,《执业医师法》将保护患者的隐私权规定为医师应尽的义务。《医学教育临床实践管理暂行规

定》第十五条规定，学生和试用期医学院毕业生，在医学教育临床实践活动中应当尊重患者的知情同意权和隐私权，不得损害患者的合法权益。患者并不负有放弃自己的隐私权满足教学医院进行教学的义务，教学医院进行教学侵犯患者隐私的，应承担相应的法律责任。

📘 案例评析

医院未尽到高度审慎注意义务，延误诊断及治疗构成侵权

案例：都某因"右侧腹股沟区囊性包块"于2008年在某医院行脓肿切开引流术。2011年被其他医院诊断为恶性黑色素瘤可能性极大。后都某再次在某医院住院，诊断为恶性黑色素瘤，骨转移，盆腔转移，于2012年因皮肤癌晚期死亡。

鉴定机构认为，某医院的病理切片能够得出"见少许异型细胞、有退变"的诊断结论，该结论虽然不能确诊为恶性黑色素瘤，但是并不能排除恶性黑色素瘤的可能性，医方应当建议都某定期复查，提请其注意异常情况。而某医院仅得出"病变符合脓腔壁改变"等脓肿结论，对病理片的描述不充分，存在误诊。医院违反高度谨慎的注意义务，延误了对都某恶性黑色素瘤的诊断与治疗，该过错与都某死亡后果之间存在一定的因果关系，应负次要责任。

法院经审理认为，某医院对病理切片的描述存在不充分之处，虽然根据病理切片尚不能确诊都某为恶性黑色素瘤，但医方应建议都某定期复查，这种排除可能性的检查主要在于提请患者注意异常情况，故医方的主要过错在于其未尽到谨慎的注意义务，延误对患者恶性黑色素瘤的诊断及治疗，该项过错与都某的死亡后果之间存在一定的因果关系，然而患者都某自身疾病早期起病隐匿、恶性度高、发展快，这种高度注意义务的违反与患者死亡后果之间存在因果关系的参与度较低。故法院依据司法鉴定书所给出的责任程度并结合本案案情，认定某医院对都某的相关合理损失承担30%的赔偿责任。

评析：本案中，被告某医院将都某送检的病理切片中"黑色素瘤"误诊，未尽到诊疗高度审慎的注意义务，显然在诊断上存在过失。医学具有高度专业性，患者及家属自然不会知晓疾病所带来的不利后果，基于对医院的信赖而延误了治疗时机，医院的医疗过失与损害后果之间存在一定的因果关系。根据"治愈机会丧失原则"，原告亲属都某所患黑色素瘤是其原发性疾病，且该疾病是造成其死亡的主要原因，即使医疗机构尽到诊疗注意义务，该疾病仍然存在较高的病死率，就因果关系大小而言，对患者死亡参与度较低，因而法院做出相应判决。

3.未经批准擅自开办医疗机构行医或者非医师行医的，由县级以上人民政府卫生行政部门予以取缔，没收其违法所得及其药品、器械，并处十万元以下的罚款；对医师吊销其执业证书。

4.阻碍医师依法执业，侮辱、诽谤、威胁、殴打医师或者侵犯医师人身自由、干扰

医师正常工作、生活的,按照《中华人民共和国治安管理处罚法》的规定处罚。

5. 违反《中华人民共和国中医药法》规定,经考核取得医师资格的中医医师超出注册的执业范围从事医疗活动的,由县级以上人民政府中医药主管部门责令暂停六个月以上一年以下执业活动,并处一万元以上三万元以下罚款;情节严重的,吊销执业证书。

6. 医疗、预防、保健机构对属于注销情形而未履行报告职责,导致严重后果的,由县级以上人民政府卫生行政部门给予警告;并对该机构的行政负责人依法给予行政处分。

7. 卫生行政部门工作人员或者医疗、预防、保健机构工作人员违反本法有关规定,弄虚作假、玩忽职守、滥用职权、徇私舞弊,尚不构成犯罪的,依法给予行政处分。

(二)违反《执业医师法》之民事责任

《执业医师法》规定,医师在医疗、预防、保健工作中造成事故的,依照法律或国家有关规定处理。未经批准擅自开办医疗机构行医或非医师行医,给患者造成损害的,依法承担赔偿责任。

(三)违反《执业医师法》之刑事责任

《执业医师法》规定,卫生行政部门工作人员或者医疗、预防、保健机构工作人员违反本法有关规定,构成犯罪的,依法追究刑事责任。

1. 医疗事故罪 《中华人民共和国刑法》(以下简称《刑法》)第三百三十五条规定,医务人员由于严重不负责任,造成就诊人死亡或者严重损害就诊人身体健康的,处三年以下有期徒刑或者拘役。

2. 非法行医罪 《刑法》第三百三十六条第一款规定,未取得医生执业资格的人非法行医,情节严重的,构成非法行医罪,处三年以下有期徒刑、拘役或者管制,并处或者单处罚金;严重损害就诊人身体健康的,处三年以上十年以下有期徒刑,并处罚金;造成就诊人死亡的,处十年以上有期徒刑,并处罚金。

3. 非法进行节育手术罪 《刑法》第三百三十六条第二款规定,未取得医生执业资格的人擅自为他人进行节育复通手术、假节育手术、终止妊娠手术或者摘取宫内节育器,情节严重的,构成非法进行节育手术罪,处三年以下有期徒刑、拘役或者管制,并处或者单处罚金;严重损害就诊人身体健康的,处三年以上十年以下有期徒刑,并处罚金;造成就诊人死亡的,处十年以上有期徒刑,并处罚金。

4. 非国家工作人员受贿罪 《刑法》第一百六十三条规定,公司、企业或者其他单位的工作人员,利用职务上的便利,索取他人财物或者非法收受他人财物,为他人谋取利益,数额较大的,处三年以下有期徒刑或者拘役,并处罚金;数额巨大或者有其他严重情节的,处三年以上十年以下有期徒刑,并处罚金;数额特别巨大或者有其他特别严重情节的,处十年以上有期徒刑或者无期徒刑,并处罚金。公司、企业或者其他单位的工作人员在经济往来中,利用职务上的便利,违反国家规定,收受各种名义的回扣、手续费,归个人所有的,依照前款的规定处罚。2008年11月,最高人民法院和最高人民检察院联合出台的《关于办理商业贿赂刑事案件适用法律若干问题的意见》(以下简称《意见》),指出:"公司、企业或者其他单位的工作人员",既包括事业单位,也包括国有公司、企业以及其他国有单位中的非国家工作人员。根据《意见》规

定,医疗机构中的医务人员,利用开处方的职务便利,以各种名义非法收受药品、医疗器械、医用卫生材料等医药产品销售方财物,为医药产品销售方谋取利益,数额较大的,依照《刑法》第一百六十三条的规定,以非国家工作人员受贿罪定罪处罚。

5. 阻碍医师依法执业,侮辱、诽谤、威胁、殴打医师或者侵犯医师人身自由、干扰医师正常工作、生活的,构成犯罪的,依法追究刑事责任。

案例评析

浙江温岭杀医案

案例: 2013 年 10 月 25 日,温岭市第一人民医院发生一起患者刺伤医生案件,3 名医生在门诊为病人看病时被一名男子捅伤,其中耳鼻咽喉科主任医师王某某因抢救无效死亡。国务院总理李克强对浙江温岭医生被刺身亡事件十分关注并作出重要批示,要求有关部门高度重视因医患矛盾引发的暴力事件,采取切实有效措施维护医疗秩序。

2014 年 1 月 27 日,台州市中级人民法院一审判处被告人连某某死刑,剥夺政治权利终身。2014 年 4 月 1 日下午,浙江温岭杀医案终审维持死刑判决,将报最高人民法院核准。2015 年 5 月 25 日,浙江温岭杀医案凶犯连某某被执行死刑。

评析: 人类对疾病的认识是一个不断进步的过程,总有一些疾病当下医疗技术无法治愈,或者达到完美的治愈效果,正因这一局限性,会导致一些医疗效果不能满足患者的期待。在医生尽到诊疗义务的情况下,患者不能仅因效果与期待不符就无端怀疑医生诊治错误,更不应该将病情带来的一切后果都归咎于医生,进而报复、杀害医生。本案就是一起患者因无端怀疑医生诊治错误而报复、杀害医生的典型案例。

六、医师多点执业问题

根据《中共中央国务院关于深化医药卫生体制改革的意见》中"稳步推动医务人员的合理流动,促进不同医疗机构之间人才的纵向和横向交流,研究探索注册医师多点执业"的要求,2009 年 9 月 11 日卫生部发布《关于医师多点执业有关问题的通知》,在全国一些地区开始尝试医师多点执业的探索。2011 年 7 月 12 日,卫生部办公厅又发出《关于扩大医师多点执业试点范围的通知》,在全国范围内扩大医师多点执业的范围。2017 年 2 月 28 日,国家卫生和计划生育委员会发布了《医师执业注册管理办法》。

医师多点执业,是指医师在两个以上医疗机构从事诊疗活动,不包括医师外出会诊。国家对医师实行多点执业分类管理:

1. 医师执行政府指令任务,如卫生支农、支援社区和急救中心(站)、医疗机构对口支援等,由所在医疗机构批准。

2. 多个医院(社区卫生服务中心)以整合医疗资源、方便患者就医和提高医疗技术水平为目的,通过签订协议等形式,开展横向或纵向医疗合作的,相关医院(社区卫生服务中心)经向《医疗机构执业许可证》登记机关备案,医师可以在开展医疗合作的

其他医院(社区卫生服务中心)执业。备案内容包括医师姓名、执业类别、职称、工作时间和执业地点。卫生行政部门应当做好备案医师执业注册信息管理,便于查询和监督。

3.在同一执业地点多个机构执业的医师,应当确定一个机构作为其主要执业机构,并向批准该机构执业的卫生计生行政部门申请注册;对于拟执业的其他机构,应当向批准该机构执业的卫生计生行政部门分别申请备案,注明所在执业机构的名称。医师跨执业地点增加执业机构,应当向批准该机构执业的卫生计生行政部门申请增加注册。

知识拓展

国外医师多点执业

在许多发达国家和发展中国家,医师取得执业资格后并不固定在一个地点行医,医师兼职是合法的;医师可以同时与多个医院签订合同,个人对执业风险负责。国外医师一般由行业协会统一管理,有严格的管理程序和法律保证。

国外医师多点执业的管理大都纳入对医生的整体管理之中,不同国家的卫生行政管理部门或行业组织对多点执业要求不一。奥地利要求必须是资深专科医师;澳大利亚要求必须是高年资医师;印度尼西亚要求必须是资深医师;阿根廷要求医师毕业后必须在公立医院工作7年以上;葡萄牙规定医院业务领导不得多点执业;美国要求按照医师执照所属州执业;德国、瑞典对多点执业的地点做了规定;英国要求医师每周要在公立医院工作4天;爱尔兰要求医师每周在公立医院工作33小时;澳大利亚规定了医师多点执业的时间、数量及范围;泰国医师多点执业有行业认证程序等。

对于美国的医师而言,为了方便公众就医,政府还规定医师必须每周到社区医院坐诊一次。医师协会负责监管医师的医疗质量,定期随访其治愈率、死亡率等,以保障居民就医的质量。除此之外,医师必须购买医疗责任保险以减少多点执业的风险。

美国医师大都是自由职业者,以州为地域进行注册并独立于医院之外,独立开业,双方是合同关系,除了自己的诊所,可以在本州内不同医疗机构行医。他们利用医院的床位、仪器、设施和辅助人员对病人进行诊断和治疗,独立向病人或者保险公司或者政府收取费用。医院则根据病人的疾病分类和在治疗过程中提供的手术和服务等级独立收费。美国对医师多点执业的限制,主要集中在对住院医师在外执业方面,是通过行业协会制定的规章来实现的。美国医师执照指南明确禁止住院医师在院外执业。美国急救医学协会对于急诊科住院医师在外执业也做出了禁止性规定:只有急救医学的专家才能够独立提供急救护理。美国主要通过一系列影响医师收入的方法,让医师对是否多点执业进行考量和判断,从而避免因为医师多点执业而降低其工作效率和动力。

德国医师的多点执业类型主要包括院外医师制度、急救值班制度、开业医师代理制度3种:①院外医师制度:即开业的专科医师与特定的医院订立契约,利

用医院的设备和医院职员等诊治自己的患者。在德国总体而言，在医院供职的医生中有6%为院外医师，其所收取的诊疗费的一部分应按照合同规定上缴医院。②急救值班制度：德国实行急救值班制度，根据德国医师协会和保险医协会联合制定的《共同急救业务规则》的规定，下列人员都有参与急救值班的法定义务：合同医生、经认可具有开业权限且该认可与一般诊疗领域相关联的医师，以及从事自由诊疗的开业医师。在德国，除开业医师外，还有约1.1万名其他医师也有权提供门急诊服务，他们通常是医院的科主任，被允许在特定的时间（如下班后）提供一定的服务。这约占2%的门急诊服务量。③开业医师代理制度：根据相关的法律规定，开业医师原则上可以相互代理。在代理关系结束后，患者仍由原开业医师诊疗。代理医师按照法律规定到被代理医师的执业地点从事代理医师业务的，属于法律所允许的多点执业情形。

英国在2001年对医师执业做出了限制规定。对于新进入国家医疗服务系统（National Health Service，NHS）的医师，必须工作7年以后，才能选择其他医疗机构执业。英国政府也曾通过限制公共卫生部门执业医师从事私人医疗服务的薪资水平作为对医师"双重执业"的回应，如全职顾问医师从事私人医疗服务的所得收入，不得超过其在NHS系统所得总收入的10%。同时，对于NHS系统内签署全职合同的医师，虽然允许他们在私人医疗机构从事诊疗服务，但必须把他们在NHS系统工资的9%上交。英国医师执业基本上是"四加一"模式，要求公立医院医生每周5个工作日，只要4天在医院工作，剩下1天就可以选择在其他医院或者基层医疗机构行医。大部分专科医师受雇于医院，但公立医院注册医师是可以在私人医疗机构兼职的，专科医师需要完成公立医院任务之后才可以到私人医疗机构兼职。

在澳大利亚，医学专家大部分集中在大型国立医院，尤其是大学附属医院。公立医院的高年资医师分为全职医师和非全职医师两种，且大多数为非全职医师。非全职医师每周在国立医院上班的时间是固定的，剩下的时间则可以到外院（一些规模较小的国立医院和私立医院）以兼职的形式执业，通常一位医师可以同时在3~4家医院执业。受聘于公立医院的专家被授予私人执业的权利，并具有按照基本的医疗服务费向有私人保险的病人收费的权利。公立医院每个医学专家在不同机构执业时间安排的比例是不同的，这主要取决于他们的雇佣合同条款。公立医院医师的私人执业活动可能是在公立医院中，也可能是在医院之外提供咨询服务。专家也可以在自己的诊室或私立医院开展一些基本的私人项目，也可以作为出诊医生在其他公立医院执业，以合同的形式按照服务项目或按次收费。但多点执业的医师，在私立部门执业的服务量不应超过政府规定的最大额度。公立医院工作的医师可以在公立医院之外私人执业，也可以在自己所工作的公立医院为有私人保险的病人看病，但有私人保险的病人所占用的病床数不能超过医院总病床数的25%。在澳大利亚，医师多点执业不涉及医疗纠纷的处理困难问题。如果医师没有购买执业保险，病人不会找他看病，医院也不会聘请他当医生。因为一旦发生巨额赔偿，医生即使倾家荡产也赔不起。公立

医院医师的执业保险费是由医院负责支付的。澳大利亚虽然医疗纠纷较多，但都是通过法律途径解决。除了保险公司和医院雇有律师外，许多高年资医师也聘请私人律师，一旦发生医疗纠纷，由相应的律师出面解决，丝毫不影响医师和医院的正常工作。

日本允许医师做好本职工作后，在每周可以拿出一个工作日到院外行医。同时，卫生部门会对多点执业医师的资格设定一个标准，包括技术和道德标准。建立多点执业医师定期随访机制，随访的内容包括对每个多点执业医师的治疗成功率、死亡率和并发症发生率统一考评，并制定出统一的标准。如果不合格，主管部门可随时取消其多点执业资格，从而保证多点执业医师的医疗质量。

七、医师定期考核管理

定期考核是平时考核的概括和总结，是指受县级以上地方人民政府卫生行政部门委托的机构或组织按照医师执业标准对医师的业务水平、工作成绩和职业道德进行的考核。依法取得医师资格，经注册在医疗、预防、保健机构中执业的医师均应参加医师定期考核。

（一）定期考核类别

医师定期考核分为执业医师考核和执业助理医师考核。考核类别分为临床、中医（包括中医、民族医、中西医结合）、口腔和公共卫生。医师定期考核每两年为一个周期。医疗、预防、保健机构的新进医师自进入该机构始满两年后接受考核。医师定期考核的重点对象为取得执业医师资格或执业助理医师资格2年以内和2年以内受过卫生行政处罚或有过考核不合格记录的医师。

（二）定期考核机构

国务院卫生行政部门负责全国医师定期考核工作的监督管理，县级以上地方政府卫生行政部门负责本行政区域内医师定期考核工作的监督管理，指导各地考核机构开展医师定期考核工作。中国医师协会受国务院卫生行政部门委托，负责开展全国医师定期考核的日常工作。

县级以上地方政府卫生行政部门可委托符合条件的医疗、预防、保健机构或医疗卫生行业组织、学术团体（以下统称考核机构）承担医师定期考核工作。

符合以下条件的医疗、预防、保健机构或医疗卫生行业组织、学术团体可向辖区主管卫生行政部门提出申请，经批准后承担相应范围的医师定期考核工作：①设有100张以上床位的医疗机构；②三级专科医疗机构；③医师人数在50人以上的预防、保健机构；④符合①②项条件的医疗、预防、保健机构必须连续提供医疗、预防、保健服务10年以上；⑤具有健全组织机构的医疗卫生行业组织、学术团体。

（三）定期考核内容

根据《医师定期考核管理办法实施细则》的规定，医师定期考核包括业务水平测评、工作成绩和职业道德的评定。业务水平测评考核内容可根据医师执业类别、专业技术水平等，参照国家卫生行政部门《医疗机构诊疗科目名录》分类分级至二级诊疗

科目进行测评。工作成绩、职业道德评定考核应当坚持实事求是、客观公正的原则，坚持定性考评与量化考核相结合，与医师年度考核、医务人员医德考评相衔接。本考核周期内，被考核医师已参加了职称晋升考试、住院医师规范化培训考核、专科医师规范化培训考核、省级以上卫生行政部门组织的上岗培训考试或经省级以上卫生行政部门认可的相关考试，并考核合格的，可视为业务水平测试合格，不需再参加业务水平测评。

业务水平测评的基本内容应包括：医疗卫生管理相关法律、法规、部门规章制度等，专业基础理论、基本知识、基本技能和相应的技术操作能力，参加继续医学教育情况及其他省级以上卫生行政部门规定的内容。

工作成绩评定的基本内容应包括：履行有关法律法规规定职责的情况；坚持日常工作，完成相应的工作量情况；主要业务工作情况，患者投诉情况等；根据卫生行政部门的调遣和所在医疗机构的安排，完成城乡医院对口支援、抢险救灾任务、突发公共卫生事件处置等情况；其他省级以上卫生行政部门规定的内容。

职业道德评定的基本内容应包括：医师恪守职业道德、遵守医德规范的情况，医师的工作作风、医患关系、团结协作情况等。评定以医务人员医德考评结果为依据。

中医（专长）医师定期考核有关要求由省级中医药主管部门确定。

（四）考核程序

国家实行医师行为记录制度。医师行为记录分为良好行为记录和不良行为记录。医师行为记录作为医师考核的依据之一。

医师定期考核程序分为一般程序与简易程序。一般程序为按照《医师定期考核管理办法》第三章的规定进行的考核。考核机构应当于定期考核日前60日通知需要接受定期考核的医师。考核机构可以委托医疗、预防、保健机构通知本机构的医师。各级各类医疗、预防、保健机构应当按要求对执业注册地点在本机构的医师进行工作成绩、职业道德评定，在《医师定期考核表》上签署评定意见，并于业务水平测评日前30日将评定意见报考核机构。医疗、预防、保健机构对本机构医师进行工作成绩、职业道德评定应当与医师年度考核情况相衔接。

简易程序为本人书写述职报告，执业注册所在机构签署意见，报考核机构审核。简易程序考核涉及的考核内容为工作成绩、职业道德和参加继续医学教育情况。符合下列条件且至少经过一次一般程序考核合格者，定期考核可执行简易程序：①具有5年以上执业经历，考核周期内有良好行为记录的；②具有12年以上执业经历，考核周期内无不良行为记录的；③医师离退休后由本单位返聘，在考核周期内无不良行为记录的；④采取一般程序考核，连续三次合格者；⑤省级以上卫生行政部门规定的其他情形。医师考核执行简易程序应由医师执业注册所在医疗、预防、保健机构在考核年度的第1个季度内向卫生行政部门指定的考核机构提出申请，考核机构自收到之日起30日内审核完毕并书面通知申请人和被考核人。

（五）考核结果

考核结果分为合格和不合格。工作成绩、职业道德和业务水平中任何一项不能通过评定或测评的，均认定为考核不合格。

考核机构应当在考核工作结束后15个工作日内将考核结果报辖区主管卫生行政

部门，并书面通知被考核医师及所在单位。

卫生行政部门应及时将考核结果记录，并依法对考核不合格医师做出相应处理。被考核医师对考核结果有异议的，可以在收到考核结果之日起 30 日内，向辖区主管卫生行政部门提出复核申请。卫生行政部门应当在接到复核申请之日起 30 日内对医师考核结果进行复核，并将复核意见书面通知医师本人及所在单位。

未按规定参加医师定期考核的，认定为考核不合格；因不可抗拒因素在定期考核周期内未完成考核的医师，由其所在单位开具证明文件向考核机构申请，原定考核结束半年内应完成考核。

定期考核不合格的医师，卫生行政部门可以责令其暂停执业活动 3 个月至 6 个月接受培训；培训期满，再次考核合格者，允许其继续执业，但该医师在本考核周期内不得评优和晋升；对接受培训后，考核仍不合格的医师，由卫生行政部门注销注册，收回《医师执业证书》。

考核不合格医师的培训和继续医学教育由考核机构组织实施。

（六）考核监督

医疗、预防、保健机构弄虚作假，不配合医师定期考核的，卫生行政部门应当责令改正，经责令仍不改正的，对该机构及其主要责任人和有关责任人予以通报批评。

卫生行政部门工作人员、考核机构工作人员和医疗、预防、保健机构工作人员违反《医师定期考核管理办法》或《医师定期考核管理办法实施细则》有关规定，弄虚作假、玩忽职守、滥用职权、徇私舞弊，尚不构成犯罪的，依法给予行政处分；构成犯罪的，依法追究刑事责任。

第二节　护士法律制度

一、护士执业资格考试制度

为了维护护士的合法权益，规范护理行为，促进护理事业发展，保障医疗安全和人体健康，2008 年 1 月 31 日国务院颁布了《护士条例》，自 2008 年 5 月 12 日起施行。《护士条例》所指的护士，是指经执业注册取得护士执业证书，依照护士条例规定从事护理活动，履行保护生命、减轻痛苦、增进健康职责的卫生技术人员。

卫生部、人力资源和社会保障部于 2010 年 5 月 10 日发布《护士执业资格考试办法》，自 2010 年 7 月 1 日起施行。该办法规定"卫生部负责组织实施护士执业资格考试"。国家护士执业资格考试是评价申请护士执业资格者是否具备执业所必需的护理专业知识与工作能力的考试。考试成绩合格者，取得考试成绩合格证明，作为申请护士执业注册的有效证明。

（一）护士执业资格考试条件与护士专业技术资格

在中等职业学校、高等学校完成国务院教育主管部门和国务院卫生主管部门规定的普通全日制 3 年以上的护理、助产专业课程学习，包括在教学、综合医院完成 8 个月以上护理临床实习，并取得相应学历证书的，可以申请参加护士执业资格考试。

具有护理、助产专业中专和大专学历的人员，参加护士执业资格考试并成绩合

格,可取得护理初级(士)专业技术资格证书;护理初级(师)专业技术资格按照有关规定通过参加全国卫生专业技术资格考试取得。

具有护理、助产专业本科以上学历的人员,参加护士执业资格考试并成绩合格,可以取得护理初级(士)专业技术资格证书;在达到《卫生技术人员职务试行条例》规定的护师专业技术职务任职资格年限后,可直接聘任护师专业技术职务。

（二）护士执业资格考试方式

护士执业资格考试实行国家统一考试制度。统一考试大纲,统一命题,统一合格标准。护士执业资格考试原则上每年举行一次。

护士执业资格考试包括专业实务和实践能力两个科目。一次考试通过两个科目为考试成绩合格。为加强对考生实践能力的考核,原则上采用"人机对话"考试方式进行。

（三）护士职业资格考试的报名材料

申请参加护士执业资格考试的人员,应当在公告规定的期限内报名,并提交以下材料:①护士执业资格考试报名申请表;②本人身份证明;③近6个月二寸免冠正面半身照片3张;④本人毕业证书;⑤报考所需的其他材料。

申请人为在校应届毕业生的,应当持有所在学校出具的应届毕业生毕业证明,到学校所在地的考点报名。学校可以为本校应届毕业生办理集体报名手续。

申请人为非应届毕业生的,可以选择到人事档案所在地报名。

二、护士执业注册制度

《护士条例》及《护士执业注册管理办法》规定,护士经执业注册取得护士执业证书后,方可按照注册的执业地点从事护理工作,未经执业注册取得执业证书者,不得从事诊疗技术规范规定的护理活动。《护士执业注册管理办法》规定"卫生部负责全国护士执业注册监督管理工作,省、自治区、直辖市人民政府卫生行政部门是护士执业注册的主管部门,负责本行政区域的护士执业注册管理工作"。

（一）注册条件

申请护士执业注册,应当具备下列条件:

1. 具有完全民事行为能力。

2. 在中等职业学校、高等学校完成国务院教育主管部门和国务院卫生主管部门规定的普通全日制3年以上的护理、助产专业课程学习,包括在教学、综合医院完成8个月以上护理临床实习,并取得相应学历证书。

3. 通过国务院卫生主管部门组织的护士执业资格考试。

4. 符合国务院卫生主管部门规定的健康标准:①无精神病史;②无色盲、色弱、双耳听力障碍;③无影响履行护理职责的疾病、残疾或者功能障碍。

在内地完成护理、助产专业学习的香港、澳门特别行政区及台湾地区人员,符合《护士执业注册管理办法》规定的,可以申请护士执业注册。

护士执业注册申请,应当自通过护士执业资格考试之日起3年内提出;逾期提出申请的,除应当具备前述第1、2、4项规定条件外,还应当在符合国务院卫生主管部门规定条件的医疗卫生机构接受3个月临床护理培训并考核合格。

（二）申请注册

申请护士执业首次注册时应当提交的材料包括：护士执业注册申请审核表；申请人身份证明；申请人学历证书及专业学习中的临床实习证明；护士执业资格考试成绩合格证明；省、自治区、直辖市人民政府卫生行政部门指定的医疗机构出具的申请人6个月内健康体检证明；医疗卫生机构拟聘用的相关材料。

卫生行政部门应当自受理申请之日起20个工作日内，对申请人提交的材料进行审核。审核合格的，准予注册，发给由卫生部（现为国家卫生健康委员会）统一印制的《护士执业证书》；对不符合规定条件的，不予注册，并书面说明理由。《护士执业证书》上应当注明护士的姓名、性别、出生日期等个人信息及证书编号、注册日期和执业地点。

（三）延续注册

护士执业注册不是终生有效的，《护士条例》规定护士执业注册有效期为5年，注册有效期届满需要继续执业的，应当在有效期届满前30日，向原注册部门申请延续注册。

护士申请延续注册，应当提交下列材料：①护士延续注册申请审核表；②申请人的《护士执业证书》；③省、自治区、直辖市人民政府卫生行政部门指定的医疗机构出具的申请人6个月内健康体检证明。

注册部门自受理延续注册申请之日起20日内进行审核。审核合格的，予以延续注册。有下列情形之一的，不予延续注册：①不符合法定的健康标准的；②被处暂停执业活动处罚期限未满的。

护士被吊销执业证书的，自执业证书被吊销之日起2年内不得申请执业注册。

（四）重新注册

有下列情形之一的，拟在医疗卫生机构执业时，应当重新申请注册：①注册有效期届满未延续注册的；②受吊销《护士执业证书》处罚，自吊销之日起满2年的。

中断护理执业活动超过3年，重新申请注册的，首先应当在省、自治区、直辖市人民政府卫生行政部门规定的教学、综合医院接受3个月临床护理培训，并考核合格，方可依照法律规定重新申请执业注册。

（五）变更注册

护士在其执业注册有效期内变更执业地点等注册项目，应当办理变更注册。但承担卫生行政部门交办或者批准的任务以及履行医疗卫生机构职责的护理活动，包括经医疗卫生机构批准的进修、学术交流等除外。

护士在其执业注册有效期内变更执业地点的，应当向拟执业地注册主管部门报告，并提交下列材料：①护士变更注册申请审核表；②申请人的《护士执业证书》。

注册部门应当自受理之日起7个工作日内为其办理变更手续。护士跨省、自治区、直辖市变更执业地点的，收到报告的注册部门还应当向其原执业地注册部门通报。

（六）注销注册

护士执业注册后有下列情形之一的，原注册部门办理注销执业注册：①受吊销《护士执业证书》处罚；②注册有效期届满未延续注册；③护士死亡或者丧失民事行为能力。

三、护士的权利与义务

（一）护士的权利

护士权利，是指依法注册取得执业证书的护士在执业活动中依法所享有的权利。《护士条例》规定，护士人格尊严、人身安全不受侵犯；护士依法履行职责，受法律保护；全社会应当尊重护士。护士在执业活动中享有以下权利：

1. 有按照国家有关规定获取工资报酬、享受福利待遇、参加社会保险的权利。任何单位或者个人不得克扣护士工资，降低或者取消护士福利等待遇。

2. 有获得与其所从事的护理工作相适应的卫生防护、医疗保健服务的权利。从事直接接触有毒有害物质、有感染传染病危险工作的护士，有依照有关法律、行政法规的规定接受职业健康监护的权利；患职业病的，有依照有关法律、行政法规的规定获得赔偿的权利。

3. 护士有按照国家有关规定获得与本人业务能力和学术水平相应的专业技术职务、职称的权利；有参加专业培训、从事学术研究和交流、参加行业协会和专业学术团体的权利。

4. 护士有获得疾病诊疗、护理相关信息的权利和其他与履行护理职责相关的权利，可以对医疗卫生机构和卫生主管部门的工作提出意见和建议。

（二）护士的义务

护士义务，是指依法注册的护士在执业活动中依法必须履行的责任。《护士条例》规定，护士在执业活动中必须履行下列义务：

1. 遵守法律、法规、规章和诊疗技术规范的规定。

2. 在执业活动中，发现患者病情危急，应当立即通知医师；在紧急情况下为抢救垂危患者生命，应当先行实施必要的紧急救护。

3. 发现医嘱违反法律、法规、规章或者诊疗技术规范规定的，应当及时向开具医嘱的医师提出；必要时，应当向该医师所在科室的负责人或者医疗卫生机构负责医疗服务管理的人员报告。

4. 应当尊重、关心、爱护患者，保护患者的隐私。

5. 有义务参与公共卫生和疾病预防控制工作。发生自然灾害、公共卫生事件等严重威胁公众生命健康的突发事件，护士应当服从县级以上人民政府卫生主管部门或者所在医疗卫生机构的安排，参加医疗救护。

📖 案例评析

护士错误执行医嘱，医院赔偿

案例：2008 年 3 月 16 日晚，北京市 80 岁的王老太太因"呼之不应半小时"被送往某医院急诊治疗，当晚症状加重。医生安排护士给患者注射盐酸胺碘酮注射液，并嘱咐护士要慢推，推 10 分钟。2008 年 3 月 17 日凌晨两点零五分，一名护士开始给王老太太推药，此时有其他患者叫护士，于是该护士放下注射器离

去。随后另外一个护士拿起注射器继续注射,两名护士注射完液体时间共计五分钟。注射完毕后,王老太太经抢救无效死亡。王老太太的家属认为医院存在过错,遂请求法院判决医院赔偿各类损失共计25万余元。

法院认为,医院在为王老太太诊疗过程中存在过错,其医务人员过快静推注射液对死亡有促发作用,根据鉴定结论认定的院方过错程度,法院酌定按10%确定医院赔偿的比例,最后法院判决医院赔偿王老太太家属3.6万元。

评析:《侵权责任法》第五十四条规定:"患者在诊疗活动中受到损害,医疗机构及其医务人员有过错的,由医疗机构承担赔偿责任。"护士属于本条规定中的"医务人员",在医务人员存在过失的情形下,医院承担替代责任。本案中,护士存在告知不足、静脉注射速度过快等医疗过失,应当由医院承担相应的赔偿责任。

四、护士管理与医疗卫生机构的职责

(一)护士管理

国务院卫生主管部门负责全国的护士监督管理工作,县级以上地方人民政府卫生主管部门负责本行政区域的护士监督管理工作。

国务院有关部门、县级以上地方人民政府及其有关部门以及乡(镇)人民政府应当采取措施,改善护士的工作条件,保障护士待遇,加强护士队伍建设,促进护理事业健康发展。

国务院有关部门和县级以上地方人民政府应当采取措施,鼓励护士到农村、基层医疗卫生机构工作。国务院有关部门对在护理工作中做出杰出贡献的护士,应当授予全国卫生系统先进工作者荣誉称号或者颁发白求恩奖章,受到表彰、奖励的护士享受省部级劳动模范、先进工作者待遇;对长期从事护理工作的护士应当颁发荣誉证书。县级以上地方人民政府及其有关部门对本行政区域内做出突出贡献的护士,按照省、自治区、直辖市人民政府的有关规定给予表彰、奖励。

(二)医疗卫生机构的职责

为了更好规范护理行为,保障医疗安全和人体健康,《护士条例》中还明确规定了医疗卫生机构的职责。

1. 医疗卫生机构配备护士的数量不得低于国务院卫生主管部门规定的护士配备标准。

2. 医疗卫生机构不得允许下列人员在本机构从事诊疗技术规范规定的护理活动:①未取得护士执业证书的人员;②未依照本条例第九条的规定办理执业地点变更手续的护士;③护士执业注册有效期届满未延续执业注册的护士。

在教学、综合医院进行护理临床实习的人员应当在护士指导下开展有关工作。

3. 医疗卫生机构应当为护士提供卫生防护用品,并采取有效的卫生防护措施和医疗保健措施。

4. 医疗卫生机构应当执行国家有关工资、福利待遇等规定,按照国家有关规定为在本机构从事护理工作的护士足额缴纳社会保险费,保障护士的合法权益。对

在艰苦边远地区工作，或者从事直接接触有毒有害物质、有感染传染病危险工作的护士，所在医疗卫生机构应当按照国家有关规定给予津贴。

5. 医疗卫生机构应当制定、实施本机构护士在职培训计划，并保证护士接受培训。护士培训应当注重新知识、新技术的应用；根据临床专科护理发展和专科护理岗位的需要，开展对护士的专科护理培训。

6. 医疗卫生机构应当按照国务院卫生主管部门的规定，设置专门机构或者配备专（兼）职人员负责护理管理工作。

7. 医疗卫生机构应当建立护士岗位责任制并进行监督检查。护士因不履行职责或者违反职业道德受到投诉的，其所在医疗卫生机构应当进行调查。经查证属实的，医疗卫生机构应当对护士做出处理，并将调查处理情况告知投诉人。

五、违反《护士条例》之法律责任

1. 卫生主管部门的工作人员未依照本条例规定履行职责，在护士监督管理工作中滥用职权、徇私舞弊，或者有其他失职、渎职行为的，依法给予处分；构成犯罪的，依法追究刑事责任。

2. 医疗卫生机构有下列情形之一的，由县级以上地方人民政府卫生主管部门依据职责分工责令限期改正，给予警告；逾期不改正的，根据国务院卫生主管部门规定的护士配备标准和在医疗卫生机构合法执业的护士数量核减其诊疗科目，或者暂停其6个月以上1年以下执业活动；国家举办的医疗卫生机构有下列情形之一、情节严重的，还应当对负有责任的主管人员和其他直接责任人员依法给予处分：①违反本条例规定，护士的配备数量低于国务院卫生主管部门规定的护士配备标准的；②允许未取得护士执业证书的人员或者允许未依照本条例规定办理执业地点变更手续、延续执业注册有效期的护士在本机构从事诊疗技术规范规定的护理活动的。

3. 医疗卫生机构有下列情形之一的，依照有关法律、行政法规的规定给予处罚；国家举办的医疗卫生机构有下列情形之一、情节严重的，还应当对负有责任的主管人员和其他直接责任人员依法给予处分：①未执行国家有关工资、福利待遇等规定的；②对在本机构从事护理工作的护士，未按照国家有关规定足额缴纳社会保险费用的；③未为护士提供卫生防护用品，或者未采取有效的卫生防护措施、医疗保健措施的；④对在艰苦边远地区工作，或者从事直接接触有毒有害物质、有感染传染病危险工作的护士，未按照国家有关规定给予津贴的。

4. 医疗卫生机构有下列情形之一的，由县级以上地方人民政府卫生主管部门依据职责分工责令限期改正，给予警告：①未制定、实施本机构护士在职培训计划或者未保证护士接受培训的；②未依照本条例规定履行护士管理职责的。

5. 护士在执业活动中有下列情形之一的，由县级以上地方人民政府卫生主管部门依据职责分工责令改正，给予警告；情节严重的，暂停其6个月以上1年以下执业活动，直至由原发证部门吊销其护士执业证书：①发现患者病情危急未立即通知医师的；②发现医嘱违反法律、法规、规章或者诊疗技术规范的规定，未依照本条例第十七条的规定提出或者报告的；③泄露患者隐私的；④发生自然灾害、公共卫生事件等严重威胁公众生命健康的突发事件，不服从安排参加医疗救护的。

6. 护士在执业活动中造成医疗事故的，依照医疗事故处理的有关规定承担法律责任。

7. 扰乱医疗秩序，阻碍护士依法开展执业活动，侮辱、威胁、殴打护士，或者有其他侵犯护士合法权益行为的，由公安机关依照治安管理处罚法的规定给予处罚；构成犯罪的，依法追究刑事责任。

六、医师、护士与药师三者关系问题

医师、护士与药师是治疗患者、应对疾病挑战的系统工程中三支重要的医疗力量，他们三者应该互相配合、互相支持、取长补短，为治愈患者、保障患者生命健康权益而共同工作。

医师诊断病情，给出医嘱，护士正确实施给药、护理及治疗等医嘱，但护士对医嘱的执行是有判断义务的，当护士发现医嘱违反法律、法规、规章或者诊疗技术规范规定的，应当及时向开具医嘱的医师提出；必要时，应当向该医师所在科室的负责人或者医疗卫生机构负责医疗服务管理的人员报告。

药师应当凭医师处方调剂处方药品，非经医师处方不得调剂；但药师应负责处方审核、评估、核对、发药以及安全用药指导；应当认真逐项检查处方前记、正文和后记书写是否清晰、完整，并确认处方的合法性。药师应当对处方用药适宜性进行审核，审核内容包括：①规定必须做皮试的药品，处方医师是否注明过敏试验及结果的判定；②处方用药与临床诊断的相符性；③剂量、用法的正确性；④选用剂型与给药途径的合理性；⑤是否有重复给药现象；⑥是否有潜在临床意义的药物相互作用和配伍禁忌；⑦其他用药不适宜情况。药师经处方审核后，认为存在用药不适宜时，应当告知处方医师，请其确认或者重新开具处方。药师发现严重不合理用药或者用药错误，应当拒绝调剂，及时告知处方医师，并应当记录，按照有关规定报告。药师特别是临床药师还要根据药学发展的新动态及药物临床使用的实际情况，参与用药的全过程，向医生提出用药建议，指导医师合理用药；向护士普及合理用药专业知识，提供用药咨询，保障患者用药安全有效。

第三节　医疗机构从业人员行为规范及卫生行业作风建设

一、医疗机构从业人员行为规范

为规范医疗机构从业人员行为，根据医疗卫生有关法律法规、规章制度，结合医疗机构实际，卫生部、国家食品药品监督管理局和国家中医药管理局于 2012 年 6 月 26 日印发《医疗机构从业人员行为规范》。

（一）适用范围

医疗机构从业人员，既要遵守本文件所列基本行为规范，又要遵守与职业相对应的分类行为规范。本规范适用于各级各类医疗机构内所有从业人员，包括：

1. 管理人员　指在医疗机构及其内设各部门、科室从事计划、组织、协调、控制、决策等管理工作的人员。

2. 医师　指依法取得执业医师、执业助理医师资格，经注册在医疗机构从事医疗、预防、保健等工作的人员。

3. 护士　指经执业注册取得护士执业证书，依法在医疗机构从事护理工作的人员。

4. 药学技术人员　指依法经过资格认定，在医疗机构从事药学工作的药师及技术人员。

5. 医技人员　指医疗机构内除医师、护士、药学技术人员之外从事其他技术服务的卫生专业技术人员。

6. 其他人员　指除以上五类人员外，在医疗机构从业的其他人员，主要包括物资、总务、设备、科研、教学、信息、统计、财务、基本建设、后勤等部门工作人员。

7. 经注册在村级医疗卫生机构从业的乡村医生。

8. 医疗机构内的实习人员、进修人员、签订劳动合同但尚未进行执业注册的人员和外包服务人员等，根据其在医疗机构内从事的工作性质和职业类别，参照相应人员分类执行本规范。

（二）医疗机构从业人员基本行为规范

1. 以人为本、践行宗旨　坚持救死扶伤、防病治病的宗旨，发扬大医精诚理念和人道主义精神，以病人为中心，全心全意为人民健康服务。

2. 遵纪守法、依法执业　自觉遵守国家法律法规，遵守医疗卫生行业规章和纪律，严格执行所在医疗机构各项制度规定。

3. 尊重患者、关爱生命　遵守医学伦理道德，尊重患者的知情同意权和隐私权，为患者保守医疗秘密和健康隐私，维护患者合法权益；尊重患者被救治的权利，不因种族、宗教、地域、贫富、地位、残疾、疾病等歧视患者。

4. 优质服务、医患和谐　言语文明，举止端庄，认真践行医疗服务承诺，加强与患者的交流与沟通，积极带头控烟，自觉维护行业形象。

5. 廉洁自律、恪守医德　弘扬高尚医德，严格自律，不索取和非法收受患者财物，不利用执业之便谋取不正当利益；不收受医疗器械、药品、试剂等生产、经营企业或人员以各种名义、形式给予的回扣、提成，不参加其安排、组织或支付费用的营业性娱乐活动；不骗取、套取基本医疗保障资金或为他人骗取、套取提供便利；不违规参与医疗广告宣传和药品医疗器械促销，不倒卖号源。

6. 严谨求实、精益求精　热爱学习，钻研业务，努力提高专业素养，诚实守信，抵制学术不端行为。

7. 爱岗敬业、团结协作　忠诚职业，尽职尽责，正确处理同行同事间关系，互相尊重，互相配合，和谐共事。

8. 乐于奉献、热心公益　积极参加上级安排的指令性医疗任务和社会公益性的扶贫、义诊、助残、支农、援外等活动，主动开展公众健康教育。

（三）管理人员行为规范

1. 牢固树立科学的发展观和正确的业绩观，加强制度建设和文化建设，与时俱进，创新进取，努力提升医疗质量、保障医疗安全、提高服务水平。

2. 认真履行管理职责，努力提高管理能力，依法承担管理责任，不断改进工作作风，切实服务临床一线。

3.坚持依法、科学、民主决策,正确行使权力,遵守决策程序,充分发挥职工代表大会作用,推进院务公开,自觉接受监督,尊重员工民主权利。

4.遵循公平、公正、公开原则,严格人事招录、评审、聘任制度,不在人事工作中谋取不正当利益。

5.严格落实医疗机构各项内控制度,加强财物管理,合理调配资源,遵守国家采购政策,不违反规定干预和插手药品、医疗器械采购和基本建设等工作。

6.加强医疗、护理质量管理,建立健全医疗风险管理机制。

7.尊重人才,鼓励公平竞争和学术创新,建立完善科学的人员考核、激励、惩戒制度,不从事或包庇学术造假等违规违纪行为。

8.恪尽职守,勤勉高效,严格自律,发挥表率作用。

（四）医师行为规范

1.遵循医学科学规律,不断更新医学理念和知识,保证医疗技术应用的科学性、合理性。

2.规范行医,严格遵循临床诊疗和技术规范,使用适宜诊疗技术和药物,因病施治,合理医疗,不隐瞒、误导或夸大病情,不过度医疗。

3.学习掌握人文医学知识,提高人文素质,对患者实行人文关怀,真诚、耐心与患者沟通。

4.认真执行医疗文书书写与管理制度,规范书写、妥善保存病历材料,不隐匿、伪造或违规涂改、销毁医学文书及有关资料,不违规签署医学证明文件。

5.依法履行医疗质量安全事件、传染病疫情、药品不良反应、食源性疾病和涉嫌伤害事件或非正常死亡等法定报告职责。

6.认真履行医师职责,积极救治,尽职尽责为患者服务,增强责任安全意识,努力防范和控制医疗责任差错事件。

7.严格遵守医疗技术临床应用管理规范和单位内部规定的医师执业等级权限,不违规临床应用新的医疗技术。

8.严格遵守药物和医疗技术临床试验有关规定,进行实验性临床医疗,应充分保障患者本人或其家属的知情同意权。

（五）护士行为规范

1.不断更新知识,提高专业技术能力和综合素质,尊重关心爱护患者,保护患者的隐私,注重沟通,体现人文关怀,维护患者的健康权益。

2.严格落实各项规章制度,正确执行临床护理实践和护理技术规范,全面履行医学照顾、病情观察、协助诊疗、心理支持、健康教育和康复指导等护理职责,为患者提供安全优质的护理服务。

3.工作严谨、慎独,对执业行为负责。发现患者病情危急,应立即通知医师;在紧急情况下为抢救垂危患者生命,应及时实施必要的紧急救护。

4.严格执行医嘱,发现医嘱违反法律、法规、规章或者临床诊疗技术规范,应及时与医师沟通或按规定报告。

5.按照要求及时准确、完整规范书写病历,认真管理,不伪造、隐匿或违规涂改、销毁病历。

（六）药学技术人员行为规范

1. 严格执行药品管理法律法规，科学指导合理用药，保障用药安全、有效。

2. 认真履行处方调剂职责，坚持查对制度，按照操作规程调剂处方药品，不对处方所列药品擅自更改或代用。

3. 严格履行处方合法性和用药适宜性审核职责。对用药不适宜的处方，及时告知处方医师确认或者重新开具；对严重不合理用药或者用药错误的，拒绝调剂。

4. 协同医师做好药物使用遴选和患者用药适应症、使用禁忌、不良反应、注意事项和使用方法的解释说明，详尽解答用药疑问。

5. 严格执行药品采购、验收、保管、供应等各项制度规定，不私自销售、使用非正常途径采购的药品，不违规为商业目的统方。

6. 加强药品不良反应监测，自觉执行药品不良反应报告制度。

（七）医技人员行为规范

1. 认真履行职责，积极配合临床诊疗，实施人文关怀，尊重患者，保护患者隐私。

2. 爱护仪器设备，遵守各类操作规范，发现患者的检查项目不符合医学常规的，应及时与医师沟通。

3. 正确运用医学术语，及时、准确出具检查、检验报告，提高准确率，不谎报数据，不伪造报告。发现检查检验结果达到危急值时，应及时提示医师注意。

4. 指导和帮助患者配合检查，耐心帮助患者查询结果，对接触传染性物质或放射性物质的相关人员，进行告知并给予必要的防护。

5. 合理采集、使用、保护、处置标本，不违规买卖标本，谋取不正当利益。

（八）其他人员行为规范

1. 热爱本职工作，认真履行岗位职责，增强为临床服务的意识，保障医疗机构正常运营。

2. 刻苦学习，钻研技术，熟练掌握本职业务技能，认真执行各项具体工作制度和技术操作常规。

3. 严格执行财务、物资、采购等管理制度，认真做好设备和物资的计划、采购、保管、报废等工作，廉洁奉公，不谋私利。

4. 严格执行临床教学、科研有关管理规定，保证患者医疗安全和合法权益，指导实习及进修人员严格遵守服务范围，不越权越级行医。

5. 严格执行医疗废物处理规定，不随意丢弃、倾倒、堆放、使用、买卖医疗废物。

6. 严格执行信息安全和医疗数据保密制度，加强医院信息系统药品、高值耗材统计功能管理，不随意泄露、买卖医学信息。

7. 勤俭节约，爱护公物，落实安全生产管理措施，保持医疗机构环境卫生，为患者提供安全整洁、舒适便捷、秩序良好的就医环境。

（九）实施与监督

1. 实施　医疗机构行政领导班子负责本规范的贯彻实施。主要责任人要以身作则，模范遵守本规范，同时抓好本单位的贯彻实施；医疗机构相关职能部门协助行政领导班子抓好本规范的落实，纪检监察纠风部门负责对实施情况进行监督检查。

各级卫生行政部门要加强对辖区内各级各类医疗机构及其从业人员贯彻执行本

规范的监督检查。

医疗卫生有关行业组织应结合自身职责,配合卫生行政部门做好本规范的贯彻实施,加强行业自律性管理。

医疗机构及其从业人员实施和执行本规范的情况,应列入医疗机构校验管理和医务人员年度考核、医德考评和医师定期考核的重要内容,作为医疗机构等级评审、医务人员职称晋升、评先评优的重要依据。

2．责任　医疗机构从业人员违反本规范的,由所在单位视情节轻重,给予批评教育、通报批评、取消当年评优评职资格或低聘、缓聘、解职待聘、解聘。其中需要追究党纪、政纪责任的,由有关纪检监察部门按照党纪政纪案件的调查处理程序办理;需要给予行政处罚的,由有关卫生行政部门依法给予相应处罚;涉嫌犯罪的,移送司法机关依法处理。

二、卫生行业作风建设

针对医疗卫生行业的行风建设中一些亟待解决的问题,2004 年 4 月卫生部制定了《卫生部关于加强卫生行业作风建设的意见》(以下简称《意见》),就一些医疗机构和部分医务人员收受回扣、"红包"、开单提成,开大处方、滥检查、乱收费等损害人民群众利益的行为进行治理,提出要把维护人民群众的健康权益放在第一位,强化"以病人为中心"的服务理念,重点解决损害人民群众切身利益的突出问题,为广大人民群众提供质量较高、费用较低的医疗卫生服务;同时强调加强卫生行风建设,必须坚持标本兼治、综合治理的方针,深入推进卫生医疗体制改革,从体制、机制、制度、管理等源头上加大预防和治理工作力度,积极推进医疗卫生全行业监管,严格规范医疗服务行为,医疗卫生机构要全面实行办事公开制度,广泛接受社会和群众监督。

《意见》明确了医疗行业的纪律:

1．医疗机构和科室不准实行药品、仪器检查、化验检查及其他医学检查等开单提成办法。

2．医疗机构的一切财务收支应由财务部门统一管理,内部科室取消与医务人员收入分配直接挂钩的经济承包办法,不准设立小金库。

3．医务人员在医疗服务活动中不准接受患者及其亲友的"红包"、物品和宴请。

4．医务人员不准接受医疗器械、药品、试剂等生产、销售企业或人员以各种名义、形式给予的回扣、提成和其他不正当利益。

5．医务人员不准通过介绍病人到其他单位检查、治疗或购买药品、医疗器械等收取回扣或提成。

6．医疗机构和医务人员不准在国家规定的收费项目和标准之外,自立、分解项目收费或提高标准加收费用。

7．医疗机构不准违反国家有关药品集中招标采购政策规定,对中标药品必须按合同采购,合理使用。

8．医疗机构不准使用假劣药品,或生产、销售、使用无生产批准文号的自制药品与制剂。

医务人员违反上述规定的,由所在单位视情节轻重,给予通报批评、取消当年评

优、评职称资格或缓聘、解职待聘，直至解聘。执业医师由县级以上卫生行政部门依据《中华人民共和国执业医师法》第三十七条的规定，视情节轻重，给予警告、责令暂停执业活动，直至吊销其执业证书。构成犯罪的，移送司法机关依法追究刑事责任。医疗机构或科室违反规定设立开单提成的，免除其主要负责人职务，并依照有关规定，给予医疗机构相应的行政处罚。

医疗卫生机构在签订药品、器械材料等购销合同时，应明确要求医药生产、经营企业及其营销人员不得以回扣、提成等不正当手段促销，违反约定的，医疗卫生机构应予以曝光，并断绝与其经济往来。卫生行政部门依据有关规定，在系统内通报或公布有关企业的违法违规情况，商请有关单位取消该企业 2 年内参加医疗机构药品集中招标采购的投标资格，并提请有关部门依法进行查处。

三、加强医疗卫生行风建设"九不准"

为了进一步加强行风建设，严肃纪律，明确要求，促进依法执业、廉洁行医，针对医疗卫生方面群众反映强烈的突出问题，国家卫生和计划生育委员会、国家中医药管理局于 2013 年 12 月 26 日下发了《加强医疗卫生行风建设"九不准"》（以下简称"九不准"），制定如下九项不准行为事项。

（一）不准将医疗卫生人员个人收入与药品和医学检查收入挂钩

医疗卫生机构应当结合深化医改建立科学的医疗绩效评价机制和内部分配激励机制，严禁向科室或个人下达创收指标，严禁将医疗卫生人员奖金、工资等收入与药品、医学检查等业务收入挂钩。

（二）不准开单提成

医疗卫生机构应当通过综合目标考核，提高医疗服务质量和效率。严禁医疗卫生机构在药品处方、医学检查等医疗服务中实行开单提成的做法，严禁医疗卫生人员通过介绍患者到其他单位检查、治疗或购买医药产品等收取提成。

（三）不准违规收费

医疗卫生机构应当严格执行国家药品价格政策，严格执行医疗服务项目价格，公开医疗服务收费标准和常用药品价格。严禁在国家规定的收费项目和标准之外自立项目、分解项目收费或擅自提高标准加收费用，严禁重复收费。

（四）不准违规接受社会捐赠资助

医疗卫生机构及行业协会、学会等社会组织应当严格遵守国家关于接受社会捐赠资助管理有关规定，接受社会捐赠资助必须以法人名义接受，捐赠资助财物必须由单位财务部门统一管理，严格按照捐赠协议约定开展公益非营利性业务活动。严禁医疗卫生机构内设部门和个人直接接受捐赠资助，严禁接受附有影响公平竞争条件的捐赠资助，严禁将接受捐赠资助与采购商品（服务）挂钩，严禁将捐赠资助资金用于发放职工福利，严禁接受企业捐赠资助出国（境）旅游或者变相旅游。

（五）不准参与推销活动和违规发布医疗广告

医疗卫生机构和医疗卫生人员应当注意维护行业形象。严禁违反规定发布医疗广告，严禁参与医药产品、食品、保健品等商品推销活动，严禁违反规定泄露患者等服务对象的个人资料和医学信息。

（六）不准为商业目的统方

医疗卫生机构应当加强本单位信息系统中药品、医用耗材用量统计功能的管理，严格处方统计权限和审批程序。严禁医疗卫生人员利用任何途径和方式为商业目的统计医师个人及临床科室有关药品、医用耗材的用量信息，或为医药营销人员统计提供便利。

（七）不准违规私自采购使用医药产品

医疗卫生机构应当严格遵守药品采购、验收、保管、供应等各项制度。严禁医疗卫生人员违反规定私自采购、销售、使用药品、医疗器械、医用卫生材料等医药产品。

（八）不准收受回扣

医疗卫生人员应当遵纪守法、廉洁从业。严禁利用执业之便谋取不正当利益，严禁接受药品、医疗器械、医用卫生材料等医药产品生产、经营企业或经销人员以各种名义、形式给予的回扣，严禁参加其安排、组织或支付费用的营业性娱乐场所的娱乐活动。

（九）不准收受患者"红包"

医疗卫生人员应当恪守医德、严格自律。严禁索取或收受患者及其亲友的现金、有价证券、支付凭证和贵重礼品。

各级卫生计生行政部门和医疗卫生机构应当切实加强对上述规定执行情况的监督检查，严肃查处违规行为。对违反规定的，根据国家法律法规和党纪政纪规定，视情节轻重、造成的影响与后果，由所在单位或有关卫生计生行政部门给予相应的组织处理、党纪政纪处分或行政处罚。涉嫌犯罪的，移送司法机关依法处理。对工作严重不负责任或失职渎职的，要严格问责。

（赵西巨　李　玮　安　琪）

？ 复习思考题

1. 执业医师注册制度的内容有哪些？
2. 执业医师的执业规则有哪些？
3. 医师多点执业的规定有哪些？
4. 护士的权利和义务有哪些？

扫一扫
测一测

第二章

医疗机构及医疗技术管理法律制度

培训目标

1. 理解医疗机构管理制度，掌握医疗机构的执业规则。
2. 理解我国的医疗技术临床应用管理制度，掌握医疗技术临床应用负面清单管理制度、限制类技术备案管理制度和医疗技术临床应用质量管理与控制制度。
3. 掌握我国医疗机构手术分级和授权管理法律制度。

第一节　医疗机构管理制度

医疗机构是指依据《医疗机构管理条例》和《医疗机构管理条例实施细则》的规定，经登记取得《医疗机构执业许可证》的机构。《医疗机构管理条例》适用于从事疾病诊断、治疗活动的医院、卫生院、疗养院、门诊部、诊所、卫生所（室）以及急救站等医疗机构。

医疗机构的类别包括：①综合医院、中医医院、中西医结合医院、民族医医院、专科医院、康复医院；②妇幼保健院、妇幼保健计划生育服务中心；③社区卫生服务中心、社区卫生服务站；④中心卫生院、乡（镇）卫生院、街道卫生院；⑤疗养院；⑥综合门诊部、专科门诊部、中医门诊部、中西医结合门诊部、民族医门诊部；⑦诊所、中医诊所、民族医诊所、卫生所、医务室、卫生保健所、卫生站；⑧村卫生室（所）；⑨急救中心、急救站；⑩临床检验中心；⑪专科疾病防治院、专科疾病防治所、专科疾病防治站；⑫护理院、护理站；⑬医学检验实验室、病理诊断中心、医学影像诊断中心、血液透析中心、安宁疗护中心；⑭其他诊疗机构。

一、医疗机构的设置与登记

县级以上地方人民政府卫生行政部门应当根据本行政区域内的人口、医疗资源、医疗需求和现有医疗机构的分布状况，制定本行政区域医疗机构设置规划。机关、企

业和事业单位可以根据需要设置医疗机构,并纳入当地医疗机构的设置规划。县级以上地方人民政府应当把医疗机构设置规划纳入当地的区域卫生发展规划和城乡建设发展总体规划。

设置医疗机构应当符合医疗机构设置规划和医疗机构基本标准。单位或者个人设置医疗机构,必须经县级以上地方人民政府卫生行政部门审查批准,并取得设置医疗机构批准书。国家统一规划的医疗机构的设置,由国务院卫生行政部门决定。

有下列情形之一的,不得申请设置医疗机构:①不能独立承担民事责任的单位;②正在服刑或者不具有完全民事行为能力的个人;③发生二级以上医疗事故未满五年的医务人员;④因违反有关法律、法规和规章,已被吊销执业证书的医务人员;⑤被吊销《医疗机构执业许可证》的医疗机构法定代表人或者主要负责人;⑥省、自治区、直辖市政府卫生计生行政部门规定的其他情形。有前款第②、③、④、⑤项所列情形之一者,不得充任医疗机构的法定代表人或者主要负责人。

在城市设置诊所的个人,必须同时具备下列条件:①经医师执业技术考核合格,取得《医师执业证书》;②取得《医师执业证书》或者医师职称后,从事五年以上同一专业的临床工作;③省、自治区、直辖市卫生计生行政部门规定的其他条件。在乡镇和村设置诊所的个人的条件,由省、自治区、直辖市卫生计生行政部门规定。

医疗机构执业,必须进行登记,领取《医疗机构执业许可证》。申请医疗机构执业登记,应当具备下列条件:①有设置医疗机构批准书;②符合医疗机构的基本标准;③有适合的名称、组织机构和场所;④有与其开展的业务相适应的经费、设施、设备和专业卫生技术人员;⑤有相应的规章制度;⑥能够独立承担民事责任。医疗机构执业登记的主要事项为:①名称、地址、主要负责人;②所有制形式;③诊疗科目、床位;④注册资金。

医疗机构改变名称、场所、主要负责人、诊疗科目、床位,必须向原登记机关办理变更登记。医疗机构歇业,必须向原登记机关办理注销登记。经登记机关核准后,收缴《医疗机构执业许可证》。医疗机构非因改建、扩建、迁建原因停业超过1年的,视为歇业。

知识拓展

医疗机构审批管理制度与中医诊所的备案管理制度

《中华人民共和国中医药法》第十四条,一方面规定"举办中医医疗机构应当按照国家有关医疗机构管理的规定办理审批手续,并遵守医疗机构管理的有关规定"(第一款);另一方面则规定"举办中医诊所的,将诊所的名称、地址、诊疗范围、人员配备情况等报所在地县级人民政府中医药主管部门备案后即可开展执业活动。中医诊所应当将本诊所的诊疗范围、中医医师的姓名及其执业范围在诊所的明显位置公示,不得超出备案范围开展医疗活动。具体办法由国务院中医药主管部门拟订,报国务院卫生行政部门审核、发布"。本条第二款对举办中医诊所作了特别规定,被认为是对本条第一款的例外规定。它将中医诊所由

一般医疗机构实行的审批管理改为了备案管理。本款所指的中医诊所包括了民族医诊所。

之所以做这种改变，是因为在实践中，一些希望个人开业的中医执业医师，虽然执业经验丰富、专业水平高超，但因为难以达到取得医疗机构执业许可证所要求的设施、设备等条件，而无法举办中医诊所。另外，该条也考虑到了中医诊所主要是医师坐堂望、闻、问、切，服务简便，不像西医医疗机构那样需要配备相应的仪器设备这一情况，它旨在建立符合中医药特点的管理制度，发展中医医疗服务。

在实行备案管理的同时，为加强监管，保证医疗安全，该款规定，中医诊所应当将本诊所的诊疗范围、中医医师的姓名及其执业范围在诊所的明显位置公示，不得超出备案范围开展医疗活动。《中医诊所备案管理暂行办法》已于2017年7月31日经国家卫生和计划生育委员会委主任会议讨论通过，予以公布，自2017年12月1日起施行。

不过，需要注意的是，除本条第二款所作的特别规定外，举办中医诊所仍然需要遵守《医疗机构管理条例》及其实施细则的其他有关命名、校验、执业等规定。

二、医疗机构的执业

关于医疗机构的执业，《医疗机构管理条例》规定：

1. 任何单位或者个人，未取得《医疗机构执业许可证》，不得开展诊疗活动。

2. 医疗机构执业，必须遵守有关法律、法规和医疗技术规范。

3. 医疗机构必须将《医疗机构执业许可证》、诊疗科目、诊疗时间和收费标准悬挂于明显处所。

4. 医疗机构必须按照核准登记的诊疗科目开展诊疗活动。

5. 医疗机构不得使用非卫生技术人员从事医疗卫生技术工作。

6. 医疗机构应当加强对医务人员的医德教育。

7. 医疗机构工作人员上岗工作，必须佩戴载有本人姓名、职务或者职称的标牌。

8. 医疗机构对危重病人应当立即抢救。对限于设备或者技术条件不能诊治的病人，应当及时转诊。

9. 未经医师（士）亲自诊查病人，医疗机构不得出具疾病诊断书、健康证明书或者死亡证明书等证明文件；未经医师（士）、助产人员亲自接产，医疗机构不得出具出生证明书或者死产报告书。

10. 医疗机构施行手术、特殊检查或者特殊治疗时，必须征得患者同意，并应当取得其家属或者关系人同意并签字；无法取得患者意见时，应当取得家属或者关系人同意并签字；无法取得患者意见又无家属或者关系人在场，或者遇到其他特殊情况时，经治医师应当提出医疗处置方案，在取得医疗机构负责人或者被授权负责人员的批准后实施。

11. 医疗机构发生医疗事故,按照国家有关规定处理。

12. 医疗机构对传染病、精神病、职业病等患者的特殊诊治和处理,应当按照国家有关法律、法规的规定办理。

13. 医疗机构必须按照有关药品管理的法律、法规,加强药品管理。

14. 医疗机构必须按照人民政府或者物价部门的有关规定收取医疗费用,详列细项,并出具收据。

15. 医疗机构必须承担相应的预防保健工作,承担县级以上人民政府卫生行政部门委托的支援农村、指导基层医疗卫生工作等任务。

16. 发生重大灾害、事故、疾病流行或者其他意外情况时,医疗机构及其卫生技术人员必须服从县级以上人民政府卫生行政部门的调遣。

关于医疗机构的执业,《医疗机构管理条例实施细则》规定:

1. 医疗机构的印章、银行账户、牌匾以及医疗文件中使用的名称应当与核准登记的医疗机构名称相同;使用两个以上的名称的,应当与第一名称相同。

2. 医疗机构应当严格执行无菌消毒、隔离制度,采取科学有效的措施处理污水和废弃物,预防和减少医院感染。

3. 医疗机构的门诊病历的保存期不得少于十五年;住院病历的保存期不得少于三十年。

4. 标有医疗机构标识的票据和病历本册以及处方笺、各种检查的申请单、报告单、证明文书单、药品分装袋、制剂标签等不得买卖、出借和转让。

5. 医疗机构应当按照卫生行政部门的有关规定、标准加强医疗质量管理,实施医疗质量保证方案,确保医疗安全和服务质量,不断提高服务水平。

6. 医疗机构应当定期检查、考核各项规章制度和各级各类人员岗位责任制的执行和落实情况。

7. 医疗机构应当经常对医务人员进行"基础理论、基本知识、基本技能"的训练与考核,把"严格要求、严密组织、严谨态度"落实到各项工作中。

8. 医疗机构应当组织医务人员学习医德规范和有关教材,督促医务人员恪守职业道德。

9. 医疗机构不得使用假劣药品,过期和失效药品以及违禁药品。

10. 医疗机构为死因不明者出具的《死亡医学证明书》,只作是否死亡的诊断,不作死亡原因的诊断。如有关方面要求进行死亡原因诊断的,医疗机构必须指派医生对尸体进行解剖和有关死因检查后方能作出死因诊断。

11. 医疗机构在诊疗活动中,应当对患者实行保护性医疗措施,并取得患者家属和有关人员的配合。

12. 医疗机构应当尊重患者对自己的病情、诊断、治疗的知情权利。在实施手术、特殊检查、特殊治疗时,应当向患者作必要的解释。因实施保护性医疗措施不宜向患者说明情况的,应当将有关情况通知患者家属。特殊检查、特殊治疗是指具有下列情形之一的诊断、治疗活动:①有一定危险性,可能产生不良后果的检查和治疗;②由于患者体质特殊或者病情危笃,可能对患者产生不良后果和危险的检查和治疗;③临床试验性检查和治疗;④收费可能对患者造成较大经济负担的检查和治疗。

13. 门诊部、诊所、卫生所、医务室、卫生保健所和卫生站附设药房(柜)的药品种类由登记机关核定,具体办法由省、自治区、直辖市卫生行政部门规定。

14. 为内部职工服务的医疗机构未经许可和变更登记不得向社会开放。

15. 医疗机构被吊销或者注销执业许可证后,不得继续开展诊疗活动。

案例评析

男子拒签字致产妇死亡案

案例:怀孕41周的李某因呼吸困难被以夫妻名义与其长期同居的肖某送到某地某医院进行治疗。医生检查后发现孕妇及其体内胎儿均生命垂危,建议进行剖宫产手术。虽经各方多次劝说,肖某始终拒绝手术,并在手术通知单上写下"拒绝进行剖腹产手术"的字样。在医院常规抢救3小时过程中,该院神经科医生确认肖某精神正常,该院紧急上报某市卫生系统的各级领导后,得到的指示为:如果家属不签字,不得进行手术。最终,孕妇及体内胎儿不治身亡。李某的父母以医院错误诊疗导致李某死亡为由,向医院索赔121万元。某人民法院一审判决认定某医院的医疗行为与李某之死无明确因果关系,据此驳回了原告方的诉讼请求。但是,考虑到某医院愿意给予李某家属一定的经济帮助,法院最终判决由某医院向原告支付人民币10万元。

评析:该案使得《医疗机构管理条例》第三十三条成为关注和讨论焦点。该条规定:"医疗机构施行手术、特殊检查或者特殊治疗时,必须征得患者同意,并应当取得其家属或者关系人同意并签字;无法取得患者意见时,应当取得家属或者关系人同意并签字;无法取得患者意见又无家属或者关系人在场,或者遇到其他特殊情况时,经治医师应当提出医疗处置方案,在取得医疗机构负责人或者被授权负责人员的批准后实施。"根据该条,医院在对患者进行手术之前,要区分四种情况:①必须征得患者同意并应当取得患者家属或关系人同意并签字;②无法征求患者意见时,只需取得患者家属或关系人同意并签字;③无法征求患者意见又无家属或关系人在场时,医师应当提出医疗处置方案并在取得上级领导批准后进行手术;④在①、②、③情况之外的其他特殊情况下,医师应当提出医疗处置方案并在取得上级领导批准后进行手术。从事实看,案中的情况属于第②种情况。

不过,两条生命的逝去也让人们反思现有法律的妥当性和可改善之处。法律应在尊重当事人的自主权与允许医疗从业者行使医疗处置权之间寻求平衡。在此方面,我国《侵权责任法》做出了回应。在尊重患者知情同意权的同时,该法第五十六条规定:"因抢救生命垂危的患者等紧急情况,不能取得患者或者其近亲属意见的,经医疗机构负责人或者授权的负责人批准,可以立即实施相应的医疗措施。"此类规定一定程度上会避免或减少类似悲剧的发生。

案例评析

医生为患者开具推荐购药清单之定性

案例： 张某因腰疼等身体不适到某医院就诊，医生王某在给患者张某检查后确认张某为腰椎骨质增生，建议张某住院，张某拒绝。后医生开具了三种药（分别是活血胶囊、丹鹿通督片、双氯芬酸钠缓释片），因医院无这几种药出售，医生便建议其到外面某药店购买。患者持医生在便签（注：不是处方单）上开具的购药清单到某药店购药，患者服药三次后发生药物中毒，经确诊为急性药物中毒、肝功能不良。后张某将某医院、某药店及医生王某诉至法院，要求三被告赔偿医疗费、住院伙食补助费、护理费、交通费、住宿费、精神抚慰金等各项损失若干元。法院经审理，另查明以下事实：该三种药物是医生所推荐药品，便签无医生签字，但医生承认是其书写。医生未交代用法用量，甚至药物品牌都没交代，只是列了几种药物通用名称。

评析： 一审法院审理认为，张某因病到被告医院求治，医生王某检查后建议其到被告某药房购药，王某的行为是履行其作为医生的职务行为，张某是基于对医院的信任，接受王某建议购药。二审法院审理认为，王某的建议购药并出具购药清单的行为是在工作时间工作地点对患者的疾病做出专业判断基础上，意图通过药物改善患者健康状况的诊疗行为，是医生对患者检查、做出明确诊断后的一种处置方式，该种行为应属职务行为。王某在给张某检查诊疗后，在医院无该类药物的情况下不是开具其他可替代类药物或者建议患者到其他具备诊疗资质的医疗机构诊治，而是以不规范的方式开具购药清单，致使张某服药后出现中毒症状。

该案中，医生开具推荐购药清单的行为虽然不属于开"处方"行为，但其体现了医生在前期对患者疾病进行检查之后做出的专业性判断，应属于诊疗活动的一部分，医生应尽合理注意义务。一审和二审法院将被告医生的行为定性为职务行为是妥当的。

三、违反医疗机构管理法律制度之罚则

任何单位或者个人，未取得《医疗机构执业许可证》，不得开展诊疗活动。未取得《医疗机构执业许可证》擅自执业的，由县级以上人民政府卫生行政部门责令其停止执业活动，没收非法所得和药品、器械，并可以根据情节处以1万元以下的罚款。

床位不满100张的医疗机构，其《医疗机构执业许可证》每年校验1次；床位在100张以上的医疗机构，其《医疗机构执业许可证》每3年校验1次。校验由原登记机关办理。逾期不校验《医疗机构执业许可证》仍从事诊疗活动的，由县级以上人民政府卫生行政部门责令其限期补办校验手续；拒不校验的，吊销其《医疗机构执业许可证》。

《医疗机构执业许可证》不得伪造、涂改、出卖、转让、出借。出卖、转让、出借《医

疗机构执业许可证》的，由县级以上人民政府卫生行政部门没收非法所得，并可以处以5 000元以下的罚款；情节严重的，吊销其《医疗机构执业许可证》。

医疗机构必须按照核准登记的诊疗科目开展诊疗活动。诊疗活动超出登记范围的，由县级以上人民政府卫生行政部门予以警告、责令其改正，并可以根据情节处以3 000元以下的罚款；情节严重的，吊销其《医疗机构执业许可证》。

医疗机构不得使用非卫生技术人员从事医疗卫生技术工作。使用非卫生技术人员从事医疗卫生技术工作的，由县级以上人民政府卫生行政部门责令其限期改正，并可以处以5 000元以下的罚款；情节严重的，吊销其《医疗机构执业许可证》。

未经医师（士）亲自诊查病人，医疗机构不得出具疾病诊断书、健康证明书或者死亡证明书等证明文件；未经医师（士）、助产人员亲自接产，医疗机构不得出具出生证明书或者死产报告书。出具虚假证明文件的，由县级以上人民政府卫生行政部门予以警告；对造成危害后果的，可以处以1 000元以下的罚款；对直接责任人员由所在单位或者上级机关给予行政处分。

当事人对行政处罚决定不服的，可以依照国家法律、法规的规定申请行政复议或者提起行政诉讼。当事人对罚款及没收药品、器械的处罚决定未在法定期限内申请复议或者提起诉讼又不履行的，县级以上人民政府卫生行政部门可以申请人民法院强制执行。

📖 案例评析

违反医疗机构管理法律制度之案例

案例1：未取得《医疗机构执业许可证》擅自执业案

某地卫生执法人员监督检查时发现，某健康咨询部广告牌上印有"免费治疗骨关节疼痛和损伤"等内容，店内摆放有特定电磁波治疗仪和针灸针等医疗器械，记录本登记有病人治疗情况并记录了开展相关疾病的治疗活动，收取某患者治疗费90元。该咨询部在未取得《医疗机构执业许可证》的情况下，擅自开展医疗活动，被依法查处。

案例2：出卖、转让、出借《医疗机构执业许可证》导致合同无效案

A美容公司在经营期间，B医院提供场地及办理相关证照，并按营业额收取费用。A美容公司享有相对独立的人事、财务和自主经营管理权。综合双方约定的事项分析，双方签订的合作协议应为医院科室对外承包。卫生行政部门曾多次发文要求取缔科室对外承包，同时国务院颁布的《医疗机构管理条例》第二十三条规定，《医疗机构执业许可证》不得伪造、涂改、出卖、转让、出借；第二十四条规定，任何单位或者个人未取得《医疗机构执业许可证》不得开展诊疗活动。本案中，B医院与A美容公司签订的合同名为合作开发，但其中的约定表明，双方之间的合作关系实为医院为美容公司提供医疗机构执业资质，并通过美容公司所取得的收入来获取相应的对价，系变相出让《医疗机构执业许可证》，故双方以合作的合法形式掩盖其行为内容上的非法性，双方签订的合作协议应被认定为无效。

案例3：诊疗活动超出登记范围案

根据媒体报道某医院涉嫌超范围开展诊疗活动、虚假宣传等线索，某市及某区两级卫生和计划生育委员会联合公安、工商等部门，深入调查，发现某医院存在超出登记诊疗科目范围擅自开展精神科诊疗活动、擅自将口腔科出租给非本院人员开展诊疗活动等违法行为。某区卫生和计划生育委员会依据《医疗机构管理条例》《医疗机构管理条例实施细则》的有关规定，给予该院罚款人民币8 000元，并吊销《医疗机构执业许可证》的行政处罚。

案例4：出具虚假证明文件案

某市卫生和计划生育局收到该市人民检察院移交的某医院骗取医保基金的调查材料。经过进一步调查核实，查实该院存在指使唐某等5名医师和方某等8名护士未经亲自诊查虚开处方，伪造病历等医学文书及有关资料虚增住院天数的行为。某市卫生和计划生育局依据《医疗机构管理条例》第四十九条的规定，给予该院警告，并罚款1 000元的行政处罚；依据《中华人民共和国执业医师法》第三十七条的规定，给予医师唐某等3人暂停十一个月执业活动，医师应某暂停六个月执业活动的处罚，依据《护士条例》第三十一条的规定，给予护士方某等4人暂停六个月执业活动，林某等4人警告的处罚。对涉嫌犯罪的杨某、郝某已由某市人民法院进行刑事判决。

评析：上述违反医疗机构管理法律制度之案例主要集中在以下几个方面：在未取得《医疗机构执业许可证》的情况下擅自执业，出卖、转让、出借《医疗机构执业许可证》，诊疗活动超出登记范围，使用非卫生技术人员从事医疗卫生技术工作，出具虚假证明文件等。

第二节　医疗技术管理法律制度

一、医疗技术临床应用管理

随着社会经济和科学技术的不断发展，医疗技术不断进步、新技术不断涌现，为提高疾病诊治水平、维护人民群众健康发挥了重要作用。同时，医疗技术作为医疗服务的重要载体，与医疗质量和医疗安全直接相关，医疗技术不规范的临床应用甚至滥用，会造成医疗质量和医疗安全隐患，危害人民群众健康权益。为加强医疗技术临床应用管理、促进医学科学发展和医疗技术进步、保障医疗质量和患者安全、维护人民群众健康权益，根据有关法律法规，国家卫生健康委员会审核通过并公布了《医疗技术临床应用管理办法》，该办法自2018年11月1日起施行。医疗机构和医务人员开展医疗技术临床应用应当遵守该办法。人体器官移植技术、人类辅助生殖技术、细胞治疗技术的监督管理不适用该办法。

国家卫生健康委负责全国医疗技术临床应用管理工作。县级以上地方卫生行政部门负责本行政区域内医疗技术临床应用监督管理工作。医疗机构对本机构医疗技

术临床应用和管理承担主体责任。医疗机构开展医疗技术服务应当与其技术能力相适应。医疗机构主要负责人是本机构医疗技术临床应用管理的第一责任人。

（一）医疗技术临床应用负面清单管理制度

医疗技术是指医疗机构及其医务人员以诊断和治疗疾病为目的，对疾病作出判断和消除疾病、缓解病情、减轻痛苦、改善功能、延长生命、帮助患者恢复健康而采取的医学专业手段和措施。医疗技术临床应用是指将经过临床研究论证且安全性、有效性确切的医疗技术应用于临床，用以诊断或者治疗疾病的过程。医疗技术临床应用应当遵循科学、安全、规范、有效、经济、符合伦理的原则。安全性、有效性不确切的医疗技术，医疗机构不得开展临床应用。

国家建立医疗技术临床应用负面清单管理制度，对禁止临床应用的医疗技术实施负面清单管理，对部分需要严格监管的医疗技术进行重点管理。其他临床应用的医疗技术由决定使用该类技术的医疗机构自我管理。

医疗技术具有下列情形之一的，禁止应用于临床（以下简称禁止类技术）：①临床应用安全性、有效性不确切；②存在重大伦理问题；③该技术已经被临床淘汰；④未经临床研究论证的医疗新技术。禁止类技术目录由国家卫生健康委制定发布或者委托专业组织制定发布，并根据情况适时予以调整。

禁止类技术目录以外并具有下列情形之一的，作为需要重点加强管理的医疗技术（以下简称限制类技术），由省级以上卫生行政部门严格管理：①技术难度大、风险高，对医疗机构的服务能力、人员水平有较高专业要求，需要设置限定条件的；②需要消耗稀缺资源的；③涉及重大伦理风险的；④存在不合理临床应用，需要重点管理的。国家限制类技术目录及其临床应用管理规范由国家卫生健康委制定发布或者委托专业组织制定发布，并根据临床应用实际情况予以调整。省级卫生行政部门可以结合本行政区域实际情况，在国家限制类技术目录基础上增补省级限制类技术相关项目，制定发布相关技术临床应用管理规范，并报国家卫生健康委备案。

国家对限制类技术实施备案管理。医疗机构拟开展限制类技术临床应用的，应当按照相关医疗技术临床应用管理规范进行自我评估，符合条件的可以开展临床应用，并于开展首例临床应用之日起15个工作日内，向核发其《医疗机构执业许可证》的卫生行政部门备案。备案材料应当包括以下内容：①开展临床应用的限制类技术名称和所具备的条件及有关评估材料；②本机构医疗技术临床应用管理专门组织和伦理委员会论证材料；③技术负责人（限于在本机构注册的执业医师）资质证明材料。备案部门应当自收到完整备案材料之日起15个工作日内完成备案，在该医疗机构的《医疗机构执业许可证》副本备注栏予以注明，并逐级上报至省级卫生行政部门。

未纳入禁止类技术和限制类技术目录的医疗技术，医疗机构可以根据自身功能、任务、技术能力等自行决定开展临床应用，并应当对开展的医疗技术临床应用实施严格管理。医疗机构拟开展存在重大伦理风险的医疗技术，应当提请本机构伦理委员会审议，必要时可以咨询省级和国家医学伦理专家委员会。未经本机构伦理委员会审查通过的医疗技术，特别是限制类医疗技术，不得应用于临床。

> **知识拓展**
>
> 国家限制临床应用的医疗技术目录（2015 版）
>
> G01　造血干细胞移植技术
>
> G02　同种胰岛移植技术
>
> G03　同种异体运动系统结构性组织移植技术
>
> G04　同种异体角膜移植技术
>
> G05　同种异体皮肤移植技术
>
> G06　性别重置技术
>
> G07　质子和重离子加速器放射治疗技术
>
> G08　放射性粒子植入治疗技术
>
> G09　肿瘤深部热疗和全身热疗技术
>
> G10　肿瘤消融治疗技术
>
> G11　心室辅助技术
>
> G12　人工智能辅助诊断技术
>
> G13　人工智能辅助治疗技术
>
> G14　颅颌面畸形颅面外科矫治技术
>
> G15　口腔颌面部肿瘤颅颌联合根治技术
>
> 为进一步加强医疗技术临床应用事中事后监管，做好"限制临床应用"医疗技术的临床应用管理工作，规范临床行为，保障医疗质量和医疗安全，原国家卫生和计划生育委员会组织制（修）订了《造血干细胞移植技术管理规范（2017 年版）》等 15 个"限制临床应用"的医疗技术管理规范，并制定了相应技术的质量控制指标。

（二）医疗技术临床应用质量管理与控制制度

国家建立医疗技术临床应用质量管理与控制制度，充分发挥各级、各专业医疗质量控制组织的作用，以"限制类技术"为主加强医疗技术临床应用质量控制，对医疗技术临床应用情况进行日常监测与定期评估，及时向医疗机构反馈质控和评估结果，持续改进医疗技术临床应用质量。

二级以上的医院、妇幼保健院及专科疾病防治机构医疗质量管理委员会应当下设医疗技术临床应用管理的专门组织，由医务、质量管理、药学、护理、院感、设备等部门负责人和具有高级技术职务任职资格的临床、管理、伦理等相关专业人员组成。该专门组织的负责人由医疗机构主要负责人担任，由医务部门负责日常管理工作，主要职责是：①根据医疗技术临床应用管理相关的法律、法规、规章，制定本机构医疗技术临床应用管理制度并组织实施；②审定本机构医疗技术临床应用管理目录和手术分级管理目录并及时调整；③对首次应用于本机构的医疗技术组织论证，对本机构已经临床应用的医疗技术定期开展评估；④定期检查本机构医疗技术临床应用管理各项制度执行情况，并提出改进措施和要求；⑤省级以上卫生行政部门规定的其他职责。其他医疗机构应当设立医疗技术临床应用管理工作小组，并指定专（兼）职人员

负责本机构医疗技术临床应用管理工作。

医疗机构开展医疗技术临床应用应当具有符合要求的诊疗科目、专业技术人员、相应的设备、设施和质量控制体系，并遵守相关技术临床应用管理规范。医疗机构应当建立本机构医疗技术临床应用管理制度，包括目录管理、手术分级、医师授权、质量控制、档案管理、动态评估等制度，保障医疗技术临床应用质量和安全。一是，医疗机构应当制定本机构医疗技术临床应用管理目录并及时调整，对目录内的手术进行分级管理。二是，医疗机构应当依法准予医务人员实施与其专业能力相适应的医疗技术，并为医务人员建立医疗技术临床应用管理档案，纳入个人专业技术档案管理。三是，医疗机构应当建立医师手术授权与动态管理制度，根据医师的专业能力和培训情况，授予或者取消相应的手术级别和具体手术权限。四是，医疗机构应当建立医疗技术临床应用论证制度。对已证明安全有效、但属本机构首次应用的医疗技术，应当组织开展本机构技术能力和安全保障能力论证，通过论证的方可开展医疗技术临床应用。五是，医疗机构应当建立医疗技术临床应用评估制度，对限制类技术的质量安全和技术保证能力进行重点评估，并根据评估结果及时调整本机构医疗技术临床应用管理目录和有关管理要求。对存在严重质量安全问题或者不再符合有关技术管理要求的，要立即停止该项技术的临床应用。医疗机构应当根据评估结果，及时调整本机构医师相关技术临床应用权限。六是，医疗机构应当为医务人员参加医疗技术临床应用规范化培训创造条件，加强医疗技术临床应用管理人才队伍的建设和培养。医疗机构应当加强首次在本医疗机构临床应用的医疗技术的规范化培训工作。

医疗机构开展的限制类技术目录、手术分级管理目录和限制类技术临床应用情况应当纳入本机构院务公开范围，主动向社会公开，接受社会监督。

医疗机构在医疗技术临床应用过程中出现下列情形之一的，应当立即停止该项医疗技术的临床应用：①该医疗技术被国家卫生健康委列为"禁止类技术"；②从事该医疗技术的主要专业技术人员或者关键设备、设施及其他辅助条件发生变化，不能满足相关技术临床应用管理规范要求，或者影响临床应用效果；③该医疗技术在本机构应用过程中出现重大医疗质量、医疗安全或者伦理问题，或者发生与技术相关的严重不良后果；④发现该项医疗技术临床应用效果不确切，或者存在重大质量、安全或者伦理缺陷。医疗机构出现第②项、第③项情形，属于限制类技术的，应当立即将有关情况向核发其《医疗机构执业许可证》的卫生行政部门报告。卫生行政部门应当及时取消该医疗机构相应医疗技术临床应用备案，在该机构《医疗机构执业许可证》副本备注栏予以注明，并逐级向省级卫生行政部门报告。医疗机构出现第④项情形的，应当立即将有关情况向核发其《医疗机构执业许可证》的卫生行政部门和省级卫生行政部门报告。省级卫生行政部门应当立即组织对该项医疗技术临床应用情况进行核查，确属医疗技术本身存在问题的，可以暂停该项医疗技术在本地区的临床应用，并向国家卫生健康委报告。国家卫生健康委收到报告后，组织专家进行评估，决定需要采取的进一步管理措施。

（三）医疗技术临床应用规范化培训制度

国家建立医疗技术临床应用规范化培训制度。拟开展限制类技术的医师应当按照相关技术临床应用管理规范要求接受规范化培训。国家卫生健康委统一组织制定

国家限制类技术的培训标准和考核要求,并向社会公布。省级增补的限制类技术以及省级卫生行政部门认为其他需要重点加强培训的医疗技术,由省级卫生行政部门统一组织制订培训标准,对培训基地管理和参加培训医师的培训和考核提出统一要求,并向社会公布。

对限制类技术临床应用规范化培训基地实施备案管理。医疗机构拟承担限制类技术临床应用规范化培训工作的,应当达到国家和省级卫生行政部门规定的条件,制定培训方案并向社会公开。医疗机构拟承担限制类技术临床应用规范化培训工作的,应当于首次发布招生公告之日起 3 个工作日内,向省级卫生行政部门备案。省级卫生行政部门应当及时向社会公布经备案拟承担限制性技术临床应用规范化培训工作的医疗机构名单。省级卫生行政部门应当加强对限制类技术临床应用规范化培训基地的考核和评估,对不符合培训基地条件或者未按照要求开展培训、考核的,应当责令其停止培训工作,并向社会公布。

申请参加培训的医师应当符合相关医疗技术临床应用管理规范要求。培训基地应当按照公开公平、择优录取、双向选择的原则决定是否接收参培医师。参培医师完成培训后应当接受考核。考核包括过程考核和结业考核。考核应当由所在培训基地或者省级卫生行政部门委托的第三方组织实施。

对国家和省级卫生行政部门作出统一培训要求以外的医疗技术,医疗机构应当自行进行规范化培训。

(四)医疗技术临床应用监督管理制度

国家卫生健康委负责建立全国医疗技术临床应用信息化管理平台,对国家限制类技术临床应用相关信息进行收集、分析和反馈。省级卫生行政部门负责建立省级医疗技术临床应用信息化管理平台,对本行政区域内国家和省级限制类技术临床应用情况实施监督管理。县级以上地方卫生行政部门应当加强对本行政区域内医疗机构医疗技术临床应用的监督管理。县级以上地方卫生行政部门应当将本行政区域内经备案开展限制类临床应用的医疗机构名单及相关信息及时向社会公布,接受社会监督。

医疗机构应当按照要求,及时、准确、完整地向全国和省级医疗技术临床应用信息化管理平台逐例报送限制类技术开展情况数据信息。各级、各专业医疗质量控制组织应当充分利用医疗技术临床应用信息化管理平台,加大数据信息分析和反馈力度,指导医疗机构提高医疗技术临床应用质量安全。

国家建立医疗技术临床应用评估制度。对医疗技术的安全性、有效性、经济适宜性及伦理问题等进行评估,作为调整国家医疗技术临床应用管理政策的决策依据之一。

国家建立医疗机构医疗技术临床应用情况信誉评分制度,与医疗机构、医务人员信用记录挂钩,纳入卫生健康行业社会信用体系管理,接入国家信用信息共享平台,并将信誉评分结果应用于医院评审、评优、临床重点专科评估等工作。

知识拓展

英美法对试验性疗法的态度

在英美法中，法律强加给了启用试验性疗法的医疗人员两项义务。一是，在启用试验性疗法时，医疗从业者要明确指出该疗法的试验性质，并充分披露其已知的风险；若风险未知，指出风险的不确定性。试验性疗法之风险和益处的不确定性强化了充分说明的必要性，医生不应欺骗性地将患者置于未知的风险之中。

在启用试验性疗法时，医疗从业者的第二项义务是，要让患者知晓传统疗法的存在和随时可及，促使患者优先考虑传统疗法，医生不能离间患者与传统疗法的关系，不能劝说患者远离传统疗法。只有在传统疗法已经穷尽时，尝试非传统疗法的正当化理由才可显现。一些法域的司法甚至武断地不允许未曾尝试过传统疗法的患者去选择参与试验性疗法，尽管承认患者在疗法选择上的权利。法律不太期望患者抛弃已经经过时间考验、风险益处清晰的传统疗法而去做新兴的、存在未知数和较大风险之疗法的试验品，尽管试验性疗法可能存在很大潜能和益处。

应当承认，此类法律设计很大意义上是出于保护患者的考虑。由于知识和信息的不对称，患者在医患关系中往往处于弱势地位，患者的弱势很容易遭到不良医生的滥用。增加额外保护机制来避免可能产生的滥用是可以理解的。但是，此类法律设计对创新性疗法所制造的不利局面也不容忽视。从一定意义上讲，鼓励抱守传统、远离新生事物的规定对医学科技创新会产生冷却效果甚至扼杀效果。

案例评析

基因编辑事件

案例：2018 年，一篇题为《世界首例免疫艾滋病的基因编辑婴儿在中国诞生》的报道在某网上发布。根据该报道，来自中国的科学家贺某在第二届国际人类基因组编辑峰会召开前一天宣布，一对名为露露和娜娜的基因编辑婴儿于 11 月在中国健康诞生。这对双胞胎的一个基因经过修改，使她们出生后即能天然抵抗艾滋病。当天下午，"知识分子"某微博账号就发布了一份由 122 位生物学和医学领域的专家署名的"联署声明"，对贺某的行为表示反对和谴责。随后，国家卫生健康委员会、科学技术部等中央部委先后要求某省有关部门对此事展开调查。根据该调查结果，"2016 年 6 月开始，贺某私自组织包括境外人员参加的项目团队，蓄意逃避监管，使用安全性、有效性不确切的技术，实施国家明令禁止的以生殖为目的的人类胚胎基因编辑活动……该行为严重违背伦理道德和科研诚信，严重违反国家有关规定，在国内外造成恶劣影响"。调查结论认为该事件系"某大学副教授贺某为追逐个人名利，自筹资金，蓄意逃避监管，私自组织

有关人员,实施国家明令禁止的以生殖为目的的人类胚胎基因编辑活动"。贺某的行为也引发了国际社会的关注和争议。

评析:首先,贺某的活动已经超出了科学研究的范围,具有明显的临床医疗活动性质。《中华人民共和国执业医师法》第十四条规定:"未经医师注册取得执业证书,不得从事医师执业活动"。《医疗机构管理条例》第二十八条规定:"医疗机构不得使用非卫生技术人员从事医疗卫生技术工作。"临床医疗活动,哪怕出于研究目的,也应由具备相应资格的医疗人员来进行。贺某本人及相关医疗机构(某医院)都涉嫌违反这一规定。

其次,贺某及其施行基因编辑时所在的医院涉嫌违反《涉及人的生物医学研究伦理审查办法》[中华人民共和国国家卫生和计划生育委员会令第 11 号]和《人胚胎干细胞研究伦理指导原则》[国科发生字(2003)460 号]。

再次,《医疗技术临床应用管理办法》第九条规定:"医疗技术具有下列情形之一的,禁止应用于临床(以下简称禁止类技术):①临床应用安全性、有效性不确切;②存在重大伦理问题;③该技术已经被临床淘汰;④未经临床研究论证的医疗新技术。"贺某的基因编辑"手术"符合第①、②两种情形,似乎属于"禁止类技术"。

受这一事件促动,科学技术部党组在 2019 年 1 号文件中提出,要"加快推进人类遗传资源管理立法工作,加强对基因编辑、人工智能、合成生物学等前沿领域技术研发的规制,有效应对伦理挑战和安全风险"。国家卫生健康委员会于 2019 年 2 月 26 日发布的《生物医学新技术临床应用管理条例(征求意见稿)》明确了对生物医学新技术临床研究实行分级管理,将"涉及遗传物质改变或调控遗传物质表达的,如基因转移技术、基因编辑技术、基因调控技术、干细胞技术、体细胞技术、线粒体置换技术等"列为高风险新技术,由国务院卫生主管部门直接管理。

二、医疗机构手术分级管理

为加强医疗机构手术分级管理,规范医疗机构手术行为,提高医疗质量,保障医疗安全,维护患者合法权益,卫生部于 2012 年组织制定了《医疗机构手术分级管理办法(试行)》。该办法所称手术是指医疗机构及其医务人员使用手术器械在人体局部进行操作,以去除病变组织、修复损伤、移植组织或器官、植入医疗器械、缓解病痛、改善机体功能或形态等为目的的诊断或者治疗措施。

(一)手术分级及授权管理

早在 2009 年,《医疗技术临床应用管理办法》第三十八条就规定,医疗机构应当建立手术分级管理制度,并根据风险性和难易程度不同,将手术分为四级。医疗机构应当对具有不同专业技术职务任职资格的医师开展不同级别的手术进行限定,并对其专业能力进行审核后授予相应的手术权限。2012 年发布的《医疗机构手术分级管理办法(试行)》继承了这一精神。

《医疗机构手术分级管理办法（试行）》规定：医疗机构实行手术分级管理制度。手术分级管理目录由卫生部另行制定。医疗机构应当建立健全手术分级管理工作制度，建立手术准入制度，严格执行手术部位标记和手术安全核查制度，由医务部门负责日常管理工作。

根据风险性和难易程度不同，手术分为四级：一级手术是指风险较低、过程简单、技术难度低的手术；二级手术是指有一定风险、过程复杂程度一般、有一定技术难度的手术；三级手术是指风险较高、过程较复杂、难度较大的手术；四级手术是指风险高、过程复杂、难度大的重大手术。医疗机构应当开展与其级别和诊疗科目相适应的手术。

医疗机构按照《医疗技术临床应用管理办法》规定，获得第二类、第三类医疗技术临床应用资格后，方可开展相应手术。三级医院重点开展三、四级手术。二级医院重点开展二、三级手术。一级医院、乡镇卫生院可以开展一、二级手术，重点开展一级手术。

二级医院开展四级手术应当符合下列条件：①符合二级甲等医院的标准；②有重症医学科和与拟开展四级手术相适应的诊疗科目；③具备开展四级手术的人员、设备、设施等必要条件；④经省级卫生行政部门批准。一级医院、乡镇卫生院、中心乡镇卫生院开展二级手术应当符合下列条件：①符合一级甲等医院的标准；②有麻醉科和与拟开展二级手术相适应的诊疗科目；③具备开展二级手术的人员、设备、设施等必要条件；④经核发其《医疗机构执业许可证》的卫生行政部门批准并向设区的市级卫生行政部门备案。社区卫生服务中心、社区卫生服务站、卫生保健所、门诊部（口腔科除外）、诊所（口腔科除外）、卫生所（室）、医务室等其他医疗机构，除为挽救患者生命而实施的急救性外科止血、小伤口处置或其他省级卫生行政部门有明确规定的项目外，原则上不得开展《医疗机构手术分级管理办法（试行）》规定的手术。

择期手术患者，需要全身麻醉（含基础麻醉）或者需要输血时，其手术级别相应提升一级。麻醉前评估（ASA）Ⅲ级以上，且需要全身麻醉支持时，应当在三级医院或者经省级卫生行政部门批准准予开展部分四级手术的二级甲等医院实施手术。遇有急危重症患者确需行急诊手术以挽救生命时，医疗机构可以越级开展手术，并做好以下工作：①维护患者合法权益，履行知情同意的相关程序；②请上级医院进行急会诊；③手术结束后24小时内，向核发其《医疗机构执业许可证》的卫生行政部门备案。

医疗机构应当根据手术级别、专业特点、医师实际被聘任的专业技术岗位和手术技能，组织本机构专家组对医师进行临床应用能力技术审核，审核合格后授予相应的手术权限。医疗机构应当定期评估医师技术能力，适时调整医师手术权限，并纳入医师技术档案管理。除急危重症患者需急诊手术抢救外，外聘医师、会诊医师不得开展超出实施手术医疗机构所能开展最高级别的手术。进修医师手术权限管理按照原卫生部和省级卫生行政部门相关规定执行。

知识拓展

手术分级管理目录

根据《医疗机构手术分级管理办法（试行）》，手术分级管理目录由卫生部另行制定。2011 年，卫生部曾就手术分级目录征求过意见。《手术分级目录（2011年版）》系根据国际疾病分类第九次修订版（ICD-9）及手术操作分类（ICD-9-CM-3），结合目前医疗技术发展和临床工作实际而制定。手术原则上按其主要归属的诊疗科目归并，并分为四级。比如，就骨科而言，颈椎后路切开复位内固定（$C_1 \sim C_2$ 除外）、胸椎后路切开复位内固定、臂丛神经吻合术等 71 种手术被列为四级手术；椎管探查术、椎管减压术、脊髓探查术等 137 种手术被划分为三级手术；椎板切除术（减压）、后路椎板切除（减压）术等 187 种手术被列为二级手术；不用内固定的骨折闭合性复位术、骨折闭合复位外固定等 32 种手术被定级为一级手术。

在《医疗机构手术分级管理办法（试行）》和《手术分级目录（2011 年版）（征求意见稿）》的指导下，各地纷纷展开了手术分级制度的探索。

不过，对于手术分级和医院等级挂钩的现象，也存在一些争议。有一种观点认为，不应将手术扼杀在医院等级上。是否可以开展某个手术重点在于操作技术的人和使用技术的环境，不在于医院等级上。但是，也有另一种观点认为，虽然说医院等级及医生职称并不能完全反映医生的水平以及医院的手术设施与手术条件，但经过医院等级评审工作，也可以大致得出结论：医院等级越高，医院的医疗技术整体水平就越高，发生医疗过错致人损害的概率就越低。在没有一套完整的方案对医院及医生单项技能进行考核的情况下，这种挂钩是必要和可行的。

知识拓展

医师手术权限

要求医疗机构建立手术分级制度，是落实以病人为中心、维护患者合法权益、确保手术安全、提升医疗质量的一项行之有效的办法。手术分级管理制度有助于规范医师手术行为，提高外科手术质量，降低手术风险，减少医疗技术缺陷的发生。手术分级可使低年资和高年资医生各司其职，专注于自己领域内的工作，有利于进步，有利于减少医疗纠纷、改善医患关系、促进医患和谐。手术分级会使年轻医生的成长之路变得相对漫长，但这是维护患者利益和生命安全的需要。

早在 2002 年，江苏省卫生厅制定了《江苏省医院手术分级管理规范（暂行）》，对各临床手术进行分级分类，对手术医师进行分级，对各级各类手术的审批权限和各级医疗机构的手术范围予以明确。该《规范》根据手术医师取得相应的卫生专业技术职务任职资格、受聘的专业技术职务、从事相关专业的年限，将手术医师分级如下：

1. 住院医师

(1) 低年资住院医师：担任住院医师3年以内。

(2) 高年资住院医师：担任住院医师3年以上。

2. 主治医师

(1) 低年资主治医师：担任主治医师3年以内。

(2) 高年资主治医师：担任主治医师3年以上。

3. 副主任医师

(1) 低年资副主任医师：担任副主任医师3年以内。

(2) 高年资副主任医师：担任副主任医师3年以上。

4. 主任医师

医疗机构应在本规范限定的或卫生行政部门核定的手术级别范围内，根据对具有不同专业技术职务任职资格的医师开展不同级别的手术进行限定，并对其专业能力进行审核后授予相应的手术权限：

1. 低年资住院医师　在上级医师指导下，逐步开展并熟练掌握一级手术。

2. 高年资住院医师　在熟练掌握一级手术的基础上，在上级医师指导下逐步开展二级手术。

3. 低年资主治医师　熟练掌握二级手术，并在上级医师指导下，逐步开展三级手术。

4. 高年资主治医师　掌握三级手术，有条件者可在上级医师指导下，适当开展一些四级手术。

5. 低年资副主任医师　熟练掌握三级手术，在上级医师指导下，逐步开展四级手术。

6. 高年资副主任医师　在主任医师指导下，开展四级手术，亦可根据实际情况单独完成部分四级手术、新开展的手术和经省级以上卫生行政部门批准的临床试验、研究性手术。

7. 主任医师　熟练完成四级手术，开展新的手术，或经省级以上卫生行政部门批准的重大临床试验、研究性手术。

就"医师手术权限的授予主要看什么"这一问题，存在着不少争议。有些人认为不能绝对看年资。资历深浅不等于水平高低。资历高者水平不一定高，而资历低者却有可能掌握最先进的技术。比如微创手术，那些从国外回来的年轻医生掌握了最为先进的微创技术，而年资高的老医生却未必掌握。有些人认为手术权限的授予也不能完全看职称和学历，而应重点看实际临床能力。我国的晋升制度并不是完全按照医生水平晋级的。晋升条件主要是看学历、资历和论文等。在临床工作中，学历并不能与能力等同。

就《医疗机构手术分级管理办法（试行）》的行文来看，在进行手术权限授予时，医疗机构应就手术级别、专业特点、医师实际被聘任的专业技术岗位和手术技能几个要素进行综合考虑，审核医师的临床应用能力。而且，医师技术能力的评估和医师手术权限的调整是一个动态的过程。

案例评析

违反手术分级管理制度致部分承担患者死亡赔偿责任案

案例：原告：刘某家属；被告：某妇产医院、某医学院附属医院。

2012年10月2日，刘某因孕40+3周入住某妇产医院待产。次日8时30分在腰硬联合麻醉下行剖宫产术，术中于9时08分以枕前位取出一女婴，术毕平安返回病房。同年10月8日，刘某携新生儿出院。10月17日凌晨刘某的下腹部、腿部出现不适，疼痛逐渐加剧。3时许刘某在如厕时昏倒，4时22分，刘某的侄女呼叫"120"，某医学院附属医院的救护车于4时35分到达现场，4时50分到达医院。入院诊断：①左侧髂静脉破裂出血伴后腹膜巨大血肿；②失血性休克（失代偿期）；③剖宫产术后。该院急诊给予了抗休克等治疗，并同时进行手术准备。7时20分开始手术，术中见：右侧卵巢系膜及肠系膜可见巨大血肿，后腹膜巨大血肿，范围从盆腔至肝下缘，右侧后腹膜血肿较左侧大；打开后腹膜，清除血肿，见大量暗红色血液涌出，压迫出血点；左侧髂总及髂外静脉纵行裂口约5cm，破口处静脉壁形态不良。刘某经抢救无效，于10时40分宣布死亡。经尸检，认为：刘某系生前因髂静脉内血栓形成致髂静脉多处破裂出血致急性失血性休克死亡。原告遂起诉某妇产医院和某医学院附属医院至法院。

诉讼中，法院委托司法鉴定，鉴定意见认为："根据目前送检材料，无法排除刘某在自身血管系统形态不良的病理基础上，某妇产医院在对刘某剖宫产手术过程中的牵拉可能造成的髂静脉壁的细微损伤，此种损伤对髂静脉的破裂可能具有诱发作用，建议参与度为10%。"

评析：法院认为，某妇产医院的过错表现在以下几个方面：①患者刘某的根本死因为髂静脉破裂，鉴定意见认为剖宫产手术过程中的牵拉可能造成的髂静脉壁的细微损伤，此种损伤对髂静脉的破裂可能具有诱发作用，建议参与度为10%。②为患者刘某行剖宫产手术的主刀医生文某，2010年12月15日取得医师执业证书，执业范围：妇产科专业，执业医师。在施行手术时其取得医师执业证书尚不足两年，为低年资住院医师。低年资住院医师在上级医师指导下，可主持一级手术，但剖宫产手术为二级手术，即文某尚不具备主持剖宫产手术的资质。③患者刘某的死亡是因为"生前因髂静脉内血栓形成致髂静脉多处破裂出血致急性失血性休克死亡"，刘某的血栓形成虽为手术并发症，某妇产医院亦明知"下肢静脉血栓形成"是剖宫产术后常见的并发症，但在手术后未进行必要的预防和诊疗，未尽到应有的注意义务，存在一定的过错。综合考虑某妇产医院的过错责任，认定该院承担30%的赔偿责任。某医学院附属医院对患者刘某的诊治符合医疗常规，不存在过错。

笔记

案例评析

复杂手术、医生经验不足、告知与转诊：美国的 Kokemoor 案

案例： 美国的 Kokemoor 案牵扯到一个复杂的手术、一位好问的患者和一位不诚实的外科医生。首先，案中的手术——基底动脉分叉部动脉瘤手术，复杂程度很高。医疗专家和医学文献均证实，案中所涉手术是神经外科中最复杂的手术之一。即使最具经验的医生做此手术，也会有 15% 的致残率和死亡率。此类手术若由像案中被告医生这样的经验相对有限的医生去主刀，致残率和死亡率会大幅度上升至 30%。也就是说，案中手术的成功率对经验和技能有较强的依赖性，不同医生的成功率会有实质性的不同。其次，在本案中，患者特意询问了被告医生在做此手术上是否具有经验，但是被告医生却给出了误导性的信息。一方面，被告医生在经验问题上夸大其词，他向患者讲他做此类手术已有数十次，实际上这么复杂的手术他一次也没做过。另一方面，在手术的致残率和死亡率问题上，被告医生却轻描淡写，讲此类手术只有 2% 的致残率和死亡率。

在本案中，法院认为，一个处于患者位置的合理之人在就手术做明智的、知情的决定时会认为被告医生的缺乏经验、手术风险大这些信息具有实质性意义。如果患者意识到，相对于具有丰富经验的医生，被告医生的经验不足会导致手术风险增加，患者就不会选择让被告医生做手术。法院认为，如果一位医生的经验缺乏这一风险信息在患者眼中已构成实质性信息，告知患者自己的经验状况是第一步，告知患者并将患者转诊至另一位更具经验的医生或者配备有更具经验医生的医疗机构处是顺理成章的、符合逻辑的第二步。

评析： Kokemoor 案面世之后，美国学界对它的反应不一。其中不乏赞美声，称患者自主决定如何处置自己的身体以及由哪位医生在其身上动手术刀是知情同意法则的中心内容，让医生坦诚地向患者披露自己的经验状况有利于鼓励经验欠缺的医生将一些复杂病例转诊到经验较丰富的医生处，从而优化对患者的医疗。

医学是一门复杂的、有精细分工的学科。在诊疗过程中，医生必须时刻认识到自身资质的有限性和转诊的必要性。医生资质的相对欠缺可能会给患者带来额外的、单独的风险。值得注意的是，英国的全英医学会在要求医生向患者披露每一个治疗方案的益处和风险时，指出这类信息包括是否这些益处和风险会受到所选择的哪一个机构或医生的影响这一信息。新西兰、澳大利亚和加拿大医师协会均要求医生认识到自身执业上的有限性（limitations），并且在必要时，做适当的转诊，或建议患者寻求其他医生的意见和服务。澳洲皇家外科医学院要求外科医生要考虑到自身的训练、经验和现行从业情况来定位自己的能力范围，要求医生所处置的病情在自己的能力范围之内，要确保患者所在的医疗机构有能力向患者提供恰当的医疗服务，而且要求医生，如果发现患者所在的医疗机构不具备充分的资源来向患者提供服务，将患者转诊至另一个适当的医疗机构。

（二）监督管理

《医疗机构手术分级管理办法（试行）》规定：卫生部负责全国医疗机构手术分级管理工作的监督管理。县级以上地方卫生行政部门负责本行政区域内医疗机构手术分级管理工作的监督管理。县级以上地方卫生行政部门应当加强对本行政区域内医疗机构手术分级管理情况的监督检查。

县级以上地方卫生行政部门应当建立医疗机构手术安全评估制度，对于存在安全风险的医疗机构和手术项目，应当立即责令其停止开展。医疗机构出现下列情形之一的，卫生行政部门不得准予其开展相应级别手术；已经准予开展的，应当立即责令其停止开展：①超出登记的诊疗科目的；②未取得相应级别医疗技术临床应用资格的；③在申请相应级别手术临床应用过程中弄虚作假的；④由于人员、设备、设施等条件变化不再具备开展相应手术条件的；⑤省级以上卫生行政部门规定的其他情形。

医疗机构出现下列情形之一的，卫生行政部门应当立即责令其改正；造成严重后果的，依法追究医疗机构主要负责人和直接责任人责任：①开展卫生行政部门废除或者禁止开展的手术项目的；②擅自开展卫生行政部门明确要求立即停止的手术项目的；③擅自开展应当经卫生行政部门批准方能开展的手术项目的；④省级以上卫生行政部门规定的其他情形。

案例评析

艾某诉某市卫生和计划生育委员会行政不作为案

案例：

一、基本案情

2013年3月，艾某因右小腿闭合骨折就诊于某医院，术后不仅骨折未予治愈，其闭合骨折还引发骨外露、骨感染，后经十次手术未能治愈，现腿部残疾。艾某认为治疗中存在医疗损害，参加第一次手术的医师吴某存在越级手术这一违法事实。自2013年5月至12月间，艾某多次向某省某市卫生计生委就医院越级手术等多项问题提出举报与投诉，某市卫生计生委未给予回复。2013年12月中央电视台新闻频道将此事报道后，艾某得到某市卫生计生委医政处的接待，并承诺调查处理。后某市卫生计生委医政工作人员张某通过电话回复说"吴某不是越级手术"。艾某对该答复不服，以某市卫生计生委为被告提出行政诉讼，请求判令被告对手术医院及手术医生进行行政处罚。

二、裁判结果

某市和平区人民法院一审认为，原告艾某未提供证据证明其曾向被告某市卫生计生委提出过对手术医院及医生进行行政处罚的申请，故原告认为被告不履行法定职责的观点不存在事实根据，对原告的诉讼请求不予支持，应予驳回。遂判决驳回原告的诉讼请求。艾某上诉后，某市卫生计生委辩称，医院是一个二级专科医院，具有为艾某手术的医疗资质，手术医生吴某系高年资住院医师，该医院授权其从事一、二级手术，并且在上级医师指导下可组织部分三级手术；《医

疗技术临床应用管理办法》规定手术分级是由医疗机构自行组织实施，某医院现在没有相关的分级，故吴某不存在越级手术问题。

某市中级人民法院二审认为，根据相关证据及某市卫生计生委的庭审陈述，可以认定艾某提出过举报且某市卫生计生委已口头答复，故原审认定艾某没有提出过申请系认定事实不清。根据《医疗机构管理条例》第五条第二款、《外科手术分级制度管理》第五条第二款的规定，艾某申请的事项属于某市卫生计生委的职权范围。某市卫生计生委对艾某举报事项已进行了调查，并作出了相关事实的认定，但针对该部分事实没有向法院提交相应的证据，应认定其证据不足；且根据其现有的调查事实，某市卫生计生委亦应当按照相关法律规定予以处理，而不需要艾某针对如何处理违法行为再次提出申请，故某市卫生计生委存在不履行职责的情形，判决撤销一审判决，责令某市卫生计生委对艾某的举报申请重新作出具体行政行为。

评析： 医患纠纷已日益成为社会热点，卫生行政主管部门应强化对医疗机构的监管，对患者提出的医疗机构违法违规情况，积极调查，依法履责，既要保护患者合法权益，又要尽快明晰责任，促进医患之间的信任。由于医疗手术的高度专业性和高风险性，加之患者医疗知识的局限性，卫生行政主管部门作为医患关系的桥梁，在调查处理医患纠纷时，必须坚持公开、公平与公正的原则，依法中立地履行职责，而不应偏袒任何一方。本案中，某市卫生计生委经过调查发现涉案的医院没有建立分级制度，就应当责令涉案医院改正，并采取相应的补救措施，但却对当事人的申请作出涉案医院未建立分级制度故不存在违规越级手术问题的答复，明显违反相关法律规范的规定，人民法院因此判决其重新作出具体行政行为。

（赵西巨　李　玮　安　琪）

扫一扫
测一测

❓ **复习思考题**

1. 医疗机构的执业规则有哪些规定？
2. 什么是医疗技术临床应用负面清单管理制度？
3. 我国医疗机构手术分级有哪些法律规定？

第三章

药品管理法律制度

培训目标

1. 掌握药品、药品标准、药品管理的概念,处方药与非处方药分类管理的办法及意义,药品生产和经营管理、特殊药品管理、抗菌药物临床应用管理的主要内容。

2. 熟悉药品生产和经营企业开办的条件,医疗机构制剂的管理,假药、劣药的定义,生产和销售假药、劣药的法律责任,药品不良反应的分类及其报告制度。

3. 了解药品广告管理、价格管理、药品标准、国家基本药物制度及新药审批管理的主要内容。

第一节 概 述

1984 年 9 月 20 日第六届全国人民代表大会常务委员会第七次会议通过了中华人民共和国成立以来第一部药品管理法律——《中华人民共和国药品管理法》(以下简称《药品管理法》)。该法的颁布实施为加强药品监督管理,保障人民用药安全提供了法律保证。2001 年 2 月 28 日第九届全国人民代表大会常务委员会第二十次会议对该法进行了修订,2013 年 12 月 28 日第十二届全国人民代表大会常务委员会第六次会议对《药品管理法》进行了第一次修正,2015 年 4 月 24 日第十二届全国人民代表大会常务委员会第十四次会议对《药品管理法》进行了第二次修正,2019 年 8 月 26 日第十三届全国人民代表大会常务委员会第十二次会议对《药品管理法》进行了第二次修订,并于 2019 年 12 月 1 日起实施。

一、药品和药品管理

(一)药品

1. 药品的含义 《药品管理法》第二条规定,药品是指用于预防、治疗、诊断人的疾病,有目的地调节人的生理机能并规定有适应症或者功能主治、用法和用量的物

质，包括中药、化学药和生物制品。我国《药品管理法》对药品的界定包括以下几层含义：

（1）《药品管理法》规定药品是用于预防、治疗、诊断人的疾病的物质，因此其明确界定了药品的使用对象是人，兽用药等就不属于《药品管理法》管理范畴。

（2）根据药品的定义，药品能够有目的地调节人的生理机能并有适应症或者功能主治、用法和用量，而食品等并不具备上述功能。

（3）明确规定中药材、中药饮片和中成药都属于药品的范畴，强调中药与西药具有同等的法律地位。

2．药品的特殊性　药品作为一种商品，具有一般商品的共同属性。同时，药品质量的优劣直接关系到消费者的生命健康和社会的公共利益，因此，药品又具有一定的特殊性，其特殊性主要表现在以下几个方面：

（1）药品使用的专属性：药品使用的专属性是指患者使用何种药品必须依据患者的病情对症下药，而不像其他商品可以相互替代。处方药必须经执业医师或执业助理医师的处方方可调配、购买和使用，而非处方药也应当根据自身的病情并仔细阅读说明或在药师的指导下使用。

（2）药品作用的双重性：药品作用的双重性是指一方面药品是用来防病治病的，但另一方面由于人类的认识具有局限性，即使正常使用合格的药品也可能发生药品不良反应，或者由于患者的不依从性等因素，患者在使用药品后出现药品损害事件。

（3）药品质量的重要性：药品的使用直接关系到疾病的治疗效果和患者的生命健康，确保药品质量尤其重要。因此，药品必须符合国家药品标准。只有符合法定药品标准的药品才是合格品，才能保证药品的治疗效果。

（4）药品使用的时限性：药品使用的时限性主要包括两层含义。①虽然药品只有在防病治病时才需要使用，但药品生产、经营以及使用单位也应当有适当的储备，尤其在发生灾情、疫情等紧急情况下必须保证及时供应；②任何药品都有一定的有效期，如果药品超过有效期，就会被认定为劣药。

（二）药品管理

药品管理是指对药学事业的综合管理，包括宏观和微观两个方面。宏观的药品管理是指国家行政机关依据国家药事政策和法律，在法定职权范围内运用管理学、经济学、法学等多学科理论和方法，为实现医药卫生工作目标，对药品进行有效管理的活动，在我国称为"药政管理"或"药品监督管理"。微观的药品管理是指药事各部门内部的管理，包括对人员、财务、物资设备、药品质量、药学信息、药学服务等的管理工作。本教材所称药品管理主要是指宏观的药品管理。

案例评析

保健食品广告涉药宣传

案例：新疆某健康药业有限公司（证件持有人）的保健食品"某品牌冻干鹿血粉胶囊"，国食健字×××，其批准的保健功能为"延缓衰老、免疫调节"。广告

宣称"800多种活性物质,喝了后全身不疼了,脑萎缩、颈椎都好了,记忆力也增强了,十多年的高血压稳定了"等。

评析:药品是用于预防、治疗、诊断疾病的物质,而保健食品是食品的一个种类,能调节人体的功能,但不以治疗疾病为目的,两者在功能上存在本质差别。根据《保健食品广告审查暂行规定》,保健食品广告不得含有与药品相混淆的用语,直接或者间接地宣传治疗作用或者借助宣传某些成分的作用明示或者暗示该保健食品具有疾病治疗的作用。"某品牌冻干鹿血粉胶囊"在广告宣传中涉药宣传,违反了上述规定,应当予以曝光并依法处理。

二、药品管理法的概念及立法目的

(一)药品管理法的概念

药品管理法是以药品管理作为对象,以药品的质量为核心,具体规定药品研制、生产、经营、使用、价格、广告、监督、检验等活动的规范性法律文件的总和。药品管理法有狭义和广义之分。狭义的药品管理法是指全国人民代表大会常务委员会制定的《药品管理法》;而广义的药品管理法除包括狭义的药品管理法外,还包括与药品管理相关的法规和规章以及宪法和其他规范性法律文件中涉及药品管理的内容。

(二)药品管理法的立法目的

根据《药品管理法》第一条之规定,其立法目的为:①加强药品管理;②保证药品质量;③保障公众用药安全和合法权益;④保护和促进公众健康。

其中,保护和促进公众健康是《药品管理法》的核心立法目的。一方面要充分发挥药品在疾病预防、诊断和治疗中的作用,保护和促进公众健康;另一方面在公平、合理的条件下,应当保证人民可以最大限度地获取安全、有效的药品。

📋 **知识拓展**

药品管理立法概况

中华人民共和国成立后,为配合戒烟禁毒工作和清理旧社会遗留下来的伪劣药品充斥市场的问题,颁布了《政务院关于严禁鸦片烟毒的通令》《管理麻醉药品暂行条例》《关于麻醉药品临时登记处理办法的通令》等一系列规范性文件;同时,随着我国制药工业的发展和药品质量监督管理问题的凸显,国家相关部门发布了《关于药政管理的若干规定(草案)》《管理毒药、限制性剧药暂行规定》等规章,加强对药品的管理。上述法律法规的颁布实施,初步奠定了我国药品管理立法的基础,但在1978年以前的较长一段时期内,我国药品管理立法工作基本停滞。十一届三中全会后,我国药品管理立法工作重新步入正轨。

为加强药品监督管理,确保药品质量,增进药品疗效,保障用药安全,维护人体健康,1984年9月20日第六届全国人大常委会第七次会议通过了《中华人民共和国药品管理法》,这是中华人民共和国成立以来第一部药品管理法律。其

后,国家相关部门相继颁布《中华人民共和国药品管理法实施条例》《医疗用毒性药品管理办法》《放射性药品管理办法》《麻醉药品和精神药品管理条例》《药品生产监督管理办法》《药品经营许可证管理办法》《药品生产质量管理规范》《药品经营质量管理规范》等一系列行政法规、规章,逐步形成较为完善的药品监督管理法律体系。

第二节 药品的生产和经营

一、药品生产管理

(一)药品生产企业管理

从事药品生产活动,应当经所在地省、自治区、直辖市人民政府药品监督管理部门批准,取得药品生产许可证。无药品生产许可证的,不得生产药品。药品生产许可证应当标明有效期和生产范围,到期重新审查发证。

药品是特殊商品,为强化国家对药品生产的监督管理,确保药品安全有效,开办药品生产企业除必须按照国家关于开办生产企业的法律法规规定,履行报批程序外,还必须具备开办药品生产企业的条件。从事药品生产活动,应当具备以下条件:

1. 有依法经过资格认定的药学技术人员、工程技术人员及相应的技术工人。
2. 有与其药品生产相适应的厂房、设施和卫生环境。
3. 有能对所生产药品进行质量管理和质量检验的机构、人员以及必要的仪器设备。
4. 有保证药品质量的规章制度,并符合国务院药品监督管理部门依据本法制定的药品生产质量管理规范要求。

知识拓展

开办药品生产企业的环境

开办药品生产企业对硬件最基本的要求就是与其药品生产相适应的厂房、设施和卫生条件。在厂房方面,厂址选择、厂区及厂房的设计应符合工艺要求及其所要求的空气洁净度等级进行合理布局等;在设施方面,厂区功能设施应配套,并有辅助建筑设施、动力输送系统及处理设施等;在卫生条件方面,应保持空气清新,远离污染排放源,场地、水质应符合要求等。总之,要从以上三个方面的各个环节严格把关,既要防止药品在生产过程中受到交叉污染,也要保证生产操作人员的健康,更要避免或降低对社会环境的污染。

(二)药品生产质量管理

药品生产质量管理规范(Good Manufacturing Practice,GMP)是世界各国对药品生产全过程监督管理普遍采用的法定技术规范。GMP 是 20 世纪 70 年代中期发达国

家为保证药品生产质量管理的需要而产生的,为世界卫生组织向各国推荐采用的技术规范。监督实施 GMP 是药品监督管理工作的重要内容,是保证药品质量和用药安全有效的可靠措施。我国在 20 世纪 80 年代初引进了 GMP 概念,并于 1988 年由卫生部颁布了第一个 GMP,1992 年卫生部组织进行了修订,逐步开始在药品生产中实施。2011 年,卫生部又发布了《药品生产质量管理规范(2010 年修订)》。

《药品生产质量管理规范》的内容包括:人员、厂房、设备、卫生条件、起始原料、生产操作、包装和贴签、质量控制系统、自我检查、销售记录、用户意见和不良反应报告等。在硬件方面要有符合要求的环境、厂房设备;在软件方面要有可靠的生产工艺、严格的制度、完善的验证管理。GMP 的基本点是要保证生产药品符合法定质量标准,保证药品质量的均一性;防止生产中药品的混批、混杂、污染和交叉污染。

《药品管理法》规定,从事药品生产活动,应当遵守药品生产质量管理规范,建立健全药品生产质量管理体系,保证药品生产全过程持续符合法定要求。药品生产企业的法定代表人、主要负责人对本企业的药品生产活动全面负责。

药品应当按照国家药品标准和经药品监督管理部门核准的生产工艺进行生产。生产、检验记录应当完整准确,不得编造。中药饮片应当按照国家药品标准炮制;国家药品标准没有规定的,应当按照省、自治区、直辖市人民政府药品监督管理部门制定的炮制规范炮制。省、自治区、直辖市人民政府药品监督管理部门制定的炮制规范应当报国务院药品监督管理部门备案。生产药品所需的原料、辅料,应当符合药用要求、药品生产质量管理规范的有关要求。生产药品,应当按照规定对供应原料、辅料等的供应商进行审核,保证购进、使用的原料、辅料等符合前款规定要求。

药品生产企业应当对药品进行质量检验。不符合国家药品标准的,不得出厂。

(三)药品生产质量管理规范主要内容

药品生产质量管理规范作为质量管理体系的一部分,是药品生产管理和质量控制的基本要求,旨在最大限度地降低药品生产过程中污染、交叉污染以及混淆、差错等风险,确保持续稳定地生产出符合预定用途和注册要求的药品。

1.企业 企业应当建立符合药品质量管理要求的质量目标,将药品注册的有关安全、有效和质量可控的所有要求,系统地贯彻到药品生产、控制及产品放行、贮存、发运的全过程中,确保所生产的药品符合预定用途和注册要求。企业必须建立质量保证系统,同时建立完整的文件体系,以保证系统有效运行。

2.人员管理 企业应当配备足够数量并具有适当资质(含学历、培训和实践经验)的管理和操作人员,应当明确规定每个部门和每个岗位的职责。岗位职责不得遗漏,交叉的职责应当有明确规定。每个人所承担的职责不应当过多。质量管理负责人和生产管理负责人不得互相兼任。企业负责人是药品生产质量的主要责任人,全面负责企业日常管理。企业应当指定部门或专人负责培训管理工作,应当有经生产管理负责人或质量管理负责人审核或批准的培训方案或计划,培训记录应当予以保存。企业应当建立人员卫生操作规程。

3.厂房与设施 厂房的选址、设计、布局、建造、改造和维护必须符合药品生产要求,应当能够最大限度地避免污染、交叉污染、混淆和差错,便于清洁、操作和维护。

4. 设备管理   设备的设计、选型、安装、改造和维护必须符合预定用途,应当尽可能降低产生污染、交叉污染、混淆和差错的风险,便于操作、清洁、维护,以及必要时进行的消毒或灭菌。应当建立设备使用、清洁、维护和维修的操作规程。

5. 物料管理   药品生产所用的原辅料、与药品直接接触的包装材料和容器应当符合相应的质量标准。应当建立物料和产品的操作规程,定期进行供应商评估。

6. 确认或验证   企业应当确定需要进行的确认或验证工作,以证明有关操作的关键要素能够得到有效控制。企业的厂房、设施、设备和检验仪器应当经过确认,应当采用经过验证的生产工艺、操作规程和检验方法进行生产、操作和检验,并保持持续的验证状态。

7. 文件管理   文件是质量保证系统的基本要素。企业必须有内容正确的书面质量标准、生产处方和工艺规程、操作规程以及记录等文件。

8. 生产管理   所有药品的生产和包装均应当按照批准的工艺规程和操作规程进行操作并有相关记录,以确保药品达到规定的质量标准,并符合药品生产许可和注册批准的要求。

9. 质量控制与质量保证   包括物料和产品放行、持续稳定性考察、变更控制、偏差处理、纠正和预防措施、供应商评估、质量回顾、投诉与不良反应等。质量控制负责人应当具有足够的管理实验室的资质和经验,可以管理同一企业的一个或多个实验室。质量控制实验室的检验人员至少应当具有相关专业中专或高中以上学历,并经过与所从事的检验操作相关的实践培训且通过考核。

10. 委托生产与委托检验   为确保委托生产产品的质量和委托检验的准确性和可靠性,委托方和受托方必须签订书面合同,明确规定各方责任、委托生产或委托检验的内容及相关的技术事项。委托生产或委托检验的所有活动,包括在技术或其他方面拟采取的任何变更,均应当符合药品生产许可和注册的有关要求。

11. 产品发运与召回   企业应当建立产品召回系统,必要时可迅速、有效地从市场召回任何一批存在安全隐患的产品。因质量原因退货和召回的产品,均应当按照规定监督销毁,有证据证明退货产品质量未受影响的除外。

12. 自检   质量管理部门应当定期组织对企业进行自检,监控本规范的实施情况,评估企业是否符合本规范要求,并提出必要的纠正和预防措施。

二、药品经营管理

(一)药品经营企业管理

从事药品批发活动,应当经所在地省、自治区、直辖市人民政府药品监督管理部门批准,取得药品经营许可证。从事药品零售活动,应当经所在地县级以上地方药品监督管理部门批准,取得药品经营许可证。无药品经营许可证的,不得经营药品。药品经营许可证应当标明有效期和经营范围,到期重新审查发证。

药品监督管理部门实施药品经营许可,还应当遵循方便群众购药的原则,还必须具备以下条件:

1. 有依法经过资格认定的药师或者其他药学技术人员。

2. 有与所经营药品相适应的营业场所、设备、仓储设施和卫生环境。

3．有与所经营药品相适应的质量管理机构或者人员。

4．有保证药品质量的规章制度，并符合国务院药品监督管理部门依据本法制定的药品经营质量管理规范要求。

（二）药品经营质量管理

药品是一种特殊的商品，其经营质量的管理较一般商品更为严格。药品经营质量管理规范（Good Supplying Practice，GSP）是控制医药商品流通环节所有可能发生质量事故的因素、防止质量事故发生的一整套管理程序。该规范是药品市场准入的一道技术壁垒，其核心是通过严格的管理制度来约束企业行为，对药品经营全过程进行质量控制，从根本上保证药品质量。根据《药品管理法》规定，从事药品经营活动，应当遵守药品经营质量管理规范，建立健全药品经营质量管理体系，保证药品经营全过程持续符合法定要求。国家鼓励、引导药品零售连锁经营。从事药品零售连锁经营活动的企业总部，应当建立统一的质量管理制度，对所属零售企业的经营活动履行管理责任。药品经营企业的法定代表人、主要负责人对本企业的药品经营活动全面负责。

药品经营企业购进药品，应当建立并执行进货检查验收制度，验明药品合格证明和其他标识；不符合规定要求的，不得购进和销售。药品经营企业购销药品，应当有真实、完整的购销记录。购销记录应当注明药品的通用名称、剂型、规格、产品批号、有效期、上市许可持有人、生产企业、购销单位、购销数量、购销价格、购销日期及国务院药品监督管理部门规定的其他内容。

药品经营企业销售药品应当准确无误，并正确说明用法、用量和注意事项；调配处方必须经过核对，对处方所列药品不得擅自更改或者代用。对有配伍禁忌或者超剂量的处方，应当拒绝调配；必要时，经处方医师更正或者重新签字，方可调配。药品经营企业销售中药材，应当标明产地。依法经过资格认定的药师或者其他药学技术人员负责本企业的药品管理、处方审核和调配、合理用药指导等工作。

药品经营企业应当制定和执行药品保管制度，采取必要的冷藏、防冻、防潮、防虫、防鼠等措施，保证药品质量。药品入库和出库应当执行检查制度。城乡集市贸易市场可以出售中药材，国务院另有规定的除外。

药品网络交易第三方平台提供者应当按照国务院药品监督管理部门的规定，向所在地省、自治区、直辖市人民政府药品监督管理部门备案。第三方平台提供者应当依法对申请进入平台经营的药品上市许可持有人、药品经营企业的资质等进行审核，保证其符合法定要求，并对发生在平台的药品经营行为进行管理。第三方平台提供者发现进入平台经营的药品上市许可持有人、药品经营企业有违反本法规定行为的，应当及时制止并立即报告所在地县级人民政府药品监督管理部门；发现严重违法行为的，应当立即停止提供网络交易平台服务。

新发现和从境外引种的药材，经国务院药品监督管理部门批准后，方可销售。医疗机构因临床急需进口少量药品的，经国务院药品监督管理部门或者国务院授权的省、自治区、直辖市人民政府批准，可以进口。进口的药品应当在指定医疗机构内用于特定医疗目的。个人自用携带入境少量药品，按照国家有关规定办理。禁止进口疗效不确切、不良反应大或者因其他原因危害人体健康的药品。

（三）药品经营质量管理规范主要内容

1.药品批发的质量管理

（1）质量管理体系：企业应当依据有关法律法规及本规范的要求建立质量管理体系，确定质量方针，制定质量管理体系文件，开展质量策划、质量控制、质量保证、质量改进和质量风险管理等活动。

（2）组织机构与质量管理职责：企业应当设立与其经营活动和质量管理相适应的组织机构或者岗位，明确规定其职责、权限及相互关系。企业负责人是药品批发质量的主要责任人。企业应当设立质量管理部门，有效开展质量管理工作。

（3）人员与培训：企业负责人应当具有大学专科以上学历或者中级以上专业技术职称，经过基本的药学专业知识培训，熟悉有关药品管理的法律法规及本规范。企业质量负责人应当具有大学本科以上学历、执业药师资格和3年以上药品经营质量管理工作经历，在质量管理工作中具备正确判断和保障实施的能力。企业质量管理部门负责人应当具有执业药师资格和3年以上药品经营质量管理工作经历，能独立解决经营过程中的质量问题。企业应当按照培训管理制度制定年度培训计划并开展培训。

（4）质量管理体系文件：企业制定质量管理体系文件应当符合企业实际。文件包括质量管理制度、部门及岗位职责、操作规程、档案、报告、记录和凭证等。

（5）设施与设备：企业应当具有与其药品经营范围、经营规模相适应的经营场所和库房。库房的选址、设计、布局、建造、改造和维护应当符合药品储存的要求，防止药品的污染、交叉污染、混淆和差错。储存、运输冷藏、冷冻药品的，应当配备相应的设施设备。

（6）校准与验证：企业应当按照国家有关规定，对计量器具、温湿度监测设备等定期进行校准或者检定。企业应当对冷库、储运温湿度监测系统以及冷藏运输等设施设备进行使用前验证、定期验证及停用时间超过规定时限的验证。

（7）计算机系统：企业应当建立能够符合经营全过程管理及质量控制要求的计算机系统，实现药品可追溯。

（8）采购：企业的采购活动应当确定供货单位的合法资格；确定所购入药品的合法性；核实供货单位销售人员的合法资格；与供货单位签订质量保证协议。采购中涉及的首营企业、首营品种，采购部门应当填写相关申请表格，经过质量管理部门和企业质量负责人的审核批准。必要时应当组织实地考察，对供货单位质量管理体系进行评价。企业应当定期对药品采购的整体情况进行综合质量评审，建立药品质量评审和供货单位质量档案，并进行动态跟踪管理。

（9）收货和验收：企业应当按照规定的程序和要求对到货药品逐批进行收货、验收，防止不合格药品入库。企业应当建立库存记录，验收合格的药品应当及时入库登记；验收不合格的，不得入库，并由质量管理部门处理。

（10）储存与养护：企业应当根据药品的质量特性对药品进行合理储存，养护人员应当根据库房条件、外部环境、药品质量特性等对药品进行养护。对质量可疑的药品应当立即采取停售措施，并在计算机系统中锁定，同时报告质量管理部门确认。

（11）销售：企业应当将药品销售给合法的购货单位，并对购货单位的证明文件、

采购人员及提货人员的身份证明进行核实,保证药品销售流向真实、合法。应当如实开具发票,做到票、账、货、款一致,做好药品销售记录。

(12)出库:出库时应当对照销售记录进行复核,有问题的不得出库。药品出库复核应当建立记录,包括购货单位,药品的通用名称、剂型、规格、数量、批号、有效期、生产厂商、出库日期、质量状况和复核人员等内容。药品拼箱发货的代用包装箱应当有醒目的拼箱标志。

(13)运输与配送:企业应当按照质量管理制度的要求,严格执行运输操作规程,并采取有效措施保证运输过程中的药品质量与安全。

(14)售后管理:企业应当加强对退货的管理,保证退货环节药品的质量和安全,防止混入假冒药品。企业发现已售出药品有严重质量问题,应当立即通知购货单位停售、追回并做好记录,同时向食品药品监督管理部门报告。企业应当协助药品生产企业履行召回义务,按照召回计划的要求及时传达、反馈药品召回信息,控制和收回存在安全隐患的药品,并建立药品召回记录。

2.药品零售的质量管理

(1)质量管理与职责:企业应当按照有关法律法规及本规范的要求制定质量管理文件,开展质量管理活动,确保药品质量。企业应当具有与其经营范围和规模相适应的经营条件。企业负责人是药品零售质量的主要责任人。企业应当设置质量管理部门或者配备质量管理人员。

(2)人员管理:企业法定代表人或者企业负责人应当具备执业药师资格。企业应当按照国家有关规定配备执业药师,负责处方审核,指导合理用药。质量管理、验收、采购人员应当具有药学或者医学、生物、化学等相关专业学历或者具有药学专业技术职称。从事中药饮片质量管理、验收、采购人员应当具有中药学中专以上学历或者具有中药学专业初级以上专业技术职称。

(3)文件:企业应当按照有关法律法规及本规范规定,制定符合企业实际的质量管理文件。文件包括质量管理制度、岗位职责、操作规程、档案、记录和凭证等,并对质量管理文件定期审核、及时修订。记录及相关凭证应当至少保存5年。

(4)设施与设备:企业的营业场所应当与其药品经营范围、经营规模相适应,并与药品储存、办公、生活辅助及其他区域分开。企业应当建立能够符合经营和质量管理要求的计算机系统,并满足药品追溯的要求。企业设置库房的,应当做到库房内墙、顶光洁,地面平整,门窗结构严密;有可靠的安全防护、防盗等措施。

(5)采购与验收:企业的采购活动应当确定供货单位的合法资格;确定所购入药品的合法性;核实供货单位销售人员的合法资格;与供货单位签订质量保证协议。采购中涉及的首营企业、首营品种,采购部门应当填写相关申请表格,经过质量管理部门和企业质量负责人的审核批准。必要时应当组织实地考察,对供货单位质量管理体系进行评价。企业应当定期对药品采购的整体情况进行综合质量评审,建立药品质量评审和供货单位质量档案,并进行动态跟踪管理。验收合格的药品应当及时入库或者上架。验收不合格的,不得入库或者上架,并报告质量管理人员处理。

(6)陈列与储存:企业应当定期进行卫生检查,保持环境整洁。存放、陈列药品的设备应当保持清洁卫生,不得放置与销售活动无关的物品,并采取防虫、防鼠等措

施,防止污染药品。

药品的陈列应当符合以下要求:按剂型、用途以及储存要求分类陈列,并设置醒目标志,类别标签字迹清晰、放置准确;药品放置于货架(柜),摆放整齐有序,避免阳光直射;处方药、非处方药分区陈列,并有处方药、非处方药专用标识;处方药不得采用开架自选的方式陈列和销售;外用药与其他药品分开摆放;拆零销售的药品集中存放于拆零专柜或者专区;第二类精神药品、毒性中药品种和罂粟壳不得陈列;冷藏药品放置在冷藏设备中,按规定对温度进行监测和记录,并保证存放温度符合要求;中药饮片柜斗谱的书写应当正名正字;装斗前应当复核,防止错斗、串斗;应当定期清斗,防止饮片生虫、发霉、变质;不同批号的饮片装斗前应当清斗并记录;经营非药品应当设置专区,与药品区域明显隔离,并有醒目标志。

(7)销售管理:销售药品应当符合以下要求:处方经执业药师审核后方可调配;对处方所列药品不得擅自更改或者代用,对有配伍禁忌或者超剂量的处方,应当拒绝调配,但经处方医师更正或者重新签字确认的,可以调配;调配处方后经过核对方可销售;处方审核、调配、核对人员应当在处方上签字或者盖章,并按照有关规定保存处方或者其复印件;销售近效期药品应当向顾客告知有效期;销售中药饮片做到计量准确,并告知煎服方法及注意事项;提供中药饮片代煎服务,应当符合国家有关规定。

(8)售后管理:除药品质量原因外,药品一经售出,不得退换。企业应当在营业场所公布食品药品监督管理部门的监督电话,设置顾客意见簿,及时处理顾客对药品质量的投诉;收集、报告药品不良反应信息;建立药品召回记录。

案例评析

药品经营许可

案例: 2016 年 5 月,某工商部门在日常执法时发现,其辖区内的李某(个人)涉嫌无营业执照经营药品,该工商部门对李某的药品进行了扣押。由于工商部门对扣押的药品质量不能鉴别,便请药品监督管理部门协助,这时药品监督管理部门发现李某经营药品未取得药品经营许可证。经进一步调查发现,李某无证经营药品已有 3 年多。鉴于此种情况,药品监督管理部门向工商部门提出,此案属于药品监督管理部门的查处范围。根据《药品管理法》规定,李某经营的药店被依法责令关闭,没收违法所得,并处罚款。

评析: 根据《药品管理法》第五十一条规定,从事药品零售活动,应当经所在地县级以上地方人民政府药品监督管理部门批准,取得药品经营许可证。无药品经营许可证的,不得经营药品。李某显然属于无证经营,违反了《药品管理法》第一百一十五条规定,未取得药品生产许可证、药品经营许可证或者医疗机构制剂许可证生产、销售药品的,责令关闭,没收违法生产、销售的药品和违法所得,并处违法生产、销售的药品(包括已售出和未售出的药品)货值金额十五倍以上三十倍以下的罚款;货值金额不足十万元的,按十万元计算。

三、药品价格管理

国家完善药品采购管理制度,对药品价格进行监测,开展成本价格调查,加强药品价格监督检查。国家对药品价格实行政府定价、政府指导价或者市场调节价。

1. 政府定价、政府指导价的药品　列入国家基本医疗保险药品目录的药品以及国家基本医疗保险药品目录以外具有垄断性生产、经营的药品,实行政府定价或者政府指导价;对其他药品,实行市场调节价。

依法实行政府定价、政府指导价的药品,政府价格主管部门应当依照《中华人民共和国价格法》规定的定价原则,依据社会平均成本、市场供求状况和社会承受能力合理制定和调整价格,做到质价相符,消除虚高价格,保护用药者的正当利益。

药品的生产企业、经营企业和医疗机构必须执行政府定价、政府指导价,不得以任何形式擅自提高价格。

依法实行政府定价和政府指导价的药品价格制定后,由政府价格主管部门依照《中华人民共和国价格法》的规定,在指定的刊物上公布并明确该价格施行的日期。

2. 市场调节价的药品　依法实行市场调节价的药品,药品上市许可持有人、药品生产企业、药品经营企业和医疗机构应当按照公平、合理和诚实信用、质价相符的原则制定价格,为用药者提供价格合理的药品。

药品上市许可持有人、药品生产企业、药品经营企业和医疗机构应当遵守国务院药品价格主管部门关于药品价格管理的规定,制定和标明药品零售价格,禁止暴利、价格垄断和价格欺诈等行为。

药品上市许可持有人、药品生产企业、药品经营企业和医疗机构应当依法向药品价格主管部门提供其药品的实际购销价格和购销数量等资料。

医疗机构应当向患者提供所用药品的价格清单,按照规定如实公布其常用药品的价格,加强合理用药管理。具体办法由国务院卫生健康主管部门制定。

3. 药品购销中的违法行为有:

(1)药品上市许可持有人、药品生产企业、药品经营企业和医疗机构在药品购销中给予、收受回扣或者其他不正当利益。

(2)药品上市许可持有人、药品生产企业、药品经营企业或者代理人以任何名义给予使用其药品的医疗机构的负责人、药品采购人员、医师、药师等有关人员财物或者其他不正当利益。

(3)医疗机构的负责人、药品采购人员、医师、药师等有关人员以任何名义收受药品上市许可持有人、药品生产企业、药品经营企业或者代理人给予的财物或者其他不正当利益。

四、药品广告管理

1. 药品广告的基本概念　药品广告是指凡利用各种媒介或者形式发布的药品广告,包括药品生产、经营企业的产品宣传材料等。

为了加强药品广告管理,保证药品广告的真实性和合法性,2007年国家食品药品监督管理局(现已整合变更为国家市场监督管理总局,下同)发布了《药品广告审查办

法》和《药品广告审查发布标准》。2015年4月24日第十二届全国人民代表大会常务委员会会议修订了《中华人民共和国广告法》。

2.药品广告的审批　药品广告应当经广告主所在地省、自治区、直辖市人民政府确定的广告审查机关批准；未经批准的，不得发布。

3.药品广告管理的内容　药品广告的内容应当真实、合法，以国务院药品监督管理部门核准的药品说明书为准，不得含有虚假的内容。

药品广告不得含有表示功效、安全性的断言或者保证；不得利用国家机关、科研单位、学术机构、行业协会或者专家、学者、医师、药师、患者等的名义或者形象作推荐、证明。非药品广告不得有涉及药品的宣传。

药品价格和广告，本法未作规定的，适用《中华人民共和国价格法》《中华人民共和国反垄断法》《中华人民共和国反不正当竞争法》《中华人民共和国广告法》等的规定。

（1）不得发布广告的药品：麻醉药品、精神药品、医疗用毒性药品、放射性药品；医疗机构配制的制剂；军队特需药品；原国家食品药品监督管理局依法明令停止或者禁止生产、销售和使用的药品；批准试生产的药品。

（2）药品广告中有关药品功能疗效的宣传应当科学准确，不得出现的情形：

1）含有不科学地表示功效的断言或者保证的。

2）说明治愈率或者有效率的。

3）与其他药品的功效和安全性进行比较的。

4）违反科学规律，明示或者暗示包治百病、适应所有症状的。

5）含有"安全无毒副作用""毒副作用小"等内容的；含有明示或者暗示中成药为"天然"药品，因而安全性有保证等内容的。

6）含有明示或者暗示该药品为正常生活和治疗病症所必需等内容的。

7）含有明示或者暗示服用该药能应付现代紧张生活和升学、考试等需要，能够帮助提高成绩、使精力旺盛、增强竞争力、增高、益智等内容的。

8）其他不科学的用语或者表示，如"最新技术""最高科学""最先进制法"等。

（3）药品广告应当宣传和引导合理用药，不得直接或者间接怂恿任意、过量地购买和使用药品，不得含有的内容：

1）含有不科学的表述或者使用不恰当的表现形式，引起公众对所处健康状况和所患疾病产生不必要的担忧和恐惧，或者使公众误解不使用该药品会患某种疾病或加重病情的。

2）含有免费治疗、免费赠送、有奖销售、以药品作为礼品或者奖品等促销药品内容的。

3）含有"家庭必备"或者类似内容的。

4）含有"无效退款""保险公司保险"等保证内容的。

5）含有评比、排序、推荐、指定、选用、获奖等综合性评价内容的。

（4）药品广告不得含有的一般内容：

1）不得含有利用医药科研单位、学术机构、医疗机构或者专家、医生、患者的名义和形象作证明的内容。

2）不得使用国家机关和国家机关工作人员的名义。

3）不得含有军队单位或者军队人员的名义、形象；不得利用军队装备、设施从事药品广告宣传。

4）不得含有涉及公共信息、公共事件或其他与公共利益相关联的内容，如各类疾病信息、经济社会发展成果或医药科学以外的科技成果。

5）不得在未成年人出版物和广播电视频道、节目、栏目上发布。

6）不得以儿童为诉求对象，不得以儿童名义介绍药品。

7）不得含有医疗机构的名称、地址、联系办法、诊疗项目、诊疗方法以及有关义诊、医疗（热线）咨询、开设特约门诊等医疗服务的内容。

案例评析

"天花乱坠"的广告

案例：某食品广告宣称"大约有98.7%的糖尿病患者病情得到控制，89%的糖尿病患者胰岛功能有不同程度的恢复，连续用药6个月后，糖尿病患者惊现36%恢复正常"等易与药品相混淆的用语，属于非药品宣传对疾病治疗作用，误导消费者，违反了《药品广告审查办法》第二十条："篡改经批准的药品广告内容进行虚假宣传的，由药品监督管理部门责令立即停止该药品广告的发布，撤销该品种药品广告批准文号，1年内不受理该品种的广告审批申请。"

评析：药品广告的内容必须真实、合法，以国务院药品监督管理部门批准的说明书为准，不得含有虚假的内容。食品则不得宣传对疾病有治疗作用，误导消费者。因此，其违反了《药品广告审查办法》，根据其第二十条规定，篡改经批准的药品广告内容进行虚假宣传的，由药品监督管理部门责令立即停止该药品广告的发布，撤销该品种药品广告批准文号，1年内不受理该品种的广告审批申请。

五、医疗机构制剂管理

（一）医疗机构制剂的概念

医疗机构制剂是指医疗机构根据本单位临床需要而常规配制、自用的固定处方制剂。

医疗机构配制的制剂，应当是本单位临床需要而市场上没有供应的品种，并应当经所在地省、自治区、直辖市人民政府药品监督管理部门批准；但是，法律对配制中药制剂另有规定的除外。医疗机构配制的制剂应当按照规定进行质量检验；合格的，凭医师处方在本单位使用。经国务院药品监督管理部门或者省、自治区、直辖市人民政府药品监督管理部门批准，医疗机构配制的制剂可以在指定的医疗机构之间调剂使用。医疗机构配制的制剂不得在市场上销售。

（二）医疗机构制剂配制质量管理规范

为了规范医疗机构自制制剂配制的全过程，国家药品监督管理局于2001年发布了《医疗机构制剂配制质量管理规范》（Good Preparation Practice，GPP）（试行）。

1. 医疗机构配制制剂的准入条件　应当经所在地省、自治区、直辖市人民政府药品监督管理部门批准，取得医疗机构制剂许可证。无医疗机构制剂许可证的，不得

配制制剂。医疗机构制剂许可证应当标明有效期,到期重新审查发证。

2．机构与人员　医疗机构制剂配制应在药剂部门设制剂室、药检室和质量管理组织。机构与岗位人员的职责应明确,并配备具有相应素质及相应数量的专业技术人员。医疗机构负责人对制剂质量负责。医疗机构应当配备依法经过资格认定的药师或者其他药学技术人员,负责本单位的药品管理、处方审核和调配、合理用药指导等工作。非药学技术人员不得直接从事药剂技术工作。制剂室和药检室的负责人不得互相兼任。从事制剂配制操作及药检人员,应经专业技术培训,具有基础理论知识和实际操作技能。凡从事制剂配制工作的所有人员均应熟悉本规范,并应通过本规范的培训与考核。

3．房屋与设施　为保证制剂质量,制剂室要远离各种污染源。医疗机构配制制剂,应当有能够保证制剂质量的设施、管理制度、检验仪器和卫生环境。医疗机构配制制剂,应当按照经核准的工艺进行,所需的原料、辅料和包装材料等应当符合药用要求。制剂室的房屋和面积必须与所配制的制剂剂型和规模相适应。各工作间应按制剂工序和空气洁净度级别要求合理布局。各种制剂应根据剂型的需要,工序合理衔接,设置不同的操作间,按工序划分操作岗位。

根据制剂工艺要求,划分空气洁净度级别。实验动物房应远离制剂室。

4．设备　医疗机构应当有与所使用药品相适应的场所、设备、仓储设施和卫生环境,制定和执行药品保管制度,采取必要的冷藏、防冻、防潮、防虫、防鼠等措施,保证药品质量。设备的选型、安装应符合制剂配制要求,易于清洗、消毒或灭菌,便于操作、维修和保养,并能防止差错和减少污染。与药品直接接触的设备表面应光洁、平整、易清洗或消毒、耐腐蚀;不与药品发生化学变化和吸附药品。设备所用的润滑剂、冷却剂等不得对药品和容器造成污染。制剂配制和检验应有与所配制制剂品种相适应的设备、设施与仪器。用于制剂配制和检验的仪器、仪表、量具、衡器等其适用范围和精密度应符合制剂配制和检验的要求,应定期校验,并有合格标志。

5．物料　制剂配制所用物料的购入、储存、发放与使用等应制定管理制度。各种物料要严格管理。合格物料、待验物料及不合格物料应分别存放,并有易于识别的明显标志。不合格的物料,应及时处理。制剂的标签、使用说明书必须与药品监督管理部门批准的内容、式样、文字相一致,不得随意更改;应专柜存放,专人保管,不得流失。

6．卫生　制剂室应有防止污染的卫生措施和卫生管理制度。配制间不得存放与配制无关的物品。配制中的废弃物应及时处理。更衣室、浴室及厕所的设置不得对洁净室(区)产生不良影响。配制间和制剂设备、容器等应有清洁规程,洁净室(区)应定期消毒。工作服的选材、式样及穿戴方式应与配制操作和洁净度级别要求相适应。配制人员应有健康档案,并每年至少体检一次。传染病、皮肤病患者和体表有伤口者不得从事制剂配制工作。

7．文件　制剂室应有医疗机构制剂许可证及申报文件、验收、整改记录;制剂品种申报及批准文件;制剂室年检、抽验及监督检查文件及记录。医疗机构制剂室应有配制管理、质量管理的各项制度和记录。制剂配制管理文件主要有:配制规程和标准操作规程;配制记录等。

制剂配制管理文件和质量管理文件的要求有:制订文件应符合《药品管理法》和相关法律、法规、规章的要求;应建立文件的管理制度。使用的文件应为批准的现行

文本，已撤销和过时的文件除留档备查外，不得在工作现场出现；文件的制订、审查和批准的责任应明确，并有责任人签名；有关配制记录和质量检验记录应完整归档，至少保存2年备查。

8. 配制管理　在同一配制周期中制备出来的一定数量常规配制的制剂为一批，一批制剂在规定限度内具有同一性质和质量。每批制剂均应编制制剂批号。每批制剂均应按投入和产出的物料平衡进行检查，要有防止制剂被污染和混淆的措施。每批制剂均应有一份能反映配制各个环节的完整记录。新制剂的配制工艺及主要设备应按验证方案进行验证。配制规程和标准操作规程不得任意修改。如需修改时必须按制定时的程序办理修订、审批手续。

9. 质量管理与自检　质量管理组织负责制剂配制全过程的质量管理。药检室负责制剂配制全过程的检验。医疗机构制剂质量管理组织应定期组织自检。自检应按预定的程序，按规定内容进行检查，以证实与本规范的一致性。自检应有记录并写出自检报告，包括评价及改进措施等。

10. 使用管理　医疗机构制剂应按药品监督管理部门制定的原则并结合剂型特点、原料药的稳定性和制剂稳定性试验结果规定使用期限。制剂配发必须有完整的记录或凭据。制剂使用过程中发现的不良反应，应按《药品不良反应报告和监测管理办法》的规定予以记录，填表上报。保留病历和有关检验、检查报告单等原始记录至少1年备查。

知识拓展

制剂配制环境空气洁净级别要求

剂型品种或制剂工艺段	要求洁净级别
最终灭菌的≥50ml注射剂：	
称量、配液、过滤	10 000级
灌封	100级
最终灭菌的<50ml注射剂：	
称量、配液	10 000级
过滤、灌封	10 000级
非最终灭菌制剂：	
灌封、灌装前不需除菌过滤的药品的配制	100级
灌装前需除菌过滤的药品的配液环境	10 000级
灌装环境	100级
供角膜创伤或手术用的滴眼剂配制、灌封	10 000级
全肠外营养（TPN）的配制	100级
非无菌制剂：	
非最终灭菌口服液体制剂、深部组织创伤外用制剂、眼用制剂除直肠用药外的腔道制剂的配制、分装	100 000级
非无菌制剂：	
最终灭菌口服液体制剂、口服固体制剂、表皮外用制剂、直肠用药制剂配制、分装	300 000级

六、法律责任

1. 未取得药品生产许可证、药品经营许可证或者医疗机构制剂许可证生产、销售药品的，责令关闭，没收违法生产、销售的药品和违法所得，并处违法生产、销售的药品（包括已售出的和未售出的药品，下同）货值金额十五倍以上三十倍以下的罚款；货值金额不足十万元的，按十万元计算。

2. 除本法另有规定的情形外，药品上市许可持有人、药品生产企业、药品经营企业、药物非临床安全性评价研究机构、药物临床试验机构等未遵守药品生产质量管理规范、药品经营质量管理规范、药物非临床研究质量管理规范、药物临床试验质量管理规范等的，责令限期改正，给予警告；逾期不改正的，处十万元以上五十万元以下的罚款；情节严重的，处五十万元以上二百万元以下的罚款，责令停产停业整顿直至吊销药品批准证明文件、药品生产许可证、药品经营许可证等，药物非临床安全性评价研究机构、药物临床试验机构等五年内不得开展药物非临床安全性评价研究、药物临床试验，对法定代表人、主要负责人、直接负责的主管人员和其他责任人员，没收违法行为发生期间自本单位所获收入，并处所获收入百分之十以上百分之五十以下的罚款，十年直至终身禁止从事药品生产经营等活动。

3. 违反本法规定，药品上市许可持有人、药品生产企业、药品经营企业或者医疗机构未从药品上市许可持有人或者具有药品生产、经营资格的企业购进药品的，责令改正，没收违法购进的药品和违法所得，并处违法购进药品货值金额二倍以上十倍以下的罚款；情节严重的，并处货值金额十倍以上三十倍以下的罚款，吊销药品批准证明文件、药品生产许可证、药品经营许可证或者医疗机构执业许可证；货值金额不足五万元的，按五万元计算。

4. 伪造、变造、出租、出借、非法买卖许可证或者药品批准证明文件的，没收违法所得，并处违法所得一倍以上五倍以下的罚款；情节严重的，并处违法所得五倍以上十五倍以下的罚款，吊销药品生产许可证、药品经营许可证、医疗机构制剂许可证或者药品批准证明文件，对法定代表人、主要负责人、直接负责的主管人员和其他责任人员，处二万元以上二十万元以下的罚款，十年内禁止从事药品生产经营活动，并可以由公安机关处五日以上十五日以下的拘留；违法所得不足十万元的，按十万元计算。

5. 提供虚假的证明、数据、资料、样品或者采取其他手段骗取临床试验许可、药品生产许可、药品经营许可、医疗机构制剂许可或者药品注册等许可的，撤销相关许可，十年内不受理其相应申请，并处五十万元以上五百万元以下的罚款；情节严重的，对法定代表人、主要负责人、直接负责的主管人员和其他责任人员，处二万元以上二十万元以下的罚款，十年内禁止从事药品生产经营活动，并可以由公安机关处五日以上十五日以下的拘留。

6. 违反本法规定，医疗机构将其配制的制剂在市场上销售的，责令改正，没收违法销售的制剂和违法所得，并处违法销售制剂货值金额二倍以上五倍以下的罚款；情节严重的，并处货值金额五倍以上十五倍以下的罚款；货值金额不足五万元的，按五万元计算。

7. 药品经营企业违反《药品管理法》规定的，责令改正，给予警告；情节严重的，吊

销《药品经营许可证》。药品标识不符合《药品管理法》规定的,除依法应当按照假药、劣药论处的外,责令改正,给予警告;情节严重的,撤销该药品的批准证明文件。违反《药品管理法》关于药品价格管理规定的,依照《中华人民共和国价格法》的规定处罚。

8. 药品上市许可持有人、药品生产企业、药品经营企业或者医疗机构在药品购销中给予、收受回扣或者其他不正当利益的,药品上市许可持有人、药品生产企业、药品经营企业或者代理人给予使用其药品的医疗机构的负责人、药品采购人员、医师、药师等有关人员财物或者其他不正当利益的,由市场监督管理部门没收违法所得,并处三十万元以上三百万元以下的罚款;情节严重的,吊销药品上市许可持有人、药品生产企业、药品经营企业营业执照,并由药品监督管理部门吊销药品批准证明文件、药品生产许可证、药品经营许可证。药品上市许可持有人、药品生产企业、药品经营企业在药品研制、生产、经营中向国家工作人员行贿的,对法定代表人、主要负责人、直接负责的主管人员和其他责任人员终身禁止从事药品生产经营活动。

9. 药品上市许可持有人、药品生产企业、药品经营企业的负责人、采购人员等有关人员在药品购销中收受其他药品上市许可持有人、药品生产企业、药品经营企业或者代理人给予的财物或者其他不正当利益的,没收违法所得,依法给予处罚;情节严重的,五年内禁止从事药品生产经营活动。

10. 医疗机构的负责人、药品采购人员、医师、药师等有关人员收受药品上市许可持有人、药品生产企业、药品经营企业或者代理人给予的财物或者其他不正当利益的,由卫生健康主管部门或者本单位给予处分,没收违法所得;情节严重的,还应当吊销其执业证书。

11. 违反《药品管理法》有关药品广告管理规定的,依照《中华人民共和国广告法》的规定处罚,并由发给广告批准文号的药品监督管理部门撤销广告批准文号,一年内不受理该品种的广告审批申请;构成犯罪的,依法追究刑事责任。药品监督管理部门对药品广告不依法履行审查职责,批准发布的广告有虚假或者其他违反法律、行政法规的内容的,对直接负责的主管人员和其他直接责任人员依法给予行政处分;构成犯罪的,依法追究刑事责任。

12. 药品的生产企业、经营企业、医疗机构违反《药品管理法》规定,给药品使用者造成损害的,依法承担赔偿责任。

第三节 药品管理的法律规定

一、药品标准

(一)药品标准

药品标准是指国家对药品的质量规格及检验方法所做的技术规定,是药品的生产、流通、使用及检验、监督管理部门共同遵循的法定依据。内容包括药品的名称、成分或处方的组成、含量及其检查与检验方法、作用、用途、用法与用量、注意事项、规格、包装与贮藏及制剂辅料等。法定的药品质量标准具有法律的效力,生产、销售、使用不符合药品质量标准的药品是违法行为。

（二）药品标准的分类

依据《药品管理法》的规定，我国的药品标准分为国家药品标准和炮制规范。

1. 国家药品标准 我国实行国家药品标准制度。依据《药品管理法》的规定，药品应当符合国家药品标准。经国务院药品监督管理部门核准的药品质量标准高于国家药品标准的，按照经核准的药品质量标准执行；没有国家药品标准的，应当符合经核准的药品质量标准。只有符合国家药品标准的药品才是合格药品，方可销售、使用。

国务院药品监督管理部门颁布的《中华人民共和国药典》（以下简称《中国药典》）和药品标准为国家药品标准。

《中国药典》是国家药品标准的核心，是国家为保证药品质量、保护人民用药安全有效而制定的法典。其收载的品种为疗效确切、被广泛应用、能批量生产、质量水平较高并有合理的质量监控手段的药品。

原国家食品药品监督管理局颁布的药品标准收载的是一些未列入《中国药典》的品种，还包括一些与药品质量指标、生产工艺和检验方法相关的技术指导原则和规范。

2. 炮制规范 是指中药饮片炮制规范。依据《药品管理法》规定，中药饮片应当按照国家药品标准炮制；国家药品标准没有规定的，应当按照省、自治区、直辖市人民政府药品监督管理部门制定的炮制规范炮制。省、自治区、直辖市人民政府药品监督管理部门制定的炮制规范应当报国务院药品监督管理部门备案。不符合国家药品标准或者不按照省、自治区、直辖市人民政府药品监督管理部门制定的炮制规范炮制的，不得出厂、销售。

《药品管理法》规定，列入国家药品标准的药品名称为药品通用名称。已经作为药品通用名称的，该名称不得作为药品商标使用。

📑 **知识拓展**

目前我国药品主要执行标准

目前，我国药品主要执行标准包括：

1.《中华人民共和国药典》（2020年版）。

2.《中华人民共和国卫生部药品标准·中药成方制剂》第一至二十一册。

3.《中华人民共和国卫生部药品标准·化学药品及制剂（第一册）》《中华人民共和国卫生部药品标准·生化药品（第一册）》《中华人民共和国卫生部药品标准·抗生素药品（第一册）》。

4.《卫生部颁药品标准》（二部）一册至六册。

5.《中华人民共和国卫生部药品标准》藏药（第一册），《中华人民共和国卫生部药品标准》蒙药分册，《中华人民共和国卫生部药品标准》维吾尔药分册。

6.《新药转正标准》1至88册。

7.《国家药品西药标准》（化学药品地标升国标）一至十六册。

8.《国家中成药标准汇编·内科心系分册》，《国家中成药标准汇编·内科肝胆分册》，《国家中成药标准汇编·内科脾胃分册》，《国家中成药标准汇编·内科气

血津液分册》,《国家中成药标准汇编•内科肺系(一)分册》《国家中成药标准汇编•内科肺系(二)分册》,《国家中成药标准汇编•内科肾系分册》,《国家中成药标准汇编•外科、妇科分册》,《国家中成药标准汇编•骨伤科分册》,《国家中成药标准汇编•口腔、肿瘤、儿科分册》,《国家中成药标准汇编•眼科、耳鼻喉科、皮肤科分册》,《国家中成药标准汇编•经络肢体脑系分册》。

9.药品注册标准(针对某一企业的标准,但同样是国家药品标准)。

10.进口药品标准。

二、国家基本药物制度

自1992年起,我国结合医疗保险制度的改革,启动国家基本药物工作。到2009年国家发展和改革委员会、卫生部等9部委发布《关于建立国家基本药物制度的实施意见》,这标志着我国建立国家基本药物制度工作正式实施。同年发布了《国家基本药物目录管理办法(暂行)》和《国家基本药物目录(基层医疗卫生机构配备使用部分)(2009版)》。《国家基本药物目录》后期又发布了2012年版和2018年版。

1.基本药物和国家基本药物制度　国家实行基本药物制度,遴选适当数量的基本药物品种,加强组织生产和储备,提高基本药物的供给能力,满足疾病防治基本用药需求。《国家基本药物目录管理办法》规定,基本药物是适应基本医疗卫生需求,剂型适宜,价格合理,能够保障供应,公众可公平获得的药品。应包括预防、诊断、治疗各种疾病的药物。政府举办的基层医疗卫生机构全部配备和使用基本药物,其他各类医疗机构也都必须按规定使用基本药物。

国家基本药物制度是对基本药物的遴选、生产、流通、使用、定价、报销、监测、评价等环节实施有效管理的制度,与公共卫生、医疗服务、医疗保障体系相衔接。

2.国家基本药物的遴选原则

(1)防治必需:基本药物能够满足绝大部分人口卫生保健的需要,在任何时候都应有合适的品种。

(2)安全有效:通过临床使用和实验室的验证证实疗效确切、不良反应小且质量稳定的品种。

(3)价格合理:在防治必需、安全有效的基础上,要考虑其费用合理。

(4)使用方便:应有合适的剂型和适量的包装,便于不同地区、不同层次、不同规模的医疗机构使用,方便患者携带,方便运输和贮存。

(5)中西药并重:应把中西药摆在相同重要的位置。

(6)基本保障:能满足大部分人的基础保障。

(7)临床首选:在治疗时是临床优先选择的品种。

(8)基层能够配备:在小规模的基层医疗机构中也能配备。

3.国家基本药物目录及其来源　国家基本药物目录中的药品包括化学药品、生物制品、中成药,应当是《中华人民共和国药典》收载的,原卫生部、原国家食品药品监督管理局颁布药品标准的品种。化学药品和生物制品主要依据临床药理学分类,

中成药主要依据功能分类。国家基本药物目录在保持数量相对稳定的基础上,实行动态管理,原则上3年调整一次。必要时,经国家基本药物工作委员会审核同意,可适时组织调整。国家基本药物目录遴选调整应当坚持科学、公正、公开、透明。

4. **基本药物的价格及报销**　国家发展和改革委员会制定基本药物全国零售指导价格。基本药物零售指导价格原则上按药品通用名称制定公布,不区分具体生产经营企业。在国家零售指导价格规定的幅度内,省级人民政府根据招标形成的统一采购价格、配送费用及药品加成政策确定本地区政府举办的医疗卫生机构基本药物具体零售价格。

实行基本药物制度的地区,政府举办的基层医疗卫生机构配备使用的基本药物实行零差率销售。

基本药物全部纳入基本医疗保障药品报销目录,报销比例明显高于非基本药物。

5. **基本药品制度的规划**　2009年,每个省(区、市)在30%的政府办城市社区卫生服务机构和县(基层医疗卫生机构)实施基本药物制度,包括实行省级集中网上公开招标采购、统一配送、全部配备使用基本药物并实现零差率销售;到2011年,初步建立国家基本药物制度;到2020年,全面实施规范的、覆盖城乡的国家基本药物制度。

三、处方药和非处方药分类管理

根据《药品管理法》,国家对药品实行处方药与非处方药分类管理制度。具体办法由国务院药品监督管理部门会同国务院卫生健康主管部门制定。按照药品安全有效、使用方便的原则,依据其品种、规格、适应证、剂量、给药途径等不同,将药品分为处方药和非处方药进行管理。处方药和非处方药不是药品本质的属性,而是管理上的界定。无论是处方药,还是非处方药,都是经过国家药品监督管理部门批准的,其安全性和有效性是有保障的。处方药与非处方药分类管理的核心是加强和规范处方药的管理,减少不合理用药的发生,切实保证用药的安全有效。

1. **处方药与非处方药的概念**　处方药(prescription drug)是指必须凭医师处方可调配购买和使用的药品,即必须在医师或其他医务人员指导下使用的药品,也可简称为 Rx。由于药品在治疗疾病的同时会对人体产生副作用,且有时这种副作用会导致严重的后果,因此处方药品的调配、购买必须凭医师处方。

非处方药(nonprescription drug)是指经国家药品监督管理局批准,不需要凭医师处方,消费者按药品说明书可自行判断和使用的安全有效的药品。即消费者可依据自我掌握的医药知识,不需要医师或其他医务人员的指导,直接从药房或药店柜台甚至超市购买并使用。有关药品的主要信息都记录在说明书或标签上,这类药品多属于维持和增进健康,缓解轻度不适,或治疗轻微病症的药品,又称柜台药物(over-the-counter drug),简称 OTC。非处方药品具有法律属性,只有国家批准和公布的"非处方药目录"中发布的药品才是非处方药。

2. 遴选原则

(1) 应用安全

1) 根据古今资料和临床长期使用证明其安全性大。

2）处方中无十八反、十九畏，不含毒性药物，重金属限量不超过国内或国际公认标准。

3）按"使用说明书"规定的用法与剂量用药时，无明显不良反应，或虽有反应也多为一过性，停药后可自行消失。

4）用药前后不需要特殊检查、诊断。

5）不易引起依赖性，无"三致"（致癌、致畸、致突变）作用，无潜在毒性，不易蓄积中毒。

6）处方中不含有大毒、麻醉、作用峻烈及可致严重不良反应的药味。

（2）疗效确切

1）处方合理，功能主治明确，易于使用者根据自己症状选择。

2）治疗期间不需要经常调整剂量，不需医师辨证和检查。

3）经常使用不会引起疗效降低或引起耐药性。

（3）质量稳定

1）有完善的质量标准，质量可控。

2）制剂稳定，在使用期限定内，于一般贮藏条件下，较长时间不会出现变质或影响疗效。

3）包装严密，有效期限及生产批号明确。

（4）使用方便

1）外包装明确标出贮藏条件、使用期限、生产批号和生产厂家。

2）包装内有详细且通俗易懂的"药品说明书"，内容包括药品名称、药物组成、功能主治、用法用量、禁忌证、注意事项、不良反应以及采取的预防处理措施、贮藏、生产日期、生产厂家等。

3）对成人、儿童等不同使用者，说明每日总剂量和每次分剂量，易于掌握。并写明注意事项。

4）明确标示药物禁忌、饮食忌宜、妊娠禁忌等。

3. 实行处方药与非处方药分类管理的意义　实行处方药与非处方药分类管理，其核心目的就是有效地加强对处方药的监督管理，防止消费者因自我行为不当导致滥用药物和危及健康。另一方面，通过规范对非处方药的管理，引导消费者科学、合理地进行自我保健。概括起来说，实行处方药与非处方药分类管理具有保障群众用药安全有效、提高群众自我保健意识、促进我国医药卫生事业健康发展等重要意义。

4. 制定处方药与非处方药的分类管理办法　1999 年 6 月 11 日，国家药品监督管理局发布了《处方药与非处方药分类管理办法（试行）》，2000 年 1 月 1 日起正式施行。其主要内容是：

（1）处方药必须凭执业医师或执业助理医师处方才可调配、购买和使用；非处方药不需要凭执业医师或执业助理医师处方即可自行判断、购买和使用。

（2）根据药品的安全性，非处方药分为甲、乙两类。经营处方药、非处方药的批发企业和经营处方药、甲类非处方药的零售企业必须具有《药品经营企业许可证》。经省级药品监督管理部门或其授权的药品监督管理部门批准的其他商业企业可以零售乙类非处方药。

（3）非处方药的包装必须印有国家指定的非处方药专有标识，必须符合质量要求，方便储存、运输和使用。每个销售基本单元包装必须附有标签和说明书。非处方药标签和说明书除符合规定外，用语应当科学、易懂，便于消费者自行判断、选择和使用。非处方药的标签和说明书必须经国家药品监督管理局批准。

（4）处方药只准在专业性医药报刊进行广告宣传，非处方药经审批可以在大众传播媒介进行广告宣传。

（5）国家药品监督管理局负责非处方药目录的遴选、审批、发布和调整工作。

5. 非处方药专用标识管理　1999年11月19日，国家药品监督管理局颁布了《非处方药专有标识管理规定（暂行）》。非处方药专有标识图案分为红色和绿色（图3-1），红色专有标识用于甲类非处方药药品，绿色专有标识用于乙类非处方药药品和用作指南性标志。使用非处方药专有标识时，药品的使用说明书和大包装可以单色印刷，标签和其他包装必须按照国家药品监督管理局公布的色标要求印刷。单色印刷时，非处方药专有标识下方必须标示"甲类"或"乙类"字样。非处方药药品标签、使用说明书和每个销售基本单元包装印有中文药品通用名称（商品名称）的一面（侧），其右上角是非处方药专有标识的固定位置。

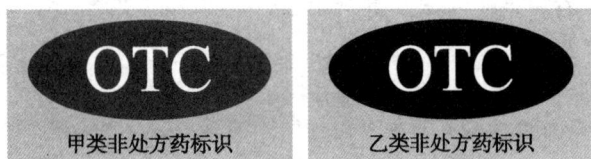

甲类非处方药标识　　乙类非处方药标识

图 3-1　非处方药专有标识

知识拓展

感冒的非处方药

通常所称的"感冒"有普通型和流行性两种。前者由多种病毒引起，症状轻，好转快，很少传染，不会造成流行，但四季均可发生。后者由流感病毒引起，发病急，病情重，冬春季节多发，常在人群中迅速传播、流行。

发生普通感冒时，患者可以根据症状，自行到药店购买感冒药，市售的各种抗感冒药尽管名称各异，但主要是针对常见感冒症状而设计的，国家非处方药第一批目录就包含针对以下几组症状的药物，如：针对发热、头痛和全身酸痛的药物有阿司匹林、对乙酰氨基酚（扑热息痛）、布洛芬；控制呼吸道症状的有抗过敏药如马来酸氯苯那敏（扑尔敏）、苯海拉明、异丙嗪；减轻鼻塞等毛细血管充血的药物有盐酸伪麻黄碱；止咳祛痰的药物有氢溴酸右美沙芬、愈创甘油醚等。

根据《处方药与非处方药分类管理办法（试行）》第十一条规定，消费者有权自主选购非处方药，并须按非处方药标签和说明书所示内容使用。因此消费者感冒时可以根据症状自行到药店购买OTC感冒药。

四、新药审批管理(药品注册管理)

为保证药品的安全、有效和质量可控,国家食品药品监督管理局在 2007 年 7 月 10 日颁布了《药品注册管理办法》。2020 年 1 月 15 日经国家市场监督管理总局 2020 年第 1 次局务会议审议通过,新的《药品注册管理办法》自 2020 年 7 月 1 日起施行,原国家食品药品监督管理局令第 28 号公布的《药品注册管理办法》同时废止。

《药品注册管理办法》总结了我国药品注册工作的经验、教训,针对药品注册工作中面临的新问题、新矛盾,借鉴了国际上先进的药品注册管理经验,结合我国医药产业发展的实际情况,提出了许多相对于旧法规科学性、规范性、可操作性更强的举措。

药品注册是指药品注册申请人(以下简称申请人)依照法定程序和相关要求提出药物临床试验、药品上市许可、再注册等申请以及补充申请,药品监督管理部门基于法律法规和现有科学认知进行安全性、有效性和质量可控性等审查,决定是否同意其申请的活动。申请人取得药品注册证书后,为药品上市许可持有人(以下简称持有人)。

药品注册管理的主要内容包括:

1. 新药审批管理机关 国家药品监督管理局主管全国药品注册管理工作,负责建立药品注册管理工作体系和制度,制定药品注册管理规范,依法组织药品注册审评审批以及相关的监督管理工作。国家药品监督管理局药品审评中心(以下简称药品审评中心)负责药物临床试验申请、药品上市许可申请、补充申请和境外生产药品再注册申请等的审评。

2. 药品注册申请人要求 药品注册申请人(以下简称申请人),应当为能够承担相应法律责任的企业或者药品研制机构等。境外申请人应当指定中国境内的企业法人办理相关药品注册事项。

3. 药品监督管理部门规定了药品注册的时限要求。

4. 药品注册申请分类 包括中药、化学药和生物制品等。

(1)中药注册按照中药创新药、中药改良型新药、古代经典名方中药复方制剂、同名同方药等进行分类。

(2)化学药注册按照化学药创新药、化学药改良型新药、仿制药等进行分类。

(3)生物制品注册按照生物制品创新药、生物制品改良型新药、已上市生物制品(含生物类似药)等进行分类。

(4)中药、化学药和生物制品等药品的细化分类和相应的申报资料要求,由国家药品监督管理局根据注册药品的产品特性、创新程度和审评管理需要组织制定,并向社会公布。

(5)境外生产药品的注册申请,按照药品的细化分类和相应的申报资料要求执行。

5. 药物临床前研究

(1)药物临床前研究,包括药物的合成工艺、提取方法、理化性质及纯度、剂型选择、处方筛选、制备工艺、检验方法、质量指标、稳定性、药理、毒理、动物药代动力学研究等。中药制剂还包括原药材的来源、加工及炮制等的研究;生物制品还包括菌毒种、细胞株、生物组织等起始原材料的来源、质量标准、保存条件、生物学特征、遗传

稳定性及免疫学的研究等。

（2）药物临床前研究应当执行有关管理规定，其中安全性评价研究必须执行《药物非临床研究质量管理规范》。

（3）药物研究机构应当具有与试验研究项目相适应的人员、场地、设备、仪器和管理制度，并保证所有试验数据和资料的真实性；所用实验动物、试剂和原材料应当符合国家有关规定和要求。

6. 药物临床试验　药物临床试验包括临床试验和生物等效性试验。药物临床试验应当在具备相应条件并按规定备案的药物临床试验机构开展，并遵守药物临床试验质量管理规范。

（1）临床试验分期：临床试验分为Ⅰ、Ⅱ、Ⅲ、Ⅳ期以及生物等效性试验。

Ⅰ期临床试验：初步的临床药理学及人体安全性评价试验。观察人体对于新药的耐受程度和药代动力学，为制定给药方案提供依据。

Ⅱ期临床试验：治疗作用初步评价阶段。其目的是初步评价药物对目标适应症患者的治疗作用和安全性，也包括为Ⅲ期临床试验研究设计和给药剂量方案的确定提供依据。此阶段的研究设计可以根据具体的研究目的，采用多种形式，包括随机盲法对照临床试验。

Ⅲ期临床试验：治疗作用确证阶段。其目的是进一步验证药物对目标适应症患者的治疗作用和安全性，评价利益与风险关系，最终为药物注册申请的审查提供充分的依据。试验一般应为具有足够样本量的随机盲法对照试验。

Ⅳ期临床试验：新药上市后应用研究阶段。其目的是考察在广泛使用条件下的药物的疗效和不良反应，评价在普通或者特殊人群中使用的利益与风险关系以及改进给药剂量等。

（2）申请人应当从具有药物临床试验资格的机构中选择承担药物临床试验的机构。

（3）药物临床试验应当在批准后3年内实施。

7. 新药申请的申报和审批

（1）新药申请分为药物临床试验和新药生产。

（2）实行特殊审批制度。主要有以下情况：①未在国内上市销售的从植物、动物、矿物等物质中提取的有效成分及其制剂，新发现的药材及其制剂；②未在国内外获准上市的化学原料药及其制剂、生物制品；③治疗艾滋病、恶性肿瘤、罕见病等疾病且具有明显临床治疗优势的新药；④治疗尚无有效治疗手段的疾病的新药。

（3）多个单位联合研制的新药，应当由其中的一个单位申请注册，其他单位不得重复申请；需要联合申请的，应当共同署名作为该新药的申请人。新药申请获得批准后每个品种，包括同一品种的不同规格，只能由一个单位生产。

（4）对批准生产的新药品种设立监测期。监测期自新药批准生产之日起计算，最长不得超过5年。

8. 仿制药的申报和审批

（1）仿制药：按照药品管理的体外诊断试剂以及其他符合条件的情形，经申请人评估，认为无需或者不能开展药物临床试验，符合豁免药物临床试验条件的，申请人可以直接提出药品上市许可申请。

（2）豁免药物临床试验的技术指导原则和有关具体要求，由药品审评中心制定公布。

（3）仿制药应当与参比制剂质量和疗效一致。申请人应当参照相关技术指导原则选择合理的参比制剂。

9. 进口药品的备案和审批　药品应当从允许药品进口的口岸进口，并由进口药品的企业向口岸所在地药品监督管理部门备案。海关凭药品监督管理部门出具的进口药品通关单办理通关手续。口岸所在地药品监督管理部门应当通知药品检验机构按照国务院药品监督管理部门的规定对进口药品进行抽查检验。允许药品进口的口岸由国务院药品监督管理部门会同海关总署提出，报国务院批准。

（1）《药品进口管理办法》规定：口岸药品监督管理局负责药品的进口备案工作。口岸药品监督管理局承担的进口备案工作受国家食品药品监督管理局的领导。

（2）报验单位应当是持有《药品经营许可证》的独立法人。药品生产企业进口本企业所需原料药和制剂中间体（包括境内分包装用制剂），应当持有《药品生产许可证》。

（3）医疗机构因临床急需进口少量药品的，经国务院药品监督管理部门或者国务院授权的省、自治区、直辖市人民政府批准，可以进口。进口的药品应当在指定医疗机构内用于特定医疗目的。

（4）进口、出口麻醉药品和国家规定范围内的精神药品，应当持有国务院药品监督管理部门颁发的进口准许证、出口准许证。禁止进口疗效不确切、不良反应大或者因其他原因危害人体健康的药品。

（5）国务院药品监督管理部门对下列药品在销售前或者进口时，应当指定药品检验机构进行检验；未经检验或者检验不合格的，不得销售或者进口：

1）首次在中国境内销售的药品。

2）国务院药品监督管理部门规定的生物制品。

3）国务院规定的其他药品。

10. 补充申请的申报和审批　变更原药品注册批准证明文件及其附件所载明的事项或者内容的，申请人应当按照规定，参照相关技术指导原则，对药品变更进行充分研究和验证，充分评估变更可能对药品安全性、有效性和质量可控性的影响，按照变更程序提出补充申请、备案或者报告。以下变更，持有人应当以补充申请方式，报药品审评中心申报，经批准后实施：①药品生产过程中的重大变更；②药品说明书中涉及有效性内容以及增加安全性风险的其他内容的变更；③持有人转让药品上市许可；④变更生产场地属于重大变更的；⑤可能影响疫苗安全性、有效性和质量可控性的变更；⑥国家药品监督管理局规定需要审批的其他变更。

11. 药品再注册

（1）药品注册证书有效期为五年，药品注册证书有效期内持有人应当持续保证上市药品的安全性、有效性和质量可控性，并在有效期届满前六个月申请药品再注册。

（2）境内生产药品再注册申请由持有人向其所在地省、自治区、直辖市药品监督管理部门提出，境外生产药品再注册申请由持有人向药品审评中心提出。

（3）药品再注册申请受理后，省、自治区、直辖市药品监督管理部门或者药品审

评中心对持有人开展药品上市后评价和不良反应监测情况,按照药品批准证明文件和药品监督管理部门要求开展相关工作情况,以及药品批准证明文件载明信息变化情况等进行审查,符合规定的,予以再注册,发给药品再注册批准通知书。不符合规定的,不予再注册,并报请国家药品监督管理局注销药品注册证书。

12. 药品注册检验　包括标准复核和样品检验。药品注册检验启动的原则、程序、时限等要求,由药品审评中心组织制定公布。药品注册申请受理前提出药品注册检验的具体工作程序和要求以及药品注册检验技术要求和规范,由中检院制定公布。

13. 药品批准文号格式

(1)境内生产药品批准文号格式为:国药准字H(Z、S)+四位年号+四位顺序号。

(2)中国香港、澳门和台湾地区生产药品批准文号格式为:国药准字H(Z、S)C+四位年号+四位顺序号。

(3)境外生产药品批准文号格式为:国药准字H(Z、S)J+四位年号+四位顺序号。

其中,H代表化学药,Z代表中药,S代表生物制品,J代表进口药品分包装。药品批准文号,不因上市后的注册事项的变更而改变。中药另有规定的从其规定。

14. 法律责任　在药品注册过程中,提供虚假的证明、数据、资料、样品或者采取其他手段骗取临床试验许可或者药品注册等许可的,按照《药品管理法》第一百二十三条处理。未经批准开展药物临床试验的,按照《药品管理法》第一百二十五条处理;开展生物等效性试验未备案的,按照《药品管理法》第一百二十七条处理。申请疫苗临床试验、注册提供虚假数据、资料、样品或者有其他欺骗行为的,按照《疫苗管理法》第八十一条进行处理。药物临床试验期间,发现存在安全性问题或者其他风险,临床试验申办者未及时调整临床试验方案、暂停或者终止临床试验,或者未向国家药品监督管理局报告的,按照《药品管理法》第一百二十七条处理。

知识拓展

如何区分保健食品与药品?

保健食品与药品有严格的区别。药品是治疗疾病的物质。保健食品的本质仍然是食品,虽有调节人体某种功能的作用,但它不是人类赖以治疗疾病的物质。对于生理功能正常,想要维护健康或预防某种疾病的人来说,保健食品是一种营养补充剂。对于生理功能异常的人来说,保健食品可以调节某种生理功能、强化免疫系统。

最有效的区分方式是查看产品外包装上的批准文号。具体如下:

(1)药品批准文号:国药准字H(Z、S)+四位年号+四位顺序号。

(2)保健食品批准文号:

1)卫食健字(四位年份代码)第××××号(国产)。

2)卫食健进字(四位年份代码)第××××号(进口)。

3)国产保健食品批准文号格式:国食健字G+四位年份代码+四位顺序号。

4)进口保健食品批准文号格式:国食健字J+四位年份代码+四位顺序号。

五、特殊药品管理

（一）特殊药品的定义及分类

依据《药品管理法》，疫苗、血液制品、麻醉药品、精神药品、医疗用毒性药品、放射性药品、药品类易制毒化学品等属于特殊管理药品，在管理和使用过程，应严格执行国家有关管理规定。

疫苗是指用各类病原微生物制作的用于预防接种的生物制品。

血液制品是指各种人血浆蛋白制品。

麻醉药品是指连续使用后易产生身体依赖性、能成瘾癖的药品。

精神药品是指直接作用于中枢神经系统，使之兴奋或抑制，连续使用能产生依赖性的药品。精神药品依据人体对精神药品产生的依赖性和危害人体健康的程度，又分为第一类精神药品和第二类精神药品。

医疗用毒性药品系指毒性剧烈、治疗量与中毒剂量相近，使用不当会致人中毒或死亡的药品。

放射性药品是指用于临床诊断或者治疗的放射性核素或者其标记药物。医疗单位使用放射性药品必须取得省级公安、环保和药品监督管理部门核发的《放射性药品使用许可证》。医疗单位设置核医学科、室（同位素室），由经过核医学技术培训的专业技术人员使用。

药品类易制毒化学品是指国家规定管制的可用于制造毒品的前体、原料和化学助剂等物质。

为了加强上述药品的管理，根据《药品管理法》的规定，国务院分别颁布了《麻醉药品和精神药品管理条例》《医疗用毒性药品管理办法》《放射性药品管理办法》《药品类易制毒化学品管理办法》等，以正确发挥其防病治病的积极作用，严防因管理不善或使用不当而造成危害。

（二）麻醉药品和精神药品管理

根据《麻醉药品和精神药品管理条例》，国家对麻醉药品药用原植物以及麻醉药品和精神药品实行管制。除本条例另有规定的外，任何单位、个人不得进行麻醉药品药用原植物的种植以及麻醉药品和精神药品的实验研究、生产、经营、使用、储存、运输等活动。

麻醉药品和精神药品目录由国务院药品监督管理部门会同国务院公安部门、国务院卫生主管部门制定、调整并公布。上市销售但尚未列入目录的药品和其他物质或者第二类精神药品发生滥用，已经造成或者可能造成严重社会危害的，国务院药品监督管理部门会同国务院公安部门、国务院卫生主管部门应当及时将该药品和该物质列入目录或者将该第二类精神药品调整为第一类精神药品。

1. 生产与经营管理　国家根据麻醉药品和精神药品的医疗、国家储备和企业生产所需原料的需要确定需求总量，对麻醉药品药用原植物的种植、麻醉药品和精神药品的生产实行总量控制。国务院药品监督管理部门根据麻醉药品和精神药品的需求总量制定年度生产计划。国务院药品监督管理部门和国务院农业主管部门根据麻醉药品年度生产计划，制定麻醉药品药用原植物年度种植计划。

（1）国家对麻醉药品和精神药品实行定点生产制度：国务院药品监督管理部门应当根据麻醉药品和精神药品的需求总量，确定麻醉药品和精神药品定点生产企业的数量和布局，并根据年度需求总量对数量和布局进行调整、公布。

血液制品、麻醉药品、精神药品、医疗用毒性药品、药品类易制毒化学品不得委托生产；但是，国务院药品监督管理部门另有规定的除外。定点生产企业生产麻醉药品和精神药品，应当依照《药品管理法》的规定取得药品批准文号，其标签应当印有国务院药品监督管理部门规定的标志。

（2）国家对麻醉药品和精神药品实行定点经营制度：国务院药品监督管理部门应当根据麻醉药品和第一类精神药品的需求总量，确定麻醉药品和第一类精神药品的定点批发企业布局，并应当根据年度需求总量对布局进行调整、公布。药品经营企业不得经营麻醉药品原料药和第一类精神药品原料药。但是，供医疗、科学研究、教学使用的小包装的上述药品可以由国务院药品监督管理部门规定的药品批发企业经营。麻醉药品和第一类精神药品不得零售。疫苗、血液制品、麻醉药品、精神药品、医疗用毒性药品、放射性药品、药品类易制毒化学品等国家实行特殊管理的药品不得在网络上销售。

第二类精神药品定点批发企业可以向医疗机构、定点批发企业和符合规定的药品零售企业以及依照本条例规定批准的其他单位销售第二类精神药品。经所在地设区的市级药品监督管理部门批准，实行统一进货、统一配送、统一管理的药品零售连锁企业可以从事第二类精神药品零售业务。第二类精神药品零售企业应当凭执业医师出具的处方，按规定剂量销售第二类精神药品，并将处方保存 2 年备查；禁止超剂量或者无处方销售第二类精神药品；不得向未成年人销售第二类精神药品。

2. 使用管理　医疗机构需要使用麻醉药品和第一类精神药品的，应当经所在地设区的市级人民政府卫生主管部门批准，取得麻醉药品、第一类精神药品购用印鉴卡（以下称印鉴卡）。医疗机构应当凭印鉴卡向本省、自治区、直辖市行政区域内的定点批发企业购买麻醉药品和第一类精神药品。医疗机构取得印鉴卡应当具备一定条件：①有专职的麻醉药品和第一类精神药品管理人员；②有获得麻醉药品和第一类精神药品处方资格的执业医师；③有保证麻醉药品和第一类精神药品安全储存的设施和管理制度。

医疗机构应当按照国务院卫生主管部门的规定，对本单位执业医师进行有关麻醉药品和精神药品使用知识的培训、考核，经考核合格的，授予麻醉药品和第一类精神药品处方资格。执业医师取得麻醉药品和第一类精神药品的处方资格后，方可在本医疗机构开具麻醉药品和第一类精神药品处方，但不得为自己开具该种处方。执业医师应当使用专用处方开具麻醉药品和精神药品，单张处方的最大用量应当符合国务院卫生主管部门的规定。

医疗机构应当对麻醉药品和精神药品处方进行专册登记，加强管理。麻醉药品处方至少保存 3 年，精神药品处方至少保存 2 年。

3. 储存与运输　麻醉药品药用原植物种植企业、定点生产企业、全国性批发企业和区域性批发企业以及国家设立的麻醉药品储存单位，应当设置储存麻醉药品和第一类精神药品的专库。

麻醉药品和第一类精神药品的使用单位应当设立专库或者专柜储存麻醉药品和第一类精神药品。专库应当设有防盗设施并安装报警装置；专柜应当使用保险柜。专库和专柜应当实行双人双锁管理。

麻醉药品药用原植物种植企业、定点生产企业、全国性批发企业和区域性批发企业、国家设立的麻醉药品储存单位以及麻醉药品和第一类精神药品的使用单位，应当配备专人负责管理工作，并建立储存麻醉药品和第一类精神药品的专用账册。药品入库双人验收，出库双人复核，做到账物相符。专用账册的保存期限应当自药品有效期期满之日起不少于5年。

第二类精神药品经营企业应当在药品库房中设立独立的专库或者专柜储存第二类精神药品，并建立专用账册，实行专人管理。专用账册的保存期限应当自药品有效期期满之日起不少于5年。

托运或者自行运输麻醉药品和第一类精神药品的单位，应当向所在地省、自治区、直辖市人民政府药品监督管理部门申请领取运输证明。运输证明有效期为1年。

4．法律责任　取得印鉴卡的医疗机构违反本条例的规定，有下列情形之一的，由设区的市级人民政府卫生主管部门责令限期改正，给予警告；逾期不改正的，处5 000元以上1万元以下的罚款；情节严重的，吊销其印鉴卡；对直接负责的主管人员和其他直接责任人员，依法给予降级、撤职、开除的处分。

（1）未依照规定购买、储存麻醉药品和第一类精神药品的。

（2）未依照规定保存麻醉药品和精神药品专用处方，或者未依照规定进行处方专册登记的。

（3）未依照规定报告麻醉药品和精神药品的进货、库存、使用数量的。

（4）紧急借用麻醉药品和第一类精神药品后未备案的。

（5）未依照规定销毁麻醉药品和精神药品的。

具有麻醉药品和第一类精神药品处方资格的执业医师，违反本条例的规定开具麻醉药品和第一类精神药品处方，或者未按照临床应用指导原则的要求使用麻醉药品和第一类精神药品的，由其所在医疗机构取消其麻醉药品和第一类精神药品处方资格；造成严重后果的，由原发证部门吊销其执业证书。执业医师未按照临床应用指导原则的要求使用第二类精神药品或者未使用专用处方开具第二类精神药品，造成严重后果的，由原发证部门吊销其执业证书。

未取得麻醉药品和第一类精神药品处方资格的执业医师擅自开具麻醉药品和第一类精神药品处方，由县级以上人民政府卫生主管部门给予警告，暂停其执业活动；造成严重后果的，吊销其执业证书；构成犯罪的，依法追究刑事责任。

处方的调配人、核对人违反本条例的规定未对麻醉药品和第一类精神药品处方进行核对，造成严重后果的，由原发证部门吊销其执业证书。

以麻醉药品、精神药品、医疗用毒性药品、放射性药品、药品类易制毒化学品冒充其他药品，或者以其他药品冒充上述药品者，在《药品管理法》规定的处罚幅度内从重处罚。

（三）医疗用毒性药品管理

1．毒性药品的品种　《医疗用毒性药品管理办法》明确，毒性药品的管理品种，

由卫生部会同国家医药管理局、国家中医药管理局规定。毒性药品的包装容器上必须印有毒药标志。

（1）西药毒性药品的品种：去乙酰毛花苷丙、士的宁、三氧化二砷、氢溴酸后马托品、阿托品、毛果芸香碱、水杨酸毒扁豆碱、升汞、洋地黄毒苷、氢溴酸东莨菪碱、亚砷酸钠。西药毒性药品品种仅指原料药，不包含制剂。西药品种士的宁、阿托品、芸香碱等包括盐类化合物。

（2）中药毒性药品的品种：砒石（红砒、白砒）、砒霜、青娘虫、红娘虫、闹羊花、生千金子、雄黄、生川乌、生藤黄、洋金花、生白附子、轻粉、生附子、生草乌、白降丹、生天仙子、红粉、生半夏、生甘遂、生狼毒、生马钱子、水银、生天南星、生巴豆、斑蝥、雪上一枝蒿、蟾酥。中药毒性药品品种系指原药材和饮片、不包含制剂。

2. 毒性药品的管理 毒性药品年度生产、收购、供应和配制计划，由省、自治区、直辖市医药管理部门根据医疗需要制定。毒性药品的收购、经营，由各级医药管理部门指定的药品经营单位负责。

生产毒性药品及其制剂，必须严格执行生产工艺操作规程，在本单位药品检验人员的监督下准确投料，并建立完整的生产记录，保存五年备查。

医疗单位供应和调配毒性药品，凭医生签名的正式处方。国营药店供应和调配毒性药品，凭盖有医生所在的医疗单位公章的正式处方。每次处方剂量不得超过二日极量。调配处方时，必须认真负责，计量准确，按医嘱注明要求，并由配方人员及具有药师以上技术职称的复核人员签名盖章后方可发出。对处方未注明"生用"的毒性中药，应当付炮制品。如发现处方有疑问时，须经原处方医生重新审定后再行调配。处方一次有效，取药后处方保存二年备查。

3. 法律责任 对违反本办法的规定，擅自生产、收购、经营毒性药品的单位或者个人，由县以上卫生行政部门没收其全部毒性药品，并处以警告或按非法所得的5至10倍罚款。情节严重、致人伤残或死亡，构成犯罪的，由司法机关依法追究其刑事责任。

六、禁止生产和销售假药、劣药

假药、劣药会危害人民身体健康和生命安全，根据《药品管理法》规定，禁止生产（包括配制，下同）、销售、使用假药、劣药。

（一）假药

《药品管理法》规定，有下列情形之一的药品，按假药论处：

1. 药品所含成分与国家药品标准规定的成分不符。
2. 以非药品冒充药品或者以他种药品冒充此种药品。
3. 变质的药品。
4. 药品所标明的适应症或者功能主治超出规定范围。

（二）劣药

根据《药品管理法》的规定，有下列情形之一的药品，按劣药论处：

1. 药品成分的含量不符合国家药品标准。
2. 被污染的药品。

3. 未标明或者更改有效期的药品。

4. 未注明或者更改生产批号的药品。

5. 超过有效期的药品。

6. 擅自添加防腐剂、辅料的药品。

7. 其他不符合药品标准的药品。

禁止未取得药品批准证明文件生产、进口药品；禁止使用未按照规定审评、审批的原料药、包装材料和容器生产药品。

案例评析

劣药？假药？

案例： A 市市场监督管理局在对辖区内 B 零售药店监督检查中，抽取了标示 C 制药有限公司生产的 D 药（批号 120728）。经所在地药品检验所检验，该药品性状不符合规定。据此，该局依法对 B 零售药店进行立案调查，并同时向药品标示生产企业 C 制药有限公司以及所在地市场监督管理局发出请求确认（协查）函。因近两个月时间内未收到 C 制药有限公司以及所在地市场监督管理局的回函，该局依照法定程序向 B 零售药店下达了《行政处罚决定书》，认定该药品性状不符合规定，具有《药品管理法》第九十八条关于按劣药论处的情形，以药店违反了《药品管理法》第九十八条的规定为由，依据《药品管理法》第一百一十九条规定，给予行政处罚。B 药店积极配合，于收到《行政处罚决定书》的当日下午便缴纳了全部罚款。可事有凑巧，第二天该局收到了 C 制药有限公司发来的信函，称该公司系合法生产企业，有 D 药品种，但所核查的 120728 批号却从未生产过，系假药。一种药品两种定性，就已结案，案件该如何处理，到底是按劣药还是假药处理？

评析： 药品检验报告书是一种特殊的文书，其用语较为科学严谨，对药品是合格药品、劣药或假药，多不直接说明，所在地药品检验所出具的检验报告仅是说明所检验项目是否符合有关药品标准，因此仅凭一纸药品检验报告书就直接定性药品是合格药品、劣药甚或假药，有时难免会误入歧途。

在该案中，C 生产企业是 B 药店的利益相关人，其回函的证明力虽小于生产企业所在地市场监督管理局的回函，但在无生产企业所在地市场监督管理局回函的前提下，在 A 局目前所掌握的各种证据中，对药品的定性还是有着举足轻重的作用的，其证明力应高于药品检验报告书。因此，C 生产企业的回函对药品的定性具有一定的证明力，应予以采信。按照行政执法"有错必纠"的工作原则，A 局对该案应先予撤案，然后按销售假药重新立案较为妥当。

另外，该案现虽已执行完毕，但并不表明就已结案，因为《行政处罚决定书》明确载明："如不服本处罚决定，可在接到本处罚决定之日起 60 日内依法向××市场监督管理局申请行政复议或三个月内向×× 人民法院起诉"。作为行政相对人的 B 药店，目前还享有申请行政复议和行政诉讼的正当权利。

（三）法律责任

1. 依据《药品管理法》

（1）生产、销售假药的，没收违法生产、销售的药品和违法所得，责令停产停业整顿，吊销药品批准证明文件，并处违法生产、销售的药品货值金额十五倍以上三十倍以下的罚款；货值金额不足十万元的，按十万元计算；情节严重的，吊销药品生产许可证、药品经营许可证或者医疗机构制剂许可证，十年内不受理其相应申请；药品上市许可持有人为境外企业的，十年内禁止其药品进口。

（2）生产、销售劣药的，没收违法生产、销售的药品和违法所得，并处违法生产、销售的药品货值金额十倍以上二十倍以下的罚款；违法生产、批发的药品货值金额不足十万元的，按十万元计算，违法零售的药品货值金额不足一万元的，按一万元计算；情节严重的，责令停产停业整顿直至吊销药品批准证明文件、药品生产许可证、药品经营许可证或者医疗机构制剂许可证。生产、销售的中药饮片不符合药品标准，尚不影响安全性、有效性的，责令限期改正，给予警告；可以处十万元以上五十万元以下的罚款。

（3）生产、销售假药，或者生产、销售劣药且情节严重的，对法定代表人、主要负责人、直接负责的主管人员和其他责任人员，没收违法行为发生期间自本单位所获收入，并处所获收入百分之三十以上三倍以下的罚款，终身禁止从事药品生产经营活动，并可以由公安机关处五日以上十五日以下的拘留。

（4）对生产者专门用于生产假药、劣药的原料、辅料、包装材料、生产设备予以没收。

（5）知道或者应当知道属于假药、劣药或者本法第一百二十四条第一款第一项至第五项规定的药品，而为其提供储存、运输等便利条件的，没收全部储存、运输收入，并处违法收入一倍以上五倍以下的罚款；情节严重的，并处违法收入五倍以上十五倍以下的罚款；违法收入不足五万元的，按五万元计算。

2. 依据《中华人民共和国刑法》（以下简称《刑法》）

（1）生产、销售假药除了要承担以上的法律责任外，根据《刑法》，生产、销售假药、劣药的属于生产、销售伪劣商品罪。

（2）根据《刑法》第一百四十一条规定，生产、销售假药的，处三年以下有期徒刑或者拘役，并处罚金；对人体健康造成严重危害或者有其他严重情节的，处三年以上十年以下有期徒刑，并处罚金；致人死亡或者有其他特别严重情节的，处十年以上有期徒刑、无期徒刑或者死刑，并处罚金或者没收财产。本条所称假药，是指依照《药品管理法》的规定属于假药和按假药处理的药品、非药品。

（3）根据《刑法》第一百四十二条规定，生产、销售劣药，对人体健康造成严重危害的，处三年以上十年以下有期徒刑，并处罚金；后果特别严重的，处十年以上有期徒刑或者无期徒刑，并处罚金或者没收财产。本条所称劣药，是指依照《药品管理法》的规定属于劣药的药品。

违反药品管理法规，有下列情形之一，足以严重危害人体健康的，处三年以下有期徒刑或者拘役，并处或者单处罚金；对人体健康造成严重危害或者有其他严重情节的，处三年以上七年以下有期徒刑，并处罚金：

1）生产、销售国务院药品监督管理部门禁止使用的药品的。

2）未取得药品相关批准证明文件生产、进口药品或者明知是上述药品而销售的。

3）药品申请注册中提供虚假的证明、数据、资料、样品或者采取其他欺骗手段的。

4）编造生产、检验记录的。

有前款行为，同时又构成本法第一百四十一条、第一百四十二条规定之罪或者其他犯罪的，依照处罚较重的规定定罪处罚。

3.《最高人民法院、最高人民检察院关于办理危害药品安全刑事案件适用法律若干问题的解释》　最高人民法院、最高人民检察院公布的《最高人民法院、最高人民检察院关于办理危害药品安全刑事案件适用法律若干问题的解释》，对如何办理生产、销售假药、劣药刑事案件进行了详细的解释。

（1）生产、销售假药，具有下列情形之一的，应当酌情从重处罚：

1）生产、销售的假药以孕产妇、婴幼儿、儿童或者危重病人为主要使用对象的。

2）生产、销售的假药属于麻醉药品、精神药品、医疗用毒性药品、放射性药品、避孕药品、血液制品、疫苗的。

3）生产、销售的假药属于注射剂药品、急救药品的。

4）医疗机构、医疗机构工作人员生产、销售假药的。

5）在自然灾害、事故灾难、公共卫生事件、社会安全事件等突发事件期间，生产、销售用于应对突发事件的假药的。

6）两年内曾因危害药品安全违法犯罪活动受过行政处罚或者刑事处罚的。

7）其他应当酌情从重处罚的情形。

（2）生产、销售假药，具有下列情形之一的，应当认定为刑法第一百四十一条规定的"对人体健康造成严重危害"：

1）造成轻伤或者重伤的。

2）造成轻度残疾或者中度残疾的。

3）造成器官组织损伤导致一般功能障碍或者严重功能障碍的。

4）其他对人体健康造成严重危害的情形。

生产、销售的假药被使用后，造成重度残疾、三人以上重伤、三人以上中度残疾或者器官组织损伤导致严重功能障碍、十人以上轻伤、五人以上轻度残疾或者器官组织损伤导致一般功能障碍，或者有其他特别严重危害人体健康情形的，应当认定为《刑法》第一百四十一条规定的"对人体健康造成特别严重危害"。

（3）生产、销售假药，具有下列情形之一的，应当认定为刑法第一百四十一条规定的"其他特别严重情节"：

1）致人重度残疾的。

2）造成三人以上重伤、中度残疾或者器官组织损伤导致严重功能障碍的。

3）造成五人以上轻度残疾或者器官组织损伤导致一般功能障碍的。

4）造成十人以上轻伤的。

5）造成重大、特别重大突发公共卫生事件的。

6）生产、销售金额五十万元以上的。

7）生产、销售金额二十万元以上不满五十万元，并具有本解释第一条规定情形之一的。

8）根据生产、销售的时间、数量、假药种类等，应当认定为情节特别严重的。

（4）医疗机构、医疗机构工作人员明知是假药、劣药而有偿提供给他人使用，或者为出售而购买、储存的行为，应当认定为刑法第一百四十一条、第一百四十二条规定的"销售"。

（5）明知他人生产、销售假药、劣药，而有下列情形之一的，以共同犯罪论处：

1）提供资金、贷款、账号、发票、证明、许可证件的。

2）提供生产、经营场所、设备或者运输、储存、保管、邮寄、网络销售渠道等便利条件的。

3）提供生产技术或者原料、辅料、包装材料、标签、说明书的。

4）提供广告宣传等帮助行为的。

七、药品不良反应报告制度

依据《药品管理法》，国家建立药物警戒制度，对药品不良反应及其他与用药有关的有害反应进行监测、识别、评估和控制。药品上市许可持有人、药品生产企业、药品经营企业和医疗机构应当经常考察本单位所生产、经营、使用的药品质量、疗效和不良反应。发现疑似不良反应的，应当及时向药品监督管理部门和卫生健康主管部门报告。具体办法由国务院药品监督管理部门会同国务院卫生健康主管部门制定。对已确认发生严重不良反应的药品，由国务院药品监督管理部门或者省、自治区、直辖市人民政府药品监督管理部门根据实际情况采取停止生产、销售、使用等紧急控制措施，并应当在五日内组织鉴定，自鉴定结论作出之日起十五日内依法作出行政处理决定。

（一）药品不良反应的概念

药品不良反应，是指合格药品在正常用法用量下出现的与用药目的无关的有害反应。严重药品不良反应，是指因使用药品引起以下损害情形之一的反应：

1．导致死亡。

2．危及生命。

3．致癌、致畸、致出生缺陷。

4．导致显著的或者永久的人体伤残或者器官功能的损伤。

5．导致住院或者住院时间延长。

6．导致其他重要医学事件，如不进行治疗可能出现上述所列情况的。

新的药品不良反应，是指药品说明书中未载明的不良反应。说明书中已有描述，但不良反应发生的性质、程度、后果或者频率与说明书描述不一致或者更严重的，按照新的药品不良反应处理。

（二）药品不良反应的分类

1．A型不良反应　是由于药品的药理作用增强所致。其特点是可以预测，与常规的药理作用有关，反应的发生与剂量有关，停药或减量后症状很快减轻或消失，发生率高（＞1%），死亡率低。主要包括过度作用、副作用、毒性反应、首剂效应、继发反应、停药综合征、后遗效应。

2．B型不良反应　是与药品的正常药理作用完全无关的一种异常反应。其特点

是一般很难预测,常规毒理学筛选不能发现,发生率低($<1\%$),死亡率高。主要包括遗传药理学不良反应和变态反应。

3.C型不良反应 有些不良反应难以简单地归于A型或B型,有学者提出为C型不良反应。C型不良反应的特点是发生率高,用药史复杂或不全,非特异性(指药品),没有明确的时间关系,潜伏期较长。有些发生机制尚在探讨中。

（三）建立国家药品不良反应监测报告制度

2011年卫生部颁布了《药品不良反应报告和监测管理办法》,要求所有药品生产企业(包括进口药品的境外制药厂商)、药品经营企业、医疗机构都要按照规定报告药品不良反应。

1.药品不良反应监测的主管部门 根据《药品不良反应报告和监测管理办法》,国家食品药品监督管理局负责全国药品不良反应报告和监测的管理工作;省、自治区、直辖市药品监督管理部门负责本行政区域内药品不良反应报告和监测的管理工作。国家食品药品监督管理局的职责有:

（1）与国务院卫生主管部门共同制定药品不良反应报告和监测的管理规定和政策,并监督实施。

（2）与国务院卫生主管部门联合组织开展全国范围内影响较大并造成严重后果的药品群体不良事件的调查和处理,并发布相关信息。

（3）对已确认发生严重药品不良反应或者药品群体不良事件的药品依法采取紧急控制措施,作出行政处理决定,并向社会公布。

（4）通报全国药品不良反应报告和监测情况。

（5）组织检查药品生产、经营企业的药品不良反应报告和监测工作的开展情况,并与国务院卫生主管部门联合组织检查医疗机构的药品不良反应报告和监测工作的开展情况。

2.国家药品不良反应监测中心的职责 国家药品不良反应监测中心负责全国药品不良反应报告和监测的技术工作,并履行以下主要职责:

（1）承担国家药品不良反应报告和监测资料的收集、评价、反馈和上报,以及全国药品不良反应监测信息网络的建设和维护。

（2）制定药品不良反应报告和监测的技术标准和规范,对地方各级药品不良反应监测机构进行技术指导。

（3）组织开展严重药品不良反应的调查和评价,协助有关部门开展药品群体不良事件的调查。

（4）发布药品不良反应警示信息。

（5）承担药品不良反应报告和监测的宣传、培训、研究和国际交流工作。

3.从事药品不良反应报告和监测工作的人员要求 从事药品不良反应报告和监测的工作人员应当具有医学、药学、流行病学或者统计学等相关专业知识,具备科学分析评价药品不良反应的能力。药品生产企业应当设立专门机构并配备专职人员,药品经营企业和医疗机构应当设立或者指定机构并配备专(兼)职人员,承担本单位的药品不良反应报告和监测工作。

4.药品不良反应报告制度 药品不良反应实行逐级、定期报告制度(图3-2)。

药品生产、经营企业和医疗机构获知或者发现可能与用药有关的不良反应,应当通过国家药品不良反应监测信息网络报告;不具备在线报告条件的,应当通过纸质报表报所在地药品不良反应监测机构,由所在地药品不良反应监测机构代为在线报告。

药品上市许可持有人应当对已上市药品的安全性、有效性和质量可控性定期开展上市后评价。必要时,国务院药品监督管理部门可以责令药品上市许可持有人开展上市后评价或者直接组织开展上市后评价。经评价,对疗效不确切、不良反应大或者因其他原因危害人体健康的药品,应当注销药品注册证书。已被注销药品注册证书的药品,不得生产或者进口、销售和使用。已被注销药品注册证书、超过有效期等的药品,应当由药品监督管理部门监督销毁或者依法采取其他无害化处理等措施。

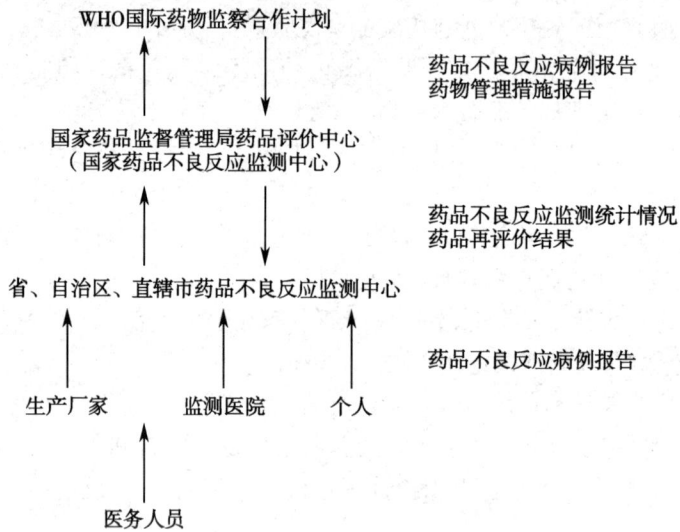

图 3-2　药品不良反应监察工作程序

(1) 药品生产、经营企业和医疗机构发现或者获知新的、严重的药品不良反应要填写《药品不良反应/事件报告表》并在 15 日内报告,其中死亡病例须立即报告;其他药品不良反应应当在 30 日内报告。

(2) 药品生产企业、经营企业和医疗机构获知药品群体不良事件后应立即通过电话或者传真等方式报所在地的县级药品监督管理部门、卫生行政部门和药品不良反应监测机构,必要时可以越级报告;同时填写《药品群体不良事件基本信息表》,对每一病例还应当及时填写《药品不良反应/事件报告表》。药品生产企业应在 7 日内完成调查报告,报所在地省级药品监督管理部门和药品不良反应监测机构;药品经营企业应告知药品生产企业,迅速开展自查;医疗机构应积极救治患者,迅速开展临床调查。

(3) 进口药品和国产药品在境外发生的严重药品不良反应,药品生产企业应当填写《境外发生的药品不良反应/事件报告表》,自获知之日起 30 日内报送国家药品不良反应监测中心。国家药品不良反应监测中心要求提供原始报表及相关信息的,药品生产企业应当在 5 日内提交。

（4）药品生产企业应当对本企业生产药品的不良反应报告和监测资料进行定期汇总分析，汇总国内外安全性信息，进行风险和效益评估，撰写定期安全性更新报告。设立新药监测期的国产药品，应当自取得批准证明文件之日起每满 1 年提交一次定期安全性更新报告，直至首次再注册，之后每 5 年报告一次；其他国产药品，每 5 年报告一次。首次进口的药品，自取得进口药品批准证明文件之日起每满 1 年提交一次定期安全性更新报告，直至首次再注册，之后每 5 年报告一次。

我国目前医院报告不良反应，一般是由医师或临床药师填写报告表，交与临床药学科，由该科对收集来的报告表进行统计，对疑难病例则须由医院药物不良反应监测组分析评定，最后将全部结果上报辖区的不良反应监测中心，同时将收集到的不良反应报告上报国家药品不良反应监测中心，由该中心将有关报告再上报至世界卫生组织的药物监测合作中心。

5. 法律责任　药品生产企业有下列情形之一的，由所在地药品监督管理部门给予警告，责令限期改正，可以并处五千元以上三万元以下的罚款：

（1）未按照规定建立药品不良反应报告和监测管理制度，或者无专门机构、专职人员负责本单位药品不良反应报告和监测工作的。

（2）未建立和保存药品不良反应监测档案的。

（3）未按照要求开展药品不良反应或者群体不良事件报告、调查、评价和处理的。

（4）未按照要求提交定期安全性更新报告的。

（5）未按照要求开展重点监测的。

（6）不配合严重药品不良反应或者群体不良事件相关调查工作的。

（7）其他违反本办法规定的。

药品经营企业有下列情形之一的，由所在地药品监督管理部门给予警告，责令限期改正；逾期不改的，处三万元以下的罚款：

（1）无专职或者兼职人员负责本单位药品不良反应监测工作的。

（2）未按照要求开展药品不良反应或者群体不良事件报告、调查、评价和处理的。

（3）不配合严重药品不良反应或者群体不良事件相关调查工作的。

医疗机构有下列情形之一的，由所在地卫生行政部门给予警告，责令限期改正；逾期不改的，处三万元以下的罚款；情节严重并造成严重后果的，由所在地卫生行政部门对相关责任人给予行政处分：

（1）无专职或者兼职人员负责本单位药品不良反应监测工作的。

（2）未按照要求开展药品不良反应或者群体不良事件报告、调查、评价和处理的。

（3）不配合严重药品不良反应和群体不良事件相关调查工作的。

药品生产、经营企业和医疗机构违反相关规定，给药品使用者造成损害的，依法承担赔偿责任。

《药品管理法》第一百三十四条规定：药品上市许可持有人未按照规定开展药品不良反应监测或者报告疑似药品不良反应的，责令限期改正，给予警告；逾期不改正的，责令停产停业整顿，并处十万元以上一百万元以下的罚款。药品经营企业未按照规定报告疑似药品不良反应的，责令限期改正，给予警告；逾期不改正的，责令停产停业整顿，并处五万元以上五十万元以下的罚款。医疗机构未按照规定报告疑似药

品不良反应的,责令限期改正,给予警告;逾期不改正的,处五万元以上五十万元以下的罚款。

八、医疗机构药物临床应用管理

为加强医疗机构抗菌药物临床应用管理,规范抗菌药物临床应用行为,提高抗菌药物临床应用水平,促进临床合理应用抗菌药物,控制细菌耐药,保障医疗质量和医疗安全,2012 年卫生部发布了《抗菌药物临床应用管理办法》。

（一）抗菌药物的概念

抗菌药物是指治疗细菌、支原体、衣原体、立克次体、螺旋体、真菌等病原微生物所致感染性疾病病原的药物,不包括治疗结核病、寄生虫病和各种病毒所致感染性疾病的药物以及具有抗菌作用的中药制剂。

（二）抗菌药物的分级

抗菌药物临床应用实行分级管理。根据安全性、疗效、细菌耐药性、价格等因素,将抗菌药物分为三级:非限制使用级、限制使用级与特殊使用级。

1. 非限制使用级抗菌药物是指经长期临床应用证明安全、有效,对细菌耐药性影响较小,价格相对较低的抗菌药物。

2. 限制使用级抗菌药物是指经长期临床应用证明安全、有效,对细菌耐药性影响较大,或者价格相对较高的抗菌药物。

3. 具有明显或者严重不良反应,不宜随意使用的;需要严格控制使用,避免细菌过快产生耐药的;疗效、安全性方面的临床资料较少的;价格昂贵的抗菌药物都属于特殊使用级抗菌药物。

抗菌药物分级管理目录由各省级卫生行政部门制定,报卫生部备案。

（三）建立抗菌药物管理工作组

医疗机构应当建立本机构抗菌药物管理工作制度和抗菌药物管理工作组。二级以上的医院、妇幼保健院及专科疾病防治机构(以下简称二级以上医院)应当在药事管理与药物治疗学委员会下设立。抗菌药物管理工作组由医务、药学、感染性疾病、临床微生物、护理、医院感染管理等部门负责人和具有相关专业高级技术职务任职资格的人员组成,医务、药学等部门共同负责日常管理工作。其他医疗机构设立抗菌药物管理工作小组或者指定专(兼)职人员,负责具体管理工作。医疗机构主要负责人是本机构抗菌药物临床应用管理的第一责任人。

（四）抗菌药物临床应用管理

1. 医疗机构应当严格控制本机构抗菌药物供应目录的品种数量。同一通用名称抗菌药物品种,注射剂型和口服剂型各不得超过 2 种。医疗机构应当严格控制临时采购抗菌药物品种和数量,同一通用名抗菌药物品种启动临时采购程序原则上每年不得超过 5 例次。医疗机构应当定期调整抗菌药物供应目录品种结构,并于每次调整后 15 个工作日内向核发其《医疗机构执业许可证》的卫生行政部门备案。调整周期原则上为 2 年,最短不得少于 1 年。

2. 医疗机构应当建立抗菌药物遴选和定期评估制度。

3. 应当定期对医师和药师进行抗菌药物临床应用知识和规范化管理的培训,考

核合格后,方可获得相应的处方权。具有高级专业技术职务任职资格的医师,可授予特殊使用级抗菌药物处方权;具有中级以上专业技术职务任职资格的医师,可授予限制使用级抗菌药物处方权;具有初级专业技术职务任职资格的医师,在乡、民族乡、镇、村的医疗机构独立从事一般执业活动的执业助理医师以及乡村医生,可授予非限制使用级抗菌药物处方权。药师经培训并考核合格后,方可获得抗菌药物调剂资格。

4. 临床应用特殊使用级抗菌药物应当严格掌握用药指征,经抗菌药物管理工作组指定的专业技术人员会诊同意后,由具有相应处方权医师开具处方。特殊使用级抗菌药物不得在门诊使用。

5. 医疗机构应当开展抗菌药物临床应用监测工作,分析本机构及临床各专业科室抗菌药物使用情况,评估抗菌药物使用适宜性;对抗菌药物使用趋势进行分析,对抗菌药物不合理使用情况应当及时采取有效干预措施。

6. 医疗机构应当开展细菌耐药监测工作,建立细菌耐药预警机制。

7. 医疗机构应当建立本机构抗菌药物临床应用情况排名、内部公示和报告制度。应当对抗菌药物临床应用异常情况开展调查,包括使用量异常增长的抗菌药物,半年内使用量始终居于前列的抗菌药物,经常超适应证、超剂量使用的抗菌药物,企业违规销售的抗菌药物;频繁发生严重不良事件的抗菌药物。

8. 医疗机构应当对出现抗菌药物超常处方 3 次以上且无正当理由的医师提出警告,限制其特殊使用级和限制使用级抗菌药物处方权。

医师抗菌药物考核不合格的;限制处方权后,仍出现超常处方且无正当理由的;未按照规定开具抗菌药物处方,造成严重后果的;未按照规定使用抗菌药物,造成严重后果的;开具抗菌药物处方牟取不正当利益的,医疗机构应当取消其处方权。

药师未按照规定审核抗菌药物处方与用药医嘱,造成严重后果的,或者发现处方不适宜、超常处方等情况未进行干预且无正当理由的,医疗机构应当取消其药物调剂资格。

医师处方权和药师药物调剂资格取消后,在六个月内不得恢复其处方权和药物调剂资格。

案例评析

抗菌药物处方权

案例:某医院肺病科收治一名社区获得性肺炎患者,痰培养示肺炎链球菌感染,需进行抗感染治疗。科内某住院医师在纸质医嘱单独立开具莫西沙星(拜复乐 0.5g,静脉滴注,每日 1 次,连用 7 日。

评析:本案属于越权使用限制使用类抗菌药物。莫西沙星(拜复乐)为限制使用类抗菌药物,住院医师不具备限制使用类抗菌药物使用权限,不能在纸质医嘱单上独立开具限制使用类抗菌药物。

（五）法律责任

1. 医疗机构有下列情形之一的，由县级以上卫生行政部门责令限期改正；逾期不改的，进行通报批评，并给予警告；造成严重后果的，对负有责任的主管人员和其他直接责任人员，给予处分：

（1）未建立抗菌药物管理组织机构或者未指定专（兼）职技术人员负责具体管理工作的。

（2）未建立抗菌药物管理规章制度的。

（3）抗菌药物临床应用管理混乱的。

（4）未按照本办法规定执行抗菌药物分级管理、医师抗菌药物处方权限管理、药师抗菌药物调剂资格管理或者未配备相关专业技术人员的。

（5）其他违反本办法规定行为的。

2. 医疗机构有下列情形之一的，由县级以上卫生行政部门责令限期改正，给予警告，并可根据情节轻重处以三万元以下罚款；对负有责任的主管人员和其他直接责任人员，可根据情节给予处分：

（1）使用未取得抗菌药物处方权的医师或者使用被取消抗菌药物处方权的医师开具抗菌药物处方的。

（2）未对抗菌药物处方、医嘱实施适宜性审核，情节严重的。

（3）非药学部门从事抗菌药物购销、调剂活动的。

（4）将抗菌药物购销、临床应用情况与个人或者科室经济利益挂钩的。

（5）在抗菌药物购销、临床应用中牟取不正当利益的。

3. 医疗机构的负责人、药品采购人员、医师等有关人员索取、收受药品生产企业、药品经营企业或者其代理人给予的财物或者通过开具抗菌药物牟取不正当利益的，由县级以上地方卫生行政部门依据国家有关法律法规进行处理。

4. 医师有下列情形之一的，由县级以上卫生行政部门按照《中华人民共和国执业医师法》第三十七条的有关规定，给予警告或者责令暂停六个月以上一年以下执业活动；情节严重的，吊销其执业证书；构成犯罪的，依法追究刑事责任：

（1）未按照本办法规定开具抗菌药物处方，造成严重后果的。

（2）使用未经国家药品监督管理部门批准的抗菌药物的。

（3）使用本机构抗菌药物供应目录以外的品种、品规，造成严重后果的。

（4）违反本办法其他规定，造成严重后果的。

5. 药师有下列情形之一的，由县级以上卫生行政部门责令限期改正，给予警告；构成犯罪的，依法追究刑事责任：

（1）未按照规定审核、调剂抗菌药物处方，情节严重的。

（2）未按照规定私自增加抗菌药物品种或者品规的。

（3）违反本办法其他规定的。

6. 未经县级卫生行政部门核准，村卫生室、诊所、社区卫生服务站擅自使用抗菌药物开展静脉输注活动的，由县级以上地方卫生行政部门责令限期改正，给予警告；逾期不改的，可根据情节轻重处以一万元以下罚款。

（周　嘉　李　屹　陈　瑛）

扫一扫
测一测

❓ 复习思考题

1. 试述处方药与非处方药分类管理的意义、分类管理的主要内容。
2. 哪些药品属于假药和劣药？
3. 试述抗菌药物的分级及概念。

第四章

公共卫生法律制度

1. 掌握医疗机构对传染病疫情的报告时限、报告流程、控制措施和在传染病疫情防治中的法律责任，医院感染的报告与处理，医疗机构在突发公共卫生事件中应尽的职责，应采取的应急措施、应急流程和应承担的法律责任。

2. 熟悉艾滋病的防治方针及医疗机构在治疗与救助中的责任，医院感染的组织管理，突发公共卫生事件的报告制度，中医药在突发公共卫生事件中的应急体系、应急机制和相关措施。

3. 了解艾滋病病毒感染者和艾滋病患者的权利与义务，发达国家突发公共卫生事件应急体系和应急机制。

第一节　传染病防治法律制度

一、概述

《中华人民共和国传染病防治法》（以下简称《传染病防治法》）是中华人民共和国成立以来，经国家最高权力机关批准颁布的第一部针对传染病防治管理工作的卫生大法。1989年2月21日第七届全国人民代表大会常务委员会第六次会议通过，2004年8月28日第十届全国人大常委会第十一次会议重新修订，自2004年12月1日起施行。2013年6月29日第十二届全国人民代表大会常务委员会第三次会议修正。《传染病防治法》分为总则，传染病预防，疫情报告、通报和公布，疫情控制，医疗救治，监督管理，保障措施，法律责任，附则等九章，共八十条。

（一）传染病的相关概念及立法概况

传染病是指由病原微生物如朊毒体、病毒、衣原体、立克次体、细菌、真菌、螺旋体和寄生虫如原虫、蠕虫、医学昆虫感染人体后产生的有传染性、在一定条件下可造成流行的疾病。传染病能在人与人、动物与动物或人与动物之间相互传播，一直被认

为是威胁人类生存与健康,阻碍社会与经济发展的主要危害之一。

传染病防治是公共卫生事业的重要组成部分,传染病防治法是调整预防、控制和消除传染病的发生和流行,保障人体健康活动中产生的各种社会关系的法律规范的总称,是公共卫生法的主要组成部分。

为配合《传染病防治法》的贯彻实施,国家相继颁布了一系列传染病管理的规范性文件:有《突发公共卫生事件应急条例》《疫苗流通和预防接种管理条例》《病原微生物实验室生物安全管理条例》《医疗废物管理条例》《艾滋病防治条例》《血吸虫病防治条例》《中华人民共和国传染病防治法实施办法》《性病防治管理办法》《结核病防治管理办法》《消毒管理办法》《医院感染管理办法》《传染性非典型肺炎防治管理办法》《突发公共卫生事件与传染病疫情监测信息报告管理办法》《医疗机构传染病预检分诊管理办法》《传染病病人或疑似传染病病人尸体解剖查验规定》《传染病信息报告管理规范》《国家突发公共卫生事件相关信息报告管理工作规范(试行)》《学校和幼托机构传染病疫情报告工作规范(试行)》《预防接种异常反应鉴定办法》《人间传染的高致病性病原微生物实验室和实验活动生物安全审批管理办法》《人间传染的病原微生物菌(毒)种保藏机构管理办法》《可感染人类的高致病性病原微生物菌(毒)种或样本运输管理规定》等行政法规、部门规章。同时也颁布了一系列传染病防治相关的指南如:《手足口病预防控制指南(2008年版)》《基孔肯雅热预防控制技术指南(2012年版)》《人感染H7N9禽流感医院感染预防与控制技术指南(2013年版)》《人感染H7N9禽流感诊疗方案(2014年版)》《结核病分类》《登革热诊疗指南》《埃博拉出血热医院感染预防与控制技术指南(第二版)》《布鲁氏菌病防治技术规范》《黄热病诊疗方案》《诺如病毒感染暴发调查和预防控制技术指南》《手足口病聚集性和暴发疫情处置工作规范》《寨卡病毒病防控方案》《中东呼吸综合征医院感染预防与控制技术指南(2015年版)》《流行性感冒诊疗方案(2018年版)》等。

(二)法定传染病的分类

《传染病防治法》将37种急性和慢性传染病列为法定管理的传染病,2008年5月2日卫生部将手足口病列入传染病防治法规定的丙类传染病进行管理。2009年4月30日卫生部将甲型H1N1流感列入传染病防治法规定的乙类传染病,并采取甲类传染病的预防、控制措施。2013年11月1日起,国家卫生和计划生育委员会将人感染H7N9禽流感纳入法定乙类传染病管理,将甲型H1N1流感从乙类传染病调整为丙类传染病,纳入现有流行性感冒进行管理;将人感染高致病性禽流感由乙类传染病甲类管理调整为乙类传染病乙类管理。目前中国的法定报告传染病共40种,根据传染病的传播方式、速度及其对人类危害程度,将列为法定管理的传染病并分为甲类、乙类和丙类三类。国务院卫生行政部门根据传染病暴发、流行情况和危害程度,可以决定增加、减少或者调整乙类、丙类传染病病种并予以公布。省、自治区、直辖市人民政府对本行政区域内常见、多发的其他地方性传染病,可以根据情况决定按照乙类或者丙类传染病管理并予以公布,报国务院卫生行政部门备案。

甲类传染病是指:鼠疫、霍乱。

乙类传染病是指:传染性非典型肺炎、艾滋病、病毒性肝炎、脊髓灰质炎、人感染高致病性禽流感、麻疹、流行性出血热、狂犬病、流行性乙型脑炎、登革热、炭疽、细菌

性和阿米巴性痢疾、肺结核、伤寒和副伤寒、流行性脑脊髓膜炎、百日咳、白喉、新生儿破伤风、猩红热、布鲁氏菌病、淋病、梅毒、钩端螺旋体病、血吸虫病、疟疾、人感染H7N9禽流感、新型冠状病毒肺炎。

丙类传染病是指：流行性感冒（流感）、流行性腮腺炎、风疹、急性出血性结膜炎、麻风病、流行性和地方性斑疹伤寒、黑热病、包虫病、丝虫病，除霍乱、细菌性和阿米巴性痢疾、伤寒和副伤寒以外的感染性腹泻病，手足口病。

2020年1月20日，国家卫生健康委员会将新型冠状病毒肺炎列入《传染病防治法》规定的乙类传染病，并采取甲类传染病的预防、控制措施。此外，乙类传染病中传染性非典型肺炎、炭疽中的肺炭疽采取甲类传染病的预防、控制措施。其他乙类传染病和突发原因不明的传染病需要采取甲类传染病的预防、控制措施的，由国务院卫生行政部门及时报经国务院批准后予以公布、实施，解除时由国务院卫生行政部门报经国务院批准后予以公布。

（三）传染病防治的管理机构

《传染病防治法》规定国务院卫生行政部门主管全国传染病防治及其监督管理工作。县级以上地方人民政府卫生行政部门负责本行政区域内的传染病防治及其监督管理工作。各级疾病预防控制机构承担传染病监测、预测、流行病学调查、疫情报告以及其他预防、控制工作。医疗机构承担与医疗救治有关的传染病防治工作和责任区域内的传染病预防工作。城市社区和农村基层医疗机构在疾病预防控制机构的指导下，承担城市社区、农村基层相应的传染病防治工作。

二、传染病的预防

中华人民共和国成立之初我国政府就确立了"预防为主、防治结合"的卫生工作总方针，《传染病防治法》明确规定国家对传染病防治实行预防为主的方针，防治结合、分类管理、依靠科学、依靠群众，并要求建立传染病监测制度，传染病预警制度，预防接种制度，传染病菌种、毒种管理等一系列制度规范。

（一）传染病监测方案与监测义务

《传染病防治法》规定，国家建立传染病监测制度。国务院卫生行政部门制定国家传染病监测规划和方案。省、自治区、直辖市人民政府卫生行政部门根据国家传染病监测规划和方案，制定本行政区域的传染病监测计划和工作方案。

各级疾病预防控制机构对传染病的发生、流行以及影响其发生、流行的因素，进行监测；对国外发生、国内尚未发生的传染病或者国内新发生的传染病，进行监测。比如2014年7月中旬，在西非发生埃博拉病毒疫情，连续出现大量死亡病例，并出现严重的流行趋势，我国疾病预防控制中心对疫情进行监测并在其官方网站连续发布埃博拉病毒疫情简报。

（二）传染病预警信息发布

《传染病防治法》规定国家建立传染病预警制度。国务院卫生行政部门和省、自治区、直辖市人民政府根据传染病发生、流行趋势的预测，及时发出传染病预警，根据情况予以公布。地方人民政府和疾病预防控制机构接到国务院卫生行政部门或者省、自治区、直辖市人民政府发出的传染病预警后，应当按照传染病预防、控制预案，

采取相应的预防、控制措施。

2013 年 3 月下旬全国多地连续出现人感染 H7N9 禽流感病例，4 月 4 日国家卫生和计划生育委员会在已报告确诊病例的省份启动疫情信息日报告制度，对疫情进行监测，制定《人感染 H7N9 禽流感诊疗方案》《人感染 H7N9 禽流感疫情防控方案》《人感染 H7N9 禽流感医院感染预防与控制技术指南》指导疫情防控与诊疗，并在中国疾病预防控制中心官方网站予以信息公布。

（三）预防接种制度

预防接种是把疫苗接种在健康人的身体内，使人在不发病的情况下产生抗体，获得特异性免疫。《传染病防治法》规定国家实行有计划的预防接种制度，对儿童实行预防接种证制度，国家免疫规划项目的预防接种实行免费。为了加强对疫苗流通和预防接种的管理，预防、控制传染病的发生、流行，保障人体健康和公共卫生，2005 年 3 月 16 日，国务院发布了《疫苗流通和预防接种管理条例》，自 2005 年 6 月 1 日起施行，2016 年根据 2016 年 4 月 23 日《国务院关于修改〈疫苗流通和预防接种管理条例〉的决定》予以修订。2016 年国家卫生和计划生育委员会为配合《疫苗流通和预防接种管理条例》的贯彻实施印发了《预防接种工作规范（2016 版）》。

1. 疫苗的分类　疫苗，是指为了预防、控制传染病的发生、流行，用于人体预防接种的疫苗类预防性生物制品。疫苗分为两类：第一类疫苗是指政府免费向公民提供，公民应当依照政府的规定受种的疫苗；第二类疫苗是指由公民自费并且自愿受种的其他疫苗。

2. 国家免疫规划确定的疫苗　目前纳入国家计划免疫的疫苗包括乙肝疫苗、卡介苗、脊灰疫苗、百白破疫苗、麻疹疫苗、白破疫苗、甲肝疫苗、流脑疫苗、乙脑疫苗和麻腮风疫苗，对适龄儿童进行常规接种，预防乙型肝炎、结核病、脊髓灰质炎、百日咳、白喉、破伤风、麻疹、甲型肝炎、流行性脑脊髓膜炎、流行性乙型脑炎、风疹、流行性腮腺炎、流行性出血热、炭疽和钩端螺旋体病等 15 种传染病。

3. 儿童预防接种的管理　国家对儿童实行预防接种证制度，儿童出生后 1 个月内，其监护人应当到儿童居住地承担预防接种工作的接种单位为其办理预防接种证。接种单位对儿童实施接种时，应当查验预防接种证，并做好记录。

儿童入托、入学时，托幼机构、学校应当查验预防接种证。发现未依照国家免疫规划受种的儿童，应当向所在地的县级疾病预防控制机构或者儿童居住地承担预防接种工作的接种单位报告，并配合疾病预防控制机构或者接种单位督促其监护人在儿童入托、入学后及时到接种单位补种。

4. 预防接种异常反应报告与处理　预防接种异常反应，是指合格的疫苗在实施规范接种过程中或者实施规范接种后造成受种者机体组织器官、功能损害，相关各方均无过错的药品不良反应。疾病预防控制机构和接种单位及其医疗卫生人员发现预防接种异常反应、疑似预防接种异常反应或者接到相关报告的，应当依照预防接种工作规范及时处理，并立即报告所在地的县级人民政府卫生主管部门、药品监督管理部门。接到报告的卫生主管部门、药品监督管理部门应当立即组织调查处理。

预防接种异常反应的鉴定参照《医疗事故处理条例》执行。因预防接种异常反应造成受种者死亡、严重残疾或者器官组织损伤的，应当给予一次性补偿。因接种第一

类疫苗引起预防接种异常反应需要对受种者予以补偿的,补偿费用由省、自治区、直辖市人民政府财政部门在预防接种工作经费中安排。因接种第二类疫苗引起预防接种异常反应需要对受种者予以补偿的,补偿费用由相关的疫苗生产企业承担。

（四）传染病菌种、毒种库

国家建立传染病菌种、毒种库,对传染病菌种、毒种和传染病检测样本的采集、保藏、携带、运输和使用实行分类管理。2004 年 11 月 12 日国务院发布《病原微生物实验室生物安全管理条例》(2018 年 4 月 4 日第二次修订)对病原微生物和微生物实验室进行分类分级管理。

疾病预防控制机构、医疗机构的实验室和从事病原微生物实验的单位应当建立严格的监督管理制度,对传染病病原体样本实行严格监督管理,严防传染病病原体的实验室感染和病原微生物的扩散。

（五）传染病病人、病原携带者和疑似传染病病人合法权益保护

传染病病人、疑似传染病病人,是指根据国务院卫生行政部门发布的传染病诊断标准,符合传染病病人和疑似传染病病人诊断标准的人。病原携带者,是指感染病原体无临床症状但能排出病原体的人。《传染病防治法》规定,国家和社会关心、帮助传染病病人、病原携带者和疑似传染病病人,使其得到及时救治。任何单位和个人不得歧视传染病病人、病原携带者和疑似传染病病人。疾病预防控制机构、医疗机构不得泄露涉及个人隐私的有关信息、资料。

三、传染病疫情报告和信息公布

（一）传染病疫情的报告

《传染病防治法》规定负有传染病疫情报告职责的人民政府有关部门、疾病预防控制机构、医疗机构、采供血机构及其工作人员,不得隐瞒、谎报、缓报传染病疫情。

1. 责任报告单位及报告人　各级各类医疗机构、疾病预防控制机构、采供血机构均为责任报告单位,其执行职务的人员和乡村医生、个体开业医生均为责任疫情报告人。责任报告单位和责任报告人发现法定传染病疫情或者发现其他传染病暴发、流行以及突发原因不明的传染病时,应当按照规定报告。

2. 疫情报告的内容及报告卡填写　法定传染病,国务院卫生行政部门决定列入乙类、丙类传染病管理的其他传染病,省级人民政府决定按照乙类、丙类管理的其他地方性传染病和其他暴发、流行或原因不明的传染病以及不明原因肺炎病例和不明原因死亡病例等重点监测疾病均须报告。

《传染病报告卡》设有统一格式,可在属地疾病预防控制机构领取。不明原因肺炎病例和不明原因死亡病例的监测和报告按照《全国不明原因肺炎病例监测实施方案(试行)》和《县及县以上医疗机构死亡病例监测实施方案(试行)》的规定执行。符合突发公共卫生事件报告标准的传染病暴发疫情,按《突发公共卫生事件信息报告管理规范》要求报告。

3. 疫情报告的时限　疫情责任报告单位和责任报告人发现甲类传染病和乙类传染病中的肺炭疽、传染性非典型肺炎、脊髓灰质炎、人感染高致病性禽流感的病人或疑似病人时,或发现其他传染病和不明原因疾病暴发时,应于 2 小时内将传染病报

告卡通过网络报告；未实行网络直报的责任报告单位应于 2 小时内以最快的通讯方式（电话、传真）向当地县级疾病预防控制机构报告，并于 2 小时内寄送出传染病报告卡。对其他乙、丙类传染病病人、疑似病人和规定报告的传染病病原携带者在诊断后，实行网络直报的责任报告单位应于 24 小时内进行网络报告；未实行网络直报的责任报告单位应于 24 小时内寄送出传染病报告卡。县级疾病预防控制机构收到无网络直报条件责任报告单位报送的传染病报告卡后，应于 2 小时内通过网络直报。

4. 疫情报告程序和方式 传染病报告卡由首诊医生或其他执行职务的人员负责填写。现场调查时发现的传染病病例，由属地疾病预防控制机构的现场调查人员填写报告卡；采供血机构发现 HIV 两次初筛阳性检测结果也应填写报告卡。传染病疫情信息实行网络直报，没有条件实行网络直报的医疗机构，在规定的时限内将传染病报告卡报告属地县级疾病预防控制机构。

（二）传染病疫情的信息公布

国家建立传染病疫情信息公布制度。国务院卫生行政部门定期公布全国传染病疫情信息。省、自治区、直辖市人民政府卫生行政部门定期公布本行政区域的传染病疫情信息。传染病暴发、流行时，国务院卫生行政部门负责向社会公布传染病疫情信息，并可以授权省、自治区、直辖市人民政府卫生行政部门向社会公布本行政区域的传染病疫情信息。中国疾病预防控制中心网站可查询国家卫生健康委员会定期公布的全国法定传染病疫情信息。

四、传染病疫情控制

（一）医疗机构采取的控制措施

医疗机构发现甲类传染病时，应当及时采取下列措施：对病人、病原携带者，予以隔离治疗，隔离期限根据医学检查结果确定；对疑似病人，确诊前在指定场所单独隔离治疗；对医疗机构内的病人、病原携带者、疑似病人的密切接触者，在指定场所进行医学观察和采取其他必要的预防措施。对于拒绝隔离治疗或者隔离期未满擅自脱离隔离治疗的，可以由公安机关协助医疗机构采取强制隔离治疗措施。医疗机构发现乙类或者丙类传染病病人，应当根据病情采取必要的治疗和控制传播措施。

医疗机构对本单位内被传染病病原体污染的场所、物品以及医疗废物，必须依照法律、法规的规定实施消毒和无害化处置。

（二）疾病预防控制机构采取的控制措施

疾病预防控制机构发现传染病疫情或者接到传染病疫情报告时，应当及时采取下列措施：对传染病疫情进行流行病学调查，根据调查情况提出划定疫点、疫区的建议；对被污染的场所进行卫生处理，对密切接触者，在指定场所进行医学观察和采取其他必要的预防措施，并向卫生行政部门提出疫情控制方案；传染病暴发、流行时，对疫点、疫区进行卫生处理，向卫生行政部门提出疫情控制方案，并按照卫生行政部门的要求采取措施；指导下级疾病预防控制机构实施传染病预防、控制措施，组织、指导有关单位对传染病疫情的处理。

（三）人民政府采取的控制措施

1. 紧急措施 传染病暴发、流行时，县级以上地方人民政府应当立即组织力量，

按照预防、控制预案进行防治，切断传染病的传播途径，必要时，报经上一级人民政府决定，可以采取限制或者停止集市、影剧院演出或者其他人群聚集的活动；停工、停业、停课；封闭或者封存被传染病病原体污染的公共饮用水源、食品以及相关物品；控制或者扑杀染疫野生动物、家畜家禽；封闭可能造成传染病扩散的场所等紧急措施并公告。紧急措施的解除由原决定机关决定并宣布。

2. 隔离措施　疫情所在地的县级以上地方人民政府对已经发生甲类传染病病例的场所或者该场所内的特定区域的人员可以实施隔离措施，并同时向上一级人民政府报告；接到报告的上级人民政府应当即时作出是否批准的决定。隔离措施的解除由原决定机关决定并宣布。

3. 疫区封锁　疫区是指传染病在人群中暴发、流行，其病原体向周围播散时所能波及的地区。甲类、乙类传染病暴发、流行时，县级以上地方人民政府报经上一级人民政府决定，可以宣布本行政区域部分或者全部为疫区；国务院可以决定并宣布跨省、自治区、直辖市的疫区。省、自治区、直辖市人民政府可以决定对本行政区域内的甲类传染病疫区实施封锁；封锁大、中城市的疫区或者封锁跨省、自治区、直辖市的疫区以及封锁疫区导致中断干线交通或者封锁国境的由国务院决定。疫区封锁的解除由原决定机关决定并宣布。

（四）尸体处理

对于患甲类传染病、炭疽死亡的尸体应当立即进行卫生处理并就近火化；对于患其他传染病死亡的尸体必要时也可进行卫生处理后火化或者按照规定深埋。为了查找传染病病因，医疗机构在必要时可以告知死者家属并对传染病病人尸体或者疑似传染病病人尸体进行解剖。

五、传染病医疗救治

（一）医疗救治服务网络建设

医疗救治服务网络由医疗救治机构、医疗救治信息网络和医疗救治专业技术人员组成。县级以上人民政府应加强和完善传染病医疗救治服务网络的建设，指定具备传染病救治条件和能力的医疗机构承担传染病救治任务，或者根据传染病救治需要设置传染病医院。

（二）医疗机构开展医疗救治的管理性规定

医疗机构应当按照传染病诊断标准和治疗要求实行传染病预检、分诊制度；引导传染病病人、疑似传染病病人至相对隔离的分诊点进行初诊；提供医疗救护、现场救援和接诊治疗，书写并妥善保管病历记录以及其他有关资料；不具备相应救治能力的医疗机构，应当将病人及其病历记录复印件一并转至具备相应救治能力的医疗机构。

六、传染病防治保障

国家将传染病防治工作纳入国民经济和社会发展计划，县级以上地方人民政府将传染病防治工作纳入本行政区域的国民经济和社会发展计划。

1. 经费与物资保障　国家加强基层传染病防治体系建设，扶持贫困地区和少数民族地区的传染病防治工作。县级以上人民政府负责储备防治传染病的药品、医疗

器械和其他物资，以备调用。县级以上地方人民政府承担所辖行政区域内传染病预防、控制、监督工作的日常经费。

2. 人员健康保障 国家对患有特定传染病的困难人群实行医疗救助，减免医疗费用。目前实行医疗救治减免医疗费用的病种有结核病、艾滋病等。相关单位对从事传染病预防、医疗、科研、教学、现场处理疫情的人员，以及在生产、工作中接触传染病病原体的其他人员应当采取有效的卫生防护措施和医疗保健措施，并给予适当的津贴。

七、法律责任

（一）地方各级人民政府及其有关部门的法律责任

县级以上人民政府及其有关主管部门，违反《传染病防治法》的有关规定或不履行职责的由上一级人民政府或上级人民政府有关主管部门给予行政处罚；对负有责任的主管人员和其他直接责任人员，依法给予行政处分；构成犯罪的，依法追究刑事责任。

（二）疾病预防控制机构的法律责任

疾病预防控制机构违反《传染病防治法》有关的规定由县级以上人民政府卫生行政部门责令限期改正，通报批评，给予警告；对负有责任的主管人员和其他直接责任人员，依法给予降级、撤职、开除的处分，并可以依法吊销有关责任人员的执业证书；构成犯罪的，依法追究刑事责任。

（三）医疗机构的法律责任

医疗机构违反《传染病防治法》规定，有下列情形之一的，由县级以上人民政府卫生行政部门责令限期改正，通报批评，给予警告；对负有责任的主管人员和其他直接责任人员，依法给予降级、撤职、开除的处分，并可以依法吊销有关责任人员的执业证书；构成犯罪的，依法追究刑事责任。

1. 未依法履行传染病监测职责的。

2. 未依法履行传染病疫情报告、通报职责，或者隐瞒、谎报、缓报传染病疫情的。

3. 未主动收集传染病疫情信息，或者对传染病疫情信息和疫情报告未及时进行分析、调查、核实的；发现传染病疫情时，未依据职责及时采取本法规定的措施的。

4. 故意泄露传染病病人、病原携带者、疑似传染病病人、密切接触者涉及个人隐私的有关信息、资料的。

📦 案例评析

传染病防治失职罪案例

案例：被告人赵某在担任某县某乡卫生院防保组组长期间，不认真履行自己的传染病疫情上报职责，在明知疫情发生的情况下，对2008年11月份发生在本辖区内的某小学和某幼儿园的甲肝疫情不按《传染病疫情报告制度》及时上报。时任某县疾控中心学卫科科长的被告人张某，负有对全县传染病疫情上报的管理

职责,却不认真履行责任,在明知某乡发生甲肝疫情的情况下,对某乡防保组的疫情上报工作失于监管,导致甲肝疫情在某县某乡某小学和某幼儿园暴发流行。

法院认为,被告人赵某、张某身为从事传染病防治的政府卫生行政部门的工作人员,在工作中严重不负责任,在得知甲肝疫情后缓报疫情,导致甲肝传染病流行,情节严重,其行为均已构成传染病防治失职罪,判处有期徒刑一年,缓刑二年。

评析:传染病疫情报告和监测工作十分重要,关系到公共卫生安全。赵某作为乡卫生院防保组组长未及时报告传染病疫情。张某作为县疾病控制中心学卫科科长对疫情的监管未起到应有的监督责任。赵某和张某均为疫情责任报告人,由于其工作失职造成甲肝疫情暴发流行,情节严重构成犯罪,故依法追究其刑事责任。

八、艾滋病防治的法律规定

(一)概述

艾滋病又称获得性免疫缺陷综合征,是指人类免疫缺陷病毒引起的慢性传染病。本病主要经性接触、血液及母婴传播。人类免疫缺陷病毒主要侵犯、破坏辅助性 T 淋巴细胞,导致机体细胞免疫功能严重缺陷,最终并发各种严重机会性感染和肿瘤。本病传播迅速、发病缓慢、病死率极高,对个人、家庭和社会造成极大危害。

为了预防、控制艾滋病的发生与流行,保障人体健康和公共卫生,根据传染病防治法,国务院第 122 次常务会议通过了《艾滋病防治条例》,自 2006 年 3 月 1 日起施行。2019 年 3 月 2 日,国务院颁布并实施第 709 号国务院令,对《艾滋病防治条例》进行了修改。《艾滋病防治条例》分为总则、宣传教育、预防与控制、治疗与救助、保障措施、法律责任和附则七章,共六十四条。

1. 艾滋病防治方针　我国艾滋病防治工作坚持预防为主、防治结合的方针,建立政府组织领导、部门各负其责、全社会共同参与的机制,加强宣传教育,采取行为干预和关怀救助等措施,实行综合防治。

2. 艾滋病病毒感染者和艾滋病病人的权利　艾滋病病毒感染者、艾滋病病人及其家属享有的婚姻、就业、就医、入学等合法权益受法律保护。任何单位和个人不得歧视艾滋病病毒感染者、艾滋病病人及其家属。

未经本人或者其监护人同意,任何单位或者个人不得公开艾滋病病毒感染者、艾滋病病人及其家属的姓名、住址、工作单位、肖像、病史资料以及其他可能推断出其具体身份的信息。

3. 艾滋病病毒感染者和艾滋病病人的义务　艾滋病病毒感染者和艾滋病病人应当接受疾病预防控制机构或者出入境检验检疫机构的流行病学调查和指导;将感染或者发病的事实及时告知与其有性关系者;就医时,将感染或者发病的事实如实告知接诊医生;采取必要的防护措施,防止感染他人。

艾滋病病毒感染者和艾滋病病人不得以任何方式故意传播艾滋病。艾滋病病毒

感染者或者艾滋病病人故意传播艾滋病的,依法承担民事赔偿责任;构成犯罪的,依法追究刑事责任。

（二）预防与控制

《艾滋病防治条例》规定国家建立健全艾滋病检测网络,实行艾滋病自愿咨询和自愿检测制度。

1. 艾滋病监测网络　艾滋病监测是指连续、系统地收集各类人群中艾滋病（或者艾滋病病毒感染）及其相关因素的分布资料,对这些资料综合分析,为有关部门制定预防控制策略和措施提供及时可靠的信息和依据,并对预防控制措施进行效果评价。

国务院卫生主管部门制定国家艾滋病监测规划和方案。省、自治区、直辖市人民政府卫生主管部门根据国家艾滋病监测规划和方案,制定本行政区域的艾滋病监测计划和工作方案,组织开展艾滋病监测和专题调查,掌握艾滋病疫情变化情况和流行趋势。疾病预防控制机构负责对艾滋病发生、流行以及影响其发生、流行的因素开展监测活动。出入境检验检疫机构负责对出入境人员进行艾滋病监测,并将监测结果及时向卫生主管部门报告。

2. 艾滋病自愿咨询和自愿检测制度　艾滋病检测是指采用实验室方法对人体血液、其他体液、组织器官、血液衍生物等进行艾滋病病毒、艾滋病病毒抗体及相关免疫指标检测,包括监测、检验检疫、自愿咨询检测、临床诊断、血液及血液制品筛查工作中的艾滋病检测。

政府指定的医疗卫生机构,应当按规定制定的艾滋病自愿咨询和检测办法,为自愿接受艾滋病咨询、检测的人员免费提供咨询和初筛检测。

（三）医疗卫生机构在治疗与救助中的责任

艾滋病是一种对个人对家庭对社会产生极大危害的传染病,医疗机构在艾滋病的治疗与救助中起到重要的作用。《艾滋病防治条例》规定医疗卫生机构在治疗与救助中的责任是:

1. 应当为艾滋病病毒感染者和艾滋病病人提供艾滋病防治咨询、诊断和治疗服务。

2. 不得因就诊的病人是艾滋病病毒感染者或者艾滋病病人,推诿或者拒绝对其其他疾病进行治疗。

3. 对确诊的艾滋病病毒感染者和艾滋病病人,医疗卫生机构的工作人员应当将其感染或者发病的事实告知本人。本人为无行为能力人或者限制行为能力人的,应当告知其监护人。

4. 应当按照国务院卫生主管部门制定的预防艾滋病母婴传播技术指导方案的规定,对孕产妇提供艾滋病防治咨询和检测,对感染艾滋病病毒的孕产妇及其婴儿,提供预防艾滋病母婴传播的咨询、产前指导、阻断、治疗、产后访视、婴儿随访和检测等服务。

（四）医疗卫生机构法律责任

《艾滋病防治条例》规定医疗卫生机构未依照规定履行职责的,由县级以上人民政府卫生主管部门责令限期改正,通报批评,给予警告;造成艾滋病传播、流行或者其他严重后果的,对负有责任的主管人员和其他直接责任人员依法给予降级、撤职、

开除的处分,并可以依法吊销有关机构或者责任人员的执业许可证件;构成犯罪的,依法追究刑事责任。

案例评析

HIV 病毒感染案例

案例:浙江省某中医院检验科主管技师赵某在开展该院为降低妇女流产概率而提供的"封闭抗体治疗"服务项目操作时,严重违反相关法规制度关于"一人一管一抛弃"的规定,重复使用同一根吸管交叉吸取、搅拌、提取培养后的淋巴细胞,致使同一批次淋巴细胞被交叉污染,致5名妇女感染HIV病毒。

有关部门对医院相关责任人做出严肃处理:免去院长的行政职务和党委副书记职务,给予党内严重警告处分;免去党委书记的党内职务和副院长的行政职务;撤销分管副院长职务,免去其党委委员并给予党内严重警告处分;撤销检验科主任职务;免去医务部主任职务;免去院感科科长职务。

法院认为,被告人赵某作为医务人员,在批量处理他人血样时严重不负责任,违规操作,致使多人身体健康遭受严重损害,其行为已构成医疗事故罪,判处有期徒刑二年六个月。

评析:本案是一起因医院技术人员严重违反操作规程,造成交叉污染,导致医源性艾滋病病毒感染事件。本案涉及的违规操作违反了《艾滋病防治条例》第三十三条"医疗卫生机构和出入境检验检疫机构应当按照国务院卫生主管部门规定,遵守标准防护原则,严格执行操作规程和消毒管理制度,防止发生艾滋病医院感染和医源性感染"的规定。

九、医院感染管理的法律规定

(一) 概述

医院感染是指住院患者在医院内获得的感染,包括在住院期间发生的感染和在医院内获得出院后发生的感染,但不包括入院前已开始或入院时已存在的感染,医院工作人员在医院内获得的感染也属医院感染。

医院感染管理是各级卫生行政部门、医疗机构及医务人员针对诊疗活动中存在的医院感染、医源性感染及相关的危险因素进行的预防、诊断和控制活动。

医院感染是影响医疗质量的重要问题。由于医院环境特殊、病种繁多和病原体的高耐药性,使得医院感染治疗困难,病死率高。为加强医院感染管理,有效预防和控制医院感染,提高医疗质量,保证医疗安全,根据《传染病防治法》《医疗机构管理条例》《突发公共卫生事件应急条例》等法律、行政法规的规定,2006年6月15日卫生部印发《医院感染管理办法》自2006年9月1日起施行,2009年7月20日卫生部、国家中医药管理局关于印发《医院感染暴发报告及处置管理规范》自2009年10月1日起施行。《医院感染管理办法》分总则、组织管理、预防与控制、人员培训、监管管理、罚则、附则七章,共三十九条。

（二）组织管理

住院床位总数在 100 张以上的医院应当设立医院感染管理委员会和独立的医院感染管理部门。住院床位总数在 100 张以下的医院应当指定分管医院感染管理工作的部门。其他医疗机构应当有医院感染管理专（兼）职人员。

医院感染管理委员会由医院感染管理部门、医务部门、护理部门、临床科室、消毒供应室、手术室、临床检验部门、药事管理部门、设备管理部门、后勤管理部门及其他有关部门的主要负责人组成，主任委员由医院院长或者主管医疗工作的副院长担任。

医院感染管理委员会的职责：

1. 认真贯彻医院感染管理方面的法律法规及技术规范、标准，制定本医院预防和控制医院感染的规章制度、医院感染诊断标准并监督实施。

2. 根据预防医院感染和卫生学要求，对本医院的建筑设计、重点科室建设的基本标准、基本设施和工作流程进行审查并提出意见。

3. 研究并确定本医院的医院感染管理工作计划，并对计划的实施进行考核和评价。

4. 研究并确定本医院的医院感染重点部门、重点环节、重点流程、危险因素以及采取的干预措施，明确各有关部门、人员在预防和控制医院感染工作中的责任。

5. 研究并制定本医院发生医院感染暴发及出现不明原因传染性疾病或者特殊病原体感染病例等事件时的控制预案。

6. 建立会议制度，定期研究、协调和解决有关医院感染管理方面的问题。

7. 根据本医院病原体特点和耐药现状，配合药事管理委员会提出合理使用抗菌药物的指导意见。

8. 其他有关医院感染管理的重要事宜。

（三）预防与控制

1. 预防措施　医疗机构应当按照有关医院感染管理的规章制度和技术规范，加强医院感染的预防与控制工作，严格执行消毒工作技术规范、隔离技术规范、无菌操作技术，保证医护人员手卫生与诊疗环境条件符合规定要求；严格按照《抗菌药物临床应用指导原则》，加强抗菌药物临床使用和耐药菌监测管理；保证职业卫生防护工作符合规定要求，保障医务人员的职业健康。

2. 监控　医疗机构应当按照医院感染诊断标准及时诊断医院感染病例，建立有效的医院感染监测制度，分析医院感染的危险因素，并针对导致医院感染的危险因素，实施预防与控制措施。

医疗机构应当及时发现医院感染病例和医院感染的暴发，分析感染源、感染途径，采取有效的处理和控制措施，积极救治患者。

3. 报告　医院发生 5 例以上疑似医院感染暴发或 3 例以上医院感染暴发，应当于 12 小时内向所在地县级卫生行政部门报告，并同时向所在地疾病预防控制机构报告。县级卫生行政部门接到报告后，应当于 24 小时内逐级上报至省级卫生行政部门。省级卫生行政部门接到报告后组织专家进行调查，确认 5 例及以上医院感染暴发或由于医院感染暴发直接导致患者死亡或由于医院感染暴发导致 3 人以上人身损害后果，应当于 24 小时内上报至国家卫生健康委员会。

中医医院（含中西医结合医院、民族医医院）发生医院感染暴发的，省级卫生行政部门应当会同省级中医药管理部门共同组织专家进行调查，确认发生以上情形的，省级中医药管理部门应当向国家中医药管理局报告。

医院发生 10 例以上的医院感染暴发或发生特殊病原体或者新发病原体的医院感染或可能造成重大公共影响或者严重后果的医院感染，应当按照《国家突发公共卫生事件相关信息报告管理工作规范（试行）》的要求，在 2 小时内向所在地县级卫生行政部门报告，并同时向所在地疾病预防控制机构报告。所在地的县级卫生行政部门确认后，应当在 2 小时内逐级上报至省级卫生行政部门。省级卫生行政部门进行调查，确认发生以上情形的，应当在 2 小时内上报至国家卫生健康委员会。中医医院（含中西医结合医院、民族医医院）发生上述情形时，省级中医药管理部门应当向国家中医药管理局报告。

医疗机构发生的医院感染属于法定传染病的，应当按照《中华人民共和国传染病防治法》和《国家突发公共卫生事件应急预案》的规定进行报告和处理。

（四）医疗机构人员培训要求

《医院感染管理办法》规定医疗机构应当制定人员的培训计划，对全体工作人员进行相关法律法规、工作规范和标准以及专业技术知识的培训。

医院感染专业人员应当具备医院感染预防与控制工作的专业知识，并能够承担医院感染管理和业务技术工作。医务人员应当掌握与本职工作相关的医院感染预防与控制方面的知识，落实医院感染管理规章制度、工作规范和要求。工勤人员应当掌握有关预防和控制医院感染的基础卫生学和消毒隔离知识，并在工作中正确运用。

（五）罚则

医疗机构违反《医院感染管理办法》相关规定，由县级以上地方人民政府卫生行政部门责令改正，逾期不改的，给予警告并通报批评；情节严重的，对主要负责人和直接责任人给予降级或者撤职的行政处分。

医疗机构未采取预防和控制措施或者发生医院感染未及时采取控制措施，造成医院感染暴发、传染病传播或者其他严重后果的，对负有责任的主管人员和直接责任人员给予降级、撤职、开除的行政处分；情节严重的，依照《传染病防治法》第六十九条规定，可以依法吊销有关责任人员的执业证书；构成犯罪的，依法追究刑事责任。

案例评析

医院感染案例

案例：自 2008 年 9 月 3 日起陕西某大学医学院附属医院新生儿科 9 名新生儿相继出现发热、心率加快、肝脾肿大等临床症状，其中 8 名新生儿于 9 月 5 日～15 日间发生弥散性血管内凝血，相继死亡，1 名新生儿经医院治疗好转。

2008 年 9 月 23 日，卫生部接到关于该事件的举报信息后，立即组织专家调查组赶赴该院，与陕西省专家调查组共同开展实地调查。经专家组调查发现，医院没有按照《医院感染管理办法》的规定建立有效的医院感染监测制度，不能及

时发现医院感染病例和医院感染暴发,更没有分析感染源、感染途径,无法采取有效的处理和控制措施。医院新生儿科在短时间内连续发生多起感染和死亡病例,医院未予报告。该事件是一起严重医院感染事件。

处理结果:

陕西省卫生厅决定:陕西医疗卫生系统进行全面整改,确保此类事件不再发生。对医院进行通报批评。

大学决定:给予附属医院院长、主管医务的副院长撤职处分。

医院决定:对新生儿患儿死亡事件相关责任人做出如下处分:撤销新生儿科主任职务,撤销新生儿科护士长职务;免去医务部部长职务,免去控制感染中心主任职务,免去医务部质量控制办公室主任职务,免去护理部主任职务,免去护理部副主任、总护士长职务。新生儿科死亡患儿主治以上主管医生、主管责任护士暂停工作,配合调查。新生儿科病房暂时封闭。

评析:①医院感染管理工作责任重大,出现医院感染问题严重影响医疗质量与安全。②医院感染管理是全院性工作,院领导、职能科室、临床科室及临床医师均负有责任,应积极参与医院感染防控工作。③医院感染事件应按规定及时上报并做好防控工作。④该案例中院领导、职能科室负责人、临床科室负责人均负有管理责任,因情节严重故均受到行政处罚。

第二节 突发公共卫生事件应急法律制度

一、概述

近年来我国相继发生的重大突发公共卫生事件,诸如2003年全国范围传染性非典型肺炎(SARS)危机、2003年重庆开县"12·23"井喷事故、2008年河北三鹿奶粉事件以及2009年甲型H1N1流感暴发等对我国政府及卫生行业提出了严峻的挑战,为了科学、系统、有效地应对突发公共卫生事件,我国政府陆续出台了《突发公共卫生事件应急条例》《国家突发公共卫生事件应急预案》《国家突发公共事件医疗卫生救援应急预案》《突发公共卫生事件与传染病疫情监测信息报告管理办法》《关于疾病预防控制体系建设的若干规定》和《中华人民共和国传染病防治法(修订版)》等法律法规,我国政府及卫生行业对突发公共卫生事件的应急体系和应急机制正日臻完善。

(一)突发公共卫生事件的概念和分级

1.概念 突发公共卫生事件是指突然发生,造成或者可能造成社会公众健康严重损害的重大传染病疫情、群体性不明原因疾病、重大食物和职业中毒以及其他严重影响公众健康的事件。

2.分级 根据突发公共卫生事件的性质、危害程度和涉及范围,突发公共卫生事件划分为特别重大(Ⅰ级)、重大(Ⅱ级)、较大(Ⅲ级)和一般(Ⅳ级)四级。

(1)特别重大突发公共卫生事件(Ⅰ级)包括:

1）肺鼠疫、肺炭疽在大、中城市发生并有扩散趋势，或肺鼠疫、肺炭疽疫情波及2个以上省份，并有进一步扩散趋势。

2）发生传染性非典型肺炎、人感染高致病性禽流感病例，疫情波及2个以上省份，并有扩散趋势。

3）涉及多个省份的群体性不明原因疾病，并有扩散趋势。

4）发生新传染病或我国尚未发现的传染病发生或传入，并有扩散趋势，或发现我国已消灭的传染病重新流行。

5）发生烈性病菌株、毒株、致病因子等丢失事件。

6）周边以及与我国通航的国家和地区发生特大传染病疫情，并出现输入性病例，严重危害我国公共卫生安全。

7）一次性放射事故超剂量照射人数超过200人次，或轻中度放射损伤人数超过50人次。

8）国务院卫生行政部门认定的其他特别重大突发公共卫生事件。

（2）重大突发公共卫生事件（Ⅱ级）包括：

1）在一个县（市）行政区域内，一个平均潜伏期内（6天）发生5例以上肺鼠疫、肺炭疽病例，或者相关联的疫情波及2个以上的县（市）。

2）发生传染性非典型肺炎、人感染高致病性禽流感疑似病例，疫情波及2个以上的县（市）。

3）肺鼠疫发生流行，在一个市（地）行政区域内，一个平均潜伏期内多点连续发病20例以上，或流行范围波及2个以上市（地）。

4）霍乱在一个市（地）行政区域内流行，1周内发病30例以上，或波及2个以上市（地），有扩散趋势。

5）乙类、丙类传染病波及2个以上县（市），1周内发病水平超过前5年同期平均发病水平2倍以上。

6）我国尚未发现的传染病发生或传入，尚未造成扩散。

7）发生群体性不明原因疾病，扩散到县（市）以外的地区。

8）发生重大医源性感染事件。

9）预防接种或群体性预防性服药出现人员死亡。

10）一次食物中毒人数超过100人并出现死亡病例，或出现10例以上死亡病例。

11）一次性发生急性职业中毒50人以上，或死亡5人以上。

12）境内外隐匿运输、邮寄烈性生物病原体、生物毒素造成我境内人员感染或死亡的。

13）一次性放射事故超剂量照射人数101～200人次，或轻中度放射损伤人数21～50人次。

14）省级以上人民政府卫生行政部门认定的其他重大突发公共卫生事件。

（3）较大突发公共卫生事件（Ⅲ级）包括：

1）发生肺鼠疫、肺炭疽病例，一个平均潜伏期内病例数未超过5例，流行范围在一个县（市）行政区域以内。

2）发生传染性非典型肺炎病例或腺鼠疫发生流行，在一个县（市）行政区域内，

一个平均潜伏期内连续发病 10 例以上，或波及 2 个以上县（市）。

3）霍乱在一个县（市）行政区域内发生，1 周内发病 10～30 例或波及 2 个以上县（市），或市（地）级以上城市的市区首次发生。

4）一周内在一个县（市）行政区域内，乙、丙类传染病发病水平超过前 5 年同期平均发病水平 1 倍以上。

5）在一个县（市）行政区域内发现群体性不明原因疾病。

6）一次食物中毒人数超过 100 人，或出现死亡病例。

7）预防接种或群体性预防性服药出现群体心因性反应或不良反应。

8）一次发生急性职业中毒 10～50 人，或死亡 5 人以下。

9）一次性放射事故超剂量照射人数 51～100 人，或轻中度放射损伤人数 11～20 人。

10）市（地）级以上人民政府卫生行政部门认定的其他较大突发公共卫生事件。

（4）一般突发公共卫生事件（Ⅳ级）包括：

1）肺鼠疫在一个县（市）行政区域内发生，一个平均潜伏期内病例数未超过 20 例。

2）霍乱在一个县（市）行政区域内发生，1 周内发病 10 例以下。

3）一次食物中毒人数 30～100 人，未出现死亡病例。

4）一次发生急性职业中毒 10 人以下，未出现死亡病例。

5）一次性放射事故超剂量照射人数 10～50 人，或轻中度放射损伤人数 3～10 人。

6）县级以上人民政府卫生行政部门认定的其他一般突发公共卫生事件。

（二）突发公共卫生事件的特征

1. 突发性　突发公共卫生事件是在人们意象不到的时间、地点突然发生的卫生事件，不易预测甚至不可预测，突如其来，但其发生与转归也具有一定的规律性。

2. 公共性　突发公共卫生事件所危及的对象不是特定的人，而是不特定的社会群体，在事件影响范围内的人都有可能受到伤害，具有公众性。

3. 危害性　突发公共卫生事件可对公众健康和生命安全、社会经济发展、生态环境等造成不同程度的危害，这种危害既可以是对社会造成的即时性严重损害，也可以是从发展趋势看对社会造成严重影响的事件。其危害可表现为直接危害和间接危害。直接危害一般为事件直接导致的即时性损害；间接危害一般为事件的继发性损害或危害，例如事件引发公众恐慌、焦虑情绪等，对社会、政治、经济产生影响。

4. 系统性　突发公共卫生事件不仅仅是一个公共卫生问题，它还是一个社会问题，需要有关部门的共同努力，甚至是全社会的共同参与，需要形成应急救援的社会体系。

（三）突发公共卫生事件应急处理的工作原则

《突发公共卫生事件应急条例》的出台表明我国已将突发公共卫生事件的应急管理纳入法制轨道。根据《突发公共卫生事件应急条例》和《国家突发公共卫生事件应急预案》的规定，突发公共卫生事件的处理必须遵循以下原则：

1. 预防为主、常备不懈　提高全社会对突发公共卫生事件的防范意识，落实各项防范措施，做好人员、技术、物资和设备的应急储备工作。对各类可能引发突发公共卫生事件的情况要及时进行分析、预警，做到早发现、早报告、早处理。

2.统一领导、分级负责 根据突发公共卫生事件的范围、性质和危害程度,对突发公共卫生事件实行分级管理。各级人民政府负责突发公共卫生事件应急处理的统一领导和指挥,各有关部门按照预案规定,在各自的职责范围内做好突发公共卫生事件应急处理的有关工作。

3.依法规范、措施果断 地方各级人民政府和卫生行政部门要按照相关法律、法规和规章的规定,完善突发公共卫生事件应急体系,建立健全系统、规范的突发公共卫生事件应急处理工作制度,对突发公共卫生事件和可能发生的公共卫生事件做出快速反应,及时、有效开展监测、报告和处理工作。

4.依靠科学、加强合作 突发公共卫生事件应急工作要充分尊重和依靠科学,要重视开展防范和处理突发公共卫生事件的科研和培训,为突发公共卫生事件应急处理提供科技保障。各有关部门和单位要通力合作、资源共享,有效应对突发公共卫生事件。要广泛组织、动员公众参与突发公共卫生事件的应急处理。

二、突发公共卫生事件的应急与应急预案

《突发公共卫生事件应急条例》中指出按照分类指导、快速反应的要求进行应急相关工作,各级政府及有关机构须制定相应的应急预案。应急预案包括突发事件应急处理指挥部的组成和相关部门的职责、突发事件的监测与预警、突发事件信息的收集和分析及报告通报制度、突发事件应急处理技术和监测机构及其任务、突发事件的分级和应急处理工作方案、突发事件预防和现场控制、突发事件应急的设施设备器械和救治药品以及其他物资或技术的储备与调度、突发事件应急处理专业队伍的建设和培训等。应急预案应根据突发事件的发生发展及实施中发现的问题予以修订和补充。

（一）应急组织体系与职责

1.应急指挥机构 根据我国目前行政体系应当建立国家级、省级、地市级和县级等级次应急指挥机构即应急指挥部,并切实履行相应职责。

全国突发公共卫生事件应急指挥部应在国务院统一领导下,由国家卫生健康委员会根据突发公共卫生事件应急处理工作的实际需要提出成立,并负责对特别重大突发公共卫生事件的统一领导、统一指挥,做出处理突发公共卫生事件的重大决策。

省级突发公共卫生事件应急指挥部由省级人民政府有关部门组成,实行属地管理的原则,负责对本行政区域内突发公共卫生事件应急处理的协调和指挥,做出处理本行政区域内突发公共卫生事件的决策,决定要采取的措施。

地市级和县级突发公共卫生事件应急指挥部由地市级和县级人民政府有关部门组成,实行属地管理的原则,负责对本行政区域内突发公共卫生事件应急处理的协调和指挥,做出处理本行政区域内突发公共卫生事件的决策,决定要采取的措施。

各级指挥部有指挥、协调、采取紧急措施等职能,有权紧急调集人员、储备的物资、交通工具以及相关设施、设备,必要时,对人员进行疏散或者隔离,依法对传染病疫区实行封锁,还有权根据应急处理的需要,对食物、水源采取控制措施。

2.日常管理机构 国务院卫生行政部门设立卫生应急办公室(突发公共卫生事件应急指挥中心),负责全国突发公共卫生事件应急处理的日常管理工作。

各省、自治区、直辖市人民政府卫生行政部门及军队、武警系统要参照国务院卫生行政部门突发公共卫生事件日常管理机构的设置及职责,结合各自实际情况,设置日常管理机构,负责本行政区域或本系统内突发公共卫生事件应急的协调、管理工作。

各市(地)级、县级卫生行政部门要指定机构负责本行政区域内突发公共卫生事件应急的日常管理工作。

3.专家咨询委员会　国务院卫生行政部门和省级卫生行政部门负责组建突发公共卫生事件专家咨询委员会。市(地)级和县级卫生行政部门可根据本行政区域内突发公共卫生事件应急工作需要,组建突发公共卫生事件应急处理专家咨询委员会。专家咨询委员会负责对突发公共卫生事件应急准备和处理提出咨询和建议,参与制定、修订突发公共卫生事件应急预案和技术方案,对突发公共卫生事件应急处理进行技术指导,承担突发公共卫生事件日常管理机构和应急指挥机构交办的其他工作。

4.应急处理专业技术机构　医疗机构、疾病预防控制机构、卫生监督机构、出入境检验检疫机构是突发公共卫生事件应急处理的专业技术机构。应急处理专业技术机构应结合本单位职责开展专业技术人员处理突发公共卫生事件能力培训,提高快速应对能力和技术水平,在发生突发公共卫生事件时,要服从卫生行政部门的统一指挥和安排,开展应急处理工作。

（二）监测与预警

国家建立统一的突发公共卫生事件监测、预警与报告网络体系,对突发公共卫生事件进行监测,并根据事件发生的规律和特点对事件的危害程度和发展趋势做出预警。

（三）应急对策

1.应急反应原则　发生突发公共卫生事件时,各级政府及有关机构应遵循:①统一指挥、快速反应;②明确分工、通力协作;③及时熟悉和掌握现场情况,制定合理的应对方案,调查与控制并举;④信息互通、及时发布等基本原则。

突发公共卫生事件应急处理要采取边调查、边处理、边抢救、边核实的方式,以有效措施控制事态发展。

2.应急反应措施

（1）各级人民政府

1）组织协调有关部门参与突发公共卫生事件的处理。

2）根据突发公共卫生事件处理需要,调集本行政区域内各类人员、物资、交通工具和相关设施、设备参加应急处理工作。涉及危险化学品管理和运输安全的,有关部门要严格执行相关规定,防止事故发生。

3）划定控制区域:甲类、乙类传染病暴发、流行时,县级以上地方人民政府报经上一级地方人民政府决定,可以宣布疫区范围;经省、自治区、直辖市人民政府决定,可以对本行政区域内甲类传染病疫区实施封锁;封锁大、中城市的疫区或者封锁跨省(区、市)的疫区,以及封锁疫区导致中断干线交通或者封锁国境的,由国务院决定。对重大食物中毒和职业中毒事故,根据污染食品扩散和职业危害因素波及的范围,划定控制区域。

4）疫情控制措施:当地人民政府可以在本行政区域内采取限制或者停止集市、集会、影剧院演出,以及其他人群聚集的活动;停工、停业、停课;封闭或者封存被传

染病病原体污染的公共饮用水源、食品以及相关物品等紧急措施；临时征用房屋、交通工具以及相关设施和设备。

5）流动人口管理：对流动人口采取预防工作，落实控制措施，对传染病病人、疑似病人采取就地隔离、就地观察、就地治疗的措施，对密切接触者根据情况采取集中或居家医学观察。

6）实施交通卫生检疫：组织铁路、交通、民航、质检等部门在交通站点和出入境口岸设置临时交通卫生检疫站，对出入境、进出疫区和运行中的交通工具及其乘运人员和物资、宿主动物进行检疫查验，对传染病病人、疑似病人及其密切接触者实施临时隔离、留验和向地方卫生行政部门指定的机构移交。

7）信息发布：突发公共卫生事件发生后，有关部门要按照有关规定做好信息发布工作，信息发布要及时主动、准确把握、实事求是，正确引导舆论，注重社会效果。

8）开展群防群治：街道、乡（镇）以及居委会、村委会协助卫生行政部门和其他部门、医疗机构，做好疫情信息的收集、报告、人员分散隔离及公共卫生措施的实施工作。

9）维护社会稳定：组织有关部门保障商品供应，平抑物价，防止哄抢；严厉打击造谣传谣、哄抬物价、囤积居奇、制假售假等违法犯罪和扰乱社会治安的行为。

（2）卫生行政部门

1）组织医疗机构、疾病预防控制机构和卫生监督机构开展突发公共卫生事件的调查与处理。

2）组织突发公共卫生事件专家咨询委员会对突发公共卫生事件进行评估，提出启动突发公共卫生事件应急处理的级别。

3）应急控制措施：根据需要组织开展应急疫苗接种、预防服药。

4）督导检查：国务院卫生行政部门组织对全国或重点地区的突发公共卫生事件应急处理工作进行督导和检查。省、市（地）级以及县级卫生行政部门负责对本行政区域内的应急处理工作进行督查和指导。

5）发布信息与通报：国务院卫生行政部门或经授权的省、自治区、直辖市人民政府卫生行政部门及时向社会发布突发公共卫生事件的信息或公告。国务院卫生行政部门及时向国务院各有关部门和各省、自治区、直辖市卫生行政部门以及军队有关部门通报突发公共卫生事件情况。对涉及跨境的疫情线索，由国务院卫生行政部门向有关国家和地区通报情况。

6）制订技术标准和规范：国务院卫生行政部门对新发现的突发传染病、不明原因的群体性疾病、重大中毒事件，组织力量制订技术标准和规范，及时组织全国培训。地方各级卫生行政部门开展相应的培训工作。

7）普及卫生知识：针对事件性质，有针对性地开展卫生知识宣教，提高公众健康意识和自我防护能力，消除公众心理障碍，开展心理危机干预工作。

8）进行事件评估：组织专家对突发公共卫生事件的处理情况进行综合评估，包括事件概况、现场调查处理概况、病人救治情况、所采取的措施、效果评价等。

（3）医疗机构

1）开展病人接诊、收治和转运工作，实行重症和普通病人分开管理，对疑似病人及时排除或确诊。

2）协助疾控机构人员开展标本的采集、流行病学调查工作。

3）做好医院内现场控制、消毒隔离、个人防护、医疗垃圾和污水处理工作，防止院内交叉感染和污染。

4）做好传染病和中毒病人的报告。对因突发公共卫生事件而引起身体伤害的病人，任何医疗机构不得拒绝接诊。尤其对传染病的处理要做到早发现、早报告、早隔离、早治疗，切断传播途径，防止扩散。

5）对群体性不明原因疾病和新发传染病做好病例分析与总结，积累诊断治疗的经验。重大中毒事件，按照现场救援、病人转运、后续治疗相结合的原则进行处置。

6）开展科研与国际交流：开展与突发事件相关的诊断试剂、药品、防护用品等方面的研究。开展国际合作，加快病源查寻和病因诊断。

（4）疾病预防控制机构

1）突发公共卫生事件信息报告：国家、省、市（地）、县级疾控机构做好突发公共卫生事件的信息收集、报告与分析工作。

2）开展流行病学调查：疾控机构人员到达现场后，尽快制订流行病学调查计划和方案，地方专业技术人员按照计划和方案，开展对突发事件累及人群的发病情况、分布特点进行调查分析，提出并实施有针对性的预防控制措施；对传染病病人、疑似病人、病原携带者及其密切接触者进行追踪调查，查明传播链，并向相关地方疾病预防控制机构通报情况。

3）实验室检测：中国疾病预防控制中心和省级疾病预防控制机构指定的专业技术机构在地方专业机构的配合下，按有关技术规范采集足量、足够的标本，分送省级和国家应急处理功能网络实验室检测，查找致病原因。

4）开展科研与国际交流：开展与突发事件相关的诊断试剂、疫苗、消毒方法、医疗卫生防护用品等方面的研究。开展国际合作，加快病源查寻和病因诊断。

5）制订技术标准和规范：中国疾病预防控制中心协助卫生行政部门制订全国新发现的突发传染病、不明原因的群体性疾病、重大中毒事件的技术标准和规范。

6）开展技术培训：中国疾病预防控制中心具体负责全国省级疾病预防控制中心突发公共卫生事件应急处理专业技术人员的应急培训。各省级疾病预防控制中心负责县级以上疾病预防控制机构专业技术人员的培训工作。

（5）卫生监督机构

1）在卫生行政部门的领导下，开展对医疗机构、疾病预防控制机构突发公共卫生事件应急处理各项措施落实情况的督导、检查。

2）围绕突发公共卫生事件应急处理工作，开展食品卫生、环境卫生、职业卫生等的卫生监督和执法稽查。

3）协助卫生行政部门依据《突发公共卫生事件应急条例》和有关法律法规，调查处理突发公共卫生事件应急工作中的违法行为。

（6）出入境检验检疫机构

1）突发公共卫生事件发生时，调动出入境检验检疫机构技术力量，配合当地卫生行政部门做好口岸的应急处理工作。

2）及时上报口岸突发公共卫生事件信息和情况变化。

（7）非事件发生地区的应急反应措施

未发生突发公共卫生事件的地区应根据其他地区发生事件的性质、特点、发生区域和发展趋势，分析本地区受波及的可能性和程度，重点做好以下工作：

1）密切保持与事件发生地区的联系，及时获取相关信息。

2）组织做好本行政区域应急处理所需的人员与物资准备。

3）加强相关疾病与健康监测的报告工作，必要时，建立专门报告制度。

4）开展重点人群、重点场所和重点环节的监测和预防控制工作，防患于未然。

5）开展防治知识宣传和健康教育，提高公众自我保护意识和能力。

6）根据上级人民政府及其有关部门的决定，开展交通卫生检疫等。

3. 突发公共卫生事件的分级反应　特别重大突发公共卫生事件应急处理工作由国务院或国务院卫生行政部门和有关部门组织实施，开展突发公共卫生事件的医疗卫生应急、信息发布、宣传教育、科研攻关、国际交流与合作、应急物资与设备的调集、后勤保障以及督导检查等工作。国务院可根据突发公共卫生事件性质和应急处置工作，成立全国突发公共卫生事件应急处理指挥部，协调指挥应急处置工作。事发地省级人民政府应按照国务院或国务院有关部门的统一部署，结合本地区实际情况，组织协调市（地）、县（市）人民政府开展突发公共事件的应急处理工作。

特别重大级别以下的突发公共卫生事件应急处理工作由地方各级人民政府负责组织实施。超出本级应急处置能力时，地方各级人民政府要及时报请上级人民政府和有关部门提供指导和支持。

4. 突发公共卫生事件应急处置的保障　突发公共卫生事件应急处理应遵循"预防为主、平战结合"的原则，国务院有关部门、各级地方政府和卫生主管部门应加强突发公共卫生事件的组织建设，组织开展突发公共卫生事件的监测和预警工作，加大对突发公共卫生事件应急处理队伍建设和技术研究，建立健全国家统一的突发公共卫生事件预防控制体系，保证突发公共卫生事件应急处理工作的顺利开展。

（1）技术保障

1）信息系统：国家建立突发公共卫生事件决策指挥系统的信息、技术平台，承担突发公共卫生事件及相关信息收集、处理、分析、发布和信息传递等工作。信息系统由网络传输系统、软件系统、数据库系统及相关技术机构组成，覆盖中央、省、地（市）、县（区）、乡镇（街道）的网络系统，采用分级负责的方式实施。国务院卫生主管部门负责中央部分的实施，省（自治区、直辖市）人民政府卫生主管部门负责本地区的实施。

2）常规监测：国家建立统一的突发公共卫生事件监测、报告网络体系，包括：法定传染病监测报告网络、影响健康危害因素监测网络、实验室监测网络、医院哨点监测网络、国境卫生检疫监测网络。各级医疗卫生机构、国境卫生检疫机构负责开展突发公共卫生事件的日常监测工作。

3）应急医疗救治体系：按合理布局、科学决策，中央指导、地方负责，平战结合、统筹兼顾，中西医结合、优势互补，科学建设、坚持标准，整体规划、分步实施的原则建立突发公共卫生事件医疗救治体系，主要包括医疗救治信息系统、医疗救治队伍和医疗救治机构。

4）应急卫生救治队伍：建立由医疗和疾病预防控制等相关专业技术人员组成的应急卫生救治队伍，组织开展突发公共卫生事件应急处理相关知识、技能的培训，不断提高队伍的应急救治和现场处置能力。

5）培训和演练：各级人民政府卫生主管部门要组织开展医疗卫生专业人员突发公共卫生事件应急处理相关知识、技能的培训，推广最新知识和先进技术，建立考核制度。按照统一规划、分类实施、分级负责、突出重点、适应需求的原则进行卫生应急演练。

6）科研和国际交流：国家有计划地开展应对突发公共卫生事件相关的防治科学研究，包括现场流行病学调查方法、实验室病因检测技术、药物治疗、疫苗和应急反应装备、中医药及中西医结合防治等，尤其是开展新发、罕见传染病快速诊断方法、诊断试剂以及相关的疫苗研究，做到技术上有所储备。同时，开展应对突发公共卫生事件应急处理技术的国际交流与合作，引进国外的先进技术和方法，提高我国应对突发公共卫生事件的整体水平。

（2）物资经费保障

1）物资储备：国务院有关部门和县级以上地方政府及其有关部门根据卫生主管部门提出的计划，建立处理突发公共卫生事件的物资和生产能力储备。物资储备种类包括：药品、疫苗、医疗设备和器材、快速检验检测技术和试剂、传染源隔离及卫生防护的用品和应急设施。

2）经费保障：各级财政应保障突发公共卫生事件应急基础设施项目建设和日常运转经费、突发公共卫生事件处理经费，所需经费列入本级政府财政预算。

国家对边远贫困地区突发公共卫生事件应急工作给予财政支持。

各级政府应积极通过国际、国内等多渠道筹集资金，用于突发公共卫生事件应急处理工作。

（3）通讯与交通保障：各级应急医疗卫生救治队伍要根据实际工作需要配备通讯设备和交通工具。铁路、交通、民航及公安等部门，要保证医疗卫生救援人员和物资运输的优先安排、优先调度、优先放行，确保运输安全畅通。特别紧急情况时应实行交通管制，开设应急救援绿色通道。

（4）法律保障：各级政府和有关部门要严格执行《突发公共卫生事件应急条例》《国家突发公共卫生事件应急预案》等法律法规和规定，严格履行职责，实行责任制。对履行职责不利，造成工作损失者，追究有关当事人的责任。

（5）社会公众的宣传教育：县级以上人民政府组织有关部门利用广播、电视、报纸、互联网、手册等多种形式对社会公众广泛开展突发公共卫生事件应急知识的普及教育，宣传卫生科普知识，指导群众以科学的行为和方式对待突发公共卫生事件。

（四）医疗机构的应急处理办法

医疗机构尤其是医院应当根据国家有关突发公共卫生事件的法律法规制定应急预案（图4-1）。

1. 医院应设立突发公共卫生事件应急领导小组，医院院长担任组长，其他院领导担任小组成员，负责对医院突发公共卫生事件应急处理的统一领导、统一指挥，实行责任追究制。

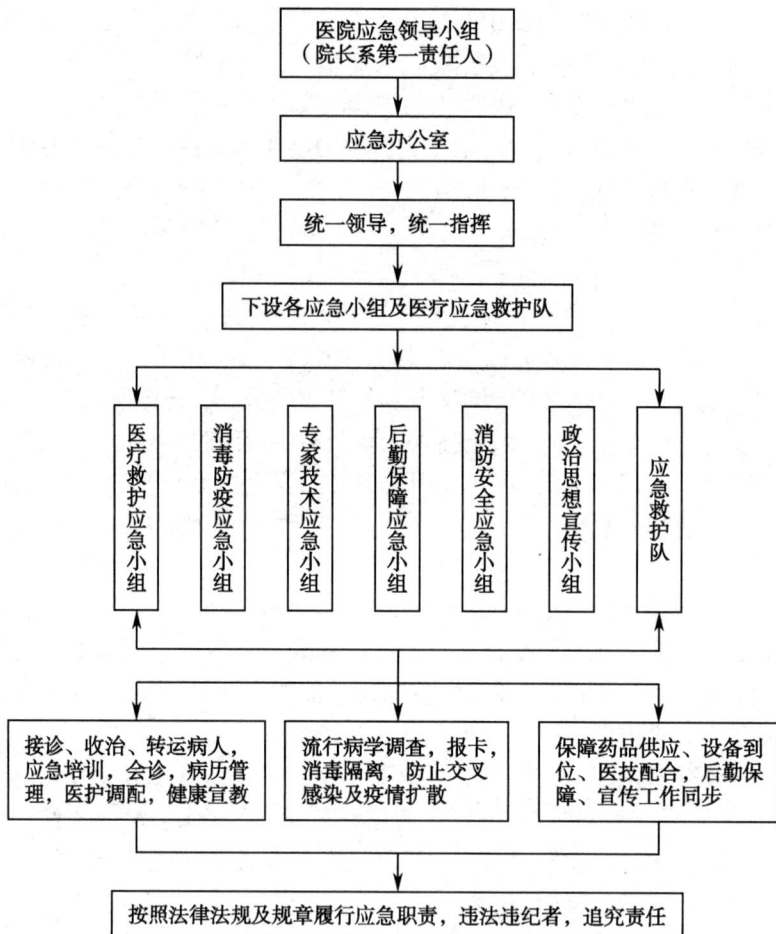

图 4-1 医院突发公共卫生事件应急流程图

2. 医院应急领导小组下设应急办公室，由医院相关部门负责人组成，至少成立医疗救护、消毒防疫、专家技术、后勤保障、消防安全、政治思想宣传等应急小组和专门的应急救护队。医院各行政管理部门、各科室在各自职责范围内做好应急处理的有关工作。应急期间，应急领导小组及所属应急办公室对各科室享有优先管理权。

3. 应急工作应遵循预防为主、常备不懈的方针，贯彻依靠科学、统一领导、及时反应、果断措施、加强合作的原则。

4. 医务部、护理部、门诊部、院感办负责突发事件的日常监测，并确保监测与预警系统的正常运行，在接到传染病报告后应按照《传染病防治法》的规定向医院领导和当地疾病预防控制机构报告。

5. 建立应急报告制度。有下列情形之一的有关科室应当立即向医院主管部门报告：①发生或可能发生的传染病暴发或流行；②发现甲类传染病和乙类传染病中的艾滋病、肺炭疽、传染性非典型肺炎（SARS）、人感染高致病性禽流感的病人、病原携带者以及疑似病人；③发生或可能发生的重大食物中毒事件；④发生或可能发生的重大职业中毒事件；⑤发生或发现群体性不明原因疾病；⑥发生医院内感染暴发流行；

⑦发生剧毒物品、放射源物品等丢失；⑧自然灾害、生化恐怖等其他严重影响公众健康的事件。

任何科室及个人对突发公共卫生事件不得隐瞒、缓报、谎报或者授意他人进行了隐瞒、缓报、谎报。

6. 接到报告后医院应急领导小组应当组织相关部门对报告事项核实、确认，采取必要的控制措施，决定是否启动医院突发公共卫生事件应急预案。

7. 突发公共卫生事件应急预案启动后各个部门人员必须立即到达规定岗位，无条件服从应急办公室统一指挥和调动。

8. 应急预案启动后，应急办公室有权指挥各个职能部门及科室，有权调配各科室的仪器、设备，单独值班，设专线电话，配备传真、录音、复印等设备。

9. 应急预案应当根据事件的变化和实施中发现的问题及时修订、补充。

10. 对于新发现的突发传染病、不明原因的群体性疾病、重大食物和职业中毒事件可请示上级卫生行政主管部门制定相关的技术标准、规范和控制措施。

11. 在诊治中发现甲类传染病的疑似病例，应立即隔离观察、简单流行病学调查并上报，之后在疾控中心指导下进一进相应处理。甲类传染病和乙类传染病中的肺炭疽、传染性非典型肺炎（SARS）、人感染高致病性禽流感病人、病原携带者以及疑似病人死亡后，尸体在院感办指导下由其所在科室负责终末消毒处理，处理后应立即火化。如病人死亡或转诊，应对病人接触区域、仪器及物品等进行终末消毒。

12. 各科室、部门应密切配合，相互协作，恪尽职守，积极配合应急办公室和行政主管部门的工作。

13. 医院定期组织医务人员进行突发公共卫生事件应急处理相关知识、技能的培训及演练。医院及时组织、培训第二梯队人员尤其是应急救护队，适时接替第一批人员。

14. 医院停车场保留必要的车位、通道，由保卫部负责疏导、指挥车辆。

案例评析

汶川地震，大灾之后无大疫

案例: 2008 年 5 月 12 日 14 时 28 分，四川汶川发生里氏 8.0 级地震，破坏地区超过 10 万平方公里，地震烈度达到 11 度，地震波及大半个中国及亚洲多个国家和地区，北至辽宁，东至上海，南至我国香港、澳门以及泰国、越南，西至巴基斯坦等均有震感。截至 2008 年 9 月 18 日 12 时，汶川大地震共造成 69 227 人死亡，374 643 人受伤，17 923 人失踪。这是中华人民共和国成立以来破坏力最大的地震，也是唐山大地震后伤亡最惨重的一次。

据原卫生部报告，截至 2008 年 9 月 22 日 12 时，因地震受伤住院治疗累计 96 544 人（不包括灾区病员人数），已出院 93 518 人，仍有 352 人住院，其中四川转外省市伤员仍住院 153 人，共救治伤病员 4 273 551 人次，期间无重大传染病发生及流行。俗话说"大灾之后必有大疫"，幸运的是由于我国政府反应迅速，措施得

力,灾区无传染病疫情发生,急性创伤性疾病之外的次生疾患也控制到较低水平。

评析:地震发生后,我国政府第一时间作出了反应,按照《突发公共卫生事件应急条例》《国家突发公共事件总体应急预案》及《国家突发公共卫生事件应急预案》等法律法规的要求,采取了一系列应急措施。

1. 组建指挥系统,启动应急预案　地震发生后,国务院立即成立了抗震救灾总指挥部,四川省、各有关地市州及县镇分别成立了抗震指挥部,紧急启动了卫生救援应急预案和一级响应。

2. 组建救灾队伍,迅速赶赴现场　"5·12"汶川地震后国务院第一时间组建了由政府部门、军队、武警部队、地质工作者、医务人员、疾控专家等组成的8个抗震救灾工作组赶赴现场,统一指挥,积极救援。

3. 积极控制次生灾害,加强卫生防疫　地震发生后,四川省卫生厅和四川省疾病预防控制中心在卫生部及国家疾病预防控制中心领导下出台了一系列有关震后传染病疫情控制及灾后卫生防疫方面的应急预案。通过疫情监测、保障饮水和食品卫生、无害化尸体处理、环境卫生、危机心理干预、应用中医中药防病治病等措施,保证了灾后群众的身体健康。

此次汶川地震,之所以能够"大灾之后无大疫",得益于我国在应对突发事件方面有更加完善的法律法规保障,有更为科学的医疗应急救援体系及应急机制;得益于各级政府应对突发公共事件反应迅速、领导得力、组织有序,第一时间启动了应急预案;得益于我国医疗卫生机构及广大卫生工作者敬业奉献、训练有素;得益于一方有难、八方支援的民族精神。汶川大地震迅速得力的医疗卫生应急救援给我们留下了深刻的记忆。

三、突发公共卫生事件的报告与信息发布

(一)突发公共卫生事件的报告

国家建立突发公共卫生事件信息报告系统和统一的举报电话,国务院卫生行政主管部门制定突发公共卫生事件报告规范。任何单位和个人有权向各级人民政府及其有关部门报告突发公共卫生事件及其隐患,有权向上级政府部门举报不履行或者不按照规定履行突发公共卫生事件应急处理职责的部门、单位及个人。

我国的报告制度规定有下列情形之一的,省、自治区、直辖市人民政府应当在接到报告1小时内,向国务院卫生行政主管部门报告,突发事件监测机构、医疗卫生机构和有关单位等应当在2小时内向所在地县级人民政府卫生行政主管部门报告:

1. 发生或者可能发生传染病暴发流行的。

2. 发生或者发现不明原因的群体性疾病的。

3. 发生传染病菌种、毒种丢失的。

4. 发生或者可能发生重大食物和职业中毒事件的。

国务院卫生行政主管部门对可能造成重大社会影响的突发事件,应当立即向国务院报告。

接到报告的卫生行政主管部门应当在 2 小时内向本级人民政府报告,并同时向上级人民政府卫生行政主管部门和国务院卫生行政主管部门报告。县级人民政府应当在接到报告后 2 小时内向设区的市级人民政府或者上一级人民政府报告;设区的市级人民政府应当在接到报告后 2 小时内向省、自治区、直辖市人民政府报告。

首次报告未经调查确认的突发公共卫生事件或隐患的相关信息,应说明信息来源、危害范围、事件性质的初步判定和拟采取的主要措施。经调查确认的突发公共卫生事件报告应包括事件性质、波及范围、危害程度、流行病学分布、势态评估、控制措施等内容。

接到报告的地方人民政府、卫生行政主管部门依照本条例规定报告的同时,应当立即组织力量对报告事项调查核实、确证,采取必要的控制措施,并及时报告调查情况。

任何单位和个人对突发事件,不得隐瞒、缓报、谎报或者授意他人隐瞒、缓报、谎报。

（二）突发公共卫生事件的通报与信息发布

《突发公共卫生事件应急条例》中明确规定,国务院卫生行政主管部门应当根据发生突发事件的情况,及时向国务院有关部门和各省、自治区、直辖市人民政府卫生行政主管部门以及军队有关部门通报。

突发事件发生地的省、自治区、直辖市人民政府卫生行政主管部门,应当及时向毗邻省、自治区、直辖市人民政府卫生行政主管部门通报。

接到通报的省、自治区、直辖市人民政府卫生行政主管部门,必要时应当及时通知本行政区域内的医疗卫生机构。

县级以上地方人民政府有关部门,已经发生或者发现可能引起突发事件的情形时,应当及时向同级人民政府卫生行政主管部门通报。

国务院卫生行政主管部门负责向社会发布突发事件的信息。必要时,可以授权省、自治区、直辖市人民政府卫生行政主管部门向社会发布本行政区域内突发事件的信息。

各级政府和机构要健全信息发布、信息通报及风险沟通制度。信息发布应当及时、准确、全面,对公众应进行风险沟通、心理干预及健康教育,从而提高公众应对突发公共卫生事件的应急和自我防护能力。

案例评析

甲型 H1N1 流感来袭,我们不再恐慌

案例:甲型 H1N1 流感为急性呼吸道传染病,其病原体为甲型 H1N1 流感病毒,在人群中传播。2009 年 3 月底至 4 月中旬,墨西哥等国暴发甲型 H1N1 流感疫情,并迅速在全球范围内蔓延。截至 2009 年 11 月 6 日,我国内地报告甲型 H1N1 流感确诊病例 54 927 例,重症病例 176 例,死亡 16 例。流感监测表明,80% 的流感是甲型 H1N1 流感。虽然流感防控形势严峻,但是全国生产生活秩序井然,未出现 SARS 疫情时的社会恐慌。

评析：这次甲型 H1N1 流感事件的成功应对与我国近年来逐步完善和健全的风险沟通和信息发布机制有着密切关系。

1. **风险沟通充分** 从甲型 H1N1 流感流行开始至 2009 年 11 月初，原卫生部累计召开了 24 次系统内的视频会议进行沟通动员部署，举办了 12 次涉及甲型 H1N1 流感的新闻发布会，开展了 10 多场甲型 H1N1 流感健康传播活动，不间断地发布甲型 H1N1 流感疫情信息防控工作进展和防控知识。同时，全国 12320 公共卫生公益服务电话管理中心和各地的卫生热线都积极参与到防控工作的宣传和知识传播中，开展相关咨询工作，为公众解答疑惑。通过这些工作，建立了政府、公众、媒体间理性沟通的桥梁，在准确传递疫情信息的同时传播了科学知识，提高了公众健康意识和自我防护能力，消除了公众疑虑，避免了社会恐慌的发生。

2. **信息发布机制完善** 原卫生部确立了部级机关和各省的新闻发言人名单，建立健全新闻发布制度和发布体系，多次召开新闻发布会、媒体通气会，协调专家和官员接受权威媒体的集中采访。在中央政府网和新浪门户网站等进行在线访谈，原卫生部网站还开设了甲型 H1N1 流感防治专题，不间断发布防控工作进展和防控知识及技能。

四、突发公共卫生事件的法律责任

《突发公共卫生事件应急条例》明确指出对在突发公共卫生事件中违法违纪、失职渎职者，势必追究法律责任。

（一）各级政府组织的法律责任

县级以上地方人民政府及其卫生行政主管部门未依照条例的规定履行报告职责，对突发事件隐瞒、缓报、谎报或者授意他人隐瞒、缓报、谎报的，对政府主要领导人及其卫生行政主管部门主要负责人，依法给予降级或者撤职的行政处分。

国务院有关部门、县级以上地方人民政府及其有关部门未依照条例的规定，完成突发事件应急处理所需要的设施、设备、药品和医疗器械等物资的生产、供应、运输和储备的，对政府主要领导人和政府部门主要负责人依法给予降级或者撤职的行政处分。

突发公共卫生事件发生后，县级以上地方人民政府及其有关部门对上级人民政府有关部门的调查不予配合，或者采取其他方式阻碍、干涉调查的，对政府主要领导人和政府部门主要负责人依法给予降级或者撤职的行政处分；构成犯罪的，依法追究刑事责任。

县级以上各级人民政府卫生行政主管部门和其他有关部门在突发公共卫生事件调查、控制、医疗救治工作中玩忽职守、失职、渎职的，由本级人民政府或者上级人民政府有关部门责令改正、通报批评、给予警告；对主要负责人、负有责任的主管人员和其他责任人员依法给予降级、撤职的行政处分。

县级以上各级人民政府有关部门拒不履行应急处理职责的，由同级人民政府或者上级人民政府有关部门责令改正、通报批评、给予警告；对主要负责人、负有责任

的主管人员和其他责任人员依法给予降级、撤职的行政处分。

各级政府主要领导人和主要负责人凡因上述原因之一造成传染病传播、流行或者对社会公众健康造成其他严重危害后果的,将依法给予开除,构成犯罪的,依法追究刑事责任。

（二）医疗卫生机构的法律责任

医疗卫生机构未按条例规定履行职责的,由卫生行政主管部门责令改正、通报批评、给予警告;情节严重的,吊销医疗机构执业许可证;对主要负责人、负有责任的主管人员和其他直接责任人员依法给予降级或者撤职的纪律处分;造成传染病传播、流行或者对社会公众健康造成其他严重危害后果,构成犯罪的,依法追究刑事责任。

（三）有关单位和个人的法律责任

在突发公共卫生事件应急处理工作中,有关单位和个人未依照条例的规定履行报告职责,隐瞒、缓报或者谎报,阻碍突发公共卫生事件应急处理工作人员执行职务,拒绝国务院卫生行政主管部门或者其他有关部门指定的专业技术机构进入突发公共卫生事件现场,或者不配合调查、采样、技术分析和检验的,对有关责任人员依法给予行政处分或者纪律处分;触犯《中华人民共和国治安管理处罚条例》,构成违反治安管理行为者,由公安机关依法予以处罚;构成犯罪的,依法追究刑事责任。

在突发事件发生期间,散布谣言、哄抬物价、欺骗消费者,扰乱社会秩序、市场秩序者,由公安机关或者工商行政管理部门依法给予行政处罚;构成犯罪的,依法追究刑事责任。

五、中医药在突发公共卫生事件中的应急处理

近年来中医药在突发公共卫生事件应急尤其是急性传染病流行的防治救援中发挥了积极作用,因其具有简、便、廉、验等特点,在突发公共卫生事件疾病防治中取得了良好效果,是突发公共事件卫生应急工作的重要力量。

国家中医药管理局非常重视中医药应急工作,曾于 2012 年草拟了《关于加强突发公共事件中医药应急工作的意见》,对中医药在突发公共事件中的应急救援具有很好的指导作用。

（一）中医药应急工作体系的建立

1. 国家中医药管理局成立应急领导小组,负责对全国中医药应急工作的组织领导,下设办公室,负责全国突发公共事件中医药应急处理的日常管理工作,制定突发公共事件中医药应急预案,履行值守应急、信息汇总和综合协调职责,发挥运转枢纽作用。

2. 各省、自治区、直辖市中医药管理部门设立突发公共事件中医药应急领导小组,设立日常管理机构,指定中医药突发公共事件的定点中医院,负责本行政区域或本系统内突发公共事件应急的协调、管理、救治工作。

3. 各市（地）级、县级中医药管理部门负责本行政区域内突发公共事件中医药应急的日常管理工作。

4. 各级中医医院建立完善医院应急领导小组及相关工作组,组建专家指导小组和医疗救治队。

（二）中医药应急工作机制

1．协调机制 各级卫生行政部门按照规定启动卫生应急响应时，及时与中医药管理部门沟通，通报情况，并根据需要组织相关中医药人员和中医医疗机构实施响应措施。

各级中医药管理部门与有关部门进行沟通，积极参与并组织开展突发公共事件卫生应急工作。

各级中医医疗机构按照统一部署和要求，接受统一指挥，积极运用中医药技术方法开展卫生应急工作。

各级卫生行政部门和中医药管理部门加强沟通，在卫生应急信息网络的建设中，把各级中医药管理部门和中医医疗机构作为重要组成部分，实现卫生行政部门、中医药管理部门和各级各类医疗机构之间的信息共享。

2．信息报送机制 突发公共事件发生后，各级中医医院应当按照规定上报相关部门，并同时报送中医药管理部门。

特别重大或者重大突发公共事件发生后，各级中医院在报送区域内卫生行政、中医药管理部门的同时，要立即报告国家中医药管理局医政司，应急处置过程中，要及时续报有关情况。

3．分级响应机制 根据突发公共卫生事件的范围、性质和危害程度，建立中医药应急分级管理和分级响应机制，完善不同级别突发公共事件应急启动机制、应急措施、终止机制，明确各级中医药管理部门和中医医疗机构的职责。各级中医药管理部门和中医医疗机构当加强突发公共事件分级响应的演练。

4．评估机制 突发公共事件结束后，各级中医药管理部门组织有关专家对突发公共事件的中医药应急处理情况进行评估。评估内容主要包括事件概况、现场调查处理概况、病人中医药救治情况、所采取中医药防治方案的效果评价、应急处理过程中存在的问题和取得的经验及改进建议。评估报告上报本级人民政府和上一级人民政府卫生行政部门。

（三）中医药应急专家指导

1．各级卫生行政部门组建的卫生应急专家组中，应有中医药专家参加。各级中医药管理部门应当推荐经验丰富、业务能力强、有良好的敬业和奉献精神的中医药专家参加各级卫生行政部门组建的卫生应急专家组。中医药专家要在专家组中切实履行职责，充分发挥中医药特色优势作用。

2．组建各级中医药应急专家委员会 国家中医药管理局组建中医药应急专家委员会，由国内从事中医药公共卫生、中医药临床救治、卫生管理及相关领域工作的专家组成，主要为完善中医药应急体系、发挥中医药特色应对突发公共事件提供决策咨询。委员会可根据工作需要，下设若干专业组。

地方各级中医药管理部门成立地方中医药应急专家委员会，为各地中医药系统开展中医药应急工作提供咨询和指导。

3．中医药应急专家委员会的主要职能包括：

（1）参与研究制订中医药应急体系建设与发展有关规划及实施方案。

（2）制定各类突发公共事件中医药应急防治方案，并提供技术指导。

（3）参与突发公共事件中医药救治工作。

（4）对中医药应急领域重大项目的立项和评审提供意见和建议。

（5）承担各级中医药管理部门委托的其他工作。

（四）中医药应急平台建设

中医药应急平台的建设是发挥中医药特色优势应对突发公共事件的关键，应以中医药防治传染病临床基地、中医急诊基地和中医临床重点专科为核心开展工作。

1. 中医药防治传染病临床基地建设

（1）加强现有中医药防治传染病基地建设：通过不断总结、优化中医药临床救治和预防方案，客观评价中医药防治效果，科学研究解决中医药防治传染病的关键科学问题和技术难题，开展相关人员培训，不断促进中医药防治传染病特色优势发挥和能力提升。

（2）加强中医药防治传染病临床基地网络建设：部分中医药力量相对薄弱的传染病医院，可以建立与当地中医医院的技术协作机制，传染病医院和中医医院共建传染病临床基地，逐步提高中医药防治传染病能力，从而构建覆盖全国大部分地市的中医药防治传染病网络平台。

2. 中医急诊临床基地建设

（1）加强现有中医急诊临床基地建设：以中医急诊临床基地为核心，围绕重点，整合资源，在加强医院急诊急救综合能力的基础上，充分发挥中医药特色优势，促进中医、中西医结合急诊学术水平的提高和临床技术的发展，增强中医药应对突发公共事件的能力。

（2）加强中医急诊临床基地网络建设：在目前中医急诊临床基地的基础上，扩大中医急诊临床基地建设范围。可以中医急诊临床基地为依托，建立协作网络，通过学术讲座、技术交流、接受进修、对口支援、科研协作等形式，为基层培养专业人才，推广中医、中西医结合急诊急救诊疗方案和技术，提高整体中医应急救治能力。

3. 中医优势病种临床诊疗协作中心　充分发挥中医优势病种临床诊疗协作中心的作用，针对突发公共事件中中医药治疗有优势的常见、多发疾病，组织优势病种临床诊疗协作中心对临床实际疗效突出的中医药治疗方法进行梳理、验证、优化，形成诊疗方案和临床路径，提高中医药在突发公共事件中的救治能力。

4. 中医药防治艾滋病网络建设　加强中医药治疗艾滋病基地建设，加强艾滋病中医药治疗点建设，使全国大部分艾滋病综合防治示范区都能运用中医药治疗艾滋病，为当地患者提供价廉有效、方便可及的中医药服务。逐步完善国家级中医药治疗艾滋病中心、省级中医药治疗艾滋病基地和高发区的中医药治疗艾滋病医疗点相结合的三级中医药治疗艾滋病网络。

（五）中医药应急技术指导

1. 中医药应急专家应积极参与应急技术方案的制定，将中医药应急技术方案纳入发布的整体应急技术方案。中医药应急专家要积极参与指导临床医务人员及社会公众科学有序开展应急工作，发挥中医药优势作用。

2. 根据突发公共事件发生后的具体情况，中医药专家当积极制定中医药应急技术方案，指导临床医务人员及社会公众科学有序开展中医药应急工作。必要时，中医

药应急专家应前往现场指导临床救治工作。

3. 根据突发公共事件发生后的具体情况，各省级中医药行政管理部门及时制定中医药应急技术方案。省级卫生行政部门制定的应急技术方案中包含中医药内容。省级卫生行政部门和中医药管理部门加强沟通、密切配合，指导临床医务人员及社会公众科学有序开展应急工作。

4. 各级中医医院根据不同地域、不同气候、不同人群的具体特点，参照执行国家应急技术方案，制定具体实施方案。各级中医医院应对国家应急技术方案及本院制定的具体实施方案进行培训、演练，切实做好中医药应急工作。

5. 根据突发公共事件发生后的具体情况，各级中医药管理部门要及时加强宣传教育工作，采用人民群众喜闻乐见、通俗易懂的形式，普及中医药应急知识，指导社会公众科学防治疾病。

知识拓展

发达国家突发公共卫生事件应急简介

美国：美国当前的突发公共卫生事件预警与应急管理能力在全球处于领先地位，是以总统和国家安全委员会的应急办公室为核心，联合卫生部、联邦应急管理局、环境保护局、国防部、联邦调查局（FBI）、能源部组成国土安全部，形成决策、信息、执行和保障4大运作系统。其中突发公共卫生事件应对系统的执行系统由相互交错的纵向和横向结构组成，突发公共卫生事件应对系统的保障系统包括物资保障、资金保障、社会心理保障、职业安全保障等，突发公共卫生事件应对系统的信息系统建立在突发事件信息管理制度上，多项法律都对信息的传达和公布做出了明确规定。

日本：日本作为世界上地震和火山多发的亚洲国家，从20世纪90年代开始，在原来的防灾管理体系上建立了综合性应急管理体系，形成了全政府模式的危机管理体制和广域政府危机管理合作体系，充分发挥政府、市场、第三部门各主体能动作用，取得了卓越的成效。日本突发公共卫生事件应急管理体系包括应急管理的组织体系、信息化管理体系、法律体系、保障体系和应急教育体系等，其中日本的应急信息化建设从完善基础设施建设入手，充分应用各种先进的信息通信技术，构筑起了高效、严密、适合实际国情的应急信息化体系。日本在应对突发公共卫生事件方面，坚持立法先行的理念，建立了完善的应急管理法律体系。日本的应急保障体系主要包括人员储备、资金保障及物资保障等。日本突发公共卫生事件应对系统的全民应急教育体系是日本应急管理的一个特色，日本政府部门及社会团体通过各种形式的应急科普宣教工作，如组织综合防灾演练、图片宣传、媒体宣传、模拟体验以及免费发放应急宣传手册等，向公众宣传防灾避灾知识，增强公众危机意识。

（周　嘉　朱　亮）

扫一扫
测一测

? **复习思考题**

1. 法定传染病的定义是什么？甲类传染病有哪些？

2. 国家对传染病实行的卫生工作总方针是什么？

3. 当发生传染病疫情时，人民政府需要采取哪几大控制措施？

4. 什么是艾滋病？《艾滋病防治条例》规定医疗卫生机构在治疗与救助中的责任有哪些？

5. 什么是突发公共卫生事件？突发公共卫生事件分级有哪些？

6. 发生突发公共卫生事件时，分级政府及有关机构应遵循的应急反应原则有哪些？

7. 中医药应急专家委员会的主要职能有哪些？

第五章

医疗纠纷预防与处理的法律制度

培训目标

1. 掌握医疗事故及医疗损害的预防、监管制度，医疗纠纷预防与处理的程序性规定。

2. 熟悉医疗损害技术鉴定的方式、医疗损害责任的归责原则。

3. 了解医疗纠纷预防与处理的立法沿革、医疗纠纷中患者权利救济的途径。

第一节 概 述

一、立法沿革

医疗纠纷系指医疗活动中侵犯患者人身权或财产权引发的争议，其中占绝大部分比重的是人身权引发纠纷。在《中华人民共和国侵权责任法》（以下简称《侵权责任法》）实施之前，我国仅对医疗纠纷中的人身损害纠纷部分制定有专门的特别法，如《医疗事故处理办法》；而对医疗活动中的财产权纠纷，我国并没有专门立法而适用一般的法律规定，如《中华人民共和国民法通则》（以下简称《民法通则》）。

医疗活动是一种结果难以准确预见、风险程度较高的科学实践活动，而且该行为的不良后果直接关系到人的身体健康甚至生命安全。这些不良后果之中，有些是属于非人力可以控制的疾病发生、发展的自然转归，而有些则是医务人员的过失行为所致。如果我们对上述两种原因截然不同的不良后果不能进行准确的鉴别，一见到所谓的"不良后果"就归咎于医疗机构，那我们的医疗秩序恐是难以想象的。现代社会人群，大多在医院走完人生的最后旅程，死亡显然是医疗行为最严重的"不良后果"。如果对"不良后果"不区分原因，盲目问责医院，显然是荒谬的。

为了准确界定医疗损害的责任，将医疗损害纠纷的处理纳入法制的轨道，国务院于1987年6月颁布了《医疗事故处理办法》。之后，因为社会形势的发展，老的法规难以调整新形势下的医患矛盾，2002年4月，国务院颁布了新修订的《医疗事故处理

条例》。此后，原卫生部和国家中医药管理局又相继配套颁布了《医疗事故技术鉴定暂行办法》《医疗事故技术鉴定专家库学科专业组名录（试行）》《医疗事故分级标准（试行）》《医疗事故争议中尸检机构及专业技术人员资格认定办法》《医疗机构病历管理规定》《病历书写基本规范》《重大医疗过失行为和医疗事故报告制度的规定》等部门规章或行业规范，构建了以《医疗事故处理条例》为主干的关于医疗事故预防和处理的法律体系。

《医疗事故处理条例》自 2002 年颁布实施以来直至 2010 年《侵权责任法》生效为止，一直以"特别法"的姿态，在处理医疗人身损害民事纠纷中，占据着重要的地位，在绝大多数的医疗人身损害赔偿案件中，都被奉为裁判的依据；而对于"医疗事故"这一法定概念及其行政处置而言，即便《侵权责任法》生效后的今天，它仍然具有唯一的、至高无上的"法"的地位。

2010 年以前，调整民事侵权法律关系的法律是《民法通则》，它作为"普通法"，没有对医疗侵权行为做特别的规定。而基于医疗侵权行为的特殊性，国务院制定的《医疗事故处理条例》（行政法规）尽管从法的位阶上说，其效力低于《民法通则》，但对于医疗事故而言，它却是"特别法"。依"特别法"优于"普通法"的法律适用原则，在处理医疗损害赔偿案件时，只要是属于"医疗事故"，案件一律优先适用《医疗事故处理条例》。而相对于《民法通则》对一般侵权行为的调整，《医疗事故处理条例》从技术鉴定的形式到赔偿标准及举证责任的分配等，都有着较大的差异，更多地体现了立法者对医疗行业及医务人员的保护，以至于在发生医疗纠纷后，医疗机构更倾向于司法裁决，而患者一方却尽量避免司法裁决而选择私力救济。

2009 年 12 月 26 日，第十一届全国人大常委会颁布了经第十二次会议审议通过的《侵权责任法》，自 2010 年 7 月 1 日起施行。作为我国民法典中的重要法律，《侵权责任法》正式踏上了历史舞台，是中国法制建设中的一个重要里程碑。《侵权责任法》专设第七章为"医疗损害责任"，共列十一条，对医疗领域的侵权行为进行了规制。

《侵权责任法》界定：医疗损害责任指在医疗活动中，医疗机构及其医务人员因过错造成患者人身、财产的损害而产生的民事责任。医疗损害是医疗行为所引起的对患方不利的一切事实和后果，包括对患者所造成的身体损害、精神损害、名誉损害、隐私权和知情同意权的侵害以及对患者财产损害。

相较于"医疗事故"而言，"医疗损害"的外延明显要广一些。首先，就行为主体而言，医疗事故仅适用于合法的医疗机构、合法的医务人员，排除了其他非法行医的主体，而"医疗损害"则并不排斥非法的医疗机构及非法的医务人员，也就是说，非法行医给患者造成损害的，同样可以依《侵权责任法》追究行为者的医疗损害责任。其次，"医疗损害"对医方行为过错的定义也更宽泛，它不仅包含了医疗事故的违法、违反诊疗规范的典型过错，还将应具备与时俱进的医疗水平、进行合理范围内的检查归于医方的注意义务，违反此类注意义务的行为也属于医方的过错。再次，就损害后果的范围而言，"医疗损害"既可以是人身损害，也可以是财产损害（如过度检查），人身损害既可以是身体损害也可以是其他人格权的损害，而医疗事故的范围则仅限于身体的损害。

2018 年 7 月 31 日国务院制定并颁布了《医疗纠纷预防和处理条例》（以下简称

《条例》），对医疗纠纷的预防和处理进行了全面而详细的法律规制。该《条例》不仅对此前的《医疗事故处理条例》中的某些程序性规定进行了修正，也对以前立法空白点进行了弥补。例如，此前规定患者只能复印部分病历资料，而该《条例》修改为可以复印全部病历资料。此前没有规定尸体的处置程序，也没有规定封存病历的时效问题，该《条例》也做了详细的规定，填补了法律的空白点。更重要的是该《条例》强化了政府对医疗纠纷预防和处理工作的领导职能，将医疗纠纷的处置纳入到社会治安综合治理体系，既强化医、患双方的权利保护，更着重维护医疗机构的市场秩序。

二、法律冲突与法律适用

由于法律制定机关不同，也由于法律制定的先后次序不同，几部法律之间，难免会出现差异甚至冲突。在医疗纠纷预防与处理领域，国务院先后制定了《医疗事故处理条例》和《医疗纠纷预防和处理条例》，全国人民代表大会制定的《侵权责任法》第七章也对医疗纠纷的侵权责任进行了规定，同时最高人民法院针对《侵权责任法》的相关章节，进行了配套司法解释。这几部法律法规之间，对某些问题的规定是不尽相同的，如何选择适用法律和解决法律适用冲突，这就是摆在我们面前必须解决的问题。

某些学者曾经一度认为，随着《侵权责任法》的实施，《医疗事故处理条例》自然就会失效了。当然这只是一种误读——国务院颁布的行政法规除国务院宣布失效以外，不因任何人或法律的改变而失效或废止，没有与高位阶法或新法相冲突的部分，它依然可以继续适用，而即便与高位阶的法律相冲突，也只是裁判者选择适用法律时不予适用而已。

解决法律冲突和法律适用问题的一般原则是"新法优于旧法，上位法优于下位法，特别法优于普通法"。显然，《医疗事故处理条例》和《医疗纠纷预防和处理条例》均由国务院制定，法律位阶相同，但后制定的《医疗纠纷预防和处理条例》属于新法，如果与《医疗事故处理条例》相冲突，就当然应当适应后制定的《医疗纠纷预防和处理条例》。例如病历的复印制度，在《医疗事故处理条例》中规定，患者仅有权复印客观病历，而无权复印主观病历，而在《医疗纠纷预防和处理条例》中规定患者可以复印全部病历资料，因此就病历复印这一块，显然应当遵循《医疗纠纷预防和处理条例》的规定。

《侵权责任法》属于全国人大制定的法律，其法律位阶高于国务院制定的行政法规，如果国务院制定的行政法规与其冲突的话，当然应当适用《侵权责任法》。例如在技术鉴定问题这一块，《医疗事故处理条例》规定了医疗事故技术鉴定，而且将其视为排他性的鉴定，而《侵权责任法》实施后，最高人民法院制定的配套司法解释对此作了变更，允许选择使用医疗事故技术鉴定或司法鉴定。又如伤残等级鉴定，医疗事故技术鉴定的事故评级所套用的伤残等级标准，已经被司法鉴定统一伤残鉴定标准所替代。而在民事赔偿标准这一块，《医疗事故处理条例》已完全被《侵权责任法》的统一赔偿标准所覆盖。因此，可以说《医疗事故处理条例》在医疗侵权民事案件中"法"的作用已被削弱，甚至可以认为某些条款处于事实上的搁置状态。

第二节　医疗事故及医疗损害的预防、监管制度

一、医疗安全教育制度

医疗安全是指医院在实施医疗保健过程中，患者不发生法律和法规允许范围以外的心理、机体结构或功能损害、障碍、缺陷或死亡，其核心就是医疗质量。医疗安全与医疗效果是因果关系，不安全医疗会导致患者病程延长和治疗方法复杂化等后果，不仅增加医疗成本和经济负担，有时还导致医疗事故引发纠纷，影响医院的社会信誉和形象。因此，保证医疗安全、防止医疗事故发生以及最大限度地维护民众的身体健康，是每一个医疗机构及其医务人员最大的工作重心。

根据《医疗纠纷预防和处理条例》，医疗机构应当对其医务人员进行医疗卫生法律、法规、规章和诊疗相关规范、常规的培训，并加强职业道德教育。具体可包括以下内容：

1. 医疗机构应制定计划对医务人员进行医疗安全教育。

2. 医疗安全教育内容包括医疗卫生管理法律、行政法规、部门规章和诊疗护理规范、常规的培训和医疗服务职业道德教育。

3. 医疗安全教育采用多种形式进行。

4. 医疗机构对新进岗医务人员岗前培训中必须进行医疗安全教育，每年需定期对全体医务人员进行医疗安全教育。

5. 医疗机构应对医务人员的医疗安全教育情况进行考评。

二、医疗安全质量控制制度

医疗安全质量控制是保障医疗安全的重要环节，根据《医疗纠纷预防和处理条例》，医疗机构应当制定并实施医疗质量安全管理制度，加强对诊断、治疗、护理、药事、检查等工作的规范化管理，优化服务流程，提高服务水平；加强医疗风险管理，完善医疗风险的识别、评估和防控措施，定期检查措施落实情况，及时消除隐患。医疗机构需做到：

1. 在医疗活动中，严格遵守医疗卫生管理法律、行政法规、部门规章和诊疗护理规范、常规，恪守医疗服务职业道德。

2. 把医疗质量放在首位，将质量管理纳入医院的各项工作中。

3. 建立健全质量保障体系，设置医疗服务质量监控部门或者配备专（兼）职人员，具体负责监督本医疗机构的医务人员的医疗服务工作，检查医务人员执业情况，接受患者对医疗服务的投诉，预防医疗事故的发生。

4. 质量管理组织要根据上级有关要求和自身医疗工作的实际，建立切实可行的质量管理方案。

5. 质量管理方案的主要内容包括：建立质量管理目标、指标、计划、措施、效果评价及信息反馈等。

6. 加强对全体人员进行质量管理教育，组织其参加质量管理活动。

7. 质量管理工作应有文字记录,并由质量管理组织形成报告,定期上报。

8. 定期进行医疗安全质量检查,医疗机构应将质量检查的结果与奖金挂钩,并纳入考评体系。

三、医疗过失及医疗事故报告制度

根据《医疗事故处理条例》和《医疗机构管理条例》,一旦发生医疗过失及医疗事故,应当逐级上报,具体要求如下:

1. 涉事医务人员在医疗活动中有下列情形之一的,应当立即向所在科室负责人报告:①发生或者发现医疗事故;②可能引起医疗事故的医疗过失行为。

2. 发生医疗事故争议,科室负责人接到报告后,应当及时向本医疗机构负责医疗服务质量监控的部门或者专(兼)职人员报告。

3. 负责医疗服务质量监控的部门或者专(兼)职人员接到报告后,应当立即进行调查、核实,将有关情况如实向本医疗机构负责人报告,并向患者通报、解释。

4. 发生医疗事故的医疗机构应当按照规定向所在地卫生行政部门报告。发生下列重大医疗过失行为的,医疗机构应当在 12 小时内向所在地卫生行政部门报告:①导致患者死亡或者可能为二级以上的医疗事故;②导致 3 人以上人身损害后果;③国务院卫生行政部门和省、自治区、直辖市人民政府卫生行政部门规定的其他情形。

四、行政机关监管管理制度

按照《医疗纠纷预防和处理条例》的相关规定,保障医疗安全不仅仅是医疗机构单方面的义务,行政机关亦有相关的职责要求。具体要求如下:

1. 卫生主管部门应当督促医疗机构落实医疗质量安全管理制度。

2. 定期组织开展医疗机构的医疗质量安全评估,分析医疗质量安全信息,针对发现的风险制定防范措施。

3. 各级人民政府应当加强健康促进与教育工作,普及健康科学知识,提高公众对疾病治疗等医学科学知识的认知水平。

4. 卫生行政部门接到医疗机构关于重大医疗过失行为的报告后,除责令医疗机构及时采取必要的医疗救治措施,防止损害后果扩大外,应当及时了解掌握情况,引导医患双方通过合法途径解决纠纷。

第三节   医疗纠纷预防与处理的程序性规定

一、医疗机构对医疗纠纷处置程序及患者权利救济途径的告知义务

依照《医疗纠纷预防和处理条例》,当发生医疗纠纷时,医疗机构有义务将医疗纠纷的处置程序及患者的权利救济途径告知患者或者其近亲属。具体告知事项如下:

1. 解决医疗纠纷的合法途径   可以通过医患双方自愿协商、申请人民调解、申请行政调解、向人民法院提起诉讼及法律、法规规定的其他途径解决。

2. 有关病历资料、现场实物封存和启封的规定。

3．有关病历资料查阅、复制的规定。

4．若发生患者死亡，还应当告知其近亲属有关尸检的规定。

二、病历及物证封存制度

（一）病历的封存

《医疗纠纷预防和处理条例》规定，发生医疗纠纷需要封存、启封病历资料的，应当在医患双方在场的情况下进行。封存的病历资料可以是原件，也可以是复制件，由医疗机构保管。病历尚未完成需要封存的，对已完成病历先行封存；病历按照规定完成后，再对后续完成部分进行封存。医疗机构应当对封存的病历开列封存清单，由医患双方签字或者盖章，各执一份。

病历资料封存后医疗纠纷已经解决的，或者患者在病历资料封存满3年未再提出解决医疗纠纷要求的，医疗机构可以自行启封。

（二）物证的封存

依照《医疗纠纷预防和处理条例》，疑似输液、输血、注射、用药等引起不良后果的，医患双方应当共同对现场实物进行封存、启封，封存的现场实物由医疗机构保管。需要检验的，应当由双方共同委托依法具有检验资格的检验机构进行检验；双方无法共同委托的，由医疗机构所在地县级人民政府卫生主管部门指定。疑似输血引起不良后果，需要对血液进行封存保留的，医疗机构应当通知提供该血液的血站派员到场。若现场实物封存后医疗纠纷已经解决，或者患者在现场实物封存满3年未再提出解决医疗纠纷要求的，医疗机构可以自行启封。

三、患者复印病历制度

患者有权查阅、复制其病历资料。按照《医疗事故处理条例》的规定，患方仅有权复印客观病历资料，但《医疗纠纷预防与处理条例》出台之后，按照该《条例》规定，可复印的病历资料范围已扩大到全部病历。病历复制具体程序如下：

1．申请人提出申请，提交有关证明材料。如为患者本人申请，应提供有效身份证明；委托代理人申请的，除提供身份证明以外，还需提供委托书及关系证明；申请人为保险机构的，应当提供保险合同复印件。

2．审核申请并提供复制。受理申请后，应当在医务人员按规定的时限完成病历后予以提供。医疗机构受理复印或者复制病历资料申请后，由负责医疗服务质量监控的部门或者专职人员通知负责保管门（急）诊病历的部门或病区，将需要复印或者复制的病历资料在规定时限内送至指定地点，并在申请人在场的情况下复印或者复制。

3．在复印病历的首页及重要的病理内容上直接加盖确认章，其他病历可加盖骑缝章。

4．医疗机构应患者的要求为其复制病历资料，可以收取工本费，收费标准应当公开。

四、尸体处理及尸检制度

根据《医疗纠纷预防和处理条例》，患者死亡，医患双方对死因有异议的，应当在

患者死亡后 48 小时内进行尸检；具备尸体冻存条件的，可以延长至 7 日。尸检应当经死者近亲属同意并签字，拒绝签字的，视为死者近亲属不同意进行尸检。不同意或者拖延尸检，超过规定尸检，影响对死因判定的，由不同意或者拖延的一方承担责任。尸检应当由按照国家有关规定取得相应资格的机构和专业技术人员进行。医患双方可以委托代表观察尸检过程。

患者在医疗机构内死亡的，尸体应当立即移放太平间或者指定的场所，死者尸体存放时间一般不得超过 14 日。逾期不处理的尸体，由医疗机构在向所在地县级人民政府卫生主管部门和公安机关报告后，按照规定处理。

案例评析

李某诉某精神病医院医疗人身损害赔偿案

案例：李某之妻王某，65 岁，于 2009 年 7 月 8 日因精神障碍入住被告医院。在住院过程中，医院发现王某有轻度的高血压和冠心病，因此在治疗精神病的同时给予了降压和护心治疗。7 月 18 日清晨 6 点，患者起床在室内进行洗漱时突然倒地，经抢救无效死亡。李某遂与其单位工会工作人员一起赶到医院处理后事。李某用较模糊的商量口吻对王某的死因向医方提出疑问，医方当时口头答复死因是猝死，但李某继续用并不清晰的语气向医方提出要求查明死因，并要求医方安排尸体检验。医方工作人员见李某年事已高，对其模糊的表达没有给予重视。两天后，李某的儿子赶到医院，将其母亲的遗体运走火化。2010 年 6 月，患者家属提起诉讼要求医院给予赔偿。

诉讼过程中，医方提交了全套病历资料并申请医疗事故技术鉴定，但鉴定时，鉴定委员会提出因为没有进行尸体检验所以王某的死因不明，无法进行医疗事故技术鉴定。双方围绕为何没有进行尸检发生了分歧，原告方提交了其单位工会工作人员的证词，证明原告曾以口头方式向医院提出过尸检的要求，但医院不予理睬。在这种情况下，法院认定该死者没做尸检导致死因无法查明的责任应该由医方承担。面对这种不利的诉讼处境，院方不得已与患者达成调解协议，赔偿患者家属三万元。

评析：《医疗纠纷预防与处理条例》规定，对死因有异议的，应当进行尸检以查明死因。该案件中，李某对其妻子死亡的原因已经提出了异议，并提出了尸检的要求。医疗机构应给予足够的重视，积极配合患者进行尸检，但该医院漠视患者家属的要求，没有组织配合尸检，导致患者死因不明，存在一定的过错。就该医疗事件中医方的医疗处置行为并没有明显过错，根据该患者临床表现，应符合冠心病猝死的诊断，如果医方没有程序上失误，配合患者家属做了尸检，该事件几乎不可能鉴定为医疗事故。所以，这又是一个因为程序处置不当导致不良后果的典型案例。

案例评析

诉某诊所医疗损害赔偿案

案例： 罗某之妻张某，女，35 岁，2012 年 5 月 6 日因发热、咳嗽 3 天到某诊所进行留观治疗，诊所根据其症状，给予其抗炎、输液治疗，每次输液后患者都步行回家，如此连续治疗 5 天。5 月 10 日 19 时患者在家中病情突然加重，胸闷、气粗、嘴唇发绀，逐渐昏迷，紧急送到某医院，抢救一小时后死亡。之后，患者家属围攻该诊所要求巨额赔偿，该诊所提出应当进行尸检以明确死因，患者家属以尊重当地习俗为名拒绝尸检，并将尸体火化。之后，患者家属迫于公安机关的压力停止对诊所的围攻转而向法院提起了民事诉讼。

诉讼过程中，医方提交了全套的病历资料并申请医疗事故技术鉴定，因为没有尸体检验报告，死者的死因不能明确，鉴定机构认为诊所对患者的诊断是否正确及患者的死亡与诊所的医疗行为是否存在因果关系均无法得到确认，因此，无法做出鉴定结论。法院最终认定原告方举证不能，驳回了原告的诉讼请求。

评析： 尸体检验是最终确认死亡原因的唯一有效手段，在涉及患者死亡的医患纠纷中，如果双方对死亡原因有异议，就应当进行尸体检验以查明死因。《医疗纠纷预防与处理条例》已经明确，拒绝或者拖延尸体检验的一方，对不能明确死亡原因的后果承担责任。因此，该类案件中，如果患方拒绝或者拖延尸检导致死因不能明确、事故技术鉴定无法进行的，患方势必要承担举证不能的责任。值得注意的是，医方对患方拒绝或者拖延尸检的行为要进行证据保全。

第四节　医疗损害责任鉴定

一、概述

（一）概念

由于医学本身的专业性、复杂性，诊疗行为是否存在过错及其与患者损害后果是否有因果关系、原因力的大小等都需要通过鉴定程序来解决。目前，在医疗纠纷处理过程中，确定医疗损害责任的鉴定方式有两种，分别是医疗事故技术鉴定和医疗损害司法鉴定。

医疗事故技术鉴定是指由医学会组织有关临床医学专家和法医学专家组成的专家组，运用医学、法医学等科学知识和技术，对涉及医疗事故的有关专门性问题进行检验、鉴别和判断并提供鉴定结论的活动。2002 年实施的《医疗事故处理条例》对医疗事故技术鉴定的鉴定主体、程序、鉴定结论的效力进行了明确规定。

医疗损害司法鉴定是指人民法院在审理医疗损害赔偿民事诉讼案件中，人民法院依职权或医疗纠纷当事人依法申请并经人民法院批准，委托具有法定鉴定资质的鉴定机构对医疗纠纷中涉及的医方诊疗行为是否具有过错、损害结果与医方过错之

间是否具有因果关系、过错参与度等专门性问题进行分析、判断并提供鉴定结论的活动。

（二）适用法律

根据《卫生部关于做好〈侵权责任法〉贯彻实施工作的通知》等规定，医疗事故技术鉴定适用《医疗事故处理条例》《医疗事故技术鉴定暂行办法（试行）》及《医疗事故分级标准（试行）》等国家有关部门的规定。

根据《最高人民法院关于适用〈中华人民共和国侵权责任法〉若干问题的通知》等有关规定，医疗损害司法鉴定适用《全国人民代表大会常务委员会关于司法鉴定管理问题的决定》《人民法院对外委托司法鉴定管理规定》《司法鉴定程序通则》《最高人民法院关于审理医疗损害责任纠纷案件适用法律若干问题的解释》等法律文件。

二、医疗事故技术鉴定

（一）医疗事故技术鉴定意义

医疗事故技术鉴定带有较强的行政色彩，主要为司法机关、医疗机构和卫生行政部门处理医疗纠纷解决专门性问题提供依据。医疗事故技术鉴定采取的是集体鉴定制。实践中，医疗事故技术鉴定书上只记载专家讨论后得出的最终意见，只有医疗事故鉴定专用章而没有鉴定专家的签名，专家对鉴定意见不负个人责任，也不接受出庭质证，鉴定意见的权威性大打折扣。所以在诉讼中，医疗事故技术鉴定书作为证据材料使用具有一定的不规范性。

在不需要确认是否存在医疗事故情况下，或者对于因医疗事故之外的原因引起的其他医疗纠纷需要进行鉴定的，法院和/或当事人可以委托具有资质的司法鉴定机构进行鉴定。医疗损害司法鉴定主要表现为法医病理学与临床法医学鉴定。医疗损害司法鉴定实施鉴定人负责制，鉴定意见不实施少数服从多数。根据《全国人民代表大会常务委员会关于司法鉴定管理问题的决定》，当事人对鉴定意见有异议的，鉴定人必须根据法官的要求出庭作证，否则应承担相应的法律后果。《司法鉴定人登记管理办法》就拒不出庭的鉴定人的制裁和惩罚措施进行了明确。所以相较于医疗事故技术鉴定，医疗损害司法鉴定具有更强的公信力。实践中，绝大部分患方更倾向于选择医疗损害司法鉴定。

尽管医疗事故技术鉴定的作用逐渐被弱化，但仍有其存在的价值。因为"医疗事故"作为一个法定概念，除了由医学会做出"医疗事故"的鉴定结论，其他鉴定组织均无权鉴定"医疗事故"（司法鉴定只能作过错鉴定）。所以，当要追究医务人员医疗事故罪的刑事责任时，医疗事故技术鉴定结论仍是不可或缺的。

（二）鉴定组织

根据《医疗事故处理条例》的有关规定，医患双方协商解决医疗事故争议，需要进行医疗事故技术鉴定的，由双方当事人共同委托负责医疗事故技术鉴定工作的医学会组织鉴定。设区的市级地方医学会和省、自治区、直辖市直接管辖的县（市）地方医学会负责组织首次医疗事故技术鉴定工作。省、自治区、直辖市地方医学会负责组织再次鉴定工作。必要时，中华医学会可以组织疑难、复杂并在全国有重大影响的医疗事故争议的技术鉴定工作。

（三）鉴定的提起

卫生行政部门接到医疗机构关于重大医疗过失行为的报告或者医疗事故争议当事人要求处理医疗事故的申请后，对需要进行医疗事故技术鉴定的，应当交由负责医疗事故技术鉴定工作的医学会组织鉴定；医患双方协商解决医疗事故争议，需要进行医疗事故技术鉴定的，由双方当事人共同委托负责医疗事故技术鉴定工作的医学会组织鉴定。

进入司法程序后，人民法院可以委托负责医疗事故技术鉴定工作的医学会组织鉴定。

除上述两条途径外，医学会不接受医患任何一方单独提出的鉴定申请，这一点与司法鉴定略有不同，因为司法鉴定是可以应一方之申请而启动。

（四）专家库的建立

负责医疗事故技术鉴定工作的医学会应当建立专家库。专家库由具备下列条件的医疗卫生专业技术人员组成：有良好的业务素质和执业品德；受聘于医疗卫生机构或者医学教学、科研机构并担任相应专业高级技术职务3年以上。有良好的业务素质和执业品德，并具备高级技术任职资格的法医可以受聘进入专家库，可以不受行政区域的限制。符合条件的医疗卫生专业技术人员和法医有义务进入专家库，并承担医疗事故技术鉴定工作。

参加医疗事故技术鉴定工作人员的法律责任：接受一方或双方财物或利益，出具虚假医疗事故技术鉴定书，造成严重后果的，依法追究刑事责任；尚不够刑事处罚的，由原发证部门吊销执业证书或者资格证书。

（五）鉴定程序和方法

1. 双方当事人提交进行医疗事故技术鉴定所需材料　负责组织医疗事故技术鉴定工作的医学会应当自受理医疗事故技术鉴定之日起5日内通知医疗事故争议双方当事人提交进行医疗事故技术鉴定的材料、书面陈述及答辩。

2. 医疗机构提交的有关医疗事故技术鉴定的材料应当包括下列内容：

（1）住院患者的病程记录、死亡病例讨论记录、疑难病例讨论记录、会诊意见、上级医师查房记录等病历资料原件。

（2）住院患者的住院志、体温单、医嘱单、化验单（检验报告）、医学影像检查资料、特殊检查同意书、手术同意书、手术及麻醉记录单、病理资料、护理记录等病历资料原件。

（3）抢救急危患者，在规定时间内补记的病历资料原件。

（4）封存保留的输液、注射用物品和血液、药物等实物，或者依法具有检验资格的检验机构对这些实物做出的检验报告。

（5）与医疗事故技术鉴定有关的其他材料。在医疗机构建有病历档案的门诊、急诊患者，其病历资料由医疗机构提供。医疗机构无正当理由未依照规定如实提供相关材料，导致医疗事故技术鉴定不能进行的，应当承担责任。

案例评析

某老年康复医院病历遗失案

案例： 2006 年 7 月，刘某之父，81 岁，因肺癌晚期欲寻求临终关怀，通过熟人介绍入住被告医院肿瘤病房。因该病房收治的都是晚期肿瘤患者，患者入院大都是为了体面地离开，所以，科室医务人员比较散漫，管理比较混乱。入院治疗 30 天后，刘某之父过世。3 个月以后，刘某为了办理父亲死亡相关法律手续，来医院要求复制部分病历材料，却被医院告知，病历已经遗失。刘某经咨询律师后，以医疗事故案由诉至法院。

法院委托医学会进行《医疗事故技术鉴定》，但因医方无法提供住院病历，医学会出具了"无法鉴定"的结论。

至此，医方败诉已成必然，最后经法院调解，医院赔偿原告 48 000 元结案。

评析： 医疗机构必须谨慎对待每一个患者，不能因为患者是熟人或是放弃治疗的临终患者，而不予重视。在当今医患矛盾如此激烈的今天，每一个患者都可能成为法庭上的对立方。在晚期肿瘤患者的临终关怀治疗中发生医患纠纷而导致赔偿的案件可说是屡见不鲜，大都因为医疗机构管理不善或医务人员掉以轻心。在本案中，因医院管理混乱而导致患者病历遗失，被权利意识较强的患者家属发现，医方应深刻地检讨自己的行为并进行整改。

3. 抽取参加医疗事故技术鉴定的相关专业专家　医患双方在医学会主持下从专家库中随机抽取参加医疗事故技术鉴定的相关专业的专家。在特殊情况下，医学会根据医疗事故技术鉴定工作的需要，可以组织医患双方在其他医学会建立的专家库中随机抽取相关专业的专家参加或者函件咨询。专家鉴定组进行医疗事故技术鉴定，实行合议制。专家鉴定组人数为单数，涉及的主要学科的专家一般不得少于鉴定组成员的二分之一；涉及死因、伤残等级鉴定的，并应当从专家库中随机抽取法医参加专家鉴定组。专家鉴定组成员有下列情形之一的，应当回避，当事人可以口头或者书面的方式申请其回避：①是医疗事故争议当事人或者当事人的近亲属的；②与医疗事故争议有利害关系的；③与医疗事故争议当事人有其他关系，可能影响公正鉴定的。

4. 调查取证、听取陈述及答辩并进行核实　负责组织医疗事故技术鉴定工作的医学会应当自接到当事人提交的有关医疗事故技术鉴定的材料、书面陈述及答辩之日起 45 日内组织鉴定并出具医疗事故技术鉴定书。负责组织医疗事故技术鉴定工作的医学会可以向双方当事人调查取证。专家鉴定组应当认真审查双方当事人提交的材料，听取双方当事人的陈述及答辩并进行核实。双方当事人应当按照规定如实提交进行医疗事故技术鉴定所需的材料，并积极配合调查。当事人任何一方不予配合，影响医疗事故技术鉴定的，由不予配合的一方承担责任。

专家鉴定组依照医疗卫生法律、行政法规、部门规章和诊疗护理规范、常规，运用医学科学原理和专业知识，独立进行医疗事故技术鉴定，对医疗事故技术鉴定进行

鉴别和判定,为处理医疗事故技术鉴定提供医学证据。任何单位或者个人不得干扰医疗事故技术鉴定工作,不得威胁、利诱、侮辱、殴打专家鉴定组成员。

（六）鉴定结论及鉴定费用

专家鉴定组应当在事实清楚、证据确凿的基础上,综合分析患者的病情的个体差异,实事求是地作出鉴定结论,并制作医疗事故技术鉴定书。鉴定结论以专家组成员的过半通过。鉴定过程应当如实记载。医疗事故技术鉴定应当包括下列主要内容:①双方当事人的基本情况及要求;②当事人提交的材料和负责组织医疗事故技术鉴定工作的医学会的调查材料;③对鉴定过程的说明;④医疗行为是否违反医疗卫生管理法律、行政法规、部门规章和诊疗护理规范、常规;⑤医疗过失行为与人身损害后果之间是否存在因果关系;⑥医疗过失行为在医疗事故损害后果中的责任程度;⑦医疗事故等级;⑧对医疗事故患者的医疗护理医学建议。

当事人对首次医疗事故技术鉴定结论不服的,可以自收到首次鉴定结论之日起15日内向首次医疗事故技术鉴定机构所属省、自治区、直辖市医学会提出再次鉴定的申请,对符合法律规定的申请,省、自治区、直辖市医学会应当受理并重新组织鉴定。

当事人对再次医疗事故技术鉴定结论仍然不服的,可以向中华医学会提出再次鉴定的申请,是否受理该申请,由中华医学会决定。

医疗事故技术鉴定,可以收取鉴定费用。经鉴定,属于医疗事故的,鉴定费用由医疗机构支付;不属于医疗事故的,鉴定费用由提出医疗事故处理申请的一方支付。

三、医疗损害司法鉴定

人民法院适用《侵权责任法》审理民事纠纷案件,根据当事人的申请或者依职权决定进行鉴定的,统一称为医疗损害鉴定。其中,对于人民法院委托到司法鉴定机构进行的鉴定,一般规定为"医疗损害责任过错鉴定",适用《司法鉴定程序通则》进行鉴定。鉴定包括以下程序:

（一）司法鉴定实行鉴定人负责制度

司法鉴定人应当依法独立、客观、公正地进行鉴定,并对自己做出的鉴定意见负责。司法鉴定人不得违反规定会见诉讼当事人及其委托的人。

司法鉴定机构和司法鉴定人进行司法鉴定活动,应当遵守法律、法规、规章,遵守职业道德和执业纪律,尊重科学,遵守技术操作规范。

（二）司法鉴定的委托与受理

司法鉴定机构应当统一受理办案机关的司法鉴定委托。委托人委托鉴定的,应当向司法鉴定机构提供真实、完整、充分的鉴定材料,并对鉴定材料的真实性、合法性负责。司法鉴定机构需核对并记录鉴定材料的名称、种类、数量、性状、保存状况、收到时间等,鉴定材料包括生物检材和非生物检材、比对样本材料以及其他与鉴定事项有关的鉴定资料。

司法鉴定机构自收到委托之日起七个工作日内做出是否受理的决定。对于复杂、疑难或者特殊鉴定事项的委托,司法鉴定机构将与委托人协商决定受理的时间。

司法鉴定机构应当对委托鉴定事项、鉴定材料等进行审查。对属于本机构司法鉴定业务范围,鉴定用途合法,提供的鉴定材料能够满足鉴定需要的,应当受理。对

于鉴定材料不完整、不充分，不能满足鉴定需要的，司法鉴定机构可以要求委托人补充；经补充后能够满足鉴定需要的，应当受理。

具有下列情形之一的鉴定委托，司法鉴定机构不做受理：①委托鉴定事项超出本机构司法鉴定业务范围的；②发现鉴定材料不真实、不完整、不充分或者取得方式不合法的；③鉴定用途不合法或者违背社会公德的；④鉴定要求不符合司法鉴定执业规则或者相关鉴定技术规范的；⑤鉴定要求超出本机构技术条件或者鉴定能力的；⑥委托人就同一鉴定事项同时委托其他司法鉴定机构进行鉴定的；⑦其他不符合法律、法规、规章规定的情形。

司法鉴定机构决定受理鉴定委托的，当与委托人签订司法鉴定委托书。司法鉴定委托书应当载明委托人名称、司法鉴定机构名称、委托鉴定事项、是否属于重新鉴定、鉴定用途、与鉴定有关的基本案情、鉴定材料的提供和退还、鉴定风险，以及双方商定的鉴定时限、鉴定费用及收取方式、双方权利义务等其他需要载明的事项。

司法鉴定机构决定不予受理鉴定委托的，应当向委托人说明理由，退还鉴定材料。

（三）司法鉴定实施

司法鉴定机构受理鉴定委托后，应当指定本机构具有该鉴定事项执业资格的司法鉴定人进行鉴定。委托人有特殊要求的，经双方协商一致，也可以从本机构中选择符合条件的司法鉴定人进行鉴定。委托人不得要求或者暗示司法鉴定机构、司法鉴定人按其意图或者特定目的提供鉴定意见。

司法鉴定机构对同一鉴定事项，应当指定或者选择二名司法鉴定人进行鉴定；对复杂、疑难或者特殊鉴定事项，可以指定或者选择多名司法鉴定人进行鉴定。

司法鉴定人本人或者其近亲属与诉讼当事人、鉴定事项涉及的案件有利害关系，可能影响其独立、客观、公正进行鉴定的，应当回避。司法鉴定人曾经参加过同一鉴定事项鉴定的，或者曾经作为专家提供过咨询意见的，或者曾被聘请为有专门知识的人参与过同一鉴定事项法庭质证的，应当回避。

司法鉴定人自行提出回避的，由其所属的司法鉴定机构决定；委托人要求司法鉴定人回避的，应当向该司法鉴定人所属的司法鉴定机构提出，由司法鉴定机构决定。委托人对司法鉴定机构做出的司法鉴定人是否回避的决定有异议的，可以撤销鉴定委托。

司法鉴定人进行鉴定，应当依下列顺序遵守和采用该专业领域的技术标准、技术规范和技术方法：①国家标准；②行业标准和技术规范；③该专业领域多数专家认可的技术方法。

司法鉴定人有权了解进行鉴定所需要的案件材料，可以查阅、复制相关资料，必要时可以询问诉讼当事人、证人。经委托人同意，司法鉴定机构可以派员到现场提取鉴定材料。现场提取鉴定材料应当由不少于二名司法鉴定机构的工作人员进行，其中至少一名应为该鉴定事项的司法鉴定人。现场提取鉴定材料时，应当有委托人指派或者委托的人员在场见证并在提取记录上签名。

鉴定过程中，需要对无民事行为能力人或者限制民事行为能力人进行身体检查的，应当通知其监护人或者近亲属到场见证；必要时，可以通知委托人到场见证。对被鉴定人进行法医精神病鉴定的，应当通知委托人或者被鉴定人的近亲属或者监护

人到场见证。对需要进行尸体解剖的,应当通知委托人或者死者的近亲属或者监护人到场见证。到场见证人员应当在鉴定记录上签名。见证人员未到场的,司法鉴定人不得开展相关鉴定活动,延误时间不计入鉴定时限。鉴定过程中,需要对被鉴定人身体进行法医临床检查的,应当采取必要措施保护其隐私。司法鉴定人应当对鉴定过程进行实时记录并签名。记录可以采取笔记、录音、录像、拍照等方式。记录应当载明主要的鉴定方法和过程,检查、检验、检测结果,以及仪器设备使用情况等。记录的内容应当真实、客观、准确、完整、清晰,记录的文本资料、音像资料等应当存入鉴定档案。

司法鉴定机构应当自司法鉴定委托书生效之日起三十个工作日内完成鉴定。鉴定事项涉及复杂、疑难、特殊技术问题或者鉴定过程需要较长时间的,经本机构负责人批准,完成鉴定的时限可以延长,延长时限一般不得超过三十个工作日。鉴定时限延长的,应当及时告知委托人。司法鉴定机构与委托人对鉴定时限另有约定的,从其约定。在鉴定过程中补充或者重新提取鉴定材料所需的时间,不计入鉴定时限。

司法鉴定机构在鉴定过程中,有下列情形之一的,可以终止鉴定:①发现鉴定材料不真实、不完整、不充分或者取得方式不合法的;②鉴定用途不合法或者违背社会公德的;③鉴定要求不符合司法鉴定执业规则或者相关鉴定技术规范的;④鉴定要求超出本机构技术条件或者鉴定能力的;⑤委托人就同一鉴定事项同时委托其他司法鉴定机构进行鉴定的;⑥鉴定材料发生耗损,委托人不能补充提供的;⑦委托人拒不履行司法鉴定委托书规定的义务、被鉴定人拒不配合或者鉴定活动受到严重干扰,致使鉴定无法继续进行的;⑧委托人主动撤销鉴定委托,或者委托人、诉讼当事人拒绝支付鉴定费用的;⑨因不可抗力致使鉴定无法继续进行的;⑩其他不符合法律、法规、规章规定的情形。终止鉴定的,司法鉴定机构应当书面通知委托人,说明理由并退还鉴定材料。

有下列情形之一的,司法鉴定机构可以根据委托人的要求进行补充鉴定:①原委托鉴定事项有遗漏的;②委托人就原委托鉴定事项提供新的鉴定材料的;③其他需要补充鉴定的情形。补充鉴定是原委托鉴定的组成部分,应当由原司法鉴定人进行。

有下列情形之一的,司法鉴定机构可以接受办案机关委托进行重新鉴定:①原司法鉴定人不具有从事委托鉴定事项执业资格的;②原司法鉴定机构超出登记的业务范围组织鉴定的;③原司法鉴定人应当回避没有回避的;④办案机关认为需要重新鉴定的;⑤法律规定的其他情形。

重新鉴定应当委托原司法鉴定机构以外的其他司法鉴定机构进行;因特殊原因,委托人也可以委托原司法鉴定机构进行,但原司法鉴定机构应当指定原司法鉴定人以外的其他符合条件的司法鉴定人进行。接受重新鉴定委托的司法鉴定机构的资质条件应当不低于原司法鉴定机构,进行重新鉴定的司法鉴定人中应当至少有一名具有相关专业高级专业技术职称。

鉴定过程中,涉及复杂、疑难、特殊技术问题的,可以向本机构以外的相关专业领域的专家进行咨询,但最终的鉴定意见应当由本机构的司法鉴定人出具。专家提供咨询意见应当签名,并存入鉴定档案。

对于涉及重大案件或者特别复杂、疑难、特殊技术问题或者多个鉴定类别的鉴定

事项,办案机关可以委托司法鉴定行业协会组织协调多个司法鉴定机构进行鉴定。

司法鉴定人完成鉴定后,司法鉴定机构应当指定具有相应资质的人员对鉴定程序和鉴定意见进行复核;对于涉及复杂、疑难、特殊技术问题或者重新鉴定的鉴定事项,可以组织三名以上的专家进行复核。复核人员完成复核后,应当提出复核意见并签名,存入鉴定档案。

(四)出具司法鉴定意见书

鉴定完成后,司法鉴定机构应当按规定出具司法鉴定意见书;司法鉴定意见书应当由司法鉴定人签名并加盖司法鉴定机构的司法鉴定专用章,一式四份,三份交委托人收执,一份由司法鉴定机构存档。医疗损害鉴定意见应当载明并详细论述下列内容:①是否存在医疗损害以及损害程度;②是否存在医疗过错;③医疗过错与医疗损害是否存在因果关系;④医疗过错在医疗损害中的责任程度。委托人对鉴定过程、鉴定意见提出询问的,司法鉴定机构和司法鉴定人应当给予解释或者说明。

(五)司法鉴定人出庭作证

经人民法院依法通知,司法鉴定人应当出庭作证,回答与鉴定事项有关的问题;司法鉴定机构接到出庭通知后,应当及时与人民法院确认司法鉴定人出庭的时间、地点、人数、费用、要求等;司法鉴定机构应当支持司法鉴定人出庭作证,为司法鉴定人依法出庭提供必要条件。

第五节 患者权利救济途径

根据《医疗纠纷预防与处理条例》的规定,发生医疗纠纷,医患双方可以通过双方自愿协商、申请人民调解、申请行政调解、向人民法院提起诉讼等途径解决。

一、双方自愿协商

(一)双方自愿协商的概念和原则

医患双方自愿协商是指争议的双方本着平等、自愿的原则,为双方的争议寻求解决方案的行为。医疗纠纷属于民事纠纷,具有民事纠纷的基本法律属性。民事纠纷的当事人有自由处分民事权利和确认民事义务的自主权。协商是任何民事纠纷得以解决的重要、有效、快速的途径。双方自愿协商过程中,应该注意遵循以下原则:①自愿原则,即任何方都不能强迫、欺骗、胁迫等手段迫使另一方进行协商;②平等原则,即在协商过程中,双方地位和权利平等;③公平原则,即协商过程中双方民事责任分担应该合理,协商确定赔付金额应当以事实为依据,防止畸高或者畸低;④真实原则,即对纠纷或争议涉及的主要事实与双方主要观点要陈述与记录真实;⑤合法原则,即协商达成的协议必须符合有关法律、法规的规定,不能损害国家和社会的公共利益,不得侵犯他人的合法权益。

(二)双方自愿协商的优缺点

相较于其他纠纷解决方式,医患自愿协商解决医疗纠纷具有门槛低,易达成、手续简单的优点:①门槛低:对患方而言,通过协商解决医疗纠纷,只需与医方进行沟通,将相关损害后果的看法告知对方即可,无需掌握专业的法律和医学知识。对医方

而言，在协商过程中，也并非一定要聘请专业的法律人士，可以在纠纷外在影响较小的情况下与患者达成和解。②易达成：只要不违反社会公共道德和法律要求的强制性规定，在平等自愿的基础上，医患双方当事人可以在私人意思自治范围内采取的解决方式。③随意性：医患双方通过自愿协商的方式解决医疗纠纷，在不影响正常医疗秩序的情况下，没有严格的时间、空间和次数的限制，只要达成协议即可。绝大多数医疗纠纷都可以通过协商得到解决。同时，双方自行协商的方式仍存在以下的缺点：①医患双方信息极度不对称，患者协商过程中可能因为缺乏专业的医学知识，难以获得对等的协商地位。②缺乏规范性，医患双方自愿协商达成的协议，缺乏法律约束力。一旦某一方反悔，协议就自动失去效力。

实践中，如果医患双方无法建立互谅互让的关系，往往造成患者索赔的金额远远超过法律、行政法规规定的数额以及患者通过"医闹"等一些过激的行为胁迫医院达成和解协议等问题。为了避免类似问题的出现，原国家卫生计生委、中央综治办、公安部、司法部四部委联合下发的《关于进一步做好维护医疗秩序工作的通知》明确："医疗纠纷责任未认定前，医疗机构不得赔钱息事；对多次到医疗机构无理纠缠或扬言报复医务人员的患者及家属群体，列清单重点关注；严格落实实名制预约挂号制度，维护公平就医秩序。"此外，为避免协商转化为恶意医闹，《医疗纠纷预防与处理条例》还规定："医患双方人数较多的，应当推举代表进行协商，每方代表人数不超过5人。"

（三）双方自愿协商的协议书

自行协商解决的双方当事人，应该达成协议书。一般情况下，协议书应该包括以下内容：①双方当事人的基本情况：如医疗机构的名称、法定代理人、患者姓名、年龄、性别、住址、职业等；②纠纷或者争议的简要事实：应该包括患者所患疾病、就诊与诊治的简要经过、不良医疗后果，以及双方对纠纷或争议的认识与观点等，要求真实地陈述与记录；③双方协商后达成的共识：这是协议最重要的部分，应该详细、明确地写清楚，包括纠纷或者争议问题的原因和性质、是否构成医疗事故和事故的等级、医疗事故或医疗过失伤害明确时给患者的赔偿，或者纠纷与争议性质不明确时给患方的补偿数额、给付的时间与方式等等；④协议生效后，双方涉及该纠纷或争议的有关权利、义务的影响或应该履行的责任；⑤达成协议的时间、地点、生效的日期，医疗机构盖章，双方当事人或全权代表签名确认等。另外，协议书应该一式两份，双方各自保存一份。

二、人民调解

（一）医患纠纷人民调解制度的概述

人民调解，是指人民调解委员会通过说服、疏导等方法，促使当事人在平等协商基础上自愿达成调解协议，解决民间纠纷的活动。1954年，我国政务院颁布了《人民调解委员会暂行组织通则》，人民调解制度正式得以确立。1982年12月4日，人民调解作为基层民主自治的一部分内容被正式写入《中华人民共和国宪法》，这也为人民调解制度的发展提供了宪法保障。1989年，国务院正式通过《人民调解委员会组织条例》，规定了人民调解的组织形式、基本原则和工作任务，并提出调解民间纠纷不收费。2000年司法部《人民调解工作若干规定》和最高人民法院《关于审理涉及人民调

解协议的民事案件的若干规定》确定了调解协议的合同效力。2011年1月1日开始实施的《中华人民共和国人民调解法》标志着我国的人民调解制度实现了"法律"化的重要转变,适应了我国当前和谐社会依法治理的需要,开启了我国多元化纠纷解决机制的新起点。

医疗纠纷的人民调解是指在人民调解委员会主持下,以国家法律、法规、规章和社会公德规范为依据,对医疗纠纷双方当事人进行调解、劝说,促使他们互相谅解、平等协商,自愿达成协议,消除医疗纠纷的活动。2006年全国首家由政府举办的医疗纠纷人民调解委员会在上海成立。随后,全国多地纷纷通过地方性法规、政府规章等立法方式确立了医疗纠纷人民调解制度的地位。2018年国务院颁布实施的《医疗纠纷预防与处理条例》(以下简称《条例》)也对医疗纠纷人民调解作出了明确规定。司法行政部门负责指导医疗纠纷人民调解工作。设立医疗纠纷人民调解委员会,应当遵守《中华人民共和国人民调解法》的规定,并符合本地区实际需要。医疗纠纷人民调解委员会应当自设立之日起30个工作日内向所在地县级以上地方人民政府司法行政部门备案。

（二）人民调解制度调处医疗纠纷的优势与局限

人民调解制度调处医疗纠纷具有多方面的优势:①调解程序便利:医疗纠纷人民调解委员会的调解程序透明公开,方便简捷。无论是调解申请,还是期限安排、调解员的确定、专家咨询程序的启动都是非常灵活的。这样也便于医疗机构和患者进行沟通,更利于修复受损的医患关系。②调解成本低:医疗纠纷人民调解委员会调解医疗纠纷,不得收取费用。医疗纠纷人民调解工作所需经费按照国务院财政、司法行政部门的有关规定执行。其次时间成本低,医疗纠纷人民调解委员会应当自受理之日起30个工作日内完成调解。③调解专业性强:医疗纠纷内容具有较强的专业性,医疗纠纷人民调解委员会应当根据具体情况,聘任一定数量的具有医学、法学等专业知识且热心调解工作的人员担任专（兼）职医疗纠纷人民调解员。这为厘清医疗纠纷中的疑点和难点提供了支持。④协议书具有一定的法律效力:根据《最高人民法院关于审理涉及人民调解协议民事案件的若干规定》的规定,经人民调解委员会调解达成的具有民事权利义务的内容、并在双方当事人签字或者盖章的调解协议,具有民事合同性质。另外,《医疗纠纷预防与处理条例》规定:医患双方的达成调解协议的,可以依法向人民法院申请司法确认。⑤有利于与其他程序相衔接:人民调解并非医疗纠纷解决的终局程序。经过调解,当事人未能达成协议或者达成协议后又反悔的,双方还可以申请行政调解,也可以向人民法院起诉。调解过程中,医学与法律专家对纠纷做出的专业分析,有利于弥补患者医疗信息不对称、法律常识不足等缺陷,有利于在其他救济途径中进行维权。

实践中,人民调解制度调处医疗纠纷也会呈现一些局限性。比如,医疗纠纷人民调解委员会的独立性存在被干涉的可能。医疗纠纷人民调解委员会虽然与政府机关没有隶属关系,当地司法行政机关负责指导医疗纠纷人民调解工作。虽然"指导"并不意味着"干涉",但实际工作中,规则并非落实得那么彻底。在少数地区,医疗纠纷人民调解委员会的负责人甚至都是由当地司法机关领导兼任的。这样的设置,不免让医疗纠纷人民调解委员会的公信力在公众心里大打折扣。

（三）医疗纠纷人民调解的程序

1. 人民调解的申请与受理　医患发生医疗纠纷，申请人民调解的，由双方共同向医疗纠纷人民调解委员会提出申请；一方申请调解的，医疗纠纷人民调解委员会在征得另一方同意后进行调解。

申请人可以以书面或者口头形式申请调解。书面申请的，申请书应当载明申请人的基本情况、申请调解的争议事项和理由等；口头申请的，医疗纠纷人民调解员应当当场记录申请人的基本情况、申请调解的争议事项和理由等，并经申请人签字确认。

医疗纠纷人民调解委员会获悉医疗机构内发生重大医疗纠纷，可以主动开展工作，引导医患双方申请调解。

当事人已经向人民法院提起诉讼并且已被受理，或者已经申请卫生主管部门调解并且已被受理的，医疗纠纷人民调解委员会不予受理；已经受理的，终止调解。

2. 人民调解材料提交　医疗纠纷发生后，申请人民调解的，除了要提交医疗纠纷人民调解申请书外，患者还需要提交如下材料：①医患双方医疗服务关系的证明：如挂号凭证、发票、出院证等；②患方当事人或代理人的身份证件；③患方（亡者）的死亡证明；④患方当事人授权委托书（当事人需要委托代理人参加调解的，应提交由委托人签名或者盖章的授权委托书，并写明委托事项和权限）；⑤法律、法规或其他规范性文件规定的患方有权复印、复制的医学文书和有关病历资料；⑥医疗事故技术鉴定书或者医疗机构会诊意见；⑦患方陈述诊疗经过的书面材料以及诊疗过程中医疗机构存在的过错及证明材料。患方依法向医方获取相关材料时，医方要予以配合。

需要注意的是，并不是任何纠纷在解决时都需要提交上述所有材料，而是根据实际情况而定。但患方在就诊过程中，保存好所有单据凭证、记录诊疗过程的病历、检查结果等材料还是非常必要的。

3. 人民调解工作的开展　医疗纠纷人民调解委员会应当根据具体情况，聘任一定数量的具有医学、法学等专业知识且热心调解工作的人员担任专（兼）职医疗纠纷人民调解员。此外，调解医疗纠纷时，医疗纠纷人民调解委员会可以根据需要可以从医疗损害鉴定专家库中选取专家进行咨询。医患双方责任难以确定的，可以申请进行医疗损害鉴定。鉴定可由医患双方共同委托医学会或者司法鉴定机构进行，也可以经医患双方同意，由医疗纠纷人民调解委员会进行委托。

医学会或者司法鉴定机构接受委托从事医疗损害鉴定，应当由鉴定事项所涉专业的临床医学、法医学等专业人员进行鉴定；医学会或者司法鉴定机构没有相关专业人员的，应当从医疗损害专家库中抽取相关专业专家进行鉴定。医疗损害鉴定专家库由设区的市级以上人民政府卫生、司法行政部门共同设立。专家库应当包含医学、法学、法医学等领域的专家。聘请专家进入专家库，不受行政区域的限制。

医学会或者司法鉴定机构开展医疗损害鉴定，应当执行规定的标准和程序，尊重科学，恪守职业道德，对出具的医疗损害鉴定意见负责，不得出具虚假鉴定意见。鉴定费预先向医患双方收取，最终按照责任比例承担。

医疗纠纷人民调解委员会应当自受理之日起30个工作日内完成调解。需要鉴定的，鉴定时间不计入调解期限。因特殊情况需要延长调解期限的，医疗纠纷人民调解

委员会和医患双方可以约定延长调解期限。超过调解期限未达成调解协议的,视为调解不成。

4. 人民调解的协议　医患双方经人民调解达成一致的,医疗纠纷人民调解委员会应当制作调解协议书。调解协议书经医患双方签字或者盖章,人民调解员签字并加盖医疗纠纷人民调解委员会印章后生效。达成调解协议的,医疗纠纷人民调解委员会应当告知医患双方可以依法向人民法院申请司法确认。

经过人民法院对人民调解协议书进行确认后,制作的确认裁定书具有强制执行力。如果一方当事人拒绝履行或者未完全履行的,对方当事人可以向人民法院申请执行。人民法院经审查后,认为调解协议不符合法律规定的,应裁定驳回的当事人的申请。对此当事人可以有两种救济途径:一种是当事人申请调解委员会重新对纠纷进行调解,达成新的调解协议;另一种是通过其他法律途径解决纠纷。

医患双方达成有效的调解协议后,医疗机构购买了医疗损害责任险的,医疗纠纷人民调解委员会可以通知保险公司按照保险合同的规定进行理赔。医疗机构未购买医疗责任险的,应自行履行协议内容。(图5-1)

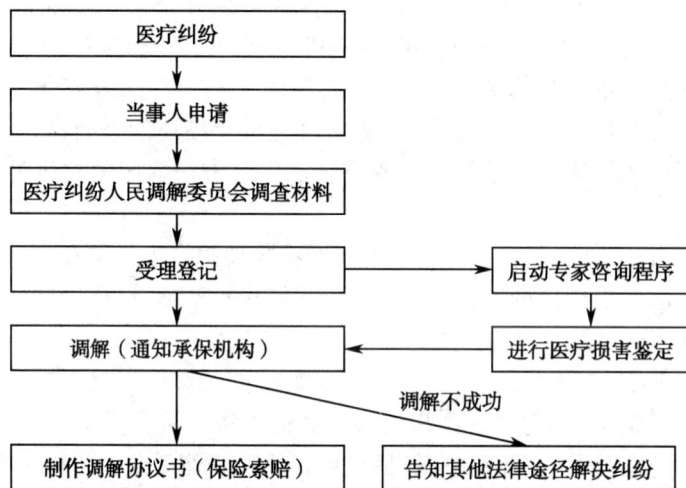

图 5-1　医疗纠纷人民调解流程图

三、行政调解

(一)行政调解的概念

医疗纠纷的行政调解,是指纠纷当事人向医疗纠纷发生地县级人民政府卫生主管部门提出申请,由卫生行政机关主持的医患双方调解。经过调解,双方当事人就赔偿数额达成协议的,制作调解书。双方当事人应当履行。调解不成或经调解达成协议后,一方反悔的,卫生行政部门不再调解。经过调解后达成的调解协议,只能由双方自觉履行,没有强制执行的法律效力。如果当事人对调解协议不履行,另一方可以向人民法院提起民事诉讼。

(二)行政调解医疗纠纷的优缺点

运用行政调解医疗纠纷的优点在于:①配合度高:卫生行政机关是医疗机构的监

督管理机构。以卫生行政机关作为第三方处理纠纷过程中,医疗机构往往较为配合。②专业性有保障:卫生行政机关对医学知识、法律知识比较熟悉,能够监督也能够避免医疗机构利用患方对医学知识、法学知识的不了解而逃避责任、压低赔偿额度。③权威性强:行政调解人员是专业人士,且调解过程受到法律法规的规范,权威性可以得到保障。④成本低:原则上行政机关受理医疗纠纷行政调解申请之后的 30 日要完成调解。行政机关对医疗纠纷进行调解也不收取任何费用。

但是,行政机关在调解医疗纠纷时的公正性也容易受到质疑。卫生行政机关和医疗机构是管理与被管理的关系,二者之间存在一根"天然的纽带"。如果纠纷调解的过程中作为第三方的卫生行政部门不能保持中立的态度,那么就很难确保纠纷调解的公正性与客观性。实践中,确实存在患者对卫生行政部门不信任,对其中立性表示怀疑的情况,进而导致出现行政调解制度患方受到排斥,其作用难以发挥的问题。

（三）行政调解的程序

1. 行政调解的申请与受理　按照《医疗纠纷预防与处理条例》的规定,申请医疗纠纷行政调解的,由医患双方共同向医疗纠纷发生地的县级以上卫生行政主管部门提出申请;一方申请调解的,卫生行政主管部门在征得另一方同意后进行调解。

申请人可以以书面或者口头形式申请行政调解。书面申请的,申请书应当载明申请人的基本情况、申请调解的争议事项和理由等;口头申请的,卫生行政主管部门应当当场记录申请人的基本情况、申请调解的争议事项和理由等,并经申请人签字确认。

一般情况下,医疗纠纷发生地有县、市、省三级卫生行政主管部门。根据《医疗机构管理条例》的规定,县级以上地方人民政府卫生行政部门对辖区内的医疗机构行使设置审批、执业登记、校验、检查指导、审评和处罚的监督职权。医疗机构发生医疗纠纷,应向所在地的县级卫生行政部门提出行政调解申请。由于直辖市只有市、区（县）两级设置,因此,在直辖市医疗机构发生医疗纠纷时,当事人应当向区（县）卫生行政部门提出申请。一般情况下,医疗机构所在地的县级卫生行政部门收到申请后,就由其对医疗纠纷进行处理,但在一些特殊情况下医疗纠纷不能由收到申请的县级卫生行政部门直接受理。《医疗事故处理条例》第三十八条第二款规定,县级人民政府卫生行政部门有下列情形之一时,应当自接到医疗机构的报告或者当事人提出医疗纠纷申请之日起 7 日内将案件移送上一级人民政府卫生行政部门处理:一是患者死亡;二是可能为二级以上医疗事故;三是国务院卫生行政部门和省自治区、直辖市人民政府卫生行政部门规定的其他情形。

卫生主管部门应当自收到申请之日起 5 个工作日内作出是否受理的决定。当事人已经向人民法院提起诉讼并且已被受理,或者已经申请医疗纠纷人民调解委员会调解并且已被受理的,卫生主管部门不予受理;已经受理的,终止调解。

2. 行政调解的开展　调解医疗纠纷时,卫生行政主管部门可以根据需要可以从医疗损害鉴定专家库中选取专家进行咨询。医患双方责任难以确定的,可以申请进行医疗损害鉴定。鉴定可由医患双方共同委托医学会或者司法鉴定机构进行,也可以经医患双方同意,由卫生行政主管部门进行委托。有关鉴定的事项规定与人民调解一致。

卫生主管部门应当自受理之日起 30 个工作日内完成调解。需要鉴定的,鉴定时间不计入调解期限。超过调解期限未达成调解协议的,视为调解不成。

3. 行政调解协议书 医患双方经卫生主管部门调解达成一致的,应当签署调解协议书。因为行政调解本是由代表国家公权力机关进行的行政行为,目前法律、法规中并未规定行政调解协议书可以申请司法确认。因为行政调解并不具有强制力,所以医患纠纷当事人对行政调解行为不服的,不能对该行为提起行政复议或行政诉讼。医患双方如果事后对行政调解协议书的内容有异议,可向人民法院提起民事起诉。

4. 行政调解的后续处理 在医疗纠纷行政调解过程中,卫生行政部门如果发现医疗机构和医务人员存在违法、违规的行为,可以依法给予行政处理,包括行政处罚或行政处分。例如,《医疗事故处理条例》规定,对发生医疗事故的医疗机构,卫生行政部门可以根据情节轻重的轻重,依法给予警告、罚款、停业整顿、吊销《医疗机构执业许可证》的行政处罚。对发生医疗事故的医务人员,卫生行政部门可以根据情况轻重依法给予警告、暂停 6 个月以上一年以下执业活动的行政处罚。情节特别重的,还可吊销其执业证书。

医疗纠纷中的当事人,对于卫生行政部门就医疗纠纷所涉医疗机构和医务人员进行行政处罚的结果不服的,可以依法向该卫生行政部门的上级业务指导部门以及同级人民政府申请行政复议,或者向有管辖权的人民法院提起行政诉讼。

四、民事司法救济

(一)民事司法救济的内涵

民事司法救济,指民事纠纷当事人通过诉讼,即向具有管辖权的法院起诉另一方当事人解决纠纷的形式。发生医疗纠纷,当事人协商、调解不成的,可以依法向人民法院提起诉讼。当事人也可以直接向人民法院提起诉讼。在医疗纠纷的司法救济中,民事诉讼是主要形式,行政诉讼和刑事诉讼为辅助,也可理解为医疗纠纷的行政诉讼和刑事诉讼为民事诉讼服务。在患方对医疗机构、行政机关和医疗纠纷调解委员会的缺乏基本信任时,由人民法院做出裁判,成为他们最愿意接受的纠纷解决方式。

(二)医疗纠纷民事诉讼解决的优缺点

通过民事诉讼解决医疗纠纷的优点主要是公正性和权威性强:①公正性强:医疗纠纷民事诉讼中,对案件进行审理的是中立的人民法院。作为国家司法机关,与行政机关相互独立,与医疗机构也不存在利益纽带。所以民事诉讼较其他纠纷解决方式具有更强的公正性。②权威性强:严格的诉讼程序、最高的权威裁判和国家强制力的保证等因素使得诉讼在医疗纠纷的解决中始终占据着绝对权威的地位。

同时,民事诉讼相较于其他的医疗纠纷解决途径具有诉讼成本高、对抗性强的缺点:①成本高:医疗纠纷的诉讼解决之所以公正与权威,主要是有严格的程序作为保障,严格的程序必然要耗费大量的时间,必然要有更多的专业人士参与到其中。医疗纠纷的民事诉讼,正常的情况下是两审终审。一审与二审的过程中又往往有鉴定程序,对鉴定结果往往双方又不能达成一致,重复鉴定的情况普遍存在,耗时长。此外,在医疗纠纷的诉讼过程中,因为其领域的专业性,患者因为不懂医疗知识,往往要聘请律师、委托鉴定、申请专家辅助人等,都要付出必然的诉讼成本,同样的医疗机构

也要聘请专业的法律顾问团队以应对医疗纠纷的诉讼活动。在法律界有一条著名的谚语即"迟来的正义非正义"，因此诉讼解决医疗纠纷也有其自身难免的缺陷。但医疗机构相比于患者来说是有能力负担相应的诉讼成本，因此医疗机构和医务工作者更倾向于选择诉讼方式解决医疗纠纷。②对抗性强：诉讼中处于原被告地位的医患双方往往互不信任，甚至互相敌视，庭审中常常为证明自己的主张展开唇枪舌剑，这种局面可能导致本有缓和机会的医患关系遭到破坏。

（三）医患纠纷民事诉讼中的举证责任

在《侵权责任法》实施之前，医疗损害责任纠纷民事诉讼适用举证责任倒置规则，即由医疗机构证明自身没有过错，这无疑加重了医疗机构的诉讼负担。《侵权责任法》出台后，医疗损害责任纠纷适用的是"谁主张、谁举证"的一般民事诉讼的举证规则。

1. 一般医疗损害纠纷案件的举证责任　根据《最高人民法院关于审理医疗损害责任纠纷案件适用法律若干问题的解释》的规定，患方认为医疗机构及医务人员存在违反法律、法规或诊疗规范的行为，给其造成损害并要求赔偿的，应当提交到该医疗机构就诊、受到损害的证据。患者无法提交医疗机构及其医务人员有过错、诊疗行为与损害之间具有因果关系的证据，依法提出医疗损害鉴定申请的，人民法院应予准许。医疗机构主张不承担责任的，应当就《侵权责任法》中规定的法定抗辩事由承担举证证明责任。

2. 侵犯患者知情同意权责任纠纷案件的举证责任　除因抢救生命垂危的患者等紧急情况，不能取得患者或者其近亲属意见的，经医疗机构负责人或者授权的负责人批准，实施相应的医疗措施外，实施手术、特殊检查、特殊治疗的，医疗机构应当承担说明义务并取得患者或者患者近亲属书面同意。患者认为医疗机构及医务人员侵犯其知情同意权，主张医疗机构承担赔偿责任的，应当提交到该医疗机构就诊、受到损害的证据。医疗机构提交患者或者患者近亲属书面同意证据的，人民法院可以认定医疗机构尽到说明义务，但患者有相反证据足以反驳的除外。

3. 医疗产品责任纠纷案件的举证责任　患者因药品、消毒药剂、医疗器械的缺陷，或者输入不合格的血液发生损害，请求赔偿的，应当提交使用医疗产品或者输入血液、受到损害的证据。患者无法提交使用医疗产品或者输入血液与损害之间具有因果关系的证据，依法申请鉴定的，人民法院应予准许。医疗机构，医疗产品的生产者、销售者或者血液提供机构主张不承担责任的，应当对医疗产品不存在缺陷或者血液合格等抗辩事由承担举证证明责任。

（四）医疗纠纷的民事诉讼程序

1. 起诉　患者在起诉时应当提交的材料如下：

（1）起诉书：即载明当事人信息、事实和理由、诉讼请求的起诉书。起诉的时候应当提交起诉书的正本，并且按照被告的数量提交副本。

（2）身份证明和委托手续：如委托人是近亲属的，应当提供户口本复印件、结婚证复印件以证明亲属关系。患者已死亡的，须提交患者死亡证明、亲属关系证明，其中亲属关系证明是由患者死亡时户籍所在地派出所、居民委员会、村民委员会出具的亲属关系证明，以及患者个人档案资料等以证明起诉阶段没有遗漏继承人。

（3）证据材料：医疗损害责任纠纷中常见的证据材料有：①挂号单、门急诊病历手册、检查项目预约单、化验报告单、复印的医院病历等，上述材料一般由患者保存，可以用于证明医疗活动的经过和内容，该部分证据材料是起诉时必须提交的证据，否则起诉将可能因为无法证明当事人双方存在争议诊疗行为而不予受理。②费用票据以证明诉讼请求所主张的各项费用。费用、票据应分类粘贴，如分为诊疗费用、护理费用、交通费用，并注明相关票据的合理性。由于医疗损害纠纷，应先行认定是否存在侵权责任，只有在存在侵权责任的情况下，才会处理损害赔偿问题。另外，部分患者在起诉阶段仍处于治疗过程中，相关费用会持续发生，所以该部分证据并非立案阶段必须提交，但如果双方当事人对医疗机构的过错责任分歧不大，立案阶段提交该部分证据材料，有利于双方在诉讼过程中达成调解。

（4）证据目录：为了提高诉讼中举证、质证环节的庭审效率，当事人应当就其向法院提交的证据制作证据目录，对其提交的证据材料逐一分类编号，对证据材料的来源、证明对象和内容作简要说明。

2．庭审

（1）法庭调查：法庭调查的顺序如下：当事人陈述——告知证人的权利义务——证人作证，宣读未到庭的证人证言——出示书证、物证、视听资料和电子数据——宣读鉴定意见——宣读勘验笔录。需要特别注意的是，质证环节是庭审最重要的环节之一，是指当事人、诉讼代理人及第三人在法庭的主持下，对当事人及第三人提出的证据就其真实性、合法性、关联性以及证明力的有无、大小予以说明和质辩的活动或过程。在举证过程中，双方应当陈述证据名称、证明事项，对对方证据发表意见时，紧密围绕证据的真实情况，一条条回应避免遗漏事项。如需要对被鉴定人进行质询的，可以鉴定意见出示之后、质证前进行。

（2）法庭辩论：法庭调查阶段结束后会进入法庭辩论阶段，双方当事人均应当依据法庭调查所明确的争议焦点，就其应当适用的法律问题进行辩论，重点陈述自己主张应当得到支持的理由。辩论阶段可以适当对法庭调查阶段进行回顾，以形成完整的论证链条，但不应当过于重复自己的证据意见或反对方提供的证据，更不应当对对方的行为进行指责或者攻击。如果法庭辩论阶段发现仍有事实需要查证的法官可以恢复法庭调查，并进行询问。法庭辩论阶段结束后，当事人不得再变更诉讼请求、提交证据、提交鉴定申请、提交调查取证申请。

（3）最后陈述：最后陈述是当事人对自己请求主张进行最终确认的诉讼环节，一般可以表示"坚持诉讼请求"，最后陈述完结后，法官宣布休庭，庭审过程结束。

3．判决与上诉　　目前因为医疗纠纷的专业性与复杂性，很少有当庭宣判的情况，大多选择择日宣判。宣判可以通知双方以开庭形式进行宣判，由合议庭宣读判决，但为了减轻双方当事人的负担，一般告知当事人领取裁判文书的期间和地点的，当事人在指定期间内领取裁判文书，也可以根据在法院所留的联系方式和地址采用邮寄方式送达。当事人不服地方人民法院第一审裁判的，可以在上诉期内向上一级人民法院提起上诉，上诉期限为收到裁判文书的15日内，上诉期间为自然日，上诉状应当通过原审人民法院提出，并按照对方当事人或者代表人的人数提供副本数。过了上诉期限没有上诉的，则第一审的裁判文书生效，案件进入执行程序。

（五）医疗损害的民事赔偿

按照《侵权责任法》，医疗机构或医务人员的侵权行为造成患者人身损害的，应当赔偿医疗费、护理费、交通费等为治疗和康复支出的合理费用，以及因误工减少的收入。造成残疾的，还应当赔偿残疾生活辅助具费和残疾赔偿金。造成死亡的，还应当赔偿丧葬费和死亡赔偿金。侵害他人人身权益，造成他人严重精神损害的，被侵权人可以请求精神损害赔偿。

根据《最高人民法院关于审理医疗损害责任纠纷案件适用法律若干问题的解释》的规定，医疗产品的生产者、销售者明知医疗产品存在缺陷仍然生产、销售，造成患者死亡或者健康严重损害，被侵权人请求生产者、销售者赔偿损失及二倍以下惩罚性赔偿的，人民法院应予支持。

被侵权人同时起诉两个以上医疗机构承担赔偿责任，人民法院经审理，受诉法院所在地的医疗机构依法不承担赔偿责任，其他医疗机构承担赔偿责任的，残疾赔偿金、死亡赔偿金的计算，按下列情形分别处理：①一个医疗机构承担责任的，按照该医疗机构所在地的赔偿标准执行；②两个以上医疗机构均承担责任的，可以按照其中赔偿标准较高的医疗机构所在地标准执行。

五、行政诉讼与刑事诉讼

医疗纠纷的诉讼方式虽然以民事诉讼为主，但并不代表不存在行政诉讼与刑事诉讼。目前国家对医师执业资格、医疗机构管理、药品企业管理等都有明确法律法规规定，如果医师的执业资格取得不合法、医疗机构的成立与注册不合法等，患者就可能先采取行政诉讼起诉主管行政机关，在行政诉讼中，如果医师或医疗机构的相关资格被取消，则很有可能医疗行为就转变为了"非法行医"，民事诉讼的开展就有了前提条件，也会相对顺利。双方当事人觉得医疗纠纷过程中某些情节较为严重的，都可以选择向公安机关报案，公安机关经过调查或侦查，根据案件情节可以向人民检察院移送案件，由人民检察院提起公诉。但情节轻微的案件，刑事诉讼可由当事人提请，在医疗纠纷中，医患双方都可能提请相应的刑事诉讼，譬如医疗机构针对"医闹"提请刑事诉讼，这种诉讼方式可以有效遏制医患暴力冲突，也对医疗纠纷的民事解决有很大的帮助作用。患者提请刑事诉讼的原因也存在多种，包括侮辱、诽谤、隐私遭泄露、医疗事故罪等。刑事诉讼往往附带民事诉讼，特别是在医疗纠纷领域。

第六节 医疗损害的侵权责任

一、医疗损害责任概述

（一）医疗损害责任概念

2009 年 12 月 26 日，第十一届全国人大常委会颁布了经第十二次会议审议通过的《侵权责任法》，自 2010 年 7 月 1 日起施行。作为我国民法典中的重要法律，《侵权责任法》正式踏上了历史舞台，是中国法制建设中的一个重要里程碑。

根据该法规定，公民、法人或其他组织侵害他人民事权益，应当依法承担侵权责

任。民事权益,包括生命权、健康权、姓名权、名誉权、荣誉权、肖像权、隐私权、婚姻自主权、监护权、所有权、用益物权、担保物权、著作权、专利权、商标专用权、发现权、股权、继承权等人身、财产权益。被侵权人有权请求侵权人承担侵权责任。《侵权责任法》专设第七章为"医疗损害责任",共列 11 条,对医疗领域的侵权行为进行了规制。

医疗损害责任指在医疗活动中,医疗机构及其医务人员因过错造成患者人身、财产的损害而产生的民事责任。"医疗损害"是医疗行为所引起的对患方不利的一切事实和后果,包括对患者所造成的身体损害、精神损害、名誉损害、隐私权和知情同意权的侵害以及对患者财产损害。

（二）医疗损害责任归责原则

根据《侵权责任法》,民事侵权责任的原则并不唯一,而是有一个多元的规则体系。该体系中包括过错责任归责原则、无过错责任归责原则及公平责任归责原则三大原则。

1. 过错责任归责原则 《侵权责任法》第五十四条规定"患者在诊疗活动中受到损害,医疗机构及其医务人员有过错的,由医疗机构承担赔偿责任",这就是典型的过错责任。

过错责任,必须同时具备下列三个要素:

（1）行为过错:过错责任第一要义就是行为人有主观过错。一般说来,过错的形式有故意和过失两种,如果行为人的行为既不是故意又没有主观上的过失,则不能认定有过错。如梦游之中的所作所为以及精神障碍患者的行为,因为其意识的缺乏,所以不能认定为过错。因主观上的过错做了不该做的事或没做应该做的事就是行为过错,前者是作为的过错,后者是不作为的过错。

与行为过错产生相同法律后果的还有推定过错。《侵权责任法》第五十八条规定,患者有损害,因下列情形之一的,推定医疗机构有过错:违反法律、行政法规、规章以及其他有关诊疗规范的规定;隐匿或者拒绝提供与纠纷有关的病历资料;伪造、篡改或者销毁病历资料。

梁慧星教授对推定过错的理解有独到之处。他认为,现代民法上的"推定"是一种技术性法律概念,是立法者于制定法律规范时预先作出的"假定",即基于法定的某种事实之存在而"假定"存在另一种事实。现代法律中有两种"推定":第一种是许可被推定人以反证予以推翻的推定,第二种是不允许被推定人以反证予以推翻的推定。法律上通常规定的"过错推定"是第一种"推定",即许可被推定人以相反的证据予以推翻的推定。法律规定第二种推定,属于特别情形。这两种过错推定在法律条文表述上有明显的区别。第一种过错推定或者真正的过错推定,法律条文通常表述为"不能证明自己没有过错的,应当承担侵权责任",如《侵权责任法》第八十五、八十八、九十条的规定。

第二种过错推定,亦即"不可推翻的过错推定",如《侵权责任法》第五十八条的规定。严格来说,第二种过错推定不是真正的推定,实际上是立法者预先做出的"直接认定"而非"假定",其法律效力等同于另一个技术性概念"视为"。所谓"视为",是法律的直接认定,不允许被告推翻此项认定,如《中华人民共和国合同法》第一百五十八条的规定:"当事人约定检验期间的,买受人应当在检验期间内将标的物的数量或者

质量不符合约定的情形通知出卖人。买受人怠于通知的,视为标的物的数量或者质量符合约定。"《侵权责任法》第五十八条规定的"推定医疗机构有过错",亦是如此。人民法院一经审理查明,案件存在《侵权责任法》第五十八条规定的 3 种法定情形之一的,即应认定被告医疗机构有过错,并驳回被告医疗机构关于不存在过错的主张(或抗辩)。

案例评析

许某诉中南大学某医院案

案例:许某,男,33 岁,因背部疼痛 1 年余于 2009 年 9 月 17 日入住被告医院,诊断为 2~3 胸椎血管瘤,9 月 26 日,由副主任医师王某主刀,为其进行了"胸椎病灶清除植骨融合内固定术",手术效果明显,患者主诉症状基本消除,但因活检取材不典型,术后病理诊断欠明确。

患者因未能得到确诊而与主刀医师发生争执,之后诉至法院,起诉时患者已经基本康复。两级医学会均鉴定医方无技术过失,不属医疗事故。另经查实,"胸椎病灶清除植骨融合内固定术"按《湖南省各级综合医院手术分类及批准权限规范》属于四类手术,只有正主任医师才有手术资格,而主刀医师王某于 2009 年 9 月 30 日才获得正主任医师职称,手术时职称不符合要求。诉讼时适逢《侵权责任法》生效,患者主张医方行为违反诊疗规范,应推定其行为过错,该主张得到法院的支持。经法庭主持调解,以被告支付 5.5 万元赔偿金结案。

评析:这是一个典型的推定过错案例。因为医方的行为违反法律、行政法规、规章以及其他有关诊疗规范的规定而被推定过错的案例,在患方胜诉的案件中占有很大的比例,这是因为患方要证明医方的技术过错非常困难,而只要发现医方的违法行为,就很容易依法推定医方的过错,这一点对于医疗机构及其医务人员尤其值得重视——尊重法律、敬畏规则既是医疗安全的保障,也是防范医疗纠纷、免除法律责任的保障。

(2)损害后果:有过错行为并不一定就会产生过错责任,如果过错行为没有造成他人的损害,则不会产生过错责任。比如医院应该提供安全的诊疗环境,而医院走道上又湿又滑,这当然可以视为医院的过错,如果患者因此而滑倒摔伤,医院理所当然要承担过错责任,但假若没有病人摔伤,医院不会因为走道湿滑的过错而产生所谓的过错责任了。

(3)因果关系:既有过错行为,也有他人的损害后果出现,仍不一定会产生过错责任。比如上文提到的医院存在"走道湿滑的过错"的同时,一个冠心病患者在病床上猝死,医院显然无需承担过错责任,因为患者的猝死与医院"走道湿滑的过错"之间没有因果关系。简言之,过错行为"导致"损害后果发生,两者存在因果关系的,才会产生过错责任。

基于医疗行为最终总以失败告终的特点,损害后果就总是必定要出现的(所有的患者最终必定死亡),如果我们在医疗行为的责任认定方面稍有模糊,就会威胁行业

的安全和稳定,比如以患者的不良后果反向质疑医疗行为的正当性就是典型错误的归责逻辑,正确的归责原则和思维方式应该是以医疗行为的正当性来评判事件的性质,所谓正当性评判也就是看医方行为是否存在主观过错,没有过错的医疗行为原则上不应该产生侵权责任(以法定无过错责任为例外)。

2. 无过错责任归责原则 无过错责任,指基于法律的明文规定,即便行为人的行为没有过错,也要对他人的损害后果承担责任。《侵权责任法》第五十九条规定的因药品、消毒药剂、医疗器械的缺陷,或者输入不合格的血液造成患者损害的责任,就属于无过错责任。即便医疗机构已经尽到了应尽的注意义务,在采购中并无行为过错,也不能完全避免采购到不合格的药品、器械和血液,在这种情形下,如果依过错责任原则来归责,患者就只能追索厂家或血站,这必然给患者维权增加成本。从合同的相对性及合同的严格责任原则出发,医疗机构作为合同当事人,当然应该对对方当事人负责,至于是你本身的过错还是供货商的过错,患者是无需过问的,法律授权患者可以选择索赔对象。这个法条规定的内容与《产品质量法》的是一致的,只是这一次明确了"血液"也适用产品质量无过错责任。值得注意的是,这里讲的是医疗机构应对不合格的血液承担无过错责任,而对合格的血液造成损害的另说。

案例评析

某制药有限公司假药案

案例: 某制药有限公司假药案始于 2006 年 4 月,某大学附属第三医院使用了某制药有限公司生产的亮菌甲素注射液,导致 65 名使用该药品的患者中部分出现肾衰竭症状,其中 10 余名患者死亡,1 名患者病情加重。同年 5 月,某制药有限公司生产的亮菌甲素注射液被认定为假药,在全国范围内被紧急查封。

案发后,事件受害人及家属先后向亮菌甲素注射液的制造企业、经营企业和使用单位提起 11 宗民事赔偿诉讼,总索赔金额高达 2 000 余万元。

判决书中法院明确了该案中的几个关键问题。首先,关于医院是药品的销售者还是使用者的界定,法庭认为,医院虽然不是一般的药品经营单位,但由于在购进药品价格与给患者用药所收费用间有明显差价,也被认定为药品销售者。其次,医院和销售商在本案中虽然没有过错,但适用《民法通则》中关于产品质量的无过错责任原则,二者行为侵害了受害人的生命权和健康权,同样应当承担侵权责任。法庭综上认为,本案 4 名被告均应对原告的损失承担责任;某制药有限公司作为生产假药的责任人,应为赔偿责任的最终承受者,医院和 2 家销售商承担连带责任,并对某制药有限公司享有追偿权。

评析: 这个案子是《侵权责任法》实施之前,关于医疗机构适用《产品质量法》无过错责任原则归责的典型案例。当时法院尚要对医疗机构是否适用《产品质量法》承担无过错责任进行释明。如果案件发生在现在,则可以直接援引《侵权责任法》第五十九条判决即可。当然,没有过错的医疗机构在承担了责任之后,有权向过错方追偿。

3. 公平责任原则　公平责任原则是指对于损害事件的发生，当事各方均没有过错，但不给予受损害者以补偿会显失公平的，裁判者可以基于公平原则，责令加害人对受害人的财产损失给予适当补偿的一种责任形式。《侵权责任法》第二十四条对公平责任进行了明确："受害人和行为人对损害的发生都没有过错的，可以根据实际情况，由双方分担损失。"

公平责任原则的适用范围，应当限制在当事人双方均无过错，并且不属于过错责任原则和无过错责任原则调整的那一部分侵权损害赔偿法律关系，超出这个范围的不能适用。公平责任原则的适用范围，既包括侵害财产权的侵权案件，也包括侵害人身权的侵权案件。

适用公平责任原则所考虑的因素，是"根据实际情况"。这里的实际情况，应当包含以下两个主要内容。第一，被侵权人的损害程度。损害程度直接决定当事人分担损失的必要性。损害应当是达到相当的程度，不分担损失的话，被侵权人将无法承受损害后果，这有悖于民法的公平、正义观念。第二，当事人的经济状况。主要是指当事人各方的实际的经济负担能力。考虑当事人各方的经济状况，负担能力强的，可以多赔；负担能力弱的，可以少赔。其他还需要考虑的因素还有社会的舆论和同情等，这些因素对分担损失也有一定的影响。适用公平责任原则，就是要根据这些实际情况，综合考虑，确定各方各自所应承担的民事责任。

适用公平责任原则的处理结果，在一般情况下实行损失分担，即根据损害程度和各方当事人的经济状况以及其他相关的因素，综合判断。在损害程度达到了应当分担损失的情况下，各方当事人的经济状况相似或相近的，可以平均分担；一方情况好而另一方情况差的，可以一方负担大部分而另一方负担小部分。在这样的基础上，再适当考虑社会舆论和同情等因素，做出适当的小的调整，使责任的分担更为公平、合理。

在医疗损害责任的范畴，能否适用公平责任原则的归责具有一定的争议。因为医疗行为固有的风险性，其行为后果几乎不可掌控，而且医疗行为最终总以失败告终的特点，损害后果就总是必定要出现的（所有的患者最终必定死亡），如果对每个死亡或不救治不成功的患者都滥用公平责任原则归责，医疗机构显然是难以负担的。

但有一些典型事件值得讨论，如过敏性休克死亡的事件、无过错输血导致艾滋病感染事件等。比如给外伤患者注射破伤风疫苗显然是正当的，如果在做皮试的时候患者发生过敏性休克，医方给予了正确的抢救仍没能避免死亡的后果。又比如说在输血时，因存在艾滋病检测的窗口期，即使血站及医院依法依规进行了检测，无任何行为过错，仍可能导致患者因输血感染艾滋病。像在这类医方没有过错的意外事件中，医疗机构是否应以公平责任的形式对患方予以补偿呢？

对于此类事件的看法，学界目前主要存在两种声音：一种主张适用公平责任原则，另一种否定适用公平责任原则。当然，也有极个别的人主张"推定过错责任"。

尽管主流观点并不支持公平责任原则的适用，但在司法实践中，基于社会舆论的盲目性及审判者简单而直接的正义观，仍会经常看到公平责任原则的适用，而依"推定过错责任"判决医院赔偿的荒诞案例也偶有出现。

就实体法而言，对于医疗损害是否适用公平责任原则，《医疗事故处理条例》与《侵权责任法》就有了较大的差异。《医疗事故处理条例》第三十三条明确规定，在医

疗活动中由于患者病情异常或者患者体质特殊而发生医疗意外的及无过错输血感染造成不良后果的均不属于医疗事故，医疗机构不承担责任，这是明确地排斥适用公平责任原则。而《侵权责任法》第六十条规定医务人员在抢救生命垂危的患者等紧急情况下已经尽到合理诊疗义务而患者有损害的，医疗机构不承担赔偿责任，却没有完全排除公平责任原则的适用，因为它要求"在抢救生命垂危的患者等紧急情况下"才能排除公平责任原则而免责，至于非紧急情况下的医疗意外事件，仍没有明确排除公平责任原则的适用，如前述注射破伤风疫苗致死的事件，医方仍有可能基于审判者的认知而承担公平责任。

虽然《侵权责任法》效力高过《医疗事故处理条例》，但在这个问题上并没有明显的冲突，司法审判中能否继续援引《医疗事故处理条例》来排除公平责任原则的适用，恐怕仍然会是一个有争议的问题。既然医疗意外的风险是难以把握的，而法律上又不能从根本上免除医方的公平责任，如果医方要对此类风险的防范有所作为，恐怕只有引入医疗意外保险，利用商业保险机制来化解此类风险。

> **案例评析**
>
> ### 南京15患者输血感染丙肝，医院给予"无过错"补偿
>
> **案例：** 2001年至2002年，15名白血病患者在南京住院治疗期间，因输血先后感染上丙肝病毒。忍受着双重病痛折磨的患者于2012年向医院和血液中心提出索赔。
>
> 法院召集原卫生部专家调查后惊奇地发现：由于现有血液检验技术存在局限性，丙肝病毒在窗口期内无法检测出来，存在5%以下的漏检率，医院和血液中心对此无法控制。面对在双重病痛中挣扎的患者，主审此案的鼓楼区法院知识产权庭庭长沈菁表示，尽管现有血液检验技术存在漏洞，但面对无辜的患者，医院和血液中心也应勇敢承担起"无过错赔偿责任"。最终，法院说服医疗机构合理处理这起纠纷，劝导患者清楚认识疾病发生的原因。
>
> 经过数十次的调解，最终医患双方达成了调解协议，江苏省某医院和南京市某血液中心根据各个患者的实际情况，给予了适当的"无过错"经济补偿。
>
> **评析：** 虽然这个案子的基本事实发生在2001年至2002年间，但诉至法院时已经是2012年之后，当时《侵权责任法》已经实施。我们可以清晰地看到审判者及社会大众舆论基于对于患者的同情，将承担公平责任的义务赋予医疗机构，却很少顾及强势地位的医疗机构关于公平的感受。

二、医疗损害中典型的过错责任

《侵权责任法》以不完全列举的方式，规定了某些医疗损害情形，医疗机构及医务人员存在过错，应承担赔偿责任。在明确了过错责任的归责原则后，一般的常规立法不会再详细所列举具体的过错类型，而《侵权责任法》对一些非典型的，甚至是边缘性的过错行为进行不完全列举，这可加深我们对医疗过错的理解。

（一）未尽到与当时诊疗水平相适应的诊疗义务的责任

医务人员在诊疗活动中未尽到与当时诊疗水平相应的诊疗义务，造成患者损害的，医疗机构应当承担赔偿责任。

这个条款是《侵权责任法》的创新性立法。《医疗事故处理条例》规定，只要医疗机构及医务人员不违反法规，就不构成医疗事故，也可免于赔偿。这完全没有考虑到医学科学动态发展的属性，忽视了以落后的技术服务于人，即便不违反法规，也不违反诊疗原则和规范，仍可能是具有"过错"的医疗行为。

医学不断发展进步，医务人员的诊疗水平不仅存在不同时期的差异，还受到地域、所在医疗机构资质等因素的制约，确实是不能一概而论的。评价医疗行为正当性的关键在于医务人员当时是否尽到了合理的注意义务。尽管该法条只考虑了"当时的诊疗水平"，没有将医疗水平的地域差距及医疗机构规模大小差异等其他客观因素纳入评判正当行的参照体系，但在司法实践中，却不可能不考虑这些因素。比如，如果我们用三甲医院的医疗水平去评价乡镇卫生院的医疗行为是否正当，显然是极其荒谬的。

案例评析

张某诉望城县某人民医院医疗损害赔偿案

案例： 原告张某，女，25 岁，因足月妊娠于 2001 年 7 月 20 日入被告医院行剖宫产，手术过程顺利。术后，被告医院给予原告庆大霉素 8 万单位，肌内注射，每日 2 次，抗感染治疗；除此之外，未使用其他药物和手段对原告进行感染预防和控制。术后三天，原告伤口感染，子宫出血不止，被迫行子宫全切除手术。法院受理案件后，委托望城县医疗事故技术鉴定委员会进行医疗事故技术鉴定，结论为"未违反诊疗原则，不属医疗事故"。望城县人民法院一审判决以"不属医疗事故的医疗机构不承担责任"为法律依据，驳回了原告的诉讼请求。

二审法院认为，被告的医疗行为虽然没有违反医疗原则和诊疗常规，但即便依普通人的认知水平都能够判断，被告预防术后感染的水平远远低于现阶段的医学水平，被告没有尽到应尽的注意义务，存在医疗过错。长沙市中级人民法院终审判决被告承担主要责任，赔偿原告损失 21 565 元。

评析： 该案是《侵权责任法》实施前的一个问责"医疗水平"的典型案例，尽管当时法律并没有问责"医疗水平"的规定，但法律体现的公平正义的精神却是一贯的。《侵权责任法》实施后，这类案件并不少见。社会对医疗行为的评判不仅是要求"没有原则错误"，更要求有较高的技术水平，而且这个技术水平的标准是与时俱进的。如果我们的医务人员不加强新知识新技能的学习，以老化落后的技术服务社会，即使工作小心谨慎、认真负责，仍有可能会造成不良的法律后果。

（二）过度检查的责任

《侵权责任法》规定，"医疗机构及其医务人员不得违反诊疗常规实施不必要的检

查"。尽管该法条只赋予医疗机构一个不作为的义务，没有规定违法的行为后果，但并不影响其行主体的责任承担——违法行为必然是过错行为，过错行为造成损害的，依法承担侵权责任。违反该条的行为既可能侵犯患者的人身权也可能侵犯患者的财产权。比如，过度检查导致患者支出不必要的医疗费用，或者因此造成患者人身损害，或者导致患者丧失最佳治疗方案的，都应当承担赔偿责任。

与"过度检查"接近的还有一个概念，即"过度医疗"。过度医疗是指医疗机构或医务人员违背临床医学规范和伦理准则，不能为患者真正提高诊治价值，只是徒增医疗资源耗费的诊治行为。或者说，在治疗过程中，不恰当、不规范甚至不道德，脱离病人病情实际而进行的检查、治疗等医疗行为。简单说，过度医疗是超过疾病实际需求的诊断和治疗的行为。

一般来说，对过度医疗判定的标准是：对病人的诊疗总体上是趋好还是伤害。在治疗中，要看医生的目的何在，治疗是否产生预防作用，是否减轻了病人的痛苦，是否能延长病人的寿命。另外有两个附加条件是：病人的经济能力是否能承受，病人的心理是否能承受，治疗中是否能体现病人的权利。

过度医疗有下列基本特征：使用的诊疗手段超出了疾病诊疗的根本需求，不符合疾病规律和特点；采用非"金标准"的诊疗手段；对疾病基本诊疗需求无关的过度消费；费用超出了当时个人或社会经济的承受能力和社会发展水平。

为了追逐不当经济利益，违反医德规范及科学诊疗原则，过度医疗已是一个较普遍的问题，也引起了社会的广泛关注，《侵权责任法》创新设立这个医疗机构的不作为义务，具有一定的积极意义。但该法条只禁止过度检查，却并未判断医疗行为是否属于过度医疗，因为这是一个非常复杂的技术问题，非经专业技术鉴定无法得以确认。目前没有相应的鉴定机构能够或者愿意对此做出鉴定，即便有，高昂的鉴定费用与诉讼标的物之间可能会形成成本效益倒挂，所以患者要追究过度医疗的民事责任非常困难，司法实践中也尚未见到过有对医疗机构成功问责的案例。

（三）未按规定填写并保管和提供查阅、复制病历资料的责任

医疗机构及其医务人员应当按照规定填写并妥善保管住院志、医嘱单、检验报告、手术及其麻醉记录、病理资料、护理记录、医疗费用等病历资料。患者要求查阅、复制前款规定的病历资料的，医疗机构应当提供。

医疗机构违反该法律条款有什么后果呢？这个法律条款本身并没有讲明，而依照《侵权责任法》第五十八条规定，以违反法律规定为由直接推定医疗机构有过错就可以了。

这个法律条款规定的医疗机构的义务，对于医疗机构来说应是不难事，但偏偏就是这类看似没有难度的义务容易被人忽视并造成严重后果。

以填写病历为例，很多医疗纠纷问题就是出在病历上的，特别是一些基层的小医院或诊所，因为缺乏规范的病历书写和管理规范，在医疗损害发生后，拿不出规范有效的病历资料，使医方在诉讼中陷入困境。

案例评析

王某诉长沙市芙蓉区某街道社区卫生服务中心医疗损害

案例： 2010 年 2 月 7 日，原告王某在被告长沙市芙蓉区某街道社区卫生服务中心进行身体检查，结果诊断为肺结核。之后，原告到被告处进行治疗，被告接诊医生对原告提出了服药建议（自始至终从未书写过病历），并于 2010 年 2 月 16 日起先后为原告注射了 30 针链霉素（原告自带药物，被告只收取了 60 元治疗费），每次注射 1 瓶（规格为 1.0g/ 瓶）。原告在接受注射第四针后，出现了恶心、呕吐症状，当即向接诊医生反映，接诊医生表示该情况属正常现象。原告在接受注射第十针后，出现了头痛、头昏、视力模糊、眼球震颤、眩晕、恶心、呕吐和共济失调症状，再次向接诊医生反映，其仍然表示该情况属正常现象，无需理会。于是原告抱着信任的态度坚持注射完了 30 针。

此后，原告一直感觉身体不适，多次到多家医院求诊均未查明病症。直至 2013 年 4 月 15 日，经中南大学湘雅医院确诊为链霉素中毒引发的双侧半规管轻瘫、前庭功能障碍和双耳感音神经性耳聋。现原告身体状况极差，整天头痛、头昏、视力模糊、眩晕，无法自主活动或行走，极易晕倒在地，听力严重下降，几近全聋，生活完全不能自理，需要他人全天陪护，且病情仍在继续恶化。

原告认为，被告的医务人员严重违反医疗常规，不按规定书写病历，未经皮试，超过《中国药典》规定剂量为原告注射链霉素，且在接到严重药物毒性反应报告后未妥善采取相应的措施，导致原告发生严重且不可逆转的链霉素毒性反应。被告的医疗过错行为严重侵犯了原告的身体健康，理应对此承担侵权责任，对原告的身体和精神伤害进行赔偿。被告辩称，原告在院外自行购买链霉素，带药到被告处要求注射，被告的行为不是医疗行为，因此被告无需书写病历；被告只给原告注射了 4 次或 5 次，每次只注射了 0.75g。

诉讼中法院委托进行司法鉴定，因病历资料缺乏，无法对医疗行为的正当性形成结论，仅鉴定原告构成 6 级伤残。

法院认为：医院为患者自带药物注射的行为也是医疗行为，也应当遵循医疗行为规范，该案中病历资料缺失，导致案件事实无法确认，医疗机构应承担举证不能的责任。法院最后判决被告赔偿原告医疗费、护理费、残疾赔偿金、鉴定费、精神损害赔偿金共计 14 余万元。

评析： 医疗行为的规范性是一个不可轻视的问题。我国对于医疗行为的监管可以说是细致入微，制定了无数的行为规范，从处方管理到病历书写，从广告管理到医疗垃圾管理，医疗机构及医务人员无一不受这些行为规范的规制。如果我们的医务人员漠视这些行为规范，将会导致不良后果的发生。本案中的社区医院历来都不注重病历书写，对一般的门诊患者几乎从来都不写病历，导致不良后果。我们应该清醒地认识到，医务人员应该严格遵守相关规章制度以保障医疗安全、保障自己的合法权利。

（四）侵犯知情同意权的责任

《侵权责任法》第五十五条规定，医务人员在诊疗活动中应当向患者说明病情和医疗措施。需要实施手术、特殊检查、特殊治疗的，医务人员应当及时向患者说明医疗风险、替代医疗方案等情况，并取得其书面同意；不宜向患者说明的，应当向患者的近亲属说明，并取得其书面同意。医务人员未尽到以上义务，造成患者损害的，医疗机构应当承担赔偿责任。

因抢救生命垂危的患者等紧急情况，不能取得患者或者其近亲属意见的，经医疗机构负责人或者授权人的负责人批准，可以立即实施相应的医疗措施。

按照《侵权责任法》的立法思想，是否接受诊疗及接受何种诊疗方案，取决于患者自己的意思，在患者自己不能表示意思时取决于患者近亲属的意思，医疗机构和医务人员不得违反患者或者其近亲属的意思而实施诊疗行为。如果患者明确表示"不同意"救治，或者患者不能表达意思时其近亲属明确表示"不同意"救治，那么医疗机构和医务人员不得借口"紧急情况"而强行实施救治措施。这在某种意义上为实施所谓"消极的安乐死"留下了可能性。立法体现出的对"患者自己决定权"的充分尊重，值得注意。

须特别注意的是，对《侵权责任法》第五十五条不能做反对解释，不能误认为只要履行本条规定的说明义务、取得患者或其近亲属的书面同意，就可以不承担赔偿责任。随着医患纠纷的增多和矛盾激化，医疗机构为了保护自己的执业安全，设计了名目繁多的"知情同意书"，事无巨细都让患者签字，甚至有些风声鹤唳、草木皆兵的味道。风险意识强、警惕性高是好事，但是我们这些法律格式文书的设计者和医务人员，心中一定要有一个清晰的认识，无论是知情同意书，还是风险告知书，这些仅是对患者知情同意权的尊重，是医方履行法定义务而已，绝不是医方的护身符，它不可能免除或减轻医疗机构因过错行为而承担的法律责任。

📘 案例评析

赵某诉北京市某医院案

案例： 2011年7月4日，患者赵某，男，63岁，因"右上腹不适1月，发现胆总管结石4日"入北京市某医院外科治疗，2011年7月7日下午，该医院在完善术前准备及手术谈话基础上，为赵某行"内镜逆行胰胆管造影术（ERCP）+篮网取石术"，术后1小时，赵某即诉右上腹明显疼痛并伴有反复恶心呕吐，查血象示血清淀粉酶241IU/L、谷草转氨酶82IU/L，主治医师给予盐酸哌替啶及生长抑素治疗。7月8日午10:00，行腹部CT检查显示：①肝周少量积液；②胰头十二指肠周围渗出；③腹膜后肾周少量积液；④胸腔积液。7月8日下午13:00复查血象，显示血淀粉酶1 139IU/L、谷草转氨酶48.0IU/L，考虑急性重症胰腺炎。

2011年7月10日，赵某病情加重转入ICU病房，仍行保守治疗，病情进一步加重。7月12日，该医院为患者行剖腹探查、胰腺被膜切开减压、胆总管切开探查、T管引流、胃造瘘、十二指肠造瘘、空肠造瘘、腹腔引流术。术后患者赵某死亡。

　　2011 年 8 月 12 日，赵某家属将该医院诉至北京市海淀区人民法院，经法院委托，由北京某司法鉴定机构就该案的争议问题进行医疗过错司法鉴定。鉴定结论认为："医院未告知患者及家属替代医疗方案，存在过失，影响患者的治疗方案选择，与患者死亡之间存在因果关系，参与度以 50% 左右为宜。"经当庭对鉴定人进行质询，主审法官认为该鉴定结论依据充分，依法予以采纳，遂判决医院赔偿原告各项损失共计 22 万余元。被告不服，上诉至北京市第一中级人民法院，2012 年 11 月 12 日，中级人民法院做出终审判决："驳回上诉，维持原判"。

　　评析：患者的选择权是知情同意权的重要组成部分，患者的知情不仅是对治疗风险的知情，更重要的是对可供选择的处置方案的知情。如果有多个医疗方案可供选择，而医疗机构并不向患者提供可选替代医疗方案，只拿出一种方案让患者同意，这仍应认定侵犯了患者的知情同意权。所以在《侵权责任法》实施后，设计知情同意书或风险告知书时，一定要简要列明备选方案——只有在患者明示知晓各种治疗方案的前提下，其签署的知情同意书才是有效的。

（五）侵犯患者隐私权的责任

　　医疗机构及其医务人员应当对患者的隐私保密。泄露患者隐私或者未经患者同意公布其病历资料，造成患者损害的，应当承担侵权责任。

　　隐私权是一种比较新颖的权利，即便有法制比较健全的欧美国家，隐私权概念的提出和立法保护也是近几十年才有的。而在我国，《侵权责任法》首次将隐私权明确纳入法定权利的范畴，并且明确了对患者隐私权保护，有益于患者的权利救济。

　　《传染病防治法》及《精神卫生法》中都有隐私权保护的特别条款，但患者的隐私范围绝不仅限于传染病及精神病，可以说患者不欲人知的所有信息都可视为隐私，只是每个人的隐私意识范围并不相同。有些人将住址、电话号码也视为隐私，在这一点上，医务人员不可以用自己的隐私观来类推患者的隐私观念，对在执业活动中获知的患者信息，要以严格保护为原则，以免冒犯患者的隐私禁区。

　　另一方面是病情公布和病历复印中的问题。未经患者许可，不得公布其病情，更不得随意允许复制其病历资料。即便发生医疗纠纷，患者或相关人要求复印病历时，也要对严格审核对方的主体身份——患者仍生存的，患者本人或由其书面授权的人才有权复印病历；患者死亡的，其近亲属凭有效身份关系证明才能复印病历，否则有可能侵犯患者的隐私权。

　　一项针对患者隐私权问题做的专门调查反映医疗行为中普遍存在的有意或无意侵犯病人隐私的情形，主要表现为以下几类：

　　1. 医生询问病情隐私被候诊患者或他人"旁听"。

　　2. 化验单随时公开引出各种有关隐私被泄露。

　　3. 医学观摩未经病人同意隐私变成活教材。

　　4. 床头卡曝光病情泄露患者疾病隐私。

　　5. 以书面形式（撰写医学论著、科研论文等）公开病人隐私。

　　6. 少数医、技、管人员以口头形式宣扬病人隐私。

7. 病案管理人员因工作疏忽造成病案损坏、丢失、被盗而发生病人隐私泄露。

8. 电子病案技术的应用，由于网络系统不完善、操作人员不注意保密，密码被他人窃取后进入医生、护士工作站，病人隐私被泄露。

9. 少数司法办案人员调阅、复印病历，窥探到与本案无关的病人隐私内容，予以宣扬。

当然，患者的隐私权并非没有边界，当患者隐私涉及公共利益时，隐私权必须让步。《传染病防治法》及《精神卫生法》就有法定的病情公布情形，为保护公共安全，医疗机构及有关部门有权公布患者的身份信息。

案例评析

李女士名誉损害案

案例：2013 年 5 月 17 日，李女士在一家医院就诊时，被确定患有梅毒。医院随即将李女士的患病情况及相关身份资料报告给了当地的疾病预防控制中心，该中心也随之对相关人员采取了预防、控制措施。由于知晓范围的扩大，李女士在自己名誉受到了一定损害后，以医院未经其许可，擅自泄露其隐私为由，起诉要求判令医院消除影响、赔礼道歉、赔偿精神损失。

审理法院认为，根据《传染病防治法》第三条之规定，梅毒属于国家重点防控的乙类传染病。而该法第三十一条指出："任何单位和个人发现传染病病人或者疑似传染病病人时，应当及时向附近的疾病预防控制机构或者医疗机构报告"。

也就是说，医院向当地的疾病预防控制中心报告，以及该中心采取相应措施，属于为保护社会公共利益和公共安全而依法行使职权。鉴于社会利益高于个人利益，李女士自然无权以医院未经其许可而泄露其隐私为由，要求医院承担侵权责任。法院判决驳回了李女士的诉讼请求。

评析：隐私保护中个人利益与公共利益冲突时，无疑应以公共利益优先，但这种优先必须有法律依据，不能以个人的认知差异来决定。也就是说医务人员不能以保护公共利益为名侵犯患者隐私，除非基于法律的明确授权，其行为有法律、法规或行业规范为依据。上述案例的判决，正是基于医疗行为的合法性而做出的，显然，知法、守法是医务人员执业活动的不可或缺的安全保障。

三、医疗损害法定免责情形

《侵权责任法》第六十条以不完全列举的方式，将下列典型的情形规定为医疗机构免责，体现了医疗损害责任以过错责任为主导归责原则的立法精神。

1. 患者或者其近亲属不配合医疗机构进行符合诊疗规范的诊疗而造成损害的，医疗机构不承担赔偿责任（医疗机构及其医务人员也有过错的，仍应当承担相应的赔偿责任）。

2. 医务人员在抢救生命垂危的患者等紧急情况下已经尽到合理诊疗义务的，患者虽有损害，医疗机构不承担赔偿责任。

例如,在给患者进行人工心肺复苏的抢救中,因心脏按压导致肋骨断裂的现象是常见的,这类事件完全符合法律规定的免责情形,所以,医方无需对患者此类损害承担责任。

如果不是"抢救生命垂危的患者等紧急情况",但已经尽到合理诊疗义务,医疗机构需要承担赔偿责任吗?这里,立法者给我们想象的空间,依法条的文义推理来看,似乎并不能完全免责,也就是说,即便医疗行为没有过错,也有可能会被要求承担公平责任。

3. 限于当时的医疗水平难以诊疗,患者虽有损害,医疗机构不承担赔偿责任。这一条意味着我正确的评判方式是,医方当时的行为应以当时的技术标准来评判是否正当,是否存在医疗过错行为不能拿今天的评判标准去判断昨天行为的正当性。比如在计算机断层扫描(CT)及磁共振成像(MRI)技术未普及时,对颅脑疾病的诊疗水平受限,那时的很多病人如果放在今天有可能获救。但如果我们以今天的诊疗水平去追究过去的所谓责任,显然是荒谬的。如果按当时的标准评判没有过错,则医方无需承担责任。

案例评析

家属拒签字,孕妇死亡案

案例: 2007 年 11 月 21 日,22 岁的李某在丈夫肖某的陪同下来到朝阳医院京西分院就诊,产科医生向肖某交代其妻病情危重,随时危及母胎生命,应马上实施剖宫产。肖某拒绝在手术同意书上签字。在医生反复说明、劝解下,肖某在手术知情同意书上写下:"拒绝剖腹产生孩子,后果自负。肖某"。就在医生与肖某僵持的四个小时里,18 点 30 分,胎儿死亡,19 点 30 分,孕妇李某死亡。

评析: 该事件发生后,很多偏激的道德专家,全然不顾及医疗行为中患者知情同意权优先的原则,抡起所谓道德的大棒肆意抨击当事医院以博人眼球。事实上,患者家属肖某的行为就是典型的"不配合"行为,如果案件发生在当下,依《侵权责任法》第六十条之规定,其家属的拒绝配合行为应对患者之死亡承担责任而医院得以完全免责。

值得一提的是,该案中有个很值得关注的问题,大家都忽略了——患者李某有没有自主意识和行为能力?如果李某有意识表达能力,则应以李某本人的知情同意为优先,此时医院不征求患者本人的意见而执行家属的意见,应视为对知情同意权的侵害而不能免责。

（刘大华　陈　青　湛　欢）

复习思考题

1. 目前我国涉及医疗纠纷预防与处理主要有哪些法律法规?

2. 为预防医疗事故及医疗损害的发生并对其进行监管,应该建立和遵循哪些制度?

3. 一旦发生医疗过失及医疗事故,应当遵循哪些规则逐级进行上报?

4. 在医疗纠纷处理过程中,确定医疗损害责任的鉴定方式有哪些?

5.《侵权责任法》中涉及病历管理的规定有哪些?

6. 根据《医疗纠纷预防与处理条例》,患方可以通过哪些途径解决医疗纠纷?

7. 哪些情况下,医疗机构可以主张免责?

第六章

中医药法律制度

1. 掌握中医药的概念、中医医疗机构及中医从业人员相关规定、药品生产和经营管理的主要内容。

2. 熟悉中医药立法及相关法律法规、中医药教育和科研的规定、中药生产加工调剂的相关法律制度。

3. 了解中医药发展的保障措施、药品广告管理和价格管理的主要内容、民族医药的相关法律法规。

第一节　概　　述

一、中医药的概念

中医药是我国人民在长期实践中逐步形成的具有独特理论体系并以天然药物为主的诊疗实践科学。它包括中医药、中西医结合医药和民族医药三大领域。通常我们所说的中医药,在广义上说,是上述三大领域的统称。

中医药是中华民族在与疾病长期斗争的过程中积累的宝贵财富,其有效的实践和丰富的知识中蕴含着深厚的科学内涵,是中华民族优秀文化的重要组成部分,为中华民族的繁衍昌盛和人类健康做出了不可磨灭的贡献。

二、中医药立法沿革

中医药立法是为了更好地继承和发扬中医药,使其在疾病防治、养生保健与医疗活动中发挥更重要的作用。在提高医疗保健水平和覆盖范围的同时,降低医疗费用和成本是中国和世界面临的共同问题。中医药能够为民众提供"简、便、验、廉"的医疗保健服务,充分发挥其特色优势将有可能为现代社会提供新的医疗保健模式。但由于中医药学的理论体系和实践方法不同于西方医药学,所以不能简单沿用西药的

法规进行管理。中医药是中华民族的宝贵财富,其传承和发展应受到法律的保护。中医药管理的法律制度应当按照中医药的特点和活动规律以及我国卫生事业的实际来制定和完善,以促进中医药事业的健康发展。

中华人民共和国成立后,党和政府高度重视中医药工作。1954年11月,中共中央在批准原政务院文化教育委员会党组提交的《关于改进中医工作问题的报告》时指出,团结中西医,正确地发挥中医的力量为人民保健事业服务,是中央早已明确指示的一项重要的卫生工作方针;要大力号召和组织西医学习中医,鼓励那些具有现代科学知识的西医,采取适当的态度同中医合作,向中医学习,整理祖国的医学遗产。同月,卫生部正式成立中医司。

1982年第五届全国人民代表大会第五次会议通过的《宪法》规定,国家发展现代医药和我国传统医药。1997年《中共中央、国务院关于卫生改革与发展的决定》提出,中医药是中华民族优秀的传统文化,是我国卫生事业的重要组成部分,独具特色和优势。我国传统医药与现代医药互相补充、共同承担保护和增进人民健康的任务;要中西医并重,发展中医药。

为了继承和发展中医药学,保障和促进中医药事业的发展,保护人体健康,2003年5月6日,国务院颁布了《中华人民共和国中医药条例》(以下简称《中医药条例》),自2003年10月1日起施行。这是中华人民共和国成立以来我国首部规范中医药管理及相关工作的行政法规。

2009年3月,《中共中央、国务院关于深化医药卫生体制改革的意见》提出,充分发挥中医药(民族医药)在疾病预防控制、应对突发公共卫生事件、医疗服务中的作用。加强中医临床研究基地和中医院建设,组织开展中医药防治疑难疾病的联合攻关。在基层医疗卫生服务中,大力推广中医药适宜技术。采取扶持中医药发展政策,促进中医药继承和创新。2009年4月,国务院发布了《关于扶持和促进中医药事业发展的若干意见》。

国务院、原卫生部、国家中医药管理局、原国家食品药品监督管理局还发布了有关中医医疗机构管理、中药生产经营、传统医药队伍建设和科研管理等方面的法规、规章,主要有《中药品种保护条例》《中医医疗机构管理办法(试行)》《全国示范中医医院建设验收标准》《中医医院评审暂行办法》《中医坐堂医诊所管理办法(试行)》《医疗气功管理暂行规定》《中药材生产质量管理规范(试行)》《中药注册管理补充规定》《社区中医药服务工作指南(试行)》。国家中医药管理局先后制定了《中医事业"八五"计划及十年规划设想》《中医事业"九五"计划及2010年规划设想》。2002年10月,科学技术部、卫生部等部委联合发布了《中药现代化发展纲要(2002—2010年)》。2007年1月11日,科学技术部、卫生部、国家中医药管理局、国家食品药品监督管理局、国家自然科学基金委员会等16个部门联合制定了《中医药创新发展规划纲要(2006—2020年)》。2007年12月25日,卫生部、国家中医药管理局等十一个部委联合发布了《关于切实加强民族医药事业发展的指导意见》。2012年7月10日,国家中医药管理局根据《中华人民共和国国民经济和社会发展第十二个五年规划纲要》印发了《中医药事业发展"十二五"规划》。2016年8月,根据《中医药发展战略规划纲要(2016—2030年)》,制定《中医药发展"十三五"规划》。

《中医药条例》的实施，为保护、扶持和促进中医药事业的发展发挥了重要作用，但随着形势的发展，《中医药条例》已不能适应中医药事业的发展要求。因此，行业内外呼吁在此基础上制定《中医药法》的声音越来越强。在国务院法制办等有关部门的支持下，国家中医药管理局于2005年3月启动了《中华人民共和国中医药法》的起草工作。2008年10月，《中（传统）医药法》首次纳入十一届全国人大常委会五年立法规划（共64件），标志着中医药立法正式纳入国家立法日程。2013年3月，《中华人民共和国中医药法》纳入第十二届全国人大常委会五年立法规划（共68件）。2015年12月9日，国务院第一百一十五次常务会议通过《中医药法（草案）》，决定将草案提请全国人大常委会审议。2016年12月25日，第十二届全国人大常委会第二十五次会议表决《中医药法（草案）》，高票通过《中华人民共和国中医药法》（以下简称《中医药法》），习近平总书记签署第五十九号主席令正式予以发布，于2017年7月1日正式实施。这部法的出台是中医药行业的一件大事，更是一件喜事，在中医药发展史上具有里程碑意义。

三、中医药事业发展的指导思想

坚持以人为本、为人类健康服务的根本宗旨，按照"自主创新，重点跨越，支撑发展，引领未来"的新时期科技工作方针。在继承发扬中医药优势、特色的基础上，充分利用现代科学技术，努力证实、阐明中医药的科学内涵，通过技术创新提高中医医疗服务能力和中药产业技术水平，通过知识创新丰富和完善中医药理论体系和医疗保健模式，加快中医药现代化和国际化进程，全面提高我国的医疗保健和重大疾病防治水平，不断满足广大民众的社会需求，确立我国在传统医药领域的优势地位，提高中医药的国际化能力和国际市场份额，为人类健康做出更大贡献。

📋 **知识拓展**

中华人民共和国中医药法

第一章　总则

第一条　为了继承和弘扬中医药，保障和促进中医药事业发展，保护人民健康，制定本法。

第二条　本法所称中医药，是包括汉族和少数民族医药在内的我国各民族医药的统称，是反映中华民族对生命、健康和疾病的认识，具有悠久历史传统和独特理论及技术方法的医药学体系。

第三条　中医药事业是我国医药卫生事业的重要组成部分。国家大力发展中医药事业，实行中西医并重的方针，建立符合中医药特点的管理制度，充分发挥中医药在我国医药卫生事业中的作用。

发展中医药事业应当遵循中医药发展规律，坚持继承和创新相结合，保持和发挥中医药特色和优势，运用现代科学技术，促进中医药理论和实践的发展。

国家鼓励中医西医相互学习，相互补充，协调发展，发挥各自优势，促进中

西医结合。

第四条　县级以上人民政府应当将中医药事业纳入国民经济和社会发展规划,建立健全中医药管理体系,统筹推进中医药事业发展。

第五条　国务院中医药主管部门负责全国的中医药管理工作。国务院其他有关部门在各自职责范围内负责与中医药管理有关的工作。

县级以上地方人民政府中医药主管部门负责本行政区域的中医药管理工作。县级以上地方人民政府其他有关部门在各自职责范围内负责与中医药管理有关的工作。

第六条　国家加强中医药服务体系建设,合理规划和配置中医药服务资源,为公民获得中医药服务提供保障。

国家支持社会力量投资中医药事业,支持组织和个人捐赠、资助中医药事业。

第七条　国家发展中医药教育,建立适应中医药事业发展需要、规模适宜、结构合理、形式多样的中医药教育体系,培养中医药人才。

第八条　国家支持中医药科学研究和技术开发,鼓励中医药科学技术创新,推广应用中医药科学技术成果,保护中医药知识产权,提高中医药科学技术水平。

第九条　国家支持中医药对外交流与合作,促进中医药的国际传播和应用。

第十条　对在中医药事业中做出突出贡献的组织和个人,按照国家有关规定给予表彰、奖励。

第二章　中医药服务

第十一条　县级以上人民政府应当将中医医疗机构建设纳入医疗机构设置规划,举办规模适宜的中医医疗机构,扶持有中医药特色和优势的医疗机构发展。

合并、撤销政府举办的中医医疗机构或者改变其中医医疗性质,应当征求上一级人民政府中医药主管部门的意见。

第十二条　政府举办的综合医院、妇幼保健机构和有条件的专科医院、社区卫生服务中心、乡镇卫生院,应当设置中医药科室。

县级以上人民政府应当采取措施,增强社区卫生服务站和村卫生室提供中医药服务的能力。

第十三条　国家支持社会力量举办中医医疗机构。

社会力量举办的中医医疗机构在准入、执业、基本医疗保险、科研教学、医务人员职称评定等方面享有与政府举办的中医医疗机构同等的权利。

第十四条　举办中医医疗机构应当按照国家有关医疗机构管理的规定办理审批手续,并遵守医疗机构管理的有关规定。

举办中医诊所的,将诊所的名称、地址、诊疗范围、人员配备情况等报所在地县级人民政府中医药主管部门备案后即可开展执业活动。中医诊所应当将本诊所的诊疗范围、中医医师的姓名及其执业范围在诊所的明显位置公示,不得超出备案范围开展医疗活动。具体办法由国务院中医药主管部门拟订,报国务院卫生行政部门审核、发布。

第十五条 从事中医医疗活动的人员应当依照《中华人民共和国执业医师法》的规定,通过中医医师资格考试取得中医医师资格,并进行执业注册。中医医师资格考试的内容应当体现中医药特点。

以师承方式学习中医或者经多年实践,医术确有专长的人员,由至少两名中医医师推荐,经省、自治区、直辖市人民政府中医药主管部门组织实践技能和效果考核合格后,即可取得中医医师资格;按照考核内容进行执业注册后,即可在注册的执业范围内,以个人开业的方式或者在医疗机构内从事中医医疗活动。国务院中医药主管部门应当根据中医药技术方法的安全风险拟订本款规定人员的分类考核办法,报国务院卫生行政部门审核、发布。

第十六条 中医医疗机构配备医务人员应当以中医药专业技术人员为主,主要提供中医药服务;经考试取得医师资格的中医医师按照国家有关规定,经培训、考核合格后,可以在执业活动中采用与其专业相关的现代科学技术方法。在医疗活动中采用现代科学技术方法的,应当有利于保持和发挥中医药特色和优势。

社区卫生服务中心、乡镇卫生院、社区卫生服务站以及有条件的村卫生室应当合理配备中医药专业技术人员,并运用和推广适宜的中医药技术方法。

第十七条 开展中医药服务,应当以中医药理论为指导,运用中医药技术方法,并符合国务院中医药主管部门制定的中医药服务基本要求。

第十八条 县级以上人民政府应当发展中医药预防、保健服务,并按照国家有关规定将其纳入基本公共卫生服务项目统筹实施。

县级以上人民政府应当发挥中医药在突发公共卫生事件应急工作中的作用,加强中医药应急物资、设备、设施、技术与人才资源储备。

医疗卫生机构应当在疾病预防与控制中积极运用中医药理论和技术方法。

第十九条 医疗机构发布中医医疗广告,应当经所在地省、自治区、直辖市人民政府中医药主管部门审查批准;未经审查批准,不得发布。发布的中医医疗广告内容应当与经审查批准的内容相符合,并符合《中华人民共和国广告法》的有关规定。

第二十条 县级以上人民政府中医药主管部门应当加强对中医药服务的监督检查,并将下列事项作为监督检查的重点:

(一)中医医疗机构、中医医师是否超出规定的范围开展医疗活动;

(二)开展中医药服务是否符合国务院中医药主管部门制定的中医药服务基本要求;

(三)中医医疗广告发布行为是否符合本法的规定。

中医药主管部门依法开展监督检查,有关单位和个人应当予以配合,不得拒绝或者阻挠。

第三章 中药保护与发展

第二十一条 国家制定中药材种植养殖、采集、贮存和初加工的技术规范、标准,加强对中药材生产流通全过程的质量监督管理,保障中药材质量安全。

第二十二条 国家鼓励发展中药材规范化种植养殖,严格管理农药、肥料等

农业投入品的使用,禁止在中药材种植过程中使用剧毒、高毒农药,支持中药材良种繁育,提高中药材质量。

第二十三条   国家建立道地中药材评价体系,支持道地中药材品种选育,扶持道地中药材生产基地建设,加强道地中药材生产基地生态环境保护,鼓励采取地理标志产品保护等措施保护道地中药材。

前款所称道地中药材,是指经过中医临床长期应用优选出来的,产在特定地域,与其他地区所产同种中药材相比,品质和疗效更好,且质量稳定,具有较高知名度的中药材。

第二十四条   国务院药品监督管理部门应当组织并加强对中药材质量的监测,定期向社会公布监测结果。国务院有关部门应当协助做好中药材质量监测有关工作。

采集、贮存中药材以及对中药材进行初加工,应当符合国家有关技术规范、标准和管理规定。

国家鼓励发展中药材现代流通体系,提高中药材包装、仓储等技术水平,建立中药材流通追溯体系。药品生产企业购进中药材应当建立进货查验记录制度。中药材经营者应当建立进货查验和购销记录制度,并标明中药材产地。

第二十五条   国家保护药用野生动植物资源,对药用野生动植物资源实行动态监测和定期普查,建立药用野生动植物资源种质基因库,鼓励发展人工种植养殖,支持依法开展珍贵、濒危药用野生动植物的保护、繁育及其相关研究。

第二十六条   在村医疗机构执业的中医医师、具备中药材知识和识别能力的乡村医生,按照国家有关规定可以自种、自采地产中药材并在其执业活动中使用。

第二十七条   国家保护中药饮片传统炮制技术和工艺,支持应用传统工艺炮制中药饮片,鼓励运用现代科学技术开展中药饮片炮制技术研究。

第二十八条   对市场上没有供应的中药饮片,医疗机构可以根据本医疗机构医师处方的需要,在本医疗机构内炮制、使用。医疗机构应当遵守中药饮片炮制的有关规定,对其炮制的中药饮片的质量负责,保证药品安全。医疗机构炮制中药饮片,应当向所在地设区的市级人民政府药品监督管理部门备案。

根据临床用药需要,医疗机构可以凭本医疗机构医师的处方对中药饮片进行再加工。

第二十九条   国家鼓励和支持中药新药的研制和生产。

国家保护传统中药加工技术和工艺,支持传统剂型中成药的生产,鼓励运用现代科学技术研究开发传统中成药。

第三十条   生产符合国家规定条件的来源于古代经典名方的中药复方制剂,在申请药品批准文号时,可以仅提供非临床安全性研究资料。具体管理办法由国务院药品监督管理部门会同中医药主管部门制定。

前款所称古代经典名方,是指至今仍广泛应用、疗效确切、具有明显特色与优势的古代中医典籍所记载的方剂。具体目录由国务院中医药主管部门会同药品监督管理部门制定。

第三十一条　国家鼓励医疗机构根据本医疗机构临床用药需要配制和使用中药制剂，支持应用传统工艺配制中药制剂，支持以中药制剂为基础研制中药新药。

医疗机构配制中药制剂，应当依照《中华人民共和国药品管理法》的规定取得医疗机构制剂许可证，或者委托取得药品生产许可证的药品生产企业、取得医疗机构制剂许可证的其他医疗机构配制中药制剂。委托配制中药制剂，应当向委托方所在地省、自治区、直辖市人民政府药品监督管理部门备案。

医疗机构对其配制的中药制剂的质量负责；委托配制中药制剂的，委托方和受托方对所配制的中药制剂的质量分别承担相应责任。

第三十二条　医疗机构配制的中药制剂品种，应当依法取得制剂批准文号。但是，仅应用传统工艺配制的中药制剂品种，向医疗机构所在地省、自治区、直辖市人民政府药品监督管理部门备案后即可配制，不需要取得制剂批准文号。

医疗机构应当加强对备案的中药制剂品种的不良反应监测，并按照国家有关规定进行报告。药品监督管理部门应当加强对备案的中药制剂品种配制、使用的监督检查。

第四章　中医药人才培养

第三十三条　中医药教育应当遵循中医药人才成长规律，以中医药内容为主，体现中医药文化特色，注重中医药经典理论和中医药临床实践、现代教育方式和传统教育方式相结合。

第三十四条　国家完善中医药学校教育体系，支持专门实施中医药教育的高等学校、中等职业学校和其他教育机构的发展。

中医药学校教育的培养目标、修业年限、教学形式、教学内容、教学评价及学术水平评价标准等，应当体现中医药学科特色，符合中医药学科发展规律。

第三十五条　国家发展中医药师承教育，支持有丰富临床经验和技术专长的中医医师、中药专业技术人员在执业、业务活动中带徒授业，传授中医药理论和技术方法，培养中医药专业技术人员。

第三十六条　国家加强对中医医师和城乡基层中医药专业技术人员的培养和培训。

国家发展中西医结合教育，培养高层次的中西医结合人才。

第三十七条　县级以上地方人民政府中医药主管部门应当组织开展中医药继续教育，加强对医务人员，特别是城乡基层医务人员中医药基本知识和技能的培训。

中医药专业技术人员应当按照规定参加继续教育，所在机构应当为其接受继续教育创造条件。

第五章　中医药科学研究

第三十八条　国家鼓励科研机构、高等学校、医疗机构和药品生产企业等，运用现代科学技术和传统中医药研究方法，开展中医药科学研究，加强中西医结合研究，促进中医药理论和技术方法的继承和创新。

第三十九条   国家采取措施支持对中医药古籍文献、著名中医药专家的学术思想和诊疗经验以及民间中医药技术方法的整理、研究和利用。

国家鼓励组织和个人捐献有科学研究和临床应用价值的中医药文献、秘方、验方、诊疗方法和技术。

第四十条   国家建立和完善符合中医药特点的科学技术创新体系、评价体系和管理体制，推动中医药科学技术进步与创新。

第四十一条   国家采取措施，加强对中医药基础理论和辨证论治方法，常见病、多发病、慢性病和重大疑难疾病、重大传染病的中医药防治，以及其他对中医药理论和实践发展有重大促进作用的项目的科学研究。

第六章   中医药传承与文化传播

第四十二条   对具有重要学术价值的中医药理论和技术方法，省级以上人民政府中医药主管部门应当组织遴选本行政区域内的中医药学术传承项目和传承人，并为传承活动提供必要的条件。传承人应当开展传承活动，培养后继人才，收集整理并妥善保存相关的学术资料。属于非物质文化遗产代表性项目的，依照《中华人民共和国非物质文化遗产法》的有关规定开展传承活动。

第四十三条   国家建立中医药传统知识保护数据库、保护名录和保护制度。

中医药传统知识持有人对其持有的中医药传统知识享有传承使用的权利，对他人获取、利用其持有的中医药传统知识享有知情同意和利益分享等权利。

国家对经依法认定属于国家秘密的传统中药处方组成和生产工艺实行特殊保护。

第四十四条   国家发展中医养生保健服务，支持社会力量举办规范的中医养生保健机构。中医养生保健服务规范、标准由国务院中医药主管部门制定。

第四十五条   县级以上人民政府应当加强中医药文化宣传，普及中医药知识，鼓励组织和个人创作中医药文化和科普作品。

第四十六条   开展中医药文化宣传和知识普及活动，应当遵守国家有关规定。任何组织或者个人不得对中医药作虚假、夸大宣传，不得冒用中医药名义牟取不正当利益。

广播、电视、报刊、互联网等媒体开展中医药知识宣传，应当聘请中医药专业技术人员进行。

第七章   保障措施

第四十七条   县级以上人民政府应当为中医药事业发展提供政策支持和条件保障，将中医药事业发展经费纳入本级财政预算。

县级以上人民政府及其有关部门制定基本医疗保险支付政策、药物政策等医药卫生政策，应当有中医药主管部门参加，注重发挥中医药的优势，支持提供和利用中医药服务。

第四十八条   县级以上人民政府及其有关部门应当按照法定价格管理权限，合理确定中医医疗服务的收费项目和标准，体现中医医疗服务成本和专业技术价值。

第四十九条　县级以上地方人民政府有关部门应当按照国家规定,将符合条件的中医医疗机构纳入基本医疗保险定点医疗机构范围,将符合条件的中医诊疗项目、中药饮片、中成药和医疗机构中药制剂纳入基本医疗保险基金支付范围。

第五十条　国家加强中医药标准体系建设,根据中医药特点对需要统一的技术要求制定标准并及时修订。

中医药国家标准、行业标准由国务院有关部门依据职责制定或者修订,并在其网站上公布,供公众免费查阅。

国家推动建立中医药国际标准体系。

第五十一条　开展法律、行政法规规定的与中医药有关的评审、评估、鉴定活动,应当成立中医药评审、评估、鉴定的专门组织,或者有中医药专家参加。

第五十二条　国家采取措施,加大对少数民族医药传承创新、应用发展和人才培养的扶持力度,加强少数民族医疗机构和医师队伍建设,促进和规范少数民族医药事业发展。

第八章　法律责任

第五十三条　县级以上人民政府中医药主管部门及其他有关部门未履行本法规定的职责的,由本级人民政府或者上级人民政府有关部门责令改正;情节严重的,对直接负责的主管人员和其他直接责任人员,依法给予处分。

第五十四条　违反本法规定,中医诊所超出备案范围开展医疗活动的,由所在地县级人民政府中医药主管部门责令改正,没收违法所得,并处一万元以上三万元以下罚款;情节严重的,责令停止执业活动。

中医诊所被责令停止执业活动的,其直接负责的主管人员自处罚决定作出之日起五年内不得在医疗机构内从事管理工作。医疗机构聘用上述不得从事管理工作的人员从事管理工作的,由原发证部门吊销执业许可证或者由原备案部门责令停止执业活动。

第五十五条　违反本法规定,经考核取得医师资格的中医医师超出注册的执业范围从事医疗活动的,由县级以上人民政府中医药主管部门责令暂停六个月以上一年以下执业活动,并处一万元以上三万元以下罚款;情节严重的,吊销执业证书。

第五十六条　违反本法规定,举办中医诊所、炮制中药饮片、委托配制中药制剂应当备案而未备案,或者备案时提供虚假材料的,由中医药主管部门和药品监督管理部门按照各自职责分工责令改正,没收违法所得,并处三万元以下罚款,向社会公告相关信息;拒不改正的,责令停止执业活动或者责令停止炮制中药饮片、委托配制中药制剂活动,其直接责任人员五年内不得从事中医药相关活动。

医疗机构应用传统工艺配制中药制剂未依照本法规定备案,或者未按照备案材料载明的要求配制中药制剂的,按生产假药给予处罚。

第五十七条　违反本法规定,发布的中医医疗广告内容与经审查批准的内容不相符的,由原审查部门撤销该广告的审查批准文件,一年内不受理该医疗机构的广告审查申请。

违反本法规定,发布中医医疗广告有前款规定以外违法行为的,依照《中华人民共和国广告法》的规定给予处罚。

第五十八条 违反本法规定,在中药材种植过程中使用剧毒、高毒农药的,依照有关法律、法规规定给予处罚;情节严重的,可以由公安机关对其直接负责的主管人员和其他直接责任人员处五日以上十五日以下拘留。

第五十九条 违反本法规定,造成人身、财产损害的,依法承担民事责任;构成犯罪的,依法追究刑事责任。

第九章 附则

第六十条 中医药的管理,本法未作规定的,适用《中华人民共和国执业医师法》《中华人民共和国药品管理法》等相关法律、行政法规的规定。

军队的中医药管理,由军队卫生主管部门依照本法和军队有关规定组织实施。

第六十一条 民族自治地方可以根据《中华人民共和国民族区域自治法》和本法的有关规定,结合实际,制定促进和规范本地方少数民族医药事业发展的办法。

第六十二条 盲人按照国家有关规定取得盲人医疗按摩人员资格的,可以以个人开业的方式或者在医疗机构内提供医疗按摩服务。

第六十三条 本法自2017年7月1日起施行。

四、中医药发展的保障措施

《中医药法》规定:县级以上人民政府应当为中医药事业发展提供政策支持和条件保障,将中医药事业发展经费纳入本级财政预算。县级以上人民政府及其有关部门制定基本医疗保险支付政策、药物政策等医药卫生政策,应当有中医药主管部门参加,注重发挥中医药的优势,支持提供和利用中医药服务。

1. 中医药事业是我国医药卫生事业的重要组成部分,党中央、国务院历来高度重视。随着人民群众健康观念的变化和医学模式的转变,特别是"健康中国"建设目标的提出,中医药的独特优势日益显现,不仅在提高人民群众健康水平方面发挥着越来越重要的作用,而且契合了产业结构升级、经济增长方式转变的转型期要求,作为健康产业的一部分成为一个新的经济增长点。从国际上看,蕴含着丰富的哲学思想和人文精神的中医药,是我国文化软实力的重要体现,已成为我国对外交流的一项重要内容。中医药事业的意义如此全面、深远,需要各级政府予以重视并大力发展。

中医药事业包括众多要素,涉及中医药服务机构及人员、中药保护与发展、中医药人才培养与学科发展、中医药科学研究、中医药传承与文化传播等内容。正如中医讲究整体施治一样,推动中医药事业发展也要着眼有机整体,兼顾各个方面,统筹推进,防止顾此失彼、出现"短板"。例如,中药材的质量直接影响着中医医疗服务的疗效,人才培养关系着中医药学科发展和学术传承。因此,属于系统性工程的中医药事业,其发展需要由各级政府牵头推动。

中医药有其自身鲜明的特色,不仅发展中医药事业要遵循中医药发展规律,支持

中医药事业发展也要尊重其特色、符合其规律。因此,要有懂中医药的部门和人员参与到可能对中医药产生影响的公共政策的制定过程中。中医药主管部门参与相关政策的制定,既可以及时发现并纠正无法适用于中医药的政策内容,又能在政策范围内为中医药积极争取空间。例如,基本医疗保险支付政策,若只以西医西药的标准确定付费项目及价格,将对中医药服务的发展极为不利。又如基本药物目录的制定,中药成药及饮片能否列入、列入多少,将直接影响中药产业的发展,也间接影响着中医药服务的开展。因此,这些重大政策的制定,必须要有懂中医药的部门和人员参加,为中医药发声,争取应有的政策空间。

2. 中医医疗服务项目过少、价格过低,是中医界一直以来不断呼吁解决的一个问题。其不能反映中医医疗服务的成本和价值,影响了中医从业人员的就业热情和积极性;同时,价格与成本、疗效不相符的情况也长期困扰着整个中医药事业,阻碍着它的健康发展。为解决这一问题,《中医药法》对中医医疗服务收费项目和标准的确定作出了规定,要求县级以上人民政府及其价格主管等部门要依据法定价格管理权限,合理确定收费项目和标准,要体现中医医疗服务成本和专业技术价值。所谓合理,即既要体现医务人员提供中医医疗服务的价值,又要考虑人民群众购买中医医疗服务的可负担性,还要妥善处理中医与西医之间的关系,实现中医医疗服务的健康发展。

3. 将符合规定的中医医疗机构纳入基本医疗保险定点医疗机构范围,可以为参保人接受中医药服务提供更多的选择,满足其中医药服务需求,也可以引导参保人选择接受中医药服务,有利于中医医疗机构的发展。县级以上地方人民政府负责基本医疗保险管理的部门在确定基本医疗保险定点医疗机构条件、对医疗机构开展评估等方面应当考虑中医医疗机构,将符合条件的中医医疗机构纳入基本医疗保险定点医疗机构范围,保障参保人接受中医药服务,促进中医医疗机构发展。

4. 加强中医药标准体系建设,根据中医药特点对需要统一的技术要求制定标准并及时修订。标准是关于产品、服务等的统一的技术要求,是经济活动和社会发展的技术支撑。加强标准化建设,完善标准体系,有利于促进技术进步,改进产品和服务质量,提升国家治理的现代化水平。中医药标准化是中医药事业发展的技术支撑,是推进中医药行业治理体系和治理能力现代化的基础性制度。《中医药发展战略规划纲要(2016—2030年)》提出:"完善中医药标准体系。为保障中医药服务质量安全,实施中医药标准化工程,重点开展中医临床诊疗指南、技术操作规范和疗效评价标准的制定、推广与应用。系统开展中医治未病标准、药膳制作标准和中医药保健品标准等研究制定。健全完善中药质量标准体系,加强中药质量管理,重点强化中药炮制、中药鉴定、中药制剂、中药配方颗粒以及道地药材的标准制定与质量管理。加快中药数字化标准及中药材标本建设。"加强中医药标准体系建设,应当符合中医药特点、遵循中医药规律,对于不需要、不适宜制定统一技术要求的中医药服务、产品,没有必要制定标准进行标准化管理,否则不仅起不到标准化的作用,反而会限制中医药特色的发挥,阻碍中医药的发展。在确定哪些方面需要制定统一的标准时,必须考虑中医辨证施治这一重要特点。

5. 开展法律、行政法规规定的与中医药有关的评审、评估、鉴定活动,应当成立

中医药评审、评估、鉴定的专门组织,或者有中医药专家参加。现行法律、行政法规对医药卫生领域的一些评审、评估、鉴定活动做了规定,具体涉及专业技术职务任职资格、机构、科研课题的立项等内容。例如,在技术职称和职务评定方面,《中华人民共和国执业医师法》第六条规定:"医师的医学专业技术职称和医学专业技术职务的评定、聘任,按照国家有关规定办理。"在医疗机构评审活动方面,《医疗机构管理条例》第四十一条第一款规定:"国家实行医疗机构评审制度,由专家组成的评审委员会按照医疗机构评审办法和评审标准,对医疗机构的执业活动、医疗服务质量等进行综合评价。"在科研课题立项方面,《中华人民共和国科学技术进步法》第六十二条第一款规定:"确定利用财政性资金设立的科学技术基金项目,应当坚持宏观引导、自主申请、平等竞争、同行评审、择优支持的原则;确定利用财政性资金设立的科学技术计划项目的项目承担者,应当按照国家有关规定择优确定。"此外,在药品不良反应报告、中药品种保护等方面,《药品管理法》《中药品种保护条例》等法律、行政法规规定了相应的评审、鉴定制度。这些法律制度,中医中药、西医西药同样适用,即开展这些与中医药有关的评审、评估、鉴定活动,应当成立中医药评审、评估、鉴定的专门组织,或者有中医药专家参加,核心是要保证中医药评审、评估、鉴定活动的专业性和科学性,避免实践中发生"以西评中"的现象。

第二节　中医管理制度

一、中医医疗机构

(一)中医医疗机构的设置

中医医疗机构是具有中医特色的医疗单位,是结合医疗进行教学和科学研究、继承和发扬中医药学、培养中医药人才的基地。中医医疗机构是我国医疗机构的重要组成部分。中医医疗机构按所有制性质,可分为国家、集体、个人、中外合资、合作开办的中医医疗机构;按机构类型可分为中医医院、中医院校、中医研究机构的附属医院、中医专科医院、中医康复医院、中医门诊部、中医诊所、中医诊室以及其他面向社会而从事中医医疗业务的单位。

根据《中医药法》规定,县级以上人民政府应当将中医医疗机构建设纳入医疗机构设置规划。医疗机构设置规划,是以区域内居民实际医疗服务需求为依据,以合理配置、利用医疗卫生资源,公平、可及地向全体居民提供安全、有效的基本医疗服务为目的,对各级各类、不同隶属关系的医疗机构进行的统一规划、设置和布局。编制医疗机构设置规划,有利于引导医疗卫生资源合理配置,充分发挥有限资源的最大效率和效益,建立结构合理、覆盖城乡,适应我国国情、人口政策和具有中国特色的医疗服务体系,为人民群众提供安全、有效、方便、价廉的基本医疗卫生服务。

应当举办规模适宜的中医医疗机构。《中医药发展战略规划纲要(2016—2030年)》提出,县级以上地方人民政府要在区域卫生规划中合理配置中医医疗资源,原则上在每个地市级区域、县级区域设置1个市办中医类医院、1个县办中医类医院。《医疗机构设置规划指导原则(2016—2020年)》提出,医疗机构的设置以医疗服务需求、

医疗服务能力、千人口床位数（千人口中医床位数）、千人口医师数（千人口中医师数）和千人口护士数等主要指标进行宏观调控，具体指标值由各省、自治区、直辖市根据实际情况确定。《全国医疗卫生服务体系规划纲要（2015—2020 年）》提出，中医类医院床位数可以按照每千常住人口 0.55 张配置。

扶持有中医药特色和优势的医疗机构发展。扶持的医疗机构既包括中医医疗机构，也包括具有中医药特色和优势的其他医疗机构。如有的综合性医院，虽然不是中医医院，但其设置的中医药科室力量强，有特色和优势，这样的综合性医院也是政府应当扶持的。

此外，综合医院、妇幼保健机构、乡镇卫生院和社区卫生服务中心等应设置中医药科室，增强中医药服务能力。

（二）中医医疗机构的主管部门

中医医疗机构由中医药管理部门负责监督管理。《中医药法》规定，国务院中医药主管部门负责全国的中医药管理工作。国务院其他有关部门在各自职责范围内负责与中医药管理有关的工作。县级以上地方人民政府中医药主管部门负责本行政区域的中医药管理工作。县级以上地方人民政府其他有关部门在各自职责范围内负责与中医药管理有关的工作。

（三）中医医院的管理

中医医院是以医疗工作为中心，结合医疗进行教学和科学研究，继承和发扬中医药学，培养中医药人才的基地。《中医药法》《全国中医医院工作条例（试行）》《中医医疗机构管理办法（试行）》《中医病证诊断疗效标准》《全国示范中医医院建设验收标准》等法律法规对中医医院的管理做出了明确规定。

1. 医疗业务突出中医特色　中医医院要办成以中医中药为主，体现中医特点的医疗单位。医疗工作必须以四诊八纲、理法方药、辨证论治为指导，在诊断、治疗、急救、护理、营养、病房管理等一系列问题上，都必须本着"能中不西、先中后西、中西医结合"的原则，充分发挥中医特长；同时积极利用先进的科学技术和现代化手段，促进中医事业的发展。《中医药创新发展规划纲要（2006—2020 年）》提出，完善中医疾病防治、养生保健和诊疗技术体系。充分发挥中医药预防、治疗、康复和养生保健的作用；提高具有中医特色的诊疗技术水平和规范化程度；提高重大疾病防治、突发公共卫生事件应对能力技术水平。提高农村和社区医疗服务水平及普及程度，提高中医医疗服务对国家医疗服务体系的贡献率。

2. 科室设置和编制　中医医院的业务科室和病床分配比例，可根据中医专科特色和各自的规模、任务、特色及技术发展状况确定。根据《全国中医医院组织机构及人员编制标准（试行）》的规定，中医医院人员编制按病床与工作人员 1∶1.3～1∶1.7 计算。病床数与门诊量的比例按 1∶3 计算，每增减 100 门诊人次，可增减 6～8 人，或比同级西医综合医院的编制高 15%～18%。医生和药剂人员要高于西医综合医院的比例，护理人员可低于综合医院的比例。在医生和药剂人员中，中医、中药人员要占绝对多数。

3. 教学科研立足于临床　从实际出发，重视职工在职教育和进修培训，积极承担临床教学任务，加强中医文献资料整理、名老中医经验总结和临床科研工作，大力

开展技术引进和学术交流活动,提高学术水平,增强中医药人员的技术素质。

4. 加强药剂管理　根据《中药调剂室工作制度》(试行)和《中药煎熬操作规程》(试行)的规定,要求做到:①中药加工炮制、贮藏保管、调剂煎熬配方必须遵守操作规程和规章制度,保证药品质量;②在坚持使用中药为主的前提下,应以饮片为主、中成药为辅;③重治轻补,严格中成药购销;④创造条件,开展重要剂型改革。根据《中华人民共和国药品管理法》,医疗机构配制的制剂,应当是本单位临床需要而市场尚没有供应的品种,并需经所在地省、自治区、直辖市人民政府的药品监督管理部门批准后方可配制。配制的制剂必须按照规定进行质量检验;合格的,凭医师处方在本医疗机构使用。特殊情况下,经国务院或者省、自治区、直辖市人民政府药品监督管理部门批准,医疗机构配制的制剂可以在指定的医疗机构之间调剂使用。医疗机构配制的制剂,不得在市场销售。

2007 年 3 月 12 日,国家中医药管理局和卫生部联合颁布了《医院中药饮片管理规范》,对各级各类医院中药饮片的采购、验收、保管、调剂、临方炮制、煎煮等管理作出了规定。

5. 管理工作要体现中医特点　在保障措施方面,《中医药法》规定,县级以上人民政府应当为中医药事业发展提供政策支持和条件保障,将中医药事业发展经费纳入本级财政预算。县级以上人民政府及其有关部门制定基本医疗保险支付政策、药物政策等医药卫生政策,应当有中医药主管部门参加,注重发挥中医药的优势,支持提供和利用中医药服务。

6. 考核监督方面　《中医药法》规定,开展法律、行政法规规定的与中医药有关的评审、评估、鉴定活动,应当成立中医药评审、评估、鉴定的专门组织,或者有中医药专家参加。同时,国家建立和完善符合中医药特点的科学技术创新体系、评价体系和管理体制,推动中医药科学技术进步与创新。

（四）中医专科管理

综合医院中医专科和专科医院的中医科是中医医疗体系中的一个重要的组成部分,也是继承与发扬中医药学不可忽视的力量。原卫生部《关于加强综合医院、专科医院中医科业务建设的意见》及《卫生部关于加强中医专科建设的通知》中指出,中医科的地位和作用,在医院内与其他各科同样重要。中医科在诊断、治疗、护理、病历书写、病房管理等各个环节,要保持和发扬中医特色。中医病床一般应占医院病床总数的 5%～10%。

（五）中医医院住院医师规范化培训的管理

为贯彻落实《关于建立住院医师规范化培训制度的指导意见》《国务院关于建立全科医生制度的指导意见》和《医药卫生中长期人才发展规划(2011—2020 年)》,按照《国务院关于扶持和促进中医药事业发展的若干意见》要求,全国各地陆续开展中医住院医师规范化培训工作,培养合格的中医临床医师队伍,为人民提供安全有效、具有特色的中医药服务。中医院的住院医师规范化培训都应参照国家颁布的中医住院医师规范化培训方案。

中医住院医师规范化培训属于中医毕业后教育的范畴,是中医临床医师队伍建设的基础环节。分为专科医师方向和全科医师方向。其目标是为各级各类医疗机构

培训合格的中医住院医师。通过培训,使其具有良好的职业道德、扎实的中医基础理论、专业知识和临床技能,掌握必要的西医学有关临床知识和技术,能独立承担全科或专科常见病、多发病及某些疑难及危重病症的中医诊疗工作。

1. 指导思想和工作目标　中医医院住院医师规范化培训的管理以习近平新时代中国特色社会主义思想为指导,认真落实党中央、国务院决策部署,牢固树立和贯彻落实新发展理念,以传承发展中医药事业为统领,以提高临床医师医疗卫生服务能力为核心。通过提高医疗卫生服务水平,满足人民群众的健康需求。中医住院医师规范化培训对象为拟从事中医临床工作的中医、中西医结合专业本科及以上学历毕业生。中医住院医师规范化培训遵循"政府主导、社会参与,统筹规划、分级负责,全程管理、确保质量,突出重点、有效衔接"的原则,实行全行业属地化管理。各级中医药管理部门依法履行对中医住院医师规范化培训的行业管理职能,组织和鼓励有关行业协会、学会、高等院校等社会各有关方面参与住院医师规范化培训工作。

2. 健全组织管理体系

(1) 国家中医药管理局的主要职责:制定中医住院医师规范化培训相关政策,统筹管理全国中医住院医师规范化培训工作;制定中医住院医师规范化培训工作的培训规划、管理制度、颁布培训、考核、培训基地等标准和规范;对各省(区、市)中医住院医师规范化培训工作进行指导、监督与考核。

(2) 省级中医药管理部门的主要职责:贯彻落实国家中医药管理局的政策、文件精神,接受指导与监督;研究制定本地区中医住院医师规范化培训规划和实施方案,制定相应配套政策和措施;积极协调、整合本地区卫生资源,组织中医住院医师规范化培训基地的认定工作,对已认定的培训基地进行监督管理;组织开展本地区中医住院医师规范化培训师资和管理干部的培训;负责本地区中医住院医师规范化培训的监督、检查、评估及公布相关信息等工作;负责本地区中医住院医师规范化培训中跟师学习的监督指导和管理工作;负责本地区中医住院医师规范化培训的结业考核,颁发《中医住院医师规范化培训合格证书》,并将结果报送国家中医药管理局;负责协调本地区中医住院医师规范化培训过程中出现的问题,并将相关信息及时上报国家中医药管理局;执行国家中医药管理局的各项决定和交办事项;省级以下中医药管理部门负责辖区内中医住院医师规范化培训的日常组织和监管工作。

国家中医药管理局和省级中医药行政管理部门成立中医毕业后教育委员会,负责中医住院医师规范化培训的政策研究、业务指导、督导检查和质量评估等工作。

国家中医药管理局中医毕业后教育委员会下设专家委员会,参与制定中医住院医师规范化培训业务技术标准、政策业务咨询论证、调查研究和培训质量与进展检测评估等工作。

(3) 培训基地的主要职责:培训基地应成立中医毕业后教育领导小组,明确院领导和各职能部门职责,承担培训任务;设置中医住院医师规范化培训管理部门,配备专兼职工作人员;建立健全中医住院医师规范化培训基地的管理体系、师资培训和管理体系、学员的培训管理体系及考试考核等相应的工作方案;根据认定的招收规模,按照各省级中医药行政管理部门的要求组织面向社会的中医住院医师规范化培训招收工作;将中医住院医师规范化培训工作纳入医院发展规划,结合本院实际,制定配

套政策和措施,对培训所需经费、设施、设备、人员等给予支持;向培训学员提供以下支撑条件:①协助培训学员参加全国执业医师资格考试;②培训基地将培训学员在培训期间的年限计入个人档案,工龄按国家有关规定办理;③为培训学员提供基本的学习生活条件;④单位送培人员,其基本工资及各项保险由原单位承担,培训津贴、值班补助等有关待遇由培训医院提供;⑤社会直接招录人员参加培训期间各项待遇由各省级中医药管理部门会同相关部门结合本地区实际制定。

(4)中医住院医师规范化培训基地各学科实行主任负责制:培训基地各学科在主任领导下,承担本学科各项培训的组织管理工作;成立中医住院医师规范化培训管理与考核小组,根据本学科培训轮转要求,制定并实施培训计划,负责本学科培训人员的日常考核、出科轮转考核,协助完成年度考核;专兼职培训管理人员,负责培训的日常管理工作;组织实施阶段考核和年度考核及师承结业考试。负责对各学科培训情况进行督导,确保培训计划的顺利实施。

3. 加强招录、培训、考核管理　中医医院住院医师规范化培训实行全行业属地化管理。要遵循住院医师培养规律,不断完善制度,做到统一规划、统一基地认定、统一组织实施、统一考核管理、统一质量跟踪。培训对象应为拟在从事中医临床医疗工作的医学专业本科及以上学历的毕业生,或已从事中医临床医疗工作并取得执业医师资格证书,需要接受培训的人员。

中医医院住院医师规范化培训内容应符合住院医师的成长规律,科学安排培训内容。培训专业科目、培训目标、培训年限、培训方式、培训内容与要求等培训标准应按照原卫生部、国家中医药管理局的规定统一组织开展。对已有一定临床实践经历的培训对象可根据其临床实践经历和临床能力确定培训时间。住院医师完成规范化培训后,按照国家规定可进入相应专科医师培养阶段。

住院医师规范化培训实行信息登记和培训考核制度,培训基地应建立学员培训的档案。住院医师在培训期间应真实、完整、有效地记录培训过程和培训内容,并妥善保存,作为培训考核的重要依据。培训考核是评价住院医师是否达到培训标准的重要环节,应严格开展培训过程考核和统一结业考核,重点考核住院医师的职业素质、相关人文知识、医学专业理论和临床综合能力。培训考核合格的,由省级中医药管理部门按照国家要求颁发《住院医师规范化培训合格证书》。

(六)中医坐堂医诊所管理

为了加强对中医坐堂医诊所的管理,保障公民享有安全、有效、便捷的中医药服务,2010 年 10 月 19 日卫生部、国家中医药管理局颁布了《中医坐堂医诊所管理办法(试行)》和《中医坐堂医诊所基本标准(试行)》,仅供试点工作使用,适用于药品零售企业申请设置的中医坐堂医诊所。《中医坐堂医诊所管理办法(试行)》对于充分发挥中医坐堂医的作用,构建符合中医药特点的中医药服务体系,更好地满足群众对中医药服务的需要具有现实意义。

1. 申办条件与要求　申请设置中医坐堂医诊所的药品零售企业。必须同时具备以下几个条件:①具有《药品经营质量管理规范认证证书》《药品经营许可证》和营业执照;②有独立的中药饮片营业区,饮片区面积不得少于 50 平方米;③中药饮片质量可靠,品种齐全,数量不得少于 400 种。

2．机构设置与执业登记　　设置中医坐堂医诊所,须按照医疗机构设置规划,由县级卫生、中医药行政管理部门根据《医疗机构管理条例》《医疗机构管理条例实施细则》《中医坐堂医诊所管理办法(试行)》及《中医坐堂医诊所基本标准(试行)》的有关规定进行设置审批和执业登记。

中医坐堂医诊所配备的医师必须取得中医执业医师资格后从事 5 年以上临床工作。中医坐堂医诊所可以作为中医执业医师的第二执业地点进行注册。中医执业医师未经中医坐堂医诊所注册的,不得在该中医坐堂医诊所执业。

3．执业规则与业务管理　　中医坐堂医诊所执业,必须严格遵守国家有关法律、法规、规章和技术规范,加强对医务人员的教育,预防医疗事故。确保服务质量和医疗安全。在中医坐堂医诊所只允许提供中药饮片处方服务,不得随意改变或扩大执业范围。同一时间坐诊的中医执业医师不超过 2 人。

（七）中医院制剂室现代化建设管理

中医院制剂室的现代化建设是中医院现代化建设的一个重要内容,它关系到中医特色能否发挥,是中医院现代化程度的一个重要标志。中药制剂的数量、品种、剂型、疗效以及给药途径都要通过制剂室的现代化建设而建立一整套质量、设备、人员规范化管理的标准。建设符合医疗机构制剂配制质量管理规范的现代化制剂室,不仅能够促进中医院内科研的发展,为医院带来明显的经济效益和社会效益,而且可以在很大程度上推进医院的现代化进程,使院内制剂的工艺流程固定、剂型固定、标准固定,为新药研发打下基础;同时又可以解决中药制剂与国际接轨的问题。

（八）中医医疗机构仪器设备管理

仪器设备是发展中医药事业的物质基础和技术条件,提高仪器设备的管理水平,充分发挥其社会效益和经济效益,有利于推动中医药事业的发展和振兴。《中医医院医疗设备配置标准(试行)》《中医机构仪器设备管理暂行办法》等规定,为加强仪器设备的宏观管理,中医机构应成立由领导、专家和管理人员组成的管理委员会,对本单位大型精密贵重仪器设备工作进行业务指导。

中医机构的一般医疗设备仪器,原则上不低于同级西医机构仪器的标准。遵照"充分论证、统筹安排、重点装备、综合平衡"的原则,根据中医机构的任务、规模、技术力量、专业特长和财力,首先装备常规需要的基本设备,然后再考虑高、精、尖设备时做到有计划、有步骤更新。实行统一领导,归口管理,分级负责;建立管理档案,保证设备完好运转;对大型精密仪器的使用,按照专管专用的原则,充分发挥仪器设备的社会效益和经济效益;逐步完善管理制度,提高使用率。

（九）中医医疗广告管理

《中医药法》规定,医疗机构发布中医医疗广告,应当经所在地省、自治区、直辖市人民政府中医药主管部门审查批准;未经审查批准,不得发布。发布的中医医疗广告内容应当与经审查批准的内容相符合,并符合《中华人民共和国广告法》的有关规定。

（十）中医医疗机构管理的法律规定

为了加强中医医疗机构的管理,维护其合法权益,促进中医药事业的发展,保障人体健康,国家和有关部门颁布了相关的法律法规。1980 年 4 月 1 日卫生部颁布了

《中医医院工作若干问题的规定（试行）》，1982年5月19日卫生部颁布了实施了《全国中医医院工作条例（试行）》。1989年1月14日，国家中医药管理局颁布了《中医医疗机构管理办法（试行）》，并在以后颁布了《国家中医药管理局直属中医机构仪器设备管理办法（试行）》《中医医院分级管理办法和标准》《全国示范中医医院建设验收标准》等，使我国对中医医疗机构的管理基本有章可循，使中医医疗机构在保持特色、发挥特长中求得更好的发展，起到了积极的作用。

案例评析

非法行医罪

案例： 2000年11月14日晚，农村刘女士因患类风湿性疾病到被告人诊所看病，被告人郭某给刘女士配置了一剂含乌梅12g、川芎10g、赤芍10g、川乌9g、草乌9g、甘草10g、木香10g的药方。嘱刘女士用半斤白糖和1斤白酒兑泡，7日后服用。刘女士将中药带回后当天晚上兑泡，第二天上午即服用，导致"乌头碱"中毒，经被告人抢救无效，于2000年11月15日下午死亡。经法医鉴定刘女士死于药物中毒，即被告人给被害人刘女士所配川乌、草乌中毒，川乌、草乌所含毒性成分乌头碱的毒性极强，其毒性随炮制方法及煎煮时间的不同而差异很大，是医学上慎用药品。被告人作为一名从医人员，理应知道其所开药物中含有剧毒的"乌头碱"，在使用时应慎之又慎，严格按照医疗常识配药、炮制。然而被告人却对被害人超量使用川乌、草乌，并将配制药酒这一医学要求相当严格的行为交给并不了解医学常识的被害人去完成，对被害人也仅仅是简单交代"泡7天后服用"，而没有将药酒所含的毒性及副作用等有关情况告知，使被害人在不知情的情况下误服尚未泡好的含有极强毒性的药酒中毒身亡。根据以上分析，可以得出这样一个结论，被害人刘女士之死是由于被告人郭某的疏忽大意，信息告知不全，使被害人刘女士提前服用了没有泡好的药酒造成的，即被告人造成了被害人刘女士之死，因此要承担相应的刑事责任。

评析： 人民法院认为，被告人郭某在没有行医资格和执业资格证的情况下，私开诊所，非法行医，行医过程中造成了就诊人死亡的严重后果，其行为已构成非法行医罪。公诉机关的指控成立，予以支持。被告人作为一名具有一定专业知识的"医生"，应该知道川乌和草乌这两种药含有毒性成分"乌头碱"，但其给被害人开方时对药量没有进行适当地把握，而是仅凭经验办事，忽视了人与人之间的不同、药与药之间的差异。而且在给被害人所开处方上仅注明"泡7日后服用"，再无任何特别交代。而作为被害人其不可能明白该剂药中有很大的毒性，其提前服用虽有不当，但被告人的疏忽大意也是显而易见，所以，被告人应当对被害人的死亡后果承担刑事责任。但由于被害人也有一定的过错，可适当减轻被告人的刑事责任。依照《中华人民共和国刑法》第三百三十六条第一款之规定，判决如下：被告人郭某犯非法行医罪，判处有期徒刑10年，并处罚金1 000元。

二、中医从业人员

（一）中医从业人员的资格

原卫生部、国家中医药管理局相继颁布了若干行政规章和管理规范，特别是《中华人民共和国执业医师法》颁布后，执业中医师资格考试及其注册，执业中医师权利和义务的明确，使中医执业人员的管理走上了正规化、法制化的轨道。《中医药法》规定，从事中医医疗活动的人员应当依照《中华人民共和国执业医师法》的规定，通过中医医师资格考试取得中医医师资格，并进行执业注册。中医医师资格考试的内容应当体现中医药特点。以师承方式学习中医或者经多年实践，医术确有专长的人员，由至少两名中医医师推荐，经省、自治区、直辖市人民政府中医药主管部门组织实践技能和效果考核合格后，即可取得中医医师资格；按照考核内容进行执业注册后，即可在注册的执业范围内，以个人开业的方式或者在医疗机构内从事中医医疗活动。国务院中医药主管部门应当根据中医药技术方法的安全风险拟订本款规定人员的分类考核办法，报国务院卫生行政部门审核、发布。

中医医疗机构配备医务人员应当以中医药专业技术人员为主，主要提供中医药服务；经考试取得医师资格的中医医师按照国家有关规定，经培训、考核合格后，可以在执业活动中采用与其专业相关的现代科学技术方法。在医疗活动中采用现代科学技术方法的，应当有利于保持和发挥中医药特色和优势。社区卫生服务中心、乡镇卫生院、社区卫生服务站以及有条件的村卫生室应当合理配备中医药专业技术人员，并运用和推广适宜的中医药技术方法。

（二）中医从业人员的管理

对中医从业人员要建立技术档案，定期进行考核，保证合理使用，对有名望的技术骨干不要过多安排非业务活动。中医医院的人事部门，要根据中医医院的特点，建立健全以岗位责任制为中心的各项规章制度，明确各类人员职责，通过完善技术职称的审聘制度来调动医技人员的工作积极性。

（三）中医从业人员的处罚

根据《中医药法》规定，经考核取得医师资格的中医医师超出注册的执业范围从事医疗活动的，由县级以上人民政府中医药主管部门责令暂停六个月以上一年以下执业活动，并处一万元以上三万元以下罚款；情节严重的，吊销执业证书。

三、中医药人才培养

（一）中医药人才培养

《中医药法》规定，国家完善中医药学校教育体系，支持专门实施中医药教育的高等学校、中等职业学校和其他教育机构的发展。中医药学校教育的培养目标、修业年限、教学形式、教学内容、教学评价及学术水平评价标准等，应当体现中医药学科特色，符合中医药学科发展规律。

目前我国不仅有以高、中等中医药院校教育为主的普通专业教育，还开展了师承教育、住院医师规范化培养、各种类型中医药专门人才培养等多种形式的继续教育、岗位培训、高等函授、自学考试教育以及技能培养为主的中医药职业教育。

2009 年 4 月颁布的《国务院关于扶持和促进中医药事业发展的若干意见》指出，应根据经济社会的发展和中医药专业为主体，按照中医药人才成长规律施教，强化中医药基础理论教学和基本实践技能培养。选择部分高等中医药院校进行中医临床类本科招生与培养改革试点。加强中医药职业教育，加快技能型人才培养。国家支持建设一批中医药重点学科、专业和课程，重点建设一批中医临床教学基地。

1. 培养目标　中医药教育的培养目标是使受教育者德、智、体三方面都得到发展，成为系统掌握中医药基础理论、基本知识、基本技能并具有自然科学（包括西医学）基础知识的中医药人才，为中医药事业的继承和发展奠定良好的基础。

2. 办学形式　实行多形式、多层次、多专业、多途径办学，稳步发展中医药本科和研究生、博士生教育。调整比例结构，以适应各医疗机构对人才的需要。

3. 师资建设　要创造条件，加强教学医院与基地建设，改善师资来源，优化师资队伍结构，提高教师业务素质，培养学科带头人，形成专业梯队，建立带教规划，适应临床教学需要。

4. 完善师带徒方法　师带徒形式是中医药教学模式的补充，是培养中医药人才的一种传统方法，需要不断改革和完善。要做到统一招生、统一教学计划、统一管理、统一出题考试、统一职称待遇；集中上课学理论，分散随师搞临床。同时实行"名师带高徒"，组织中青年业务骨干总结继承名老中医的学术经验。

5. 教学基地建设　改进教学手段，注意能力培养，发展实验、电化、模拟等直观教学，加强临床基本知识、基本技能训练的考核，促使教学基地为教育服务，拓宽中医药学生的知识面，增强其独立思考和自主动手能力，医疗机构应当为中医药技术人员接受继续教育创造条件。

（二）中医药专家学术经验和技术专长的继承

国家鼓励开展中医药专家学术经验和技术专长继承工作，培养高层次的中医临床人才和中药技术人才。《中医药法》规定，国家发展中医药师承教育，支持有丰富临床经验和技术专长的中医医师、中药专业技术人员在执业、业务活动中带徒授业，传授中医药理论和技术方法，培养中医药专业技术人员。中医药师承教育已经有了两千多年的历史记载，传统的师承教育一般以家传师授为主。教者言传身教，传道、授业、解惑；学者侍诊于师，耳闻目染。由于它强调教学的实践性，重视临床能力的培养，注重因材施教，符合中医药学形成和发展规律，在中医独特的思维方法及中医临床技能的传授等方面有显著的优越性，因此沿袭至今。中医以师承的方式培养了大量人才，其历史功绩已得到肯定。国家以法律的形式承认师承方式，允许师承方式继续保留，以发挥更大的作用，《执业医师法》《中医药法》等都已对中医药师承教育予以肯定。

四、中医药科学研究管理制度

国家发展中医药科学技术，将其纳入科学技术发展规划，加强重点中医药科研机构建设。

中医药科学研究工作，是继承发扬祖国医学事业的重要组成部分，是提高医疗效果和教学质量的基础。原卫生部、国家中医药管理局先后颁布的《中医科研计划课题

管理办法(试行)》《卫生部关于加强中医、中西医结合科研工作的意见》《中医药科学技术进步奖励管理办法》《中医药创新发展规划纲要(2006—2020年)》等,明确规定了中医药科研的指导思想和任务。

中医药科学研究是指探讨中医药学术知识的科学实践,主要是从中医药学的理论和实践出发,探索生命和疾病过程的规律,提高中医药防治疾病的疗效。一方面要对传统的中医药学理论和实践进行系统的整理,另一方面要在探索中获得创新和突破。目前,它已从古代散在的、自发的、沿用传统方法的研究,发展到设有众多专门研究机构,集中大批科研人员,采用现代研究方法和手段的科研体系。随着科学技术的进步,中医药科学研究发展较快,取得了一批重大成果,在防治疾病和卫生保健方面发挥了重要作用。

随着社会、经济的发展,中医药科研管理体制改革打破地区、行业界限,初步形成了以市场和社会需求为导向、多学科参与中医药科学研究的新局面。我国现有独立的中医药科研机构96所,专门从事中医药研究的科技人员达数万人。《中医药法》规定,国家鼓励科研机构、高等学校、医疗机构和药品生产企业等,运用现代科学技术和传统中医药研究方法,开展中医药科学研究,加强中西医结合研究,促进中医药理论和技术方法的继承和创新。

(一)指导思想

坚持辩证唯物主义原理,本着科技工作要面向经济建设的原则,保障人体健康。中医科研要以继承发扬祖国医药学为目标,遵循中医理论体系,以中医中药为研究对象,保持发扬中医特色,采取传统的和现代化科学知识、方法和手段,以临床研究为主要任务,着重解决常见病、多发病和疑难急重症,发挥预防和护理等方面的特长,在提高中医疗效上下功夫,开展中医理论和文献研究,不断探索疗效机制,逐步阐明中医理论的本质。

(二)目标任务

开展各种临床研究、国家防病治病重点项目的研究、中医理论研究、中医古籍的整理研究和名老中医临床经验的继承研究等。中医研究机构要紧紧围绕中医特点进行研究工作;中医医疗、教学机构要将医、教、研任务有机地结合起来,全面规划、统筹安排;要搞好中医、"西学中"和其他科技人员的团结,开展多途径、多学科、多层次研究,寻求中医与西医的结合途径,逐步形成中西医结合新的见解和理论,不断提高学术水平。

(三)资助、扶持和奖惩措施

为了资助、扶持和奖励开展中医药科研工作,原卫生部、国家中医药管理局设立了"中医药科学技术进步奖"和"青年中医科学教育基金",奖励为中医药科研做出贡献的集体和个人,激发广大中医药人员的创造性和进取性,培养和造就一大批优秀的中医药科研人才。

重大中医药科研成果的推广、转让、对外交流,中外合作研究中医药技术,应当经省级以上人民政府负责中医药管理的部门批准,防止重大中医药资源流失。属于国家科学技术秘密的中医药科研成果,确需转让、对外交流的,应当符合有关保守国家秘密的法律、行政法规和部门规章的规定。

为了加强国家科技计划实施中的科研诚信建设，根据《中华人民共和国科学技术进步法》的有关规定，科学技术部制定了《国家科技计划实施中科研不端行为处理办法（试行）》，对科学技术部归口管理的国家科技计划项目的申请者、推荐者、承担者在科技计划项目申请、评估评审、检查、项目执行、验收等过程中发生的科研不端行为（以下称科研不端行为）的查处，适用本办法。

科研不端行为，是指违反科学共同体公认的科研行为准则的行为，包括：在有关人员职称、简历以及研究基础等方面提供虚假信息；抄袭、剽窃他人科研成果；捏造或篡改科研数据；在涉及人体的研究中，违反知情同意、保护隐私等规定；违反实验动物保护规范；其他科研不端行为。

案例评析

抄袭剽窃他人成果之科研造假案

案例：甲某系某医科大学讲师，2006年申报国家自然科学基金医学方面的某科研项目，擅自更改其职称信息为"教授"，并提供虚假的简历以及研究基础等方面的申报信息，得到了国家自然科学基金医学方面的某科研项目15万元的资助，甲某通过相应的手段，擅自挪用科研资金5万元用于炒股，次年大部分亏损。眼见结题时间临近，甲某于是抄袭、剽窃多篇他人科研成果，最后组合成一篇科研论文，公开发表在国内某刊物上作为阶段性结题，之后甲某给乙某等3位相关鉴定专家每人2 000元，顺利通过了科研成果鉴定。后来遭人举报事发。甲某被判刑1年；其所在的医科大学将其解聘；国家有关部委与其解除科研合同，并追缴各项费用，终生剥夺其申请或者参与申请国家自然科学基金资助的资格。乙某等3位评审专家被通报批评，基金管理机构解聘其评审专家身份。

评析：本案涉及的法理是对医疗科研行为进行规范的问题，案中甲某涉及科研不端及挪用科研资金等行为。首先是虚造科研项目申请相关资料的行为，接着抄袭、剽窃他人科研成果，根据《国家科技计划实施中科研不端行为处理办法（试行）》可认定其行为属于科研不端行为。相关部门与其解除科研合同并追缴各项费用，就终生剥夺其申请或者参与申请国家自然科学基金资助的资格而言，因为其后来的行为情节较为严重，已经触犯《刑法》。依据《国家自然科学基金条例》第三十九条对其做出的行政处罚合法合理。就甲某违法行为进行分析，其擅自挪用部分科研基金5万元用于炒股的行为，其主观为故意，资金挪用为自用经营目的，且数额较大，符合《中华人民共和国刑法》第二百七十二条挪用资金罪的构成要件。甲某为使自己造假的科研论文能够通过论证，给每位参评专家2 000元的行为不应认定为行贿罪，因为该罪是为谋取私利给国家工作人员财务，而该案中甲某给予的数额也没达到最高检察院的相关立案标准。综上所述，对甲某的定罪量刑合法适当。

五、中医药传承与文化传播管理制度

（一）中医药传承

1. 中医药是具有悠久历史传统和独特理论及技术方法的医药科学体系，中医药的发展，离不开学术的传承。《中医药法》明确规定学术传承的重点是"具有重要学术价值的中医药理论和技术方法"，实践中应当以此为标准规范中医药学术传承项目和传承人的遴选。同时，规定了政府主体责任，省级以上人民政府中医药主管部门应当公平公正地组织遴选本行政区域内的中医药学术传承项目和传承人，并为传承活动提供必要的条件，例如为传承人的传承活动提供必要的场地、经费资助等。

2. 中医药学术传承人应当具有使命意识，积极开展中医药学术传承活动，培养后继人才，收集整理并妥善保存相关的学术资料。

3. 作为中华民族优秀传统文化的重要体现和组成部分，针灸、中药炮制技术、中医正骨疗法等9项"传统医药"项目，已于2006年列入由原文化部确定并公布的第一批国家级非物质文化遗产代表性项目名录。

（二）中医药文化传播

1. 传播中华优秀传统文化，普及中医药知识是政府应承担的重要责任。县级以上人民政府应当依法加强中医药文化宣传，普及中医药知识，鼓励组织和个人创作中医药文化和科普作品。文化宣传相关内容非常广泛，不妨从以下几个方面加深理解。

一是要加强"大医精诚"等中医药文化宣传。"大医精诚"是中医药文化的核心价值理念，是中华民族深邃的哲学思想、高尚的道德情怀和卓越的文明智慧在中医药中的集中体现。"大医精诚"的"精"字，体现了中医的医道精微，要求精勤治学，精研医道，追求精湛的医术；"大医精诚"的"诚"字，体现了中医人格修养的最高境界，要求心怀至诚、以人为本，践行仁心仁术、尊重生命的人道主义精神。因此，县级以上人民政府要遵循《中医药发展战略规划纲要（2016—2030年）》的规定，大力倡导"大医精诚"理念，强化中医药职业道德建设，促进形成良好的行业风尚。

二是普及中医药知识，推广中医治未病理念的健康工作和生活方式等。中医药知识内容广泛，其中备受人民群众欢迎的就是养生保健等方面的知识。向群众普及中医药防病保健的理念和知识，提供养生保健、延年益寿的简便有效的方法，有助于帮助群众在工作生活中养成良好的习惯，提升健康水平和生命质量。加强养生保健方面的中医药知识普及，是满足人民群众健康和文化需求的必然选择。

三是鼓励组织和个人创作中医药文化和科普作品。中医药文化和科普作品是进行中医药文化宣传和知识普及的重要载体和路径。同时，中医药文化和科普作品有其自身不可忽略的产业价值。县级以上人民政府要遵循《中医药发展战略规划纲要（2016—2030年）》的规定，推动中医药与文化产业融合发展，探索将中医药文化纳入文化产业发展规划。创作一批承载中医药文化的创意产品和文化精品。促进中医药与广播影视、新闻出版、数字出版、动漫游戏、旅游餐饮、体育演艺等有效融合，发展新型文化产品和服务。培育一批知名品牌和企业，提升中医药与文化产业融合发展水平。

2.《中医药法》规定，国家支持中医药对外交流与合作，促进中医药的国际传播和应用。近年来，随着健康观念和医学模式的转变，中医药在防治常见病、多发病、慢性病及重大疾病中的疗效和作用日益得到国际社会的认可和接受。以中医药为代表的传统医学在世界范围内健康发展，中医药的国际合作有着良好的基础和广阔的空间。据报道，中医药已传播到183个国家和地区，中国已同外国政府、地区主管机构和国际组织签署了86个中医药合作协议。随着中医药在世界范围的传播与影响日益扩大，中医药对外交流与合作工作已成为我国外交工作和中国特色医药卫生事业发展中富有特色且不可或缺的重要组成部分。在全方位外交理念指导下，中医药对外合作内涵日益丰富，外延不断拓展，构建和完善了全方位、多角度、宽领域、高层次的合作格局。积极参与国家"一带一路"倡议，《中医药"一带一路"发展规划（2016-2020年）》经国家推进"一带一路"建设工作领导小组审议通过，并由国家发展和改革委员会、国家中医药管理局共同颁布。中医药双边合作不断拓展，加强了与大国在传统医药领域合作。中医药服务贸易在我国服务贸易中的独特作用持续体现，通过中国（北京）国际服务贸易交易会等国家级平台不断扩大影响和促进交易，成为国家服务贸易创新试点和自由贸易区试点建设重要内容，并通过多个高级别对外经贸谈判扩大海外市场准入。中药逐步以药品形式进入国际医药体系，中医药货物贸易持续增长。中医药健康旅游示范区（基地、项目）建设得到地方积极反响，推动中医药健康服务业进一步发展。与我国香港、澳门和台湾地区的中医药合作不断深化，形成了三地全方位、多领域的交流合作格局，有力促进了三地中医药的共同发展。

第三节　中西医结合管理制度

中西医结合是从我国卫生事业和具体情况出发，根据人民群众防病治病的需要，由学习中西医的医务人员，取中西医二者之长，以达到更好的防病治病效果的一种与中医、西医并立的医疗技术方案。它是中医药学和西医学结合的必然结果，是我国医疗卫生事业的一个独创，为发展中国新医药学开辟了一条新途径。中西医结合未来的临床发展空间很大，也需要更多的理论和实践的创新。

为了使中西医结合工作沿着健康的方向发展，原卫生部、国家中医药管理局先后发布了《关于组织西医离职学习中医班的总结报告》《关于中西医结合医院工作的暂行规定》《中医药发展战略规划纲要（2016—2030年）》《中医药发展"十三五"规划》等。

根据《中医药法》，国家鼓励中医西医相互学习，相互补充，协调发展，发挥各自优势，促进中西医结合。中西医结合是我国卫生工作长期实行的一项重要原则，其内涵是指将中医药的基本理论、临床实践与西医药知识结合起来，二者相互学习，相互补充，协调发展，发挥各自优势，提高临床疗效，发展具有中国特色的新医药学。《中医药发展战略规划纲要（2016—2030年）》在"促进中西医结合"方面提出运用现代科学技术，推进中西医资源整合、优势互补、协同创新。加强中西医结合创新研究平台建设，强化中西医临床协作，开展重大疑难疾病中西医联合攻关，形成独具特色的中西医结合诊疗方案，提高重大疑难疾病、急危重症的临床疗效。探索建立和完善国家重大疑难疾病中西医协作工作机制与模式，提升中西医结合服务能力。积极创造条

件建设中西医结合医院。完善中西医结合人才培养政策措施等。《中医药法》在贯彻"促进中西医结合"原则方面也作出了一些具体规定，如国家发展中西医结合教育，培养高层次的中西医结合人才，以及开展中西医结合科学研究等。

一、中西医结合医院及科研机构建设管理制度

各省、自治区、直辖市选择 1～2 所中西医结合工作开展基础好的综合医院，作为中西医结合基地，集中一批热心中西医结合的"西学中"骨干，配备高水平中、西医专家，开展中西医结合医疗和科研工作；有条件的综合医院或专科医院要建立中西医结合科室或者研究室（所）。

二、中西医结合教育管理制度

《中医药法》规定，国家发展中西医结合教育，培养高层次的中西医结合人才。中华人民共和国成立以来，党和国家领导人一直把中西医结合作为中医药事业发展的重要方针政策。1958 年 10 月，毛泽东同志批示卫生部党组《关于组织西医离职学习中医班的总结报告》，明确提出要培养一大批中西医结合的高级医生，出几个高明的理论家；1978 年，中共中央在《关于认真贯彻党的中医政策，解决中医队伍后继乏人问题的报告》中提出"继续组织西医学习中医"。国务院学位委员会于 1982 年将中西医结合学科作为一级学科之一，确立招收硕士、博士学位研究生，继后又确立了中西医结合基础与中西医结合临床学科。1992 年 11 月 1 日，"中西医结合医学"作为一门新学科列入国家技术监督局发布的《中华人民共和国学科分类与代码国家标准》，该标准于次年 1 月 1 日起正式实施，标志着"中西医结合医学"（代码为 360·30）已经成为我国一门独立的学科。

1998 年，根据国务院学位委员会《临床医学专业学位试行办法》文件的精神，国家中医药管理局发布《关于做好临床医学（中医、中西医结合）专业学位试点工作的意见》，开展临床医学（中医、中西医结合）专业学位教育试点工作。截至目前，全国已有 40 多所医学院校创办中西医结合专业，有中西医结合医学硕士点 90 多个、博士点 30 多个，培养了一大批中西医结合专业人才。中西医结合学科已形成多层次、多形式、多模式的中西医结合人才培养体系，包括五年制中西医临床医学专业的本科教育，中西医结合硕士研究生教育，中西医结合博士研究生教育以及中西医结合博士后工作流动站。

为了更好地培养更多高层次的中西医结合人才，一是要重视中医经典医籍的学习；二是要重视中西医理论知识与临床思维的培养，提高诊治能力；三是提高医患沟通能力；四是培养科研能力，激发创新能力；五是注重中西医结合能力的培养。中医和西医是两种不同的医学模式，临床运用各有所长，各有所短，而中西医结合则可以互补，弥补中医、西医各自的不足。为推动中西医结合事业的发展，需要培养具有中西医结合思维能力的高层次人才，要求其有扎实的中医和西医理论知识。在此基础上，再培养其求同，即找结合点；求异，即找交叉点；求真，即现代化和科学化；求新，即坚持创新。

三、中西医结合科研管理制度

中医学和西医学虽然是两种不同的医学体系,但它们都是研究人体生命活动、健康与疾病规律性认识的医学科学。中医药学经过数千年的临床实践,积累了大量防病治病的宝贵经验,并形成了独特的理论体系,是一门拥有大量临床实践经验的医学,正是这些丰富的理论知识与临床经验为医学领域的科技创新提供了源泉。而西医学是以科学实验为基础,大量采用了现代科学技术、手段,西医学的研究方法和手段为中医药学的创新发展提供了新思路与新途径,两种医学之间存在着很强的互补性。几十年来的临床实践已充分证明,中医药领域的重大科学发现和重要科研成果,很多都与中西医结合密切相关,中西医结合医学在很大的程度上促进了中医药学的进步和发展。《中医药发展战略规划纲要(2016—2030)》明确提出:"促进中西医结合。运用现代科学技术,推进中西医资源整合、优势互补、协同创新。"要加强中西医结合创新研究平台建设,强化中西医临床协作,开展重大疑难疾病中西医联合攻关,形成确有疗效的中西医结合诊疗方案,提高重大疑难疾病、急危重症的临床疗效。探索建立和完善国家重大疑难疾病中西医协作工作机制与模式,提升中西医结合服务能力。

案例评析

医院6次未查出腹痛女子怀孕,致胎儿被人工引产案

案例: 张女士,36岁,已有一名14岁的孩子,没有再次生育计划。2011年12月15日,她因腹部胀痛、闭经4个月就诊于当地某中西医结合医院,医生张某先后两次接诊,未做尿妊娠试验及妇科B超检查,未发现怀孕,诊断为腹痛、血瘀,开了15付中药,包含藏红花、桃仁、益母草等药物。服药后病情未见好转,张女士又找到该医院陈医生诊治,仍未检查尿酶免及妇科B超,未诊断出怀孕,并先后四次又开了28付中药。2012年3月11日晚,张女士腹部突然剧痛就诊于该医院急诊,经B超检查结果为已怀孕7个半月,B超对胎儿脏器及肢体不能清晰显示。

3月15日至19日,她在当地妇产医院做了人工引产手术,造成其身心极大痛苦。随后,张女士决定向当地人民法院提起诉讼。庭审中,张女士认为中医师通过摸脉应当可以知道患者是否怀孕,且她就诊时已闭经4个月,医生张某、陈某的行为属于误诊,这不仅使其承受了本可避免的病痛折磨且浪费了大量的时间和精力,更给她带来重大的精神创伤。基于此,请求人民法院判决某中西医结合医院赔偿其治疗费、营养费、误工费、精神损失费共计15万元。

被告诉讼代理人辩称,2011年12月15日至2012年3月10日期间,张女士在该医院中医科就诊,医务人员按中医诊疗常规对其检查后,诊断为"闭经四月、寒湿、血瘀、腹痛"等,用中药汤剂调治,并无过失,且中医诊疗与西医诊疗存在根本性的不同,不能以西医的检查结果认定中医诊疗存在过错。张女士提交的病历显示,引产时分娩出一活胎,该胎儿是否存在畸形、目前状态等均不清楚,不能

证明其有损害后果。另外,张女士是计划外怀孕,引产对其不造成伤害,不应承担侵权赔偿责任。法庭当庭判决,被告的行为构成医疗事故,应当承担医疗损害赔偿责任。由被告赔偿原告治疗费、营养费、误工费、精神损失费共计 3 万元。

评析:本案涉及的法理为中西医结合医院医务人员在从事诊疗过程中发生的医疗事故法律问题。我国《医疗事故处理条例》第二条规定,本条例所称医疗事故,是指医疗机构及其医务人员在医疗活动中,违反医疗卫生管理法律、行政法规、部门规章和诊疗护理规范、常规,过失造成患者人身损害的事故。医疗损害赔偿责任指医疗机构及其从业人员在医疗活动中,未尽相关法律、法规、规章和诊疗技术规范所规定的注意义务,在医疗过程中发生过错,并因这种过错导致患者人身损害所形成的民事法律责任。在本案中,某中西医结合医院的医务人员如果依照中西医结合诊疗的基本规范在进行中医诊疗的同时能够兼顾运用尿酶免检查及妇科 B 超检查等西医相关诊断方法,本可以在 2011 年 12 月查出张女士怀有身孕。然而,由于该医院医务人员的多次疏忽大意,使张女士承受了本可避免的时间、精力及金钱上的损失。这构成医疗事故,应当承担相应的医疗损害赔偿责任。

第四节　中药管理制度

一、中药的概念

中药,是指在中医理论指导下,运用传统的独特方法进行加工炮制并用于疾病的预防、诊断和治疗,有明确适应证和用法、用量的植物、动物和矿物及其天然加工品等。

《国务院关于扶持和促进中医药事业发展的若干意见》指出,要提升中药产业发展水平。促进中药资源可持续发展,加强对中药资源的保护、研究开发和合理利用,加强珍稀濒危品种保护、繁育和替代品研究,结合农业结构调整,建设地道药材良种繁育体系和中药产业发展的统筹规划,制定有利于中药产业发展的优惠政策,组织实施现代化中药高技术产业化项目,加大对中药行业驰名商标、著名商标的扶持与保护力度,优化中药产品出口结构;加强中药管理,完善中药注册管理,推进实施中药材生产质量管理规范。

我国的中药资源丰富。2011—2020 年,国家中医药管理局组织开展了第四次全国中药资源普查,对全国 31 个省近 2 800 个县开展中药资源调查,获取了 200 多万条调查记录,汇总了 1.3 万多种中药资源的种类和分布等信息,其中有上千种为中国特有种,发现新物种 79 种,其中 60% 以上的物种具有潜在的药用价值。然而,我国中药制剂在国际中草药市场的占有率仅 3～10%。中药要走向世界,关键在于保证中药质量的安全、有效、稳定、可控。要适应国内、国际市场需求,提高中药产品的质量控制水平。因此,要加快中药的标准研究,建立完善的标准体系,必须依靠科技创新,加快传统医药产业的技术升级,加快我国传统中药产业向现代中药产业的转变。

中药是指在中医基础理论指导下用以防病治病的药物。中药过去称为"药",自清末西医药输入我国以来,为了表示区别,人们将我国传统的药物称之为中药,或称传统药。

中药包含中药材、中药饮片、中成药、民族药。

1. 中药材 指来源于药用植物、动物和矿物及其加工品,可切制成饮片,供调配中医处方煎服,或磨成细粉服用,或调敷外用,是供中药企业生产中药成方制剂或制药工业提取有效化学成分的原料药。

2. 中药饮片 指经过加工炮制的中药材,可直接用于调配或制剂。

3. 中成药 中成药是中药成药的简称,是指在中医理论指导下,以中医临床疗效显著的处方为依据,以中药材为原料,按照规定的处方和炮制方法加工制成的中药成品药。其剂型有丸剂、散剂、膏剂、丹剂、露剂、酒剂、锭剂、片剂、颗粒冲剂、糖浆剂等。

4. 民族药 指我国少数民族使用的,以本民族传统医药理论和实践为指导的药物,如藏药、蒙药等。

二、中药生产加工管理制度

2016年国务院发布的《中医药发展战略规划纲要(2016—2030年)》中提出,发展中药农业,提升中药工业,改造中药商业,培育中药知识产业,促进中药产业链的形成与健康发展;保障中药资源可持续发展,强化合理开发和综合利用;研制一批能够进入国际医药保健主流市场的中医药新产品;形成一批拥有自主知识产权的国际知名品牌和国际竞争力较强的优势企业;发展一批集聚效应突出的中药科技产业基地。

原卫生部(现为国家卫生健康委员会)《关于中药秘方制造保密的几项内部掌握原则的通知》规定:凡是在群众中信誉高,畅销国内外,具有一定经济价值的中药如"云南白药""雷允上六神丸"及其他类似药品等,都应列入保密制造范围,按以下原则管理:①各地卫生行政部门,发现此类处方时,应整理有关整理,提出意见,报卫生部决定是否列入保密制造范围;②凡属于此类药方,各地卫生行政部门应对其处方制造方法等负责保密,未经卫生部同意,不得将处方交给其他单位或个人;③此类药品之制造,原则上仍由原公开处方者继续制造,如需指定其他药厂制造时,须经卫生行政主管部门审核。

(一)中药材生产加工管理

1. 中药材生产流通管理 中药材是中药的源头,其质量的好坏不仅影响中药制剂的疗效,也关系着患者的身心安全。目前,我国中药材人工种植养殖还不够规范,栽培药材技术落后,药材种子、土壤、农药及药材采收、加工、储藏等全过程的质量管理措施难以有效实施。上述问题已经危及整个中药产业的健康发展。

为了保障中药材的质量,保障中医药事业可持续发展,《中医药法》对中药材的种植养殖、采集、贮存、初加工等环节做了总体要求,以加强对中药材生产流通全过程的质量监督管理。国家制定中药材种植养殖、采集、贮存和初加工的技术规范、标准,加强对中药材生产流通全过程的质量监督管理,保障中药材质量安全。鼓励发展中药材规范化种植养殖,严格管理农药、肥料等农业投入品的使用,禁止在中药材种植过程中使用剧毒、高毒农药,支持中药材良种繁育,提高中药材质量。

中药材标准是保证药材质量的关键，国家已经出台了一系列规范中药材种植养殖、采集、加工的技术规范和中药材质量的标准，如《中华人民共和国药典》《中药材生产质量管理规范（试行）》《中药材仓库技术规范》《中药材仓储管理规范》等。

2. 道地药材　道地药材是我国传统的优质中药材的代名词，素有"非道地药材不处方，非道地药材不经营"的说法。由于道地中药材比其他地区生产的相同药材在品质、疗效方面更好，因此道地中药材的价格远高于非道地药材价格。药材市场上，非道地药材冒充道地药材的现象随处可见，这种现象严重影响了医生和患者对所使用药材的判断，给中医临床带来困扰，影响到了人们的用药安全，也极大地伤害了道地中药材这一珍贵的中医药资源的品牌效应。2016年《中医药发展战略规划纲要（2016—2030年）》提出制定国家道地药材目录，加强道地药材良种繁育基地和规范化种植养殖基地建设，促进中药材种植养殖业绿色发展。根据这一精神，《中医药法》中明确对道地中药材进行保护，不但是保护道地药材资源及产业可持续发展的需要，也是保证人们用药安全的需要。因此，《中医药法》规定：国家建立道地中药材评价体系，支持道地中药材品种选育，扶持道地中药材生产基地建设，加强道地中药材生产基地生态环境保护，鼓励采取地理标志产品保护等措施保护道地中药材。

3. 药用野生动植物资源保护制度　野生药材资源是中医药事业传承和发展的物质基础，保护好中药材资源，是促进我国中医药事业持续发展的重要方面。我国是世界上最早利用植物药的国家，也是世界上天然药物最为丰富的国家，有着较为丰富的野生药材资源。但是，在现实中，由于城市建设的不断发展，土地资源的逐渐减少，生态环境遭到破坏，使药用动植物失去了赖以生存的环境；同时，随着中医药服务的发展，市场对野生药材需求量的增大，受利益驱使，一些地方出现了对野生药用动植物资源乱挖滥采，对野生药用动物资源乱猎滥捕，造成对野生药材资源和当地生态环境的破坏，致使一些野生药材物种出现衰退甚至濒临灭绝。据统计，目前我国有部分野生动植物药材处于濒危状态。这种情况下如不尽快加以改变，必将造成部分野生中药材资源流失、枯竭，最终严重影响中医药事业的发展。因此，必须采取有力措施，加强对野生药材资源的保护和合理利用。

为了更好地保护利用好中药材这一宝贵资源，《中医药发展战略规划纲要（2016—2030年）》提出实施野生中药材资源保护工程，完善中药材资源分级保护、野生中药材物种分级保护制度，建立普查和动态监测相结合的中药材资源调查制度。建立五类保护区、基地和示范区；建立濒危野生药用动植物养殖基地；鼓励社会力量投资建立中药材科技园、博物馆和药用动植物园等保育基地；建立种质资源库；建立国家级药用动植物种质资源库。完善中药材国家储备；在国家医药储备中，进一步完善中药材及中药饮片储备。根据这一精神，《中医药法》第二十五条对实施野生中药材的保护做了以下规定：

一是对药用野生动植物资源实行动态监测和定期普查。野生药材资源保护管理不是一朝一夕的事情，要想把野生药材资源保护好、管理好，就要建立一个长效机制，制订具体的保护规划，定期开展野生药材资源濒危预警和动态监测，了解全国野生药材资源保护管理工作的现状、存在的问题，密切关注野生药材资源变化的形势，对野生药材资源的采集、收购、运输、使用等环节实施有效监控。对野生药用动植物的种

类、分布定期进行普查，及时掌握资源动态变化，及时提供预警信息。2011—2020 年，国家中医药管理局组织开展了第四次全国中药资源普查工作，掌握了 1.3 万余种药用资源的种类和分布信息，构建了 1 个国家中心、28 个省级中心、66 个县级监测站的动态监测体系。

二是建立药用野生动植物资源种质基因库。种质是所有携带遗传物质的活体，对于植物来说，不仅包括种子，还包括植株、根、茎、胚芽和细胞、基因等。种质基因库可包括药用植物种子库、植物离体库、DNA 库、微生物库和动物种质资源库等。我国生物物种极为丰富，生物资源开发将是未来全球资源竞争的一个战略重点。药用动植物种质资源库的建设对中药材品质改善、规范化生产、资源和生态修复等有重要意义。中药材种质资源库的建设，为我国中药种质资源保存提供了一个很好的平台。目前，在全国普查的基础上，国家中药材种质资源库（四川）、国家基本药物所需中药材种质资源库（海南）的基础建设已经完成，江苏泰州正在建设中药材种质资源库。

三是鼓励发展人工种植养殖，支持依法开展珍贵、濒危药用野生动植物的保护、繁育及其相关研究。由于野生药材资源的有限性，不能满足人们日常用药的需求。如果过度依赖采集利用野生药材资源势必会造成资源的破坏。因此在保护和合理利用野生药材资源的同时，应积极进行中药材的人工培育，国家采取措施，从资金、技术等方面，鼓励人工种植养殖，鼓励科研人员培育良种中药材。需要说明的是，在开展珍贵、濒危药用野生动植物资源保护和研究过程中，要注意与等相关法律的衔接。为了保护自然资源和生态环境，我国相继制定了一系列法律法规，如《野生动物保护法》《草原法》《森林法》《野生植物保护条例》等，这些法律法规中都对野生药材资源保护管理工作作出了规定。因此，本条规定，开展濒危的药用野生动植物的保护、繁育及其相关研究，要依法进行。

为了保护和合理利用野生药材资源，适应人民医疗保健事业的需要，国务院于 1987 年 10 月 30 日颁布《野生药材资源保护管理条例》（以下简称《条例》）。

目前，我国已经建立了野生动植物保护的法律、法规体系，主要有《中华人民共和国野生动物保护法》《中华人民共和国野生植物保护条例》，加强了对野生动植物的保护。同时，原国家林业局还设有专门的野生动植物保护管理机构负责全国野生动植物保护管理工作。目前，全国已经建立了 14 个野生动植物救护繁育中心和 400 多处珍稀植物种质种源基地。

📋 **知识拓展**

国家重点保护的野生药材物种

国家重点保护的野生药材物种名录共收载了野生药材物种 76 种（取消了虎骨、犀牛角的药用标准），中药材 42 种。其中一级保护的野生药材物种 3 种，中药材 3 种；二级保护的野生药材物种 27 种，中药材 17 种；三级保护的野生药材物种 45 种，中药材 22 种。具体名录如下：

一级保护药材名称：豹骨、羚羊角、鹿茸（梅花鹿）。

二级保护药材名称:鹿茸(马鹿)、麝香(3个品种)、熊胆(2个品种)、穿山甲、蟾酥(2个品种)、蛤蟆油、金钱白花蛇、乌梢蛇、蕲蛇、蛤蚧、甘草(3个品种)、黄连(3个品种)、人参、杜仲、厚朴(2个品种)、黄柏(2个品种)、血竭。

三级保护药材名称:川贝母(4个品种)、伊贝母(2个品种)、刺五加、黄芩、天冬、猪苓、龙胆(4个品种)、防风、远志(2个品种)、胡黄连、肉苁蓉、秦艽(4个品种)、细辛(3个品种)、紫草(2个品种)、五味子(2个品种)、蔓荆子(2个品种)、诃子(2个品种)、山茱萸、石斛(5个品种)、阿魏(2个品种)、连翘、羌活(2个品种)。

为保护野生药材资源,我国已将169种药用植物列入国家珍稀濒危保护植物名录,将162种药用动物列入国家重点保护野生动物名录。涉及这些动植物的药材在《中华人民共和国药典》(以下简称《中国药典》)中将被停止使用或代用。国务院在1993年发出《关于禁止犀牛角和虎骨贸易的通知》,取消了虎骨和犀牛角的药用标准,1995年版《中国药典》已删除了熊胆、豹骨和玳瑁这三种动物类中药材。2005年版《中国药典》中,则取消了野山参,并收入林下参予以取代。

禁止采猎一级保护野生药材物种。一级保护野生药材物种属于自然淘汰的,其药用部分由各级药材公司负责经营管理,但不得出口。采猎、收购二、三级保护野生药材物种必须按照批准的计划执行。采猎者必须持有采药证,需要进行采伐或狩猎的,必须申请采伐证或狩猎证。不得在禁止采猎区、禁止采猎期进行采猎,不得使用禁用工具进行采猎。二、三级保护野生药材物种属于国家计划管理的品种,由中国药材公司统一经营管理,其余品种由产地县药材公司或其委托单位按照计划收购。二、三级保护野生药材物种的药用部分,除国家另有规定外,实行限量出口。

（二）中药饮片管理制度

2007年国家中医药管理局、卫生部联合发布的《医院中药饮片管理规范》明确指出,为加强医院中药饮片管理,保障人体用药安全、有效,根据《中华人民共和国药品管理法》及《中华人民共和国药品管理法实施条例》等法律法规、行政法规的有关规定,制定本规范。本规范适用于各级各类医院中药饮片的采购、验收、保管、调剂、临方炮制、煎煮等管理。按照麻醉药品管理的中药饮片和毒性中药饮片的采购、存放、保管、调剂等,必须符合《麻醉药品和精神药品管理条例》《医疗用毒性药品管理办法》《处方管理办法》等的有关规定。县级以上卫生、中医药管理部门负责本行政区域内医院的中药饮片管理工作。医院的中药饮片管理由本单位法定代表人全面负责。中药饮片管理应当以质量管理为核心,制定严格的规章制度,实行岗位责任制。

《中医药法》规定:国家保护中药饮片传统炮制技术和工艺,支持应用传统工艺炮制中药饮片,鼓励运用现代科学技术开展中药饮片炮制技术研究。

一是国家保护中药饮片传统炮制技术和工艺。我国古代医学家认为,中药饮片炮制直接影响到临床诊疗效果,如清代张仲岩在《修事指南》中指出:"炮制不明,药性不确,则汤方无准而病证无验也。"炮制工艺是否合理,炮制火候是否到位,都可以影响饮片质量和临床疗效。对中药饮片传统炮制技术和工艺,首先是要做好保护工作,防止后继无人、手艺失传。

二是支持应用传统工艺炮制中药饮片。中国古代医药学家对各种炮制方法进行了研究和总结,如清代张仲岩《修事指南》将历代各家炮制记载综合归纳而成,记载了232种炮制方法,系统阐述了各种方法。应用传统工艺炮制中药饮片,更符合医学典籍记载,可以最大限度地发挥中药的临床疗效,减少其毒副作用。

三是鼓励运用现代科学技术开展中药饮片炮制技术研究。传统的中药饮片炮制工艺大多是基于我国古代医学专家的临床实践总结而来的,很多工艺没有经过系统、科学的分析。通过运用现代科学技术开展中药饮片炮制技术研究,将更有助于提高中药的药效,也便于用药,因此要鼓励运用现代科学技术开展中药饮片炮制技术研究。

案例评析

配错中药饮片案

案例: 2011年,乙因失眠多梦、神经性头痛去甲中医院(二级医院)治疗,依照医嘱抓药服用后疗效显著。2012年5月乙去甲中医院继续治疗,又抓取了14剂中药。不料服用后,出现持续性腹痛、腹泻、睡不安稳等症状。后来请教懂中医药知识的人依药方查看未煎煮的中药后发现其中并没有处方中的"生石决"反而有处方中没有的"生石膏"。乙随即找院方交涉,但对方矢口否认,乙于是以甲中医院为被告向法院提起了诉讼,要求被告退还购药款并支付治疗腹泻的检查费、医药费、营养费、交通费、误工费和精神损失费共计人民币1.5万元。在法庭上,原告提供了其在甲中医院的病历、尚未煎煮的中药饮片、服药后出现腹泻的化验单、医院诊断书及相关的医疗费用、交通费用等收据,但没有误工证明。而被告辩称,经过为原告抓药的中药师李某核实,不存在将药配错的情节,不同意原告的各项诉讼请求;再无其他证据。经法庭查明,该中药处方第一味药就是"生石决",发药单内注明了配制中药的时间、剂数、调剂人等,但是复核人一栏为空白。被告称,因近期患者激增,医院人手不够,对中药饮片的复核采取抽查制,复核人一栏为空属于正常情况。

法庭认为,被告甲中医院应当为患者提供完全符合处方种类、剂量的各味中药,并经严格、规范的调剂、符合程序后方可交付患者,以保证其人身健康。本案中,被告疏于管理,违反了《医院中药饮片管理规范》中调剂中药饮片的相关规定,调配中药饮片后未经复核即交付患者服用,被告甲中医院应对因其疏忽导致的原告人身损害承担民事赔偿责任。判决甲中医院退还购药款并赔付原告治疗腹泻的医疗费用,交通费共计人民币1 003元,驳回原告其他诉讼请求。

评析: 本案涉及的法理是医疗侵权行为引起的民事侵权诉讼问题。首先要判断甲中医院在调剂中药饮片的过程中是否存在违法行为。《医院中药饮片管理规范》明确规定:"中药饮片调配后,必须经复核后方可发出。二级以上医院应当由主管中药师以上专业技术人员负责调剂复核工作,复核率应当达到100%。"而甲中医院对中药饮片的调剂复核采取抽查的办法,复核率没有达到100%。本案中甲中医院调剂中药饮片后不经复核就交付给患者的做法显然违规。其次,

原告乙提出一系列证据证明其在服药后出现了腹泻等症状，这是损害事实。再次，《最高人民法院关于民事诉讼证据的若干规定》指出："因医疗行为引起的侵权诉讼，由医疗机构就医疗行为与损害结果之间不存在因果关系及不存在医疗过错承担举证责任。"本案中由于甲中医院无法证明中药中出现生石膏不是其过错所致，也无法证明乙的腹泻与甲中医院的行为无关，所以应由甲中医院承担不利后果。法院可以据此认定甲中医院调剂中药饮片的行为存在过错，这一行为与乙出现腹泻等事实之间存在因果关系。综上所述，甲中医院对乙构成医疗侵权，应承担民事赔偿责任。

（三）中药新药研制制度

2009 年《国务院关于扶持和促进中医药事业发展的若干意见》指出，推动中药新药和中医诊疗仪器、设备的研制开发。《中医药发展战略规划纲要（2016—2030 年）》指出，探索适合中药特点的新药开发模式，推动重大新药创制。鼓励基于经典名方、医疗机构制剂等的中药新药研发。由此可见，国家鼓励和支持中药新药的研制和生产。国家保护传统中药加工技术和工艺，支持传统剂型中成药的生产，鼓励运用现代科学技术研究开发传统中成药。

1. 中药新药研制与生产

（1）中药新药的研究开发，应当坚持以中医药理论体系为指导，必须与中药理论密切结合起来，如性味归经、升降浮沉、君臣佐使、加工炮制、制剂工艺、配伍禁忌、剂量服法等理论。这样才能使新开发的中成药保持中医药的特色。盲目搬用西药剂型来套改中药剂型的做法，不适合中药新药的研究开发。

（2）充分利用现代科学技术：为了阐明中药防治疾病的机制，推动中医药理论发展，提高新药竞争能力，将中药制剂的功效、主治与现代科学知识与技术联系起来，建立相应的客观标准，探索出一套以中医药理论为指导，又能用一定的科学手段测试的新理论，对指导临床合理用药及评定制剂质量是非常必要的。

（3）以药物的安全有效为核心：药物的基本要求是安全、有效、稳定。

2. 关于传统中成药的生产　中成药是中药成药的简称，是指以中药材为原料，在中医药理论指导下，按规定的处方和制法进行批量生产，有名称、功能主治、用法用量和规格的药品。《中医药法》第二十九条共分三个方面对传统中成药的生产做了规定。

（1）国家保护传统中药加工技术和工艺：传统中药加工技术和工艺是我国的瑰宝，应当倍加珍惜、予以保护。

（2）支持传统剂型中成药的生产：传统的剂型包括汤、丸、散、膏、丹等，是根据外观、制作方法及服用方法划分的不同的方剂类型。汤剂是将中药饮片用水煎煮或浸泡后去渣取汁方法制成的液体剂型。丸剂是药材细粉或药材提取物添加适宜赋形剂或辅料，制成的球形或类球形的固体制剂，是中成药最古老的剂型之一。散剂是一种或多种药材混合制成的粉末状制剂，分内服散剂和外用散剂。膏剂是药材用水煎煮、去渣浓缩后，加炼蜜或糖制成的半固体制剂。丹剂是水银、硝石、雄黄等矿物药经过炼制、升华、融合等技术处理制成的无机化合物，如红升丹、白降丹等。传统剂型中

成药体现了中医药的特色，为此，本款规定支持传统剂型中成药的生产。

（3）鼓励运用现代科学技术研究开发传统中成药：现代科学技术是传统中成药焕发生机的助推器，将为传统中医药插上腾飞的翅膀。《中医药发展战略规划纲要（2016—2030年）》中指出，促进中药工业转型升级。推进中药工业数字化、网络化、智能化建设，加强技术集成和工艺创新，提升中药装备制造水平，加速中药生产工艺、流程的标准化，提升中药工业知识产权运用能力。

根据《中药注册管理补充规定》，中药新药的研制应当符合中医药理论，注重临床实践基础，具有临床应用价值，保证中药的安全有效和质量稳定均一，保障中药材来源的稳定和资源的可持续利用，并应关注对环境保护等因素的影响。涉及珍稀濒危野生动植物的应当符合国家有关规定。

（四）中药剂型研制制度

原卫生部和国家中医药管理局发布的《关于加强中药剂型研制工作的意见》指出，中药剂型研制工作，必须遵循中药性味归经、君臣佐使等理论，克服脱离中医药理论体系套用西药模式研制中药制剂的倾向。对传统剂型的继承和新剂型的研制必须同时并重。要以提高临床疗效为目标，以安全可靠为前提，以满足治疗急危重症需要为重点，逐步完善质量控制标准和检测手段，严格把关，保证质量，力求加工生产简、便、验、廉的剂型，便民利民，减轻群众经济负担。

1. 古代经典名方的中药复方制剂 《中医药法》规定：生产符合国家规定条件的来源于古代经典名方的中药复方制剂，在申请药品批准文号时，可以仅提供非临床安全性研究资料。具体管理办法由国务院药品监督管理部门会同中医药主管部门制定。

中医经典医籍中记载了大量的方剂，有很多方剂至今仍在临床广泛使用，这些方剂经过了长期的临床验证，疗效确切。如果严格按照一般药品生产的规定进行临床试验后再审批，耗时较长，不利于调动企业的生产积极性。为此，本法专门规定，生产符合国家规定条件的来源于古代经典名方的中药复方制剂，在申请药品批准文号时，可以仅提供非临床安全性研究资料。这一规定大大简化了生产此类中药复方制剂的审批程序，有利于调动企业的生产积极性，将古代经典名方发扬光大，造福广大社会公众。

2008年国家食品药品监管局发布的《中药注册管理补充规定》中对来源于古代经典名方的中药复方制剂的生产所规定的条件，包括：①处方中不含毒性药材或配伍禁忌；②处方中药材均有法定标准；③生产工艺与传统工艺基本一致；④给药途径与古代典籍记载一致，日用饮片量与古代典籍记载相当；⑤功能主治与古代医籍记载一致；⑥适用范围不包括危重症，不涉及孕妇、婴幼儿等特殊用药人群。该类中药复方制剂的药品说明书中须注明处方及功能主治的具体来源，说明本方剂有长期临床应用基础，并经非临床安全性评价。

2. 医疗机构配制中药制剂的管理制度 《中医药法》规定：国家鼓励医疗机构根据本医疗机构临床用药需要配制和使用中药制剂，支持应用传统工艺配制中药制剂，支持以中药制剂为基础研制中药新药。

医疗机构配制中药制剂，应当依照《中华人民共和国药品管理法》的规定取得医疗机构制剂许可证，或者委托取得药品生产许可证的药品生产企业、取得医疗机构制

剂许可证的其他医疗机构配制中药制剂。委托配制中药制剂，应当向委托方所在地省、自治区、直辖市人民政府药品监督管理部门备案。

医疗机构配制的中药制剂品种，应当依法取得制剂批准文号。但是，仅应用传统工艺配制的中药制剂品种，向医疗机构所在地省、自治区、直辖市人民政府药品监督管理部门备案后即可配制，不需要取得制剂批准文号。

医疗机构应当加强对备案的中药制剂品种的不良反应监测，并按照国家有关规定进行报告。药品监督管理部门应当加强对备案的中药制剂品种配制、使用的监督检查。

三、中药经营的管理制度

《中华人民共和国药品管理法》规定，药品经营企业销售中药材，应当标明产地。城乡集易市场可以出售中药材。

（一）质量管理

根据原卫生部、国家中医药管理局《中药商业质量管理规范（试行）》，中药经营企业应建立质量管理检验机构或设置专职质量管理人员，负责中药购、销、存等各个环节的质量管理、检验和验收工作。

（二）采购

1. 中药材、中药饮片　①采购、收购中药材、中药饮片首先鉴别真伪、优劣；②购进的中药材必须符合购进地药材质量标准要求，购进中药饮片必须符合购进地的"中药炮制规范"的质量标准要求。

2. 中成药　①须是从取得《药品生产许可证》和《营业执照》的药品生产企业或持有《药品经营许可证》和《营业执照》的药品经营企业购进；②须是卫生行政部门批准发给批准文号并注册商标和生产批号的品种；③包装和标志应符合有关规定和储运要求；④产品质量稳定。

（三）储存

储存要求包括：①仓库应具备适合所经营商品特性的条件、环境；②毒剧和贵细中药应分别存放并建立相应的库存养护设施；③商品入库时，应按凭证核对品名、规格、数量，并鉴别、检验，确认质量优劣、品种真伪；④把好商品出库验发关，变质和过期商品严禁发货。

（四）批发与零售

中药批发单位应配备中药师以上的技术人员，对用户和患者应正确介绍商品的性能、用途、用法、用量、禁忌和注意事项等，不得夸大宣传。发药时必须有质量核对和验发手续制度。

零售中药，必须做到：①按剂型、用途分类陈列于货柜；②陈列是内服药与外用药分开，一般药与消毒、防腐杀虫灭鼠药分开，凭医生处方销售的药品与一般药分开；③毒剧、麻醉药品应严格按国家有关规定执行，必须做到专柜存放、专人管理、专账记录；④建立清洁卫生制度，坚持定期清药斗，使药品不污染；⑤执行验收、验发、核对手续，霉变潮解、虫蛀鼠咬等不合格品，严禁进店和出售；⑥调配处方必须经过审核，对处方所列药品不得擅自更改或代用；对有配伍、妊娠禁忌或者某一味药超出一次服用剂量的处方，应拒绝调配，必要时须经处方医生更正或者重新签字，方可调配。

四、中药知识产权保护制度

《中华人民共和国药品管理法》规定,国家保护野生药材资源和中药品种。根据1992年国务院发布的《中药保护品种条例》,国家鼓励研制开发临床有效的中药品种(包括中成药、天然药物的提取物及其制剂和中药人工制成品,但不包括依照专利法的规定办理申请专利的中药品种),对质量稳定、疗效确切的中药品种实行分级保护制度。

(一)中药保护品种的保密措施

中药一级保护品种的处方组成、工艺制法,在保护期限内由获得《中药保护品种证书》的生产企业和有关的药品生产经营主管部门、药品监督管理局及有关单位和个人负责保密,不得公开。负有保密责任的有关部门、企业和单位应当按照国家有关规定建立必要的保密制度。向国外转让中药一级保护品种的处方组成、工艺制法,应当按照国家有关保密规定办理。

(二)中药保护品种等级的划分和审批

依照《中药保护品种条例》受保护的中药品种,必须是列入国家药品标准的品种。经国务院卫生行政部门认定,列为省、自治区、直辖市药品标准的品种,也可以申请保护。受保护的中药品种分为一、二级。

1. 一级保护 对特定疾病有特殊疗效的;相当于国家一级保护野生药材物种的人工制成品;用于预防和治疗特殊疾病的中药品种,可以申请一级保护。

2. 二级保护 可申请一级保护的品种或者已经解除一级保护的品种;对特定疾病有显著疗效的品种;从天然药物中提取的有效物质及特殊制剂,可以申请二级保护。

国务院卫生行政部门批准的新药,按照国务院卫生行政部门规定的保护期给予保护;在保护期限届满前6个月,可以重新依照《中药保护品种条例》的规定申请保护。

(三)中药保护品种的保护期

1. 中药一级保护品种保护期 中药一级保护品种分别为30年、20年、10年。中药一级保护品种因特殊情况需要延长保护期限的,由生产企业在该品种保护期满前6个月进行申报。延长的保护期限由国务院卫生行政部门根据国家中药品种保护审评委员会的审评结果确定;但是,每次延长的保护期限不得超过第一次批准的保护期限。

2. 中药二级保护品种保护期 中药二级保护品种为7年。期满后可以延长7年。

中药一级保护品种的处方组成、工艺制法,在保护期限内由获得《中药保护品种证书》的生产企业和有关的药品生产经营主管部门、卫生行政部门及有关单位和个人负责保密,不得公开。负有保密责任的有关部门、企业和单位应当按照国家有关规定,建立必要的保密制度。向国外转让中药一级保护品种的处方组成、工艺制法的,应当按照国家有关保密的规定办理。

(四)申请中药品种保护的程序

1. 申请 中药生产企业对其生产的符合规定的中药品种,可以向所在地省、自治区、直辖市中药生产经营主管部门提出申请,经中药生产经营主管部门签署意见后转送同级卫生行政部门,由省、自治区、直辖市卫生行政部门初审签署意见后,报国务院卫生行政部门。特殊情况下,中药生产企业也可以直接向国家中药生产经营主

管部门提出申请,由同家中药生产经营主管部门签署意见后转送国务院卫生行政部门,或者直接向国务院卫生行政部门提出申请。

2. 审评　国务院卫生行政部门委托国家中药品种保护审评委员会负责对申请保护的中药品种进行审评。国家中药品种保护审评委员会应当自接到申请报告书之日起6个月内做出评审结论。

3. 批准　根据国家中药品种保护审评委员会的审评结论,由国务院卫生行政部门征求国家中药生产经营主管部门的意见后决定是否给予保护。批准保护的中药品种,由国务院卫生行政部门发给《中药保护品种证书》。国务院卫生行政部门负责组织国家中药品种保护审评委员会,委员会成员由国务院卫生行政部门与国家中药生产经营主管部门协商后,聘请中医药方面的医疗、科研、检验及经营、管理专家担任。申请中药保护的企业,应当按照国务院卫生行政部门的规定,向国家中药品种保护审评委员会提交完整的资料。对批准保护的中药品种以及保护期满的中药品种,由国务院卫生行政部门在指定的专业报刊上予以公告。

案例评析

中药处方的权利之争案

案例:甲中医院的眼科医生利用甲中医院提供的物质条件,结合自己的临床实践经验,研制出某品牌增光片中药组成成分的处方。20世纪80年代,甲中医院与乙中药厂订立了《关于"增光片"临床问题的协议书》,在取得咨询费、转让费后,把处方转让给了乙中药厂,乙中药厂就此取得了该处方的药品生产权。乙中药厂通过多年的研究、反复实践形成了××牌增光片的工艺制法。乙中药厂生产出成药后,甲中医院又依据协议,对该药的疗效进行了临床观察,并提供了临床观察报告,从而使乙中药厂的某品牌增光片得到了省卫生厅的药品生产许可证。1996年,卫生部药典委员会制订的《中华人民共和国卫生部药品标准》向社会公开了"增光片"的处方、制法、性状、功能与主治、用法与用量等内容。1997年,乙中药厂改组,把"增光片"等药品作为无形资产投资于丙制药公司。1999年,国家药品监督管理局给丙制药公司颁发了(99)国药中保证字第××号《中药保护品种证书》,称:"根据国务院颁布的《中药品种保护条例》规定,经审定,同意'增光片'列为国家二级中药保护品种,保护期7年,自1999年5月10日至2006年5月10日止。"2001年,甲中医院提起诉讼,请求法院确认甲中医院对"某品牌增光片"处方这一科技成果的所有权;判令丙制药公司在"某品牌增光片"的注册、广告、宣传、报奖等方面体现甲中医院的法律地位;判令丙制药公司支付甲中医院从使用"增光片"处方起到目前为止的使用费和使用"增光片"科技成果所获利润的40%。

评析:本案涉及的法理是智力成果的知识产权问题。本案中《关于"增光片"临床问题的协议书》是甲中医院与乙中药厂订立的合作开发合同。根据《中药品种保护条例》,中药处方组成和工艺制法都是药品权利保护的核心。因此,增光

片是甲中医院和乙中药厂合作开发的一种创造性智力成果,甲中医院是该科技成果的开发研制人之一。甲中医院或乙中药厂都未依据《中华人民共和国专利法》的规定申请药品专利,故本案中甲中医院请求保护的权利属于商业秘密。甲中医院作为合作开发的一方,并未对"增光片"的处方自行采取保密措施或要求乙中药厂对该处方采取保密措施。1996年,"增光片"的处方、制法、性状、功能与主治、用法与用量等内容已被《中华人民共和国卫生部药品标准》向社会公开,从此该处方和工艺制法能够从公开渠道获得,丧失了作为商业秘密应予以保护的秘密性,任何人都可以不需要征得他人同意而无偿使用。因此,甲中医院对该处方不享有独占的所有权,也不能依据该处方向相关使用单位主张利润分成和要求支付使用费。

1997年之后,"增光片"成为丙制药公司的无形资产。1999年"增光片"被列为国家二级中药保护品种,丙制药公司取得了《中药保护品种证书》,根据《中药品种保护条例》,丙制药公司有权依据《中华人民共和国卫生部药品标准》生产"增光片",甲中医院要求丙制药公司在"某品牌增光片"的注册、广告、宣传、报奖等方面体现甲中医院的法律地位的请求亦不能予以支持。

(五)中药知识产权保护

1. 中药知识产权保护的管理　《中医药法》规定:国家支持中医药科学研究和技术开发,鼓励中医药科学技术创新,推广应用中医药科学技术成果,保护中医药知识产权,提高中医药科学技术水平。《中华人民共和国药品管理法》(简称《药品管理法》)规定:国家鼓励研究和创制新药,保护公民、法人和其他组织研究、开发新药的合法权益;国家保护野生药材资源和中药品种。

2. 中药知识产权保护的相关行政法规　《中药品种保护条例》《野生药材资源保护管理条例》《中华人民共和国植物新品种保护条例》《医疗器械监督管理条例》《药品行政保护条例实施细则》等对中药知识产权保护做出了具体规定。

3. 中药知识产权保护的相关部门规章　《药品注册管理办法》《地理标志产品保护规定》《医疗机构制剂注册管理办法》《中药材生产质量管理规范(试行)》等规定了中药知识产权保护的具体措施。

此外,原国家食品药品监督管理局、原卫生部、国家中医药管理局等部门还发布了几百个关于药品知识产权的规范性文件。我国大部分省级政府都根据具体情况制订了地方发展中医药条例。

第五节　民族医药管理制度

一、民族医药的概念

民族医药是指中医药学以外的中国少数民族在历史上创造的医药成果的总称。它包括生理、病理、病因、发病机制、诊断、治疗、药物采收、炮制配方、养生保健等丰

富内容,既有民族特色又自成理论体系,是少数民族地区不可缺少的重要卫生资源。

医药是人类与生俱来的需求,各个民族在历史上都有自己的医学创造与医学积累。民族医药的概念可以分为广义和狭义两种。广义的概念是指中华民族的传统医药,这里的民族,是指中华民族大家庭,具有本国的、本土的、非外来的意义。狭义的概念就是指中国少数民族的传统医药。

二、民族医药的管理

1951年12月1日实施的《全国少数民族卫生工作方案》指出:"对于用草药土方治病之民族医,应尽量团结与提高。"1982年颁布的《中华人民共和国宪法》规定:"国家发展医疗卫生事业,发展现代医药和我国传统医药。"1983年7月,卫生部、国家民族事务委员会联合下达了《卫生部、国家民委关于继承、发扬民族医药学的意见》,对民族医药工作提出了以下五项要求:①加强领导;②提供必要的物质条件;③加强民族医药机构和人员建设;④加强民族医药的发掘、整理、提高工作;⑤搞好民族药材的产、供、销的管理工作。1984年11月23日,国务院办公厅转发卫生部、国家民族事务委员会《关于加强全国民族医药工作的几点意见》的通知中指出:"民族医药是祖国医药学宝库的重要组成部分。发展民族医药事业,不但是各族人民健康的需要,而且对增进民族团结,促进民族地区经济、文化事业的发展,建设具有中国特色的社会主义医疗卫生事业有着十分重要的意义。"1997年1月15日《中共中央、国务院关于卫生改革与发展的决定》中指出:"各民族医药是中华民族传统医药的组成部分,要努力发掘、整理、总结、提高,充分发挥其保护各民族人民健康的作用。"2002年10月19日,《中共中央、国务院关于进一步加强农村卫生工作的决定》中指出:"要认真发掘、整理和推广民族医药技术。"2002年12月4日,卫生部、教育部、人事部、农业部在《关于加强农村卫生人才培养和队伍建设的意见》中,提出"在中等医学专业中可保留卫生保健及中医(民族医)类专业",在谈到进一步深化课程体系和教学内容改革时,要求"增强全科医学知识和中医药学(民族医学)的教学内容"。2003年10月1日起实施的《中华人民共和国中医药条例》在附则中规定:"民族医药的管理参照本条例执行。"国家法制部门就关于民族医药的管理做了如下解释:一是民族医药有自己独立的地位,民族医药学存在于我国各少数民族之中,大多有自己独特的理论体系、历史传统和诊疗方法,作为以汉族医药为主的中医药显然不能包括民族医药;二是民族医药享受与中医药同等的待遇,在不违反本条例规定的前提下,民族医药可以有特殊的待遇,少数民族地区可以制定一些特殊的规定来发展民族医药。

2004年2月19日,时任国务院副总理的吴仪同志在全国中医药工作会议的讲话中指出:"民族医药在保障人民群众身体健康方面也发挥着重要作用,要认真做好挖掘,整理、总结、提高工作,大力促进其发展"。她在谈到农村卫生工作时指出:"在少数民族集中居住的农村和偏远山区、牧区,还要注意发挥民族医药的作用,要高度重视民族医药的发展。"

2006年10月11日,《中共中央关于构建社会主义和谐社会若干重大问题的决定》明确指出,要"大力扶持中医药和民族医药发展"。依据宪法和民族区域自治法的规定,民族区域自治是指在国家统一领导下,各少数民族聚居的地方实行区域自治,设

立自治机关,行使自治权。民族区域自治是中国共产党运用马克思列宁主义解决我国民族问题的基本政策,是国家的一项基本政治制度。实行民族区域自治,体现了国家充分尊重和保障各少数民族管理本民族内部事务权利的精神,体现了国家坚持实行各民族平等、团结和共同繁荣的原则。实行民族区域自治,对发挥各族人民当家作主的积极性,发展平等、团结、互助的社会主义民族关系,巩固国家的统一,促进民族自治地方和全国社会主义建设事业的发展,都起了巨大的作用。

　　民族自治地方可以根据民族区域自治法和《中医药法》的有关规定,结合实际,制定促进和规范本地方少数民族医药事业发展的办法。近年来,我国已有一些地方对少数民族医药等进行了专门立法。目前,省一级地方性法规主要有三部:一是 2002年 3 月 29 日颁布、6 月 1 日起施行的《青海省发展中医藏医蒙医条例》;二是 2010年 7 月 30 日通过的《内蒙古自治区蒙医药中医药条例》,取代了 2001 年 2 月 12 日通过的《内蒙古自治区蒙医中医条例》;三是 2008 年 11 月 28 日通过、自 2009 年 3 月 1 日起施行的《广西壮族自治区发展中医药壮医药条例》。除了省一级立法以外,还有一些自治州、自治县制定了本地方少数民族医药管理条例。最早是制定于 1995 年 5 月的《玉树藏族自治州藏医药管理条例》(1995 年 9 月青海省人大常委会批准),随后是制定于 2001 年 4 月的《甘肃省甘南藏族自治州发展藏医药条例》(2001 年 9 月甘肃省人大常委会批准)等藏医药方面的立法。蒙医方面的自治条例主要集中于东北三省,如制定于 2005 年 1 月的《阜新蒙古族自治县蒙医药管理条例》(2005 年 5 月辽宁省人大常委会批准),制定于 2009 年 2 月的《杜尔伯特蒙古族自治县发展蒙医药管理条例》(2009 年 6 月黑龙江省人大常委会批准),制定于 2012 年 11 月的《前郭尔罗斯蒙古族自治县蒙医药管理条例》(2013 年 3 月吉林省人大常委会批准)。

第六节　法 律 责 任

一、行政责任

　　1. 县级以上人民政府中医药主管部门及其他有关部门未履行《中医药法》规定的职责的,由本级人民政府或者上级人民政府有关部门责令改正;情节严重的,对直接负责的主管人员和其他直接责任人员,依法给予处分。

　　2. 违反《中医药法》规定,中医诊所超出备案范围开展医疗活动的,由所在地县级人民政府中医药主管部门责令改正,没收违法所得,并处一万元以上三万元以下罚款;情节严重的,责令停止执业活动。中医诊所被责令停止执业活动的,其直接负责的主管人员自处罚决定作出之日起五年内不得在医疗机构内从事管理工作。医疗机构聘用上述不得从事管理工作的人员从事管理工作的,由原发证部门吊销执业许可证或者由原备案部门责令停止执业活动。

　　3. 违反《中医药法》规定,经考核取得医师资格的中医医师超出注册的执业范围从事医疗活动的,由县级以上人民政府中医药主管部门责令暂停六个月以上一年以下执业活动,并处一万元以上三万元以下罚款;情节严重的,吊销执业证书。需要说明的是:

　　第一,本条规定主要是维护中医医师执业秩序,只要中医医师超出注册的执业范

围从事医疗活动，不管其有无造成具体的危害后果，都应当追究责任。在具体执法活动中，责令暂停执业活动的具体期限可以由作出处罚决定的中医药主管部门根据当事人违法情节、产生的影响等决定，但不得超出本条规定的六个月至一年的幅度范围。这里的罚款属于并处，既要暂停执业活动，又要处以罚款。情节严重的，吊销执业证书。依照《执业医师法》的规定，受吊销医师执业证书行政处罚的，其所在的医疗、预防、保健机构应当在三十日内报告准予注册的卫生行政部门，卫生行政部门应当注销注册，收回医师执业证书。

第二，对于通过参加医师资格考试取得中医医师资格的人员超出注册的执业范围执业的，不适用本条的规定追究法律责任，要使用《执业医师法》的规定进行处罚。《执业医师法》第 37 条规定，医师在执业活动中，违反卫生行政规章制度或者技术操作规范，造成严重后果的，由县级以上人民政府卫生行政部门给予警告或者责令暂停六个月以上一年以下执业活动；情节严重的，吊销其执业证书；构成犯罪的，依法追究刑事责任。

4. 违反《中医药法》规定，举办中医诊所、炮制中药饮片、委托配制中药制剂应当备案而未备案，或者备案时提供虚假材料的，由中医药主管部门和药品监督管理部门按照各自职责分工责令改正，没收违法所得，并处三万元以下罚款，向社会公告相关信息；拒不改正的，责令停止执业活动或者责令停止炮制中药饮片、委托配制中药制剂活动，其直接责任人员五年内不得从事中医药相关活动。医疗机构应用传统工艺配制中药制剂未依照《中医药法》规定备案，或者未按照备案材料载明的要求配制中药制剂的，按生产假药给予处罚。

5. 违反《中医药法》规定，发布的中医医疗广告内容与经审查批准的内容不相符的，由原审查部门撤销该广告的审查批准文件，一年内不受理该医疗机构的广告审查申请。违反本法规定，发布中医医疗广告有前款规定以外违法行为的，依照《中华人民共和国广告法》的规定给予处罚。

二、民事、刑事责任

《中医药法》第五十九条规定，造成人身、财产损害的，依法承担民事责任；构成犯罪的，依法追究刑事责任。

中医医疗机构、中医医师及其他中医药专业人员，中药生产经营企业等在从事医药活动中给患者或者其他人员造成损害的，要承担民事责任，包括赔偿损失、赔礼道歉等。造成他人人身损害的，应当赔偿医疗费、护理费、交通费等为治疗和康复支出的合理费用，以及因误工减少的收入。造成残疾的，还应当赔偿残疾生活辅助具费和残疾赔偿金。造成死亡的，还应当赔偿丧葬费和死亡赔偿金。侵害他人财产的，财产损失按照损失发生时的市场价格或者其他方式计算。侵害他人人身权益造成财产损失的，按照被侵权人因此受到的损失赔偿；被侵权人的损失难以确定，侵权人因此获得利益的，按照其获得的利益赔偿；侵权人因此获得的利益难以确定，被侵权人和侵权人就赔偿数额协商不一致，向人民法院提起诉讼的，由人民法院根据实际情况确定赔偿数额。侵权行为危及他人人身、财产安全的，被侵权人可以请求侵权人承担停止侵害、排除妨碍、消除危险等侵权责任。

我国《刑法》对犯罪和刑罚做了规定。违反《中医药法》规定的犯罪主要有医疗事

故罪、非法行医罪、生产销售假药罪等。《刑法》第三百三十五条规定，医务人员由于严重不负责任，造成就诊人死亡或者严重损害就诊人身体健康的，处三年以下有期徒刑或者拘役。第三百三十六条第一款规定，未取得医生执业资格的人非法行医，情节严重的，处三年以下有期徒刑、拘役或者管制，并处或者单处罚金；严重损害就诊人身体健康的，处三年以上十年以下有期徒刑，并处罚金；造成就诊人死亡的，处十年以上有期徒刑，并处罚金。

第一百四十一条规定，生产、销售假药的，处三年以下有期徒刑或者拘役，并处罚金；对人体健康造成严重危害或者有其他严重情节的，处三年以上十年以下有期徒刑，并处罚金；致人死亡或者有其他特别严重情节的，处十年以上有期徒刑、无期徒刑或者死刑，并处罚金或者没收财产。第一百四十二条规定，生产、销售劣药，对人体健康造成严重危害的，处三年以上十年以下有期徒刑，并处罚金；后果特别严重的，处十年以上有期徒刑或者无期徒刑，并处罚金或者没收财产。

另外，《刑法修正案（七）》第七条还规定了出售、非法提供公民个人信息罪、非法获取公民个人信息罪，即国家机关或者金融、电信、交通、教育、医疗等单位的工作人员，违反国家规定，将本单位在履行职责或者提供服务过程中获得的公民个人信息，出售或者非法提供给他人，情节严重的，处三年以下有期徒刑或者拘役，并处或者单处罚金。犯罪主体为单位的，对单位判处罚金，并对其直接负责的主管人员和其他直接责任人员，依照相关规定处罚。国家工作人员有违法行为，触犯《刑法》的，还会构成贪污贿赂罪、渎职罪等。

（信　彬　张晨曦　崔　瑾）

复习思考题

1. 何谓中医药？包括哪三大领域？

2. 中医医疗机构按所有制性质可以划分为哪几类？

3. 中医医疗机构的主管部门有哪些？分别负责哪些区域的中医药管理工作？

4. 《中医药法》对中医从业人员资格有何规定？

5. 为规范中药材生产、保证中药材质量，中药材生产企业应遵守哪些规范？

6. 中药的储存要求有哪些？

7. 中药经营企业零售中药时应遵守哪些规定？

第七章

其他相关卫生法律制度

培训目标

1. 掌握临床用血、母婴保健、职业病诊断鉴定、临床工作中精神卫生和医疗器械相关的法律规定。

2. 熟悉无偿献血、母婴保健、职业病诊断程序和鉴定、精神卫生的法律概念和重要法律规定。

3. 了解血液管理、母婴保健、职业病预防和监管、精神卫生相关法律条文规定的法律责任。

第一节　血液管理法律制度

一、概述

血液具有重要的生理功能,在临床治疗上有着重要的作用。我国的临床用血来源为无偿献血,由于临床用血需求量较大,且逐年递增,加之血液途径传播的疾病如乙肝、艾滋病等的存在,对受血者存在较大的风险,故十分有必要对血液进行严格的法律管理。

我国现行的血液管理法律法规主要有《中华人民共和国献血法》以及原卫生部、地方人大政府制定的血液管理方面的法规如《血液制品管理条例》等,这一系列法律法规构成了我国现行的血液管理法律制度。

二、血液及血液制品的法律规定

(一)无偿献血的法律规定

在无偿献血推广前,我国主要存在个体有偿献血和义务献血两种方式。由于个体有偿献血受经济利益驱使,导致因大量频繁抽血造成的血液质量下降,血液途径传染病控制措施不严格等问题,使供血者和受血者健康均受到很大的影响。1984 年,

213

卫生部和中国红十字会总会在全国倡导无偿献血,此后相继通过大力宣传以及中央和地方立法确立无偿献血制度,无偿献血制度得以逐渐在我国实施。

我国现行的无偿献血法律为《中华人民共和国献血法》(以下简称《献血法》),该法律于1997年12月29日在第八届全国人民代表大会常务委员会第二十九次会议上通过,自1998年10月1日起施行。《献血法》共二十四条,对无偿献血工作的领导、宣传、监督管理,血液采集并应用于临床的各个环节以及相关法律责任进行了明确的规定。

无偿献血工作由各级地方政府领导,县级以上各级卫生行政部门负责监督管理,并负责相关的宣传工作。

无偿献血的对象为十八周岁至五十五周岁的健康公民,血液采集工作由各级血站负责实施,血站是不以营利为目的的公益性组织。在采集血液前,血站对献血者必须免费进行必要的健康检查;身体状况不符合献血条件的,血站应当向其说明情况,不得采集血液。献血者的身体健康条件由国务院卫生行政部门规定。血站对献血者每次采集血液量一般为二百毫升,最多不得超过四百毫升,两次采集间隔不少于六个月。采集血液有严格的操作规程和制度,采血也必须由具有采血资格的医务人员进行,采集血液之后,血站必须对血液进行相关检测,未经检测或者检测不合格的血液,不得向医疗机构提供。

另外,根据《献血法》的规定,无偿献血的血液必须用于临床,不得买卖。血站、医疗机构不得将无偿献血的血液出售给采血浆站或者血液制品生产单位。

（二）血液制品生产管理的法律规定

血液制品,特指各种人血浆蛋白制品,包括人血白蛋白、人免疫球蛋白、人凝血因子Ⅷ等。血液制品的原料是血浆,血浆中仅有7%～8%是蛋白质,血液制品就是从这一部分蛋白质中分离提纯的。我国于1996年颁布的《血液制品管理条例》(2016年2月6日修订)为现行的血液制品管理法案。《血液制品管理条例》对全国的原料血浆的采集、供应和血液制品的生产、经营活动做了严格的规定。

我国供应血液制品生产的原料血浆是由单采血浆站采集,血液制品生产企业生产。单采血浆站是为血液制品生产企业采集和供应原料血浆的机构,具有独立法人资格。原料血浆的采集与血液制品的生产由国家统一规划,在各级地方政府和卫生行政部门的监督管理下进行。

在单采血浆站的设置方面,单采血浆站应当设置在县(旗)及县级市,不得与一般血站设置在同一县级行政区域内。在一个采血浆区域内,只能设置一个单采血浆站。单采血浆站只能向一个与其签订了质量责任书的血液制品生产单位供应原料血浆。单采血浆站采集血浆的对象必须是持有《供血浆证》的我国公民,且不能采集非划定区域内的供血浆者的血浆。

三、临床用血管理

我国临床用血的来源为血站供应的公民无偿献血的血液。由于目前医疗服务需求迅速增加,无偿献血基础相对薄弱,临床用血长期处于供不应求的状态。如果临床用血不合理,则很容易造成血液这一医疗资源紧张。为了科学、合理地利用血液资源,确保临床用血安全有效,1999年卫生部公布了《医疗机构临床用血管理办法(试

行)》,这是第一个关于临床用血规范管理的法案,随后卫生部又于 2012 年颁布了《医疗机构临床用血管理办法》,并于 2019 年 2 月进行修订,对临床用血中的职责与责任、监督管理及法律责任做了详细的规定。

对于医疗机构在临床用血的管理方面,应当制订临床用血计划,建立临床合理用血的评价制度,提高临床合理用血水平。二级以上医院和妇幼保健院应当设立临床用血管理委员会,其他医疗机构应当设立临床用血管理工作组,指定人员负责日常管理工作。并且应当按照有关规定和临床用血需求设置输血科或者血库,不具备条件设置输血科或者血库的医疗机构,应当安排专职或兼职人员负责临床用血工作。

在临床用血上,医疗机构应当严格按照相关法律法规,使用卫生行政部门指定血站提供的血液,认真执行临床输血规范:①严格掌握临床输血适应证,根据患者病情和实验室检测指标,对输血指征进行综合评估,制订输血治疗方案;②在输血治疗前,医师应当向患者或者其近亲属说明输血目的、方式和风险,并签署临床输血治疗知情同意书;③因抢救生命垂危的患者需要紧急输血,且不能取得患者或者其近亲属意见的,经医疗机构负责人或者授权的负责人批准后,可以立即实施输血治疗;④医疗机构应当建立临床用血医学文书管理制度,确保临床用血信息客观真实、完整、可追溯;⑤医师应当将患者输血适应证的评估、输血过程和输血后疗效评价情况记入病历;临床输血治疗知情同意书、输血记录单等随病历保存。

公民临床用血时只交付用于血液的采集、储存、分离、检验等费用;无偿献血者临床需要用血时,免交上述费用;无偿献血者的配偶和直系亲属临床需要用血时,可以按照省、市、自治区、直辖市人民政府的规定免交或者减交前款规定的费用。

根据 2017 年国务院就血液管理工作的有关要求,国家卫生健康委员会做出对《医疗机构临床用血管理办法》等部门规章涉及条款的修改决定。根据国务院关于保障临床用血的要求,各地加大无偿献血工作力度,逐年降低互助献血率,目前大部分地区已经停止开展互助献血。停止开展互助献血以来,全国无偿献血人次数和采血量继续保持增长趋势。为做好政策衔接,决定取消《医疗机构临床用血管理办法》有关互助献血的内容,通过发挥医疗机构在健康教育方面的优势,强化无偿献血和临床合理用血宣传教育等方式,进一步增强血液保障能力。

四、法律责任

(一)非法采集、出售血液

《献血法》规定,有下列行为之一的,由县级以上地方人民政府卫生行政部门予以取缔,没收违法所得,可以并处十万元以下的罚款;构成犯罪的,依法追究刑事责任:①非法采集血液的;②血站、医疗机构出售无偿献血的血液的;③非法组织他人出卖血液的。

《中华人民共和国刑法》(以下简称《刑法》)规定,非法采集、供应血液或者制作、供应血液制品,不符合国家规定的标准,足以危害人体健康的,处五年以下有期徒刑或者拘役,并处罚金;对人体健康造成严重危害的,处五年以上十年以下有期徒刑,并处罚金;造成特别严重后果的,处十年以上有期徒刑或者无期徒刑,并处罚金或者没收财产。

《刑法》规定,非法组织他人出卖血液的,处五年以下有期徒刑,并处罚金;以暴

力、威胁方法强迫他人出卖血液的,处五年以上十年以下有期徒刑,并处罚金。有前款行为,对他人造成伤害的,依照本法第二百三十四条的规定定罪处罚。

《刑法》第二百三十四条规定,故意伤害他人身体的,处三年以下有期徒刑、拘役或者管制。犯前款罪,致人重伤的,处三年以上十年以下有期徒刑;致人死亡或者以特别残忍手段致人重伤造成严重残疾的,处十年以上有期徒刑、无期徒刑或者死刑。本法另有规定的,依照规定。

（二）违规采集血液

《献血法》规定,血站违反有关操作规程和制度采集血液,由县级以上地方人民政府卫生行政部门责令改正;给献血者健康造成损害的,应当依法赔偿,对直接负责的主管人员和其他直接责任人员,依法给予行政处分;构成犯罪的,依法追究刑事责任。

《刑法》规定,经国家主管部门批准采集、供应血液或者制作、供应血液制品的部门,不依照规定进行检测或者违背其他操作规定,造成危害他人身体健康后果的,对单位判处罚金,并对其直接负责的主管人员和其他直接责任人员,处五年以下有期徒刑或者拘役。

（三）血液的包装、存储、运输及供应

《献血法》规定,临床用血的包装、储存、运输,不符合国家规定的卫生标准和要求的,由县级以上地方人民政府卫生行政部门责令改正,给予警告,可以并处一万元以下的罚款。

《献血法》规定,血站违反规定,向医疗机构提供不符合国家规定标准的血液的,由县级以上地方人民政府卫生行政部门责令改正;情节严重,造成经血液途径传播或者有传播严重危险的,限期整顿,对直接负责的主管人员和其他直接责任人员,依法给予行政处分;构成犯罪的,依法追究刑事责任。

（四）违规临床用血

《献血法》规定,医疗机构的医务人员违反规定,将不符合国家规定标准的血液用于患者的,由县级以上地方人民政府卫生行政部门责令改正;给患者健康造成损害的,应当依法赔偿,对直接负责的主管人员和其他直接责任人员,依法给予行政处分。构成犯罪的,依法追究刑事责任。

《献血法》规定,卫生行政部门及其工作人员在献血、用血的监督管理工作中,玩忽职守,造成严重后果,构成犯罪的,依法追究刑事责任;尚不构成犯罪的,依法给予行政处分。

📖 案例评析

非法组织卖血

案例:吴某在汕头某大医院当保安员时了解到在医院住院治疗的病人急需用血,遂萌发组织他人以"病人亲友互助"的名义为病人献血从中获利的念头,并于去年年底与被告人陈某商议合作组织他人卖血。双方商定由吴某负责寻找用血者和收取报酬,并按血小板和全血分别支付600元和800元给陈,陈则负责

寻找卖血者。2012年4月3日至17日期间，吴某与陈某通过上述方式，先后非法组织程某等7人前往市中心血站，以病人亲友名义进行献血。陈某每次给付卖血者400元现金及一部高仿苹果移动电话作为报酬。

2011年底，被告人刘某因一名通过其介绍在潮南区某医院住院治疗的病人急需用血，而当时医院血库又无法供血，遂通过该院一名医生找到吴某，后经吴介绍，陈某到该医院献血室为病人献血400ml并从中获取800元。刘某得知陈某能够找到血源，与其商议以"病人亲友互助"的名义组织他人卖血，由其按卖全血每次支付1 100元、卖血小板每次支付800元的标准给陈某。2012年3月14日至4月1日期间，刘某、陈某先后组织吴某等4人到市中心血站，以病人亲友名义献血。综上所述，陈某非法组织他人卖血共11人次；吴某非法组织他人卖血共7人次；刘某非法组织他人卖血共4人次。

此案获破后，法院经审理，以犯非法组织卖血罪一审判处被告人陈某有期徒刑10个月，并处罚金5 000元；判处被告人吴某有期徒刑9个月，缓刑1年，并处罚金5 000元；判处被告人刘某拘役5个月，缓刑6个月，并处罚金2 000元。

评析：《刑法》规定："非法组织他人出卖血液的，处五年以下有期徒刑，并处罚金；以暴力、威胁方法强迫他人出卖血液的，处五年以上十年以下有期徒刑，并处罚金。有前款行为，对他人造成伤害的，依照本法第二百三十四条的规定定罪处罚。"

被告人陈某、吴某、刘某无视国家实行无偿献血制度，多次合伙组织他人出卖血液，其行为侵犯了国家血液管理制度，均已构成非法组织卖血罪。鉴于被告人吴某、刘某犯罪情节较轻，有悔罪表现，依法可对其适用缓刑。

📑 知识拓展

无偿献血的概念由来

早在1946年，国际红十字会总会与红新月会即提出，血液在战时及平时都有十分重要的作用，特别强调了供血者提供的血液应当是无代价的。这是最初通过的无偿献血概念。1975年WHO在第28届世界卫生年会上要求成员国在自愿无偿献血基础上促进各国血液服务的发展，并颁发有效的法律，指导规范本国工作。1981年第24届红十字国际会议通过了《献血与输血的道德规范》。1991年红十字联合会第8届大会作出决议，将自愿无偿献血定义为："出于自愿提供自身的血液、血浆或其他血液成分而不取任何报酬的人被称为自愿无偿献血者。无论是金钱或礼品都可视为金钱的替代，包括休假和旅游等，而小型纪念品和茶点，以及支付交通费则是合理的。"2001年在南非约翰内斯堡举办的第八届自愿无偿献血者招募国际大会上，世界卫生组织、红十字会与红新月会国际联合会、国际献血组织联合会、国际输血协会四家旨在提高全球血液安全的国际组织联合倡导将每年的6月14日取名为"世界献血者日"。

第二节 母婴保健法律制度

人口素质是一个国家、民族蓬勃发展的基础，而遗传病患者比重、婴儿死亡率等均为其重要指标。保障母亲和儿童的健康权利，成为世界各国共同关注的话题。目前我国已建立了较为完善的母婴保健法律体系，将母婴保健纳入法制轨道。本节内容围绕母婴保健法的立法概况、基本概念、主要内容和法律责任进行介绍。

一、立法概况

中华人民共和国成立前，由于妇女妊娠期营养不良及近亲结婚等原因，新生儿残疾率较高，残疾人数约占总人口 5% 以上。中华人民共和国成立后，随着生活、卫生医疗条件的改善，上述情况有所缓解。但我国母婴保健工作在地区间开展得很不平衡，一些农村及边远地区妇女儿童的健康水平仍较低，劣生现象依然严重。为提高人口素质，改善妇女儿童的健康状况，必须采用法律手段，使其获得优质高效的保健服务，促进我国母婴保健事业的发展。

我国《中华人民共和国宪法》《中华人民共和国婚姻法》《中华人民共和国妇女权益保障法》中均有保护妇女儿童的专门条款。原卫生部等有关部门也颁布了一系列专门的法规和规章，主要有：《全国城乡孕产期保健质量标准和要求》《全国城市围产保健管理办法》《新生儿疾病筛查技术规范》等，进一步落实和推进妇女儿童的卫生保健。1991 年我国政府签署了《儿童生存、保护和发展世界宣言》和《执行九十年代儿童生存、保护和发展世界宣言行动计划》，并向国际社会作出了"对儿童的权利，对他们的生存及对他们的保护和发展给予高度优先"的庄严承诺，并后续颁布了《九十年代中国儿童发展规划纲要》。

1994 年 10 月，《中华人民共和国母婴保健法》（以下简称《母婴保健法》）经第八届全国人大常委会第 10 次会议通过，于 1995 年 6 月正式实施，并于 2009 年 8 月 27 日第十一届全国人民代表大会常务委员会第十次会议和 2017 年 11 月 4 日第十二届全国人民代表大会常务委员会第三十次会议先后进行两次修正。此外，国务院、原卫生部还陆续出台与《母婴保健法》相配套的规章和规范性文件，主要有：《母婴保健专项技术服务基本标准》《中华人民共和国母婴保健实施办法》等。

2019 年 3 月，在《国家卫生健康委员会关于修改〈职业健康检查管理办法〉等 4 件部门规章的决定》解读中指出，《母婴保健专项技术服务许可及人员资格管理办法》修改的主要内容有：一是全国人大常委会在《母婴保健法》和《国务院关于修改部分行政法规的决定》（国务院令第六百九十号）中，对《母婴保健法实施办法》的修改，删除了"从事家庭接生的人员"。办法取消了家庭接生员技术行政审批事项，不再印制和发放《家庭接生员技术合格证书》。二是根据"放管服"改革工作的要求，对于从事母婴保健专项技术的妇产科执业医师，不再要求其取得《母婴保健技术考核合格证书》，改为在其《医师执业证书》上加注母婴保健技术考核合格及技术类别。三是根据《中华人民共和国行政许可法》《医疗机构管理条例实施细则》等法律法规要求，一并修改了行政审批办理时限、收费项目、办理校验等有关条款表述。

二、基本概念

1. 母婴保健是指根据妇女与儿童的生理特点,针对危害妇女儿童身体健康与心理卫生的各种疾病与各种因素,采取有效的防治与保健措施,保障妇女儿童的身心健康,提高其健康水平的一项卫生保健工作。

2. 母婴保健法指由各级立法机关制定的调整保障和促进母亲及婴儿健康、提高出生人口素质活动中产生的各种社会关系的法律规范总和。

我国《母婴保健法》适用于凡在中华人民共和国境内从事母婴保健服务活动的机构及其人员、母婴保健服务的对象和当事人。该法内容包括总则、婚前保健、孕产期保健、技术鉴定、行政管理、法律责任、附则等,共七章三十九条。

(1) 婚前保健服务:是指对准备结婚的男女双方,在结婚登记前所进行的婚前医学检查,婚前卫生指导和婚前卫生咨询服务。

(2) 孕产期保健:是指各级各类保健医疗机构为准备妊娠至产后 42 天的妇女及胎婴儿提供全程系列的医疗保健服务。

三、主要内容

目前我国母婴保健工作以保健为中心,以保障生殖健康为目的,实行保健和临床相结合,面向群体、面向基层和预防为主的工作方针。在母婴保健技术服务中,公民享有知情选择权,国家保障公民获得适宜的母婴保健技术服务的权利。主要包括以下七个方面:①有关母婴保健服务的科普宣传、教育和咨询;②婚前医学检查;③产前诊断和遗传病诊断;④助产技术;⑤实施医学上需要的节育手术;⑥新生儿疾病筛选;⑦有关生育、节育、不育的其他生殖保健服务。

(一)婚前保健

幸福的婚姻中健康的身体、恩爱的感情和科学的性生活是三个不可缺少的条件。我国婚前保健机构通过为公民提供婚前保健服务,及时发现一方或双方是否患有暂时不宜结婚或婚后不宜生育的疾病,为疾病治疗和结婚安排提供参考,以达到男女双方婚后的身心健康和优生优育。

1. 婚前保健服务内容

(1) 婚前卫生指导:关于性卫生知识、生育知识和遗传病知识的教育。

(2) 婚前卫生咨询:对有关婚配、生育保健等问题提供医学意见。

(3) 婚前医学检查:对准备结婚的男女双方可能患影响结婚和生育的疾病进行医学检查。

2. 婚前医学检查　包括健康询问及家族史调查、体格检查,进行必要的性教育,优生学宣传及对避孕方法的选择、计划生育的安排指导等。婚前检查包括下列疾病的检查:

(1) 严重遗传性疾病:指由于遗传因素先天形成,患者全部或部分丧失自主生活能力,而且后代再现风险高,医学上认为不宜生育的疾病。

(2) 指定传染病:指《中华人民共和国传染病防治法》中规定的艾滋病、淋病、梅毒、麻风病以及医学上认为影响结婚和生育的其他传染病在传染期内的。

（3）有关精神病：指精神分裂症、躁狂抑郁型精神病以及其他重型精神病。

经婚前医学检查，医疗保健机构应当出具《婚前医学检查证明》。

自从 2003 年 10 月国家有关部门规定，不再强制新婚夫妇婚检，婚检采取自愿形式后。全国婚检率急剧下降，新生婴儿缺陷率升高随之而来，孕妇体检新发现传染病增多，如乙肝、梅毒等。因此，许多专家提倡"主动婚检"是有益无害的。

（二）孕产期保健

随着时代发展，社会及家庭对孕产妇的关注日益增加。孕产期保健作为孕产妇系统管理的重要组成部分，其优质和规范的服务不仅能保护孕产妇安全和胎儿正常发育，还能预防并及时发现胎儿疾病和畸形，早期发现并治疗妊娠合并症及并发症，有效降低孕产妇和婴儿发病率、死亡率以及减少出生缺陷等。

医疗保健机构为育龄妇女和孕产妇提供孕产期保健服务，其内容包括：母婴保健指导、孕妇、产妇保健、胎儿保健、新生儿保健。同时，医疗保健机构对育龄夫妻提供相关服务时，若发现或者怀疑胎儿异常的，应当对孕妇进行产前诊断，并提出医学意见。若施行终止妊娠或者结扎手术，应当经本人同意，并签署意见。本人无行为能力的，应当经其监护人同意，并签署意见。

14 周以上终止妊娠的需按照《人工终止妊娠管理制度》严格执行。此时行相关手术必须办理住院手续，须持有计划生育部门的证明，还需经所在医疗机构分管领导批准后，方可施行引产，并做好有关情况的登记备案工作。

我国推行母乳喂养。医疗保健机构应当为实施母乳喂养提供技术指导，为住院分娩的产妇提供必要条件，并不得向孕产妇及婴儿家庭宣传、推荐母乳代用品。母乳代用品生产者、销售者不得向医疗保健机构赠送产品样品或以推销为目的有条件地提供设备、资金和资料。

此外，我国《女职工劳动保护规定》：有不满一周岁婴儿的女职工，其所在单位应当在每班劳动时间内给予其两次哺乳（含人工喂养）时间，每次 30 分钟。多胞胎生育的，每多哺乳一个婴儿，每次哺乳时间增加 30 分钟。

（三）母婴保健医学技术鉴定

母婴保健医学技术鉴定，是指接受母婴保健服务的公民或者提供母婴保健服务的医疗保健机构，对婚前医学检查、遗传病诊断、产前诊断的结果或医学技术鉴定结论持有异议所进行的医学技术鉴定。母婴保健医学技术鉴定工作必须坚持实事求是，尊重科学，公正鉴定，保守秘密的原则。我国《母婴保健法》中对相关医学技术鉴定组织、人员及鉴定程序均有明确规定。公民对许可的医疗保健机构出具的相关诊断结果持有异议的，即可根据相关规定向对应医学鉴定委员会提出书面申请。

（四）母婴保健机构和母婴保健工作人员

母婴保健机构作为母婴保健服务实施的基础条件，必须是依据《母婴保健法》开展母婴保健服务并且经各级卫生健康主管部门审查批准的医疗机构。母婴保健机构必须同时具备 4 点条件：①合当地医疗保健机构设置规划；②取得《医疗机构执业许可证》；③符合《母婴保健专项技术服务基本标准》；④符合审批机关规定的其他条件。

方可开展婚前医学检查、遗传病诊断、产前诊断以及施行结扎手术和终止妊娠手术。严禁采用技术手段对胎儿进行性别鉴定,但医学上确有需要的除外。

《母婴保健专项技术服务许可及人员资格管理办法》(2019年2月28修订)中规定:母婴保健工作人员包括从事婚前医学检查、遗传病诊断、产前诊断、结扎、终止妊娠等工作的人员。母婴保健工作人员需经过相应级别卫生健康主管部门的考核,取得《母婴保健技术考核合格证书》或者在《医师执业证书》上加注母婴保健技术考核合格及技术类别。

四、法律责任

（一）擅自从事母婴保健技术服务的法律责任

医疗、保健机构或者人员未取得母婴保健技术许可,擅自从事婚前医学检查、遗传病诊断、产前诊断、终止妊娠手术和医学技术鉴定或者出具有关医学证明的,由卫生行政部门给予警告,责令停止违法行为,没收违法所得;违法所得5 000元以上的,并处违法所得3倍以上5倍以下的罚款;没有违法所得或者违法所得不足5 000元的,并处5 000元以上2万元以下的罚款。出具的有关医学证明无效。

未取得国家颁发的有关合格证书,包括非法行医者和取得合法行医资格而未取得相关规定合格证书者,施行终止妊娠手术或者采取其他方法终止妊娠,致人死亡、残疾、丧失或者基本丧失劳动能力的,依照《刑法》第三百三十五条、第三百三十六条的规定追究刑事责任。

（二）出具虚假医学证明文件的法律责任

从事母婴保健技术服务的人员出具虚假医学证明文件的,依法给予行政处分;有下列情形之一的,由原发证部门撤销相应的母婴保健技术执业资格或者医师执业证书:①因延误诊治,造成严重后果的;②给当事人身心健康造成严重后果的;③造成其他严重后果的。

（三）违法进行胎儿性别鉴定的法律责任

违法进行胎儿性别鉴定的,由卫生行政部门给予警告,责令停止违法行为;对医疗、保健机构直接负责的主管人员和其他直接责任人员,依法给予行政处分。进行胎儿性别鉴定两次以上的或者以营利为目的进行胎儿性别鉴定的,并由原发证机关撤销相应的母婴保健技术执业资格或者医师执业证书。

（四）造成医疗损害的法律责任

母婴保健机构及其工作人员在诊疗护理过程中,因诊疗护理过失,造成病员死亡、残疾、组织器官损伤导致功能障碍的,应根据《医疗事故处理条例》相关规定,承担相应的民事责任。

取得相应合格证书的从事母婴保健工作的人员由于严重不负责任,造成就诊人员死亡、或者严重损害就诊人身体健康的,依照《刑法》第三百三十五条医疗事故罪追究刑事责任。

案例评析

孕妇生下肢残儿，医院赔偿 55 万元

案例：2003 年，某省某市文女士怀孕期间，在被告医院定期进行产前检查，期间进行的 5 次 B 超检查中，医院的检查报告除第一次显示"胎儿结构未见异常"之外，其余 4 次均明确显示"胎儿肢体显示不满意"或"胎儿结构无法完整显示"。尽管如此，诊治医生竟然每次都是随手就在《妇幼保健服务手册》上注明"B 超显示正常"。2003 年 5 月文女士剖宫产产下一名左上肢缺失女婴。文女士及肖先生随后将该医院告上法庭。通过一审、二审判决后认为，被告医院在对文女士的诊治过程中存在过错：医院存在违反法定义务的行为，母婴保健法第十七条规定，"经产前检查，医师发现或者怀疑胎儿异常的，应当对孕妇进行产前诊断"；有侵害结果的发生，使文女士、肖先生夫妇未能生出一个肢体健全的婴儿；医院的行为与损害结果之间有因果关系。被告医院应赔偿上诉人文女士、肖先生医疗费 6 166.6 元、残疾者生活补助费 112 780 元、女婴残疾用具费 380 536.70 元、精神损害赔偿费 50 000 元、鉴定费 800 元、残疾用具评估费 2 500，合计 552 783.36 元。

评析：根据《中华人民共和国母婴保健法》第十七条规定，"经产前检查，医师发现或者怀疑胎儿异常的，应当对孕妇进行产前诊断"。被告医院没有尽到法定义务，有侵害结果的发生，使该夫妇未能生出一个肢体健全的婴儿；医院的行为与损害结果之间有因果关系，违反了相关法律规定。

第三节　职业病防治法律制度

一、概述

我国是职业病的"重灾区"，职业病发病形势严峻。截至 2018 年底，全国共有职业健康检查机构 2 754 个、职业病诊断机构 478 个。2018 年全国共报告各类职业病新病例 23 497 例，职业性尘肺病及其他呼吸系统疾病 19 524 例（其中职业性尘肺病 19 468 例），职业性耳鼻喉口腔疾病 1 528 例，职业性化学中毒 1 333 例，职业性传染病 540 例，物理因素所致职业病 331 例，职业性肿瘤 77 例，职业性皮肤病 93 例，职业性眼病 47 例，职业性放射性疾病 17 例，其他职业病 7 例。但是我国国有、外资企业职业健康检查覆盖率仅为 30% 左右，平均覆盖水平不到 10%，中小企业仅为 3%。此外，职业病报告隐瞒、不报问题严重。

《中华人民共和国职业病防治法》（以下简称《职业病防治法》）是我国现行关于职业病预防、诊断、监管的法律，于 2001 年颁布，并于 2011 年、2016 年、2017 年先后进行三次修正。法律明确了职业病防治工作坚持预防为主、防治结合的方针，建立用人单位负责、行政机关监管、行业自律、职工参与和社会监督的机制，实行分类管理、综合治理。《职业病防治法》明确了职业病防治的责任和义务，主要义务与责任承担对象为用人单位，保护对象为劳动者，各级人民政府职业卫生监督管理部门对职业病防

治工作进行监管。

法律上所说的职业病是指由国家确认并经法定程序公布的职业病。根据《职业病防治法》的规定，原卫生部会同原劳动和社会保障部发布了《职业病目录》。这一目录规定的职业病有尘肺、职业性放射性疾病、职业中毒、物理因素所致职业病、生物因素所致职业病、职业性皮肤病、职业性眼病、职业性耳鼻喉口腔疾病、职业性肿瘤和其他职业病共十类一百一十五种疾病。

二、职业病诊断与鉴定制度

（一）职业病诊断制度

职业病的诊断是由各级政府卫生行政部门指定批准的医疗卫生部门进行的，诊断程序上也不同于一般疾病的诊断，有着明确的规定。具有职业病诊断资格的医疗卫生部门应当按照国家职业病诊断标准与诊断规范，进行执业范围内的职业病诊断，并出具《职业病诊断证明书》。职业病诊断证明书应当包括劳动者、用人单位的基本信息、诊断结论以及诊断时间。确诊为职业病的，应当载明职业病的名称、程度（期别）、处理意见。职业病诊断证明书一式三份，劳动者、用人单位各一份，诊断机构存档一份。

为了保证职业病诊断机构做出的诊断科学、客观、公正，并便于明确诊断责任，职业病诊断应当遵从集体诊断，集体签章的原则，即承担职业病诊断的医疗卫生机构在进行职业病诊断时，应当组织三名以上取得职业病诊断资格的执业医师诊断，职业病诊断证明书应当由参与诊断的取得职业病诊断资格的执业医师签署，并经承担职业病诊断的医疗卫生机构审核盖章。

职业病诊断标准和职业病诊断、鉴定办法由国务院卫生行政部门制定。职业病伤残等级的鉴定办法由国务院劳动保障行政部门会同国务院卫生行政部门制定。

职业病诊断，应当综合分析下列因素：①病人的职业史；②职业病危害接触史和工作场所职业病危害因素情况；③临床表现以及辅助检查结果等。没有证据否定职业病危害因素与病人临床表现之间的必然联系的，应当诊断为职业病。在职业病诊断过程中，除当事人提供的资料外，用人单位也应当如实提供职业病诊断、鉴定所需的劳动者职业史和职业病危害接触史、工作场所职业病危害因素检测结果等资料。职业病诊断、鉴定机构需要了解工作场所职业病危害因素情况时，可以对工作场所进行现场调查，也可以向安全生产监督管理部门提出，安全生产监督管理部门应当在十日内组织现场调查，用人单位不得拒绝、阻挠。在诊断、鉴定过程中，如果用人单位拒不提供相关资料，诊断、鉴定机构应当结合劳动者的临床表现、辅助检查结果和劳动者的职业史、职业病危害接触史，并参考劳动者的自述、安全生产监督管理部门提供的日常监督检查信息等，作出职业病诊断、鉴定结论。

（二）职业病诊断鉴定制度

按照《职业病防治法》规定，当事人对职业病诊断有异议的，可以向作出诊断的医疗卫生机构所在地地方人民政府卫生行政部门申请鉴定。当事人对设区的市级职业病诊断鉴定委员会的鉴定结论不服的，可以向省、自治区、直辖市人民政府卫生行政部门申请再鉴定。受理鉴定申请后的鉴定工作是由设区的市级以上地方人民政府卫生行政部门根据当事人的申请，组织职业病诊断相关专业专家的鉴定委员会进行的。

这里的鉴定委员会的专家，是由省、自治区、直辖市人民政府卫生行政部门从设立相关的专家库中随机抽取产生，鉴定委员会应当按照国务院卫生行政部门颁布的职业病诊断标准和职业病诊断、鉴定办法进行职业病诊断鉴定，向当事人出具职业病诊断鉴定书。职业病诊断、鉴定费用由用人单位承担。

三、职业病的预防和监管制度

预防是必须贯彻于职业病防治活动全过程的根本措施。它包括为控制和消除职业病危害因素所采取的一切措施，特别是前期预防，强调从职业病危害源头采取措施。

1. 工作场所的要求 在工作劳动场所存在的职业危害因素，如粉尘、放射性物质、物理、化学、生物因素等是导致职业病的直接原因，这些因素往往是工作中不可避免接触到的，对工作场所或者职业活动过程中产生或者可能产生的职业病危害因素的识别、评价、干预措施是减少和避免职业病发生的关键。对于工作环境中存在职业危害的用人单位，法律规定应当符合《职业病防治法》规定的职业卫生要求。

2. 建设项目职业病防护设施的要求 职业病的危害，往往是建设单位在项目的设计施工中没有配备相应的防护设施，如通风、排尘、防辐射等设施，增加工作人员患职业病的隐患。新建、扩建、改建建设项目和技术改造、技术引进项目（《职业病防治法》简称建设项目）都需要采用一定的技术、工艺、材料，而技术、工艺、材料都不可避免地存在自身固有的危害因素，或者在使用、运行过程中产生危害因素，并可能对人体的健康造成影响。因此，建设项目是否产生职业病危害，其产生职业病危害的可能性大小，必须通过预评价来确定。建设单位对建设项目可能产生的职业病危害因素、危害程度、健康影响、防护措施等进行预测性卫生学评价，是职业病防治工作中重要的科学依据。

3. 劳动过程中的防护与管理 劳动过程中的防护是职业病前期预防之后的又一措施，是前期防护的延伸，在职业病的预防中起到至关重要的作用。

用人单位职业病防治措施是否完善，直接影响用人单位义务的履行和劳动者权利的实现。为了强化用人单位的职业病防治管理，有效保护劳动者的健康权益，用人单位必须采用有效的职业病防护设施，如为劳动者提供个人使用的职业病防护用品；采用有利于防治职业病和保护劳动者健康的新技术、新工艺、新材料；在可能发生急性职业损伤的有毒、有害工作场所设置报警装置，配置现场急救用品、冲洗设备、应急撤离通道和必要的泄险区；对职业病防护设备、应急救援设施和个人使用的职业病防护用品进行经常性的维护、检修，定期检测其性能和效果；由专人负责的职业病危害因素日常监测等措施，预防职业危害发生，确保劳动者的健康和人身安全。

4. 卫生监管部门的监督检查 职业病的防治工作由各县级以上人民政府职业卫生监督管理部门依法进行监督检查，监督检查的内容主要包括前期预防，劳动过程中的防护与管理和职业病诊断与职业病病人保障等。职业卫生技术服务机构只有客观公正地进行职业病危害预评价、职业病危害控制效果评价和职业病危害因素的检测，才能有效预防、控制和消除职业病危害，真正保护劳动者的身体健康及其相关权益。县级以上人民政府卫生行政部门必须依法加强对职业病危害检测、评价活动的监督检查。

案例评析

开胸验尘肺

案例: 2004年8月河南新密市人张某被多家医院诊断出患有"尘肺",但由于这些医院不是法定职业病诊断机构,这些医院在出具的诊断结论中只能用"疑似尘肺"和"不排除尘肺"等表述,诊断"无用"。而由于原单位拒不提供诊断相关资料,他无法拿到法定诊断机构的诊断结果,郑州职业病防治所的诊断结果为"肺结核"。为寻求真相,他只好跑到郑州大学第一附属医院,进行了肺组织活检手术(开胸验肺)。虽然郑大附一院在病理分析上认定张某是尘肺病,但由于医院没有职业病的诊断资格,只能在诊断报告中写出"病变不排除尘肺"的结论。此行为引起了巨大的社会反响和媒体的广泛关注。经媒体报道后,原卫生部责成相关司局和中国疾病预防控制中心权威专家组成联合督查调研组赴河南对该事件进行督查调研。2009年7月26日,郑州市职业病防治所再次组织省、市专家对张某职业病问题进行了会诊,诊断为"尘肺Ⅲ期"。河南省新密市劳动局认定张某为工伤,张某开始申请伤残鉴定。河南省卫生厅追究郑州市职业病防治所、新密市卫生防疫站等相关单位和人员责任,郑州市委对相关责任人做出处理决定。

评析: 根据《职业病防治法》,职业病的诊断必须由各级政府卫生行政部门指定批准的医疗卫生部门进行,用人单位应当如实提供职业病诊断、鉴定所需的劳动者职业史和职业病危害接触史、工作场所职业病危害因素检测结果等资料。用人单位不提供工作场所职业病危害因素检测结果等资料的,诊断、鉴定机构应当结合劳动者的临床表现、辅助检查结果和劳动者的职业史、职业病危害接触史,并参考劳动者的自述、安全生产监督管理部门提供的日常监督检查信息等,做出职业病诊断、鉴定结论。

此案反映了职业病诊断程序中的诸多问题,用人单位未提供职业病诊断相关的资料,违反了《职业病防治法》的有关规定;虽然用人单位拒不提供相关资料,但是作为职业病诊断机构的郑州市职业病防治所在诊断活动,未充分取证便做出诊断,属于失职行为;两者均对当事人造成了巨大的伤害,应当承担法律责任。法律责任归咎于职业病诊断机构以及用人单位。河南省卫生厅和郑州市委追究相关单位责任,是正确的行为。

四、法律责任

(一)用人单位及医疗卫生机构的法律责任

用人单位和医疗卫生机构未按照规定报告职业病、疑似职业病的,由有关主管部门依据职责分工责令限期改正,给予警告,可以并处1万元以下的罚款;弄虚作假的,并处2万元以上5万元以下的罚款;对直接负责的主管人员和其他直接责任人员,可以依法给予降级或者撤职的处分。

从事职业卫生技术服务的机构和承担职业病诊断的医疗卫生机构违反本法规定,有下列行为之一的,由安全生产监督管理部门和卫生行政部门依据职责分工责令立即停止违法行为,给予警告,没收违法所得;违法所得5千元以上的,并处违法所得2倍以上5倍以下的罚款;没有违法所得或者违法所得不足5千元的,并处5千元以上5万元以下的罚款;情节严重的,由原认可或者批准机关取消其相应的资格;对直接负责的主管人员和其他直接责任人员,依法给予降级、撤职或者开除的处分;构成犯罪的,依法追究刑事责任:①超出资质认可或者批准范围从事职业卫生技术服务或者职业病诊断的;②不按照法律规定履行法定职责的;③出具虚假证明文件的。

卫生行政部门、安全生产监督管理部门不按照规定报告职业病和职业病危害事故的,由上一级行政部门责令改正,通报批评,给予警告;虚报、瞒报的,对单位负责人、直接负责的主管人员和其他直接责任人员依法给予降级、撤职或者开除的处分。

(二)擅自从事职业卫生技术服务

未取得职业卫生技术服务资质认可擅自从事职业卫生技术服务的,或者医疗卫生机构未经批准擅自从事职业病诊断的,由安全生产监督管理部门和卫生行政部门依据职责分工责令立即停止违法行为,没收违法所得;违法所得五千元以上的,并处违法所得二倍以上十倍以下的罚款;没有违法所得或者违法所得不足五千元的,并处五千元以上五万元以下的罚款;情节严重的,对直接负责的主管人员和其他直接责任人员,依法给予降级、撤职或者开除的处分。

(三)职业病诊断鉴定委员会人员违规

职业病诊断鉴定委员会组成人员收受职业病诊断争议当事人的财物或者其他好处的,给予警告,没收收受的财物,可以并处三千元以上五万元以下的罚款,取消其担任职业病诊断鉴定委员会组成人员的资格,并从省、自治区、直辖市人民政府卫生行政部门设立的专家库中予以除名。

第四节 精神卫生法律制度

精神卫生已成为全球性的重大公共卫生问题,也是较为严重的社会问题,目前在我国十分突出。2012年10月26日,《中华人民共和国精神卫生法》(以下简称《精神卫生法》)经第十一届全国人大常委会第二十九次会议召开第三次全体会议表决通过,于2013年5月1日起施行,并于2018年4月27日进行修正,填补了我国精神卫生领域的法律空白。本节主要介绍《精神卫生法》立法背景、基本概念、主要内容及法律责任等。

一、概述

发展精神卫生事业,维护和增进公民心理健康水平,规范精神障碍患者治疗、保障精神障碍患者权益和促进精神障碍者康复中产生的各种社会关系的法律规范的总称。目前世界上有40多个国家进行了精神卫生立法。随着时代的发展,精神卫生法律立法内容逐渐扩展与完善,1990年以来,主要增加患者权益保障、治疗和康复、公民精神健康等方面的内容,体现了社会的进步。此外,世界卫生组织精神卫生处于

1995 年提出《精神卫生保健法——十项基本原则》，作为各国政府制定和修改精神卫生法的参考。

在我国随着"被精神病""精神疾病患者杀人伤人事件"等现象频繁发生，精神卫生问题日益受到社会关注。中国首次全国性精神障碍流行病学调查显示，任何一种精神障碍（不含老年期痴呆）终生患病率为 16.57%。2018 年 5 月，国家卫生健康委员会公布最新统计数据，截至 2017 年底，全国严重精神障碍患者超过 1 600 万人。我国在《刑法》《民法通则》《民事诉讼法》等法律中，都有保护精神患者权益的条款。从 1987 年到 1992 年，前后颁布了《精神药品管理办法》《精神疾病司法鉴定暂行规定》《残疾人保障法》《关于进一步加强精神卫生工作的指导意见》等相关法律法规。随着 2012 年《中华人民共和国精神卫生法》立法通过并于 2018 年 4 月修订，以及该法的配套规章的制定，我国精神卫生法律体系有了进一步的建设和完善。

二、基本概念

（一）精神卫生

精神卫生，又称心理卫生，有广义、狭义两种含义。广义的精神卫生，是指保障和提高人们的精神健康水平，使人们在一定环境中健康成长，是提高全民健康水平的内容之一。狭义的精神卫生，是指研究精神疾病的预防、医疗和康复，促使精神疾病患者拥有正常的社会生活。

（二）精神障碍

精神障碍，是指大脑功能发生紊乱，导致认知、情感、行为和意志等精神活动出现不同程度障碍的疾病，常在各种遗传、病理、心理和社会环境等因素影响下产生。《精神卫生法》所称精神障碍，是指由各种原因引起的感知、情感和思维等精神活动的紊乱或者异常，导致患者明显的心理痛苦或者社会适应等功能损害。严重精神障碍，是指疾病症状严重，导致患者社会适应等功能严重损害、对自身健康状况或者客观现实不能完整认识，或者不能处理自身事务的精神障碍。

世界卫生组织在《疾病和有关健康问题的国际统计分类》第十次修订本（ICD-10）第五章中，对 300 多种精神与行为障碍进行了详细分类。目前我国精神疾病诊断分类基本参照 ICD-10，将精神与行为障碍分为以下 11 类：

1. F00-F09 器质性（包括症状性）精神障碍

2. F10-F19 使用精神活性物质所致的精神和行为障碍

3. F20-F29 精神分裂症、分裂型及妄想性障碍

4. F30-F39 心境（情感性）障碍

5. F40-F49 神经症性、应激性及躯体形式障碍

6. F50-F59 伴有生理障碍及躯体因素的行为综合征

7. F60-F69 成人的人格和行为障碍

8. F70-F79 精神发育迟滞

9. F80-F89 心理发育障碍

10. F90-F98 通常发生于儿童及少年期的行为及精神障碍

11. F99 待分类的精神障碍

（三）精神障碍患者的监护人

是指依照民法通则的有关规定可以担任监护人的人，包括配偶、父母、成年子女、其他近亲属以及关系密切的其他亲属、朋友愿意承担监护责任，经精神病人的所在单位或者住所地的居民委员会、村民委员会同意的。

三、主要内容

《精神卫生法》共七章八十五条，主要对精神卫生工作的方针原则和管理机制、心理健康促进和精神障碍预防、精神障碍的诊断和治疗、精神障碍的康复、精神卫生工作的保障措施、维护精神障碍患者合法权益等作出规定。

（一）心理健康促进和精神障碍预防

心理健康促进，指的是国家、社会要从正面强调，心理健康是建设小康社会、构建和谐社会所必不可少的重要的条件与组成内容；同时，要积极创造条件，全面提高人民的心理健康水平。

我国精神卫生工作的综合管理体制为：政府组织领导、部门各负其责、家庭和单位尽力尽责、全社会共同参与。国务院卫生行政部门建立精神卫生监测网络，各级人民政府和有关部门采取措施，突发事件应急预案中也包括心理援助，以加强心理健康促进和精神障碍预防工作。各相应的单位、组织及个人亦需履行相关责任，参与到精神障碍预防工作中。

此外，心理咨询人员为社会公众提供专业化的心理咨询服务，若发现可疑患者，应当建议其到相应医疗机构就诊，并尊重咨询者隐私，为其保密。

（二）精神障碍的诊断和治疗

过去由于精神障碍住院程序及制度缺失，被强制收治以及严重精神障碍患者因疏于管理而伤害自身或者危害他人的案件时有发生。《精神卫生法》第三章围绕对精神障碍的送院、诊断、住院、治疗出院等环节作出了相应的规定，以维护患者合法权益、尊重患者人格尊严，保障患者在现有条件下获得良好的精神卫生服务。

1. 精神障碍的诊断　其诊断应当以精神健康状况为依据，由精神科执业医师作出。除法律规定外不得违背本人意志进行确定其是否患有精神障碍的医学检查。禁止对精神障碍患者实施与治疗其精神障碍无关的实验性临床医疗。精神障碍分类、诊断标准和治疗规范，根据国务院卫生行政部门制定的相关规定执行。对诊断结论有异议的可按照相关程序要求再次诊断和鉴定。

2. 精神障碍的非自愿治疗　此问题是目前社会的热议话题。非自愿住院治疗，是指违背患者意志，不同程度限制患者自由，使患者在特定的医疗机构接受一段时间的观察、诊断或治疗。根据《精神卫生法》，精神障碍的住院治疗实行自愿原则，只有在符合法律规定的特殊情况下，才可以对患者实施非自愿住院治疗。非自愿住院治疗实施范围、程序和标准受到严格限制，避免滥用。

3. 精神障碍患者的合法权益　医疗机构应当配备适宜的设施、设备，保护就诊和住院治疗的精神障碍患者的人身安全，防止其受到伤害，并为住院患者创造尽可能接近正常生活的环境和条件。在特殊情况下可对患者实施约束、隔离等保护性医疗措施，实施后需告知其监护人，禁止以此惩罚精神障碍患者。

4．出院　自愿住院治疗的患者可以随时要求出院；对有自身伤害行为的患者，监护人可以随时要求患者出院。医疗机构认为不宜出院的，应告知理由；患者或者其监护人仍要求出院的，执业医师应当在病历资料中详细记录告知的过程，同时提出出院后的医学建议，患者或者其监护人应当签字确认精神障碍患者出院，由本人或监护人办理出院手续。

（三）精神障碍的康复

精神障碍康复，是指对患有身心疾病的患者，尽可能利用药物、社会、职业、经济和教育的方法使残疾的风险减少到最低限度。

医疗机构应当为住院治疗的精神疾病患者提供康复服务。医疗机构应当为在家居住的严重精神障碍患者提供精神科基本药物维持治疗，并为社区康复机构提供有关精神障碍康复的技术指导和支持。残疾人组织或者残疾人康复机构应当根据精神障碍患者康复的需要，组织患者参加康复活动。社区卫生服务机构、乡镇卫生院、村卫生室应当建立严重精神障碍患者的健康档案，对在家居住的严重精神障碍患者进行定期随访，指导患者服药和开展康复训练，并对患者的监护人进行精神卫生知识和看护知识的培训。精神障碍患者的监护人应当协助患者进行生活自理能力和社会适应能力等方面的康复训练。

（四）保障措施

目前精神卫生工作已成为国家公共卫生建设和疾病预防控制的重要内容，各级卫生部门会同有关部门依据相关要求及实际情况，制定精神卫生工作规划并组织实施。精神卫生工作经费已列入本级政府财政预算，进一步加强基层精神卫生体系建设。各级人民政府通过协助精神病患者纳入疾病医疗保险及生活资助等形式，保障精神障碍患者的治疗费用和基本生活。

同时，国家鼓励和支持精神医学的教学和研究及精神医学专门人才的培养，维护精神卫生工作人员的合法权益。提高精神卫生工作人员的待遇水平，并按照规定给予适当的津贴。相关医疗机构应当按相关规定开设精神科门诊或者心理治疗门诊，并加强相关工作人员精神卫生知识和相关法律、法规、政策的培训。

四、法律责任

（一）卫生行政部门及其他相关部门的法律责任

县级以上人民政府卫生行政部门和其他有关部门未依照本法规定履行精神卫生工作职责，或者滥用职权、玩忽职守、徇私舞弊的，由本级人民政府或者上一级人民政府有关部门责令改正，通报批评，对直接负责的主管人员和其他直接责任人员依法给予警告、记过或者记大过的处分；造成严重后果的，给予降级、撤职或者开除的处分。

（二）医疗机构及其工作人员的法律责任

1．医疗机构及其工作人员有下列行为之一的，由县级以上人民政府卫生行政部门责令改正，给予警告；情节严重的，对直接负责的主管人员和其他直接责任人员依法给予或者责令给予降低岗位等级或者撤职、开除的处分，并可以责令有关医务人员暂停1个月以上6个月以下执业活动：

（1）拒绝对送诊的疑似精神障碍患者作出诊断的。

（2）对依照本法第三十条第二款规定实施住院治疗的患者未及时进行检查评估或者未根据评估结果作出处理的。

2. 医疗机构及其工作人员有下列行为之一的，由县级以上人民政府卫生行政部门责令改正，对直接负责的主管人员和其他直接责任人员依法给予或者责令给予降低岗位等级或者撤职的处分；对有关医务人员，暂停6个月以上1年以下执业活动；情节严重的，给予或者责令给予开除的处分，并吊销有关医务人员的执业证书：

（1）违反本法规定实施约束、隔离等保护性医疗措施的。

（2）违反本法规定，强迫精神障碍患者劳动的。

（3）违反本法规定对精神障碍患者实施外科手术或者实验性临床医疗的。

（4）违反本法规定，侵害精神障碍患者的通讯和会见探访者等权利的。

（5）违反精神障碍诊断标准，将非精神障碍患者诊断为精神障碍患者的。

（三）擅自从事精神障碍诊疗的法律责任

不符合本法规定条件的医疗机构擅自从事精神障碍诊断、治疗的，由县级以上人民政府卫生行政部门责令停止相关诊疗活动，给予警告，并处五千元以上一万元以下罚款，有违法所得的，没收违法所得；对直接负责的主管人员和其他直接责任人员依法给予或者责令给予降低岗位等级或者撤职、开除的处分；对有关医务人员，吊销其执业证书。

（四）心理咨询及心理治疗人员的法律责任

心理咨询人员有下列情形之一的，由县级以上人民政府卫生行政部门、工商行政管理部门依据各自职责责令改正，给予警告，并处五千元以上一万元以下罚款，有违法所得的，没收违法所得；造成严重后果的，责令暂停六个月以上一年以下执业活动，直至吊销执业证书或者营业执照：

（1）心理咨询人员从事心理治疗或者精神障碍的诊断、治疗的。

（2）从事心理治疗的人员在医疗机构以外开展心理治疗活动的。

（3）专门从事心理治疗的人员从事精神障碍的诊断的。

（4）专门从事心理治疗的人员为精神障碍患者开具处方或者提供外科治疗的。

心理咨询人员、专门从事心理治疗的人员在心理咨询、心理治疗活动中造成他人人身、财产或者其他损害的，依法承担民事责任。

知识拓展

《精神卫生保健法——十项基本原则》

1995年世界卫生组织精神卫生处提出《精神卫生保健法——十项基本原则》作为各国政府制定和修改精神卫生法的参考。其内容如下：

1. 精神障碍患者能享受到精神卫生服务。

2. 提供的精神卫生服务具有恰当的质量。

3. 在最少限制的环境中为患者提供技术卫生服务。

4. 对患者采取的任何干预措施必须征得本人或代理人同意。

5.患者自行决策时有权得到他人帮助。

6.对采取的任何措施应有复查或复核的程序。

7.代替患者作出决策的法官或法定代理人应该是合格的。

8.能真正维护患者权益的。

9.对做出的决策应有自动的定期审查程序。

10.法律条文不应与各国现行法律法规发生冲突等。

（信　彬　张晨曦　崔　瑾）

❓复习思考题

1.《医疗机构临床用血管理办法》中对临床用血有哪些规定？

2.《中华人民共和国献血法》中对无偿献血有哪些规定？

3.母婴保健工作包括哪些内容？

4.婚前保健服务包括哪些内容？

5.职业病诊断应综合分析哪些因素？

6.《职业病防治法》中对职业病诊断鉴定有哪些规定？

7.《精神卫生法》中对精神障碍的诊断是如何规定的？

扫一扫
测一测
扫一扫 测一测

第八章

医学发展与法律

培训目标

1. 掌握脑死亡的判定标准及现实意义,基因工程在医学领域引发的法律问题,我国人工生殖技术的法律规范以及我国器官移植相关的法律规定。
2. 熟悉医学发展带来的法律变革。
3. 了解安乐死的立法现状及实施安乐死的现实意义,互联网医疗的法律规定。

第一节　基于医学发展引发的法律变革

医学科学技术具有双重性,高科技医疗技术的发展和应用,一方面成为人类的福音——人们的健康水平得以提高;另一方面也带来了一系列问题——伦理道德、法律、卫生方针、经济规划、医学取向、管理调控等。随着医学技术的进步,器官移植技术、辅助生殖技术和基因工程等技术广泛应用于临床,关于脑死亡的争议也日益高涨,因此产生关于人身权,人工生育权等权利要求与相关法律问题。近代医学的发展,不仅深刻地改变着人类的社会生活,而且极大地影响了人们的思维模式和观念;不仅影响了法学的基本理念和人们的法律观念,而且产生了法律制度的短期空白,对法律的稳定性品格产生了冲击。

一、医学发展产生法律的空白与缺陷

法律法规的制定使医学技术具有合法性,能推动医学技术的进一步发展,达到治病救人的目的。但是目前我国在一些医学领域仍缺乏相应的法律法规规范,以至医务人员缺乏法律的支持与保护。推进脑死亡诊断标准,有助于节约医疗资源,推动器官移植医学发展,使成千上万器官病变终末期病人因此得到再生的机会,脑死亡的确定对死亡的确定也将带来重大的变革,但相关法律并没有对此进行有效的规范。我国有关人工生殖的法律规范中对于子女的法律地位的规定较为简单,《最高人民法院

关于夫妻离婚后人工授精所生子女的法律地位如何确定的复函》中明确规定：在夫妻关系存续期间，双方一致同意进行人工授精，所生子女应视为夫妻双方的婚生子女，父母子女之间权利和义务关系适用《中华人民共和国婚姻法》的有关规定。但是《中华人民共和国继承法》（以下简称《继承法》）中关于人工生殖子女的继承问题没有明确规定。以上法律已经不适应人工生殖技术的发展和应用，不能解决日益增长的家庭纠纷，也不利于人工生殖子女的合法权益得到保障。因此顺应医学发展的需要，加强医学领域的立法，弥补法律上的缺陷，填补法律上的空白显得尤为重要。

二、医学发展提升法律执行的力度与要求

医学的发展带来对各种新技术的准入制度，同时也对法律执行提出更高的要求。比如医疗技术准入制度是国家为保护和促进人民群众健康而制订的有一定强制性、规范性的医疗技术评估、医疗技术准入的法规。但是，目前很多准入制度在执行时没有达到相应的规范。如光子嫩肤、激光美容是近年来新发展起来的高新技术，它能很好地祛除雀斑、老年斑、皮肤色素沉着、皮肤红血丝，还能治疗因老化引起的皮肤松弛、皱纹等等，令许多爱美者梦想成真，但与此同时，由于准入门槛较低，很多采用这种技术的机构没有能力掌握治疗的适应证、没有过关的医疗水平，常常出现因激光剂量过大而导致美容者皮肤烧伤、色素沉积等现象，不但起不到美容效果，反而会引起医疗纠纷，这就要求法律的执行力度要紧跟医学科技的发展，同时对法律执行提出了更高的要求。

三、医学发展引发司法实践的困惑与反思

医学的发展、科技的进步使司法实践中遇到的问题愈来愈复杂，出现的矛盾与冲突也是越来越多，在困惑与反思中法治理念需要不断加强。比如，脑死亡制度能够给器官移植技术带来福音，但如何判断、站在什么角度和立场上裁决则是实践中难以解答的问题；辅助生殖技术的出现给不孕不育夫妇带来希望，但随之出现的代孕现象，长期走在法律的边缘，产生诸多司法中的难题；器官移植技术的出现使很多重症患者获得了新生，但是却出现了非法买卖器官、违背供体意愿的违法行为，如何判断非法买卖人体器官、如何判断供体意愿均是司法实践中需要解决的问题；安乐死在我国没有立法，但是实行安乐死的呼声却是不断的，实践中存在着被动安乐死的现象，发生纠纷如何界定责罚也是司法实践要面对的问题等等。医学发展必然带来司法实践中的困惑，只有法律人不断反思、不断研究才能健全法制，构建法治社会。

四、医学发展带动法律思维的转变与提升

医学发展不仅影响法学理念与理论形态的变化，而且会引起普通人的法律观念的变化。生命科学的进步和技术上的突破与应用，必然引起现有法律的变化与新法律的产生；作为一种调控手段，人们用法律来保障有益于人类的医学技术推广，防止不利于人类利益的医学技术的使用和传播。医学技术的应用与选择涉及人类对自身利益与价值的判断问题，比如，随着堕胎技术的完善，它完全可以广为实施，但是即使在提倡自由的美国，堕胎也遭到人们的普遍反对，甚至有的州曾立法视医生实施堕

胎术为谋杀；试管婴儿技术的发明，无疑可以解除无生育能力者思儿之苦，但是，在世界的许多地方却被认为是对上帝的亵渎。随着医学的发展，人们自身权利的维护意识也不断加强，现代生命科技的发展和应用对这种传统价值观念产生了极大的冲击和影响，进而影响到人们的法律观念。科学知识只有走出"象牙塔"成为社会公众所掌握的常识，才能够提高全社会的知识与认识水平，并逐渐影响人们的信念与价值选择，为科学地认识法律提供智力支持。

第二节　安乐死的制度价值

案例评析

安乐死不能成为孝子免除刑事责任的理由

案例：某男不愿见母亲忍受伤病痛苦，禁不住母亲再三请求，将敌敌畏递给母亲助其"安乐死"。法院做出一审判决，该孝子的行为是帮助他人自杀，间接故意地剥夺了他人的生命，以故意杀人罪被判处其有期徒刑 3 年。

评析：根据现行《中华人民共和国刑法》解释，安乐死属故意杀人罪。对于其法律后果，一直有两种争论。一方认为，安乐死不能阻止行为的违法性，仍构成《刑法》上的杀人罪，但处罚可以从轻。另一方认为，安乐死虽然在形式上具备故意杀人罪的要件，但安乐死是在患者极度痛苦、不堪忍受的情况下提前结束其生命的医疗行为，而医疗行为是正常行为，因而可以阻却其违法性，不构成杀人罪。但不管有什么样的争论，中国法律目前是不允许安乐死的。

一、安乐死的概念

安乐死一词源于希腊文 euthanasia，其原意为"无痛苦死亡""快乐的脑死亡"。《牛津法律大词典》对安乐死（euthanasia）解释为：指引起或加速死亡，特别是对不可救药的或病危患者，应其请求引起或加速死亡。故安乐死必须是法律允许的，是一种故意结束他人生命的特例，不构成故意杀人罪。

安乐死是指身患目前医学上无可医治的绝症或者生理衰竭的患者，因难以忍受病痛折磨，依据事先主动申请的愿望，由有资质的医师依法定程序采用医学手段结束其生命的过程。分为广义和狭义安乐死、主动和被动安乐死、自愿和非自愿安乐死、自杀性与助杀性安乐死等等，根据定义可见，安乐死的手段是医师所为的医学手段，即医师给予患者某种药物结束其生命或医师停用维持患者生命的药物或仪器，从而结束患者生命。前者属于主动安乐死，后者属于被动安乐死。

二、国外安乐死立法的现状

世界上较早的正式安乐死立法，是 1976 年 9 月 30 日在美国加利福尼亚州产生的《自然死亡法案》（Natural Death Act），该法规定：只要根据医师的判断，该患者已经毫无疑问即将死去，以及生命维持系统的唯一作用只是在延缓死亡的到来时刻，成年患

者可以制定"生前医嘱",授权医师关掉维持生命的人工设备。该法实际上认可的是被动安乐死。

1995年5月25日，澳大利亚北部地区议会通过了世界上第一部确认积极安乐死的法律——《晚期病人权利法》，并于1996年7月1日生效。但不幸的是，其于1997年初被联邦参议院推翻而被废止。该法案实施前后不足半年，依据该法实施安乐死的患者有4人。

2002年4月1日，允许安乐死的法案在荷兰正式生效。荷兰也因此开历史之先河，成为世界上第一个主动安乐死合法化的国家。该法第二条确认了安乐死实施的条件：①确信患者提出的要求是自愿并经慎重考虑过的；②确定患者的痛苦是持续性的，无法忍受的；③已经告知患者其所处的困境以及其以后的前景；④患者也确信没有其他合理方案用以解决其所处的困境；⑤至少已经和1名医师会诊过，该医师诊断过该患者并且书面签署有关适当关心要求（①~④中涉及）的意见；⑥经适当关心，终止患者生命或者协助患者自杀。但这部法律在对待安乐死的实施程序上要求还是比较严格的，比如要求设立地方审查委员会审查应请求终止生命或协助自杀事件。

2002年5月28日，比利时正式颁布了《安乐死法》，该法第三条明确规定，如果医师是基于以下条件帮助患者实施安乐死，则不认为是犯罪：①患者是已经达到法定成年或自立的未成年人，且在做出安乐死请求时有能力和正常意识；②安乐死的请求应该是自愿的，是经过仔细考虑的和反复要求的，不是屈从于外力压迫的结果；③患者经受着一种不能减轻的经常的难以忍受的身体与精神上的痛苦，处于一种医治无效的状况，导致了患者因疾病或其他事件带来的严重的无法忍受的身心失调；④医师依据本法规定，在充分考虑了以上条件和程序的情况下，实施安乐死也不认为是犯罪。同时还规定了医师实施安乐死的程序。

在瑞典、德国，经过修改的《刑法》，认为安乐死不是谋杀，也不按照谋杀处罚。在挪威的《刑法》中，将"仁慈杀人"作为一种特殊的罪行处理。日本是第一个有条件地承认安乐死合法化的国家。20世纪60年代初，在名古屋高等法院对一例安乐死案件的判决中，指出了在日本合法的安乐死要件：①患者患有现代医学的知识技术无法治疗的疾病，并有即将死亡的证据；②患者受到不能忍受的痛苦折磨；③使患者死亡的唯一目的是解除其痛苦；④患者在神志清楚时确实存在实施安乐死的要求；⑤处死的方式必须是伦理上可接受的；⑥必须由医生执行，在特殊情况下无法找到医生时才由适当的人来执行。由此，承认了有条件的安乐死的合法化。

迄今为止，安乐死还没有在多数国家合法化，目前，只有荷兰和比利时实施安乐死合法。虽然西方许多国家都把安乐死看成犯罪行为，但支持实行安乐死的人数在不断增加。

三、我国安乐死立法与思考

我国安乐死的讨论和研究始于20世纪70年代后期，现行的国家法律未对安乐死加以认可。1980年在上海召开的"全国首届医学伦理学学术讨论会"上，与会专家提出了有关安乐死的学术观点，1982年在大连召开的"全国第二次医学伦理学术研讨会"上，有代表发表了安乐死的文章。1988年7月、1994年10月在上海召开了两次

全国安乐死学术讨论会,就安乐死的医学、社会、伦理、法律等问题进行了广泛的讨论。1998年,山东中医药大学祝世讷教授对安乐死进行长期系统研究,并提出了《安乐死暂行条例(草案建议稿)》,这是我国提出的首部安乐死立法建议稿。但是迄今为止,我国尚未将安乐死问题纳入到立法计划。

关于安乐死立法,一种观点认为:选择安乐死是患绝症病人的一种权利,让安乐死合法化是人类理智、科学地对待死亡的一种表现,也是社会文明的进步。另一种观点认为:安乐死立法为时尚早,在法制尚不健全的情况下,安乐死即使有法也可能被滥用。安乐死问题也引起了国家立法机关的重视。在全国人代会上,人大代表曾多次提交安乐死的立法议案,建议制定安乐死法。由于安乐死是一种具有特殊意义的死亡类型,它既是一个复杂的医学、法学问题,又是一个极为敏感的社会、伦理问题,目前,我国制定安乐死的法规条件尚不成熟,但是,可以让有关部门研究这一课题,为安乐死的立法做准备。因此,我国为安乐死立法做准备时,应当注意以下问题:

(一)界定安乐死的分类及原则

国外一般将安乐死分为积极安乐死与消极安乐死、自愿安乐死与非自愿安乐死。我国学界对安乐死的分类多沿用积极安乐死与消极安乐死这一划分法,有的也表述为主动安乐死与被动安乐死,其含义一般是:主动安乐死是采取某种措施,主动结束目前医学无法挽救濒临死亡,并伴有难以忍受痛苦的病人的生命或加速其死亡过程;被动安乐死则是对确实无法挽救其生命的病人,中止维持其生命的医疗措施,任其自行死亡。

实施安乐死应符合无危害、无痛苦、不违背本人意志的原则。具体是:①现代医学科学技术所不能救治的不治之症;②病人的剧烈痛苦无法抑制,且已迫近死亡;③病人有要求安乐死真诚意愿;④在不违背病人意愿的前提下,由医务人员提供的在无痛苦状态下加快结束或不延长死亡过程的医疗性服务;⑤执行安乐死的方法在伦理学上被认为是正当的;⑥它是在特殊情况下病人利益的最高体现。

(二)规范安乐死的条件

适用安乐死必须符合以下条件:①患者提出的要求是亲自主动提出安乐死的,而且是经过慎重考虑过的,不是一时的冲动想法;②患者具有严重的痛苦,且无法忍受;③濒临死亡,即患者处于死亡的过程中且时日不多;④施行方法正当,即执行安乐死的技术与方法必须是科学的、文明的、人道的;⑤应当有至少2名以上的独立医生会诊,可以避免个别医生的主观独断或者误诊。

(三)严格限制安乐死的实施对象

安乐死通常以下列人员为实施对象:①肉体和精神均处于极端痛苦之中的绝症患者;②靠人工维持生命的长期昏迷不醒、丧失自我意识的病人;③有意义的生命不复存在;④有严重缺陷的新生儿。

(四)法定安乐死的实施程序

1. 申请 申请安乐死的患者必须在意识清醒的情况下由本人亲自以书面形式主动提出,并附有身患绝症的医疗证明。特殊情况下,口头(包括录音)申请者必须由两名无利害关系的证人出具书面证明。对于陷入永久性昏迷状态、不能表达意愿的病人,可由其法定监护人代为提出。

2. 审查 安乐死的受理机关必须是符合安乐死施行条件的医疗机构。县级以上

的医疗单位应当设立安乐科。负责对安乐死申请的审查和批准。对不符合安乐死条件的申请者，审查单位应当在法定期限内以书面形式告知，并说明理由。对符合条件的申请者，应当批准申请，并经公证机关公证后，安排施行。

3. 执行　安乐死申请经批准并公证后，需由 2 名以上的医务人员按照批准的时间和地点经由正规安乐死实施技术培训合格的医护人员执行，或者在安乐死伦理委员会的医学专家指导下，由其他医护人员执行。执行前，病人撤回申请或表示反悔的，应当立即停止执行。执行时必须严格依照一定的程序来操作，由执行人书写执行经过，执行人、见证人等签字，实施完毕，由执行医师开具患者死亡证明，填写安乐死实施报告单，上报有关部门。

（五）明确违反行为及法律责任

违反安乐死规定的行为主要有：①医生玩忽职守，提供虚假信息或不符合安乐死条件的病人施行安乐死；②未经受理机关的严格审查，做出错误决定，或者拖延不决；③不履行或不认真履行职责，造成重大医疗事故的；④采用诱惑、欺骗、胁迫或其他手段强制病人施行安乐死的；⑤违反有关保密规定的。在上述情况下的直接责任人员，均应承担相应的民事责任或行政责任，构成犯罪的，应当依法追究其刑事责任。

未经病人同意，病人亲属或医务人员对有行为能力的人擅自实行安乐死，构成故意杀人罪，应按《刑法》有关规定承担刑事责任。

第三节　脑死亡对法律认定死亡的冲击

一、脑死亡概述

（一）脑死亡的提出

脑死亡是指包括大脑、小脑、脑干在内的全脑功能不可逆转、永久性的停止，即整个中枢神经系统的全部死亡，是因某种病理原因引起脑组织缺血、缺氧、坏死，致使脑组织功能和呼吸中枢功能达到不可逆转的消失阶段，最终导致病理死亡。

对脑死亡的最早研究出现在 20 世纪 50 年代，1959 年法国学者 P. Mollare 和 M. Goulon 在第 23 届国际神经学会上首次提出"昏迷过度"的概念，同时报道了存在这种病理状态的 23 种病例，并在报告中开始使用"脑死亡"一词。他们的报告提示：凡是被诊断为"昏迷过度"的患者，苏醒可能性为零。医学界接受并认可该说法。由于医学科技的进步和发展，尤其是器官移植上取得的巨大成就，使人们不得不开始思考脑死亡的问题，临床急救技术和心肺功能的更新，心肺功能已证实可以被人工取代，而迄今为止大脑功能一旦发生不可逆转的破坏，则不可再恢复，作为"人"特有的有意识的高级思维活动也就消失了。传统的心肺死亡标准因而逐步被脑死亡所修正。但是，关于脑死亡是否可以用于确认个体的死亡，从这个概念的提出到今天，争论一直没有停止。

（二）脑死亡的标准

随着对脑死亡研究的深入，世界各国先后制定了 30 多种脑死亡诊断标准，其中，1968 年哈佛大学医学院死亡定义审查特别委员会首次提出的脑死亡诊断标准与世界卫生组织脑死亡标准得到多数认可。"哈佛标准"主要内容是：①不可逆的深度昏迷，

病人对外在刺激与内在需求无感受性,无反应;②自发呼吸停止;③脑干反射消失;④脑波图平坦。要求以上 4 条的测试在 24 小时内反复多次而结果无变化。但是,有两种除外情况:①体温过低(<32.2℃);②刚服过巴比妥药物等中枢神经系统抑制剂的病例。在脑死亡定义及诊断标准上,各国尽管有差异,但对生命维系不可缺少的脑功能状态不可逆转这一点上是取得共识的。因此,目前世界上大多数国家还是采用哈佛医学院的诊断标准。

目前,我国还没有正式的脑死亡的标准,但原卫生部已经出台了《脑死亡判定标准与技术规范(成人质控版)》。其内容包括:①脑死亡判定的先决要件:病人昏迷原因明确,排除各种原因的可逆性昏迷;②临床判断的主要依据:深度昏迷,脑干反射全部消失,无自主呼吸(靠呼吸机维持,自主呼吸诱发实验证实无自主呼吸),且这三方面必须全部具备;③脑死亡确认验证:脑电图呈电静息,经颅多普勒超声无脑血流灌注现象,体感诱发电位 P14 以上波形消失,且此三项中至少有一项阳性;④脑死亡观察:脑死亡首次判定后,观察 12 小时复查无变化,方可最后确定脑死亡。

二、确立脑死亡的意义

对于超越传统心肺死亡标准的脑死亡,不同文化传统、民族习惯、宗教信仰等多种因素影响下,人们会有种种不同的认识和理解,但在生命价值的终极关怀和社会发展的视野下,确立脑死亡在客观上具有多方面的现实意义。

(一)有利于医疗资源的合理利用

现代医疗行为并不是毫无目的地延长没有价值的生物意义的生命和人们痛苦的死亡过程。如果确定脑死亡,就可以适时地终止对脑死亡病人的医疗措施,减少不必要的医疗支出,将有限的医疗资源用于那些需要救治且能够救治的病人,发挥出更大的效益。同时,对脑死亡病人家属而言,也可以在一定程度上减轻其精神痛苦和经济负担。

(二)有利于器官移植的开展

随着器官移植技术的发展,需要很多新鲜的组织、器官来挽救人们的生命。在新鲜供体严重短缺的情况下,利用先进的医疗技术,对脑死亡者保持血液灌注的器官可供移植,从而提高了器官移植的成功率,在一定程度上解决了器官移植的难题。

(三)有利于人道主义的充分实现

在医学临床上,脑死亡的确立可以更准确地鉴别死亡的真与假,使许多假死病人的及时救治成为可能,可以更好地尊重并维护人的生命尊严和价值。确立脑死亡标准,有利于器官移植技术的发展,为器官移植开辟了广阔前景,可以在更高、更广泛的意义上实践更温和的人道主义。它使困扰世界各国器官移植技术应用的供体器官严重短缺的瓶颈问题得以突破,在很大程度上解决了移植器官的质量和数量问题,提高了器官移植的临床质量,使成千上万等待器官移植的病人获得新生。

(四)有利于法律的正确实施

科学、准确地判定死亡、确认死亡时间等在司法实践中具有极其重要的意义。它可以直接影响故意杀人罪犯罪形态的认定,涉及刑事责任的承担与免除;作为特定的法律事件或者法律行为,死亡将涉及多种民事法律关系的产生、变更与消灭,直接关系到民事权利能力的状态,引起系列社会关系的重大变动和调整。在法律上确认脑

死亡,将会改变传统心肺死亡的模糊状态,将有利于法律关系的稳定与法律的有效实施。因此,脑死亡的标准有利于适用法律合理地处理案件。

三、脑死亡立法现状与思考

在传统文化、经济社会发展等多种因素的影响下,我国对脑死亡持有相当审慎的态度。目前,我国还未制定一部统一的、正式的、具有法律权威的脑死亡标准。对于当前进行的脑死亡立法,从总体上看,我们应关注以下几个方面:

(一)两种死亡标准并存

鉴于我国特定的文化理念与传统习俗,同时借鉴其他国家立法经验,在现阶段,死亡的确定应采取选择性的标准,允许心肺死亡与脑死亡同时并存。关注到公众的人文和感性体验,传统的死亡标准仍有其存在的合理性,尤其在边远及贫困地区,心肺死亡标准有其更为广泛的群众基础和情感认同,而且它也是一种简便易行、行之有效的判断规则。

(二)严格脑死亡诊断标准

脑死亡的判定具有非常重要的地位,脑死亡不同于植物人,依照临床诊断标准,植物人的脑干功能是正常的,病人可以有自主呼吸、心跳和脑干反应,少数病人还有从昏迷中苏醒的可能。脑死亡立法应该明确区分植物状态,对植物状态中的脑功能已不可逆、永久性丧失的病人才可以宣告死亡。考虑到脑死亡判定客观上存在的道德风险,为防范其负面作用,结合我国医疗实践的具体情况,应尽可能制定详尽的、可操作的临床诊断标准。

(三)规范脑死亡的管理制度

立法应着重对实施脑死亡诊断的医疗机构、医务人员等主体的资格及实施脑死亡诊断的程序做出科学、合理的规定,避免临床诊断的误差,防止草率诊断、虚假诊断等情形的发生。

1. 脑死亡诊断医疗机构 脑死亡判定的机构和人员资质需要经过行政许可。具有经考核合格并取得脑死亡判定医师执业资格证书的医务人员;具有相应的医疗仪器、设备和相关卫生技术人员;具有完善的脑死亡判定管理的规章制度;组建有合格的医学伦理委员会。

2. 脑死亡诊断医师 脑死亡标准要求脑死亡判定者需要具备较高的专业水准(神经科为主),对该标准的认识不是任意专业的一个医生能掌握的。应当具有国家执业医师资格;从事神经内科、神经外科、麻醉科、急救科或危重病监护临床工作达到规定年限并具有高级专业技术职称;经过脑死亡诊断专项培训并考核合格,取得脑死亡判定医师执业资格证书。依据《中华人民共和国行政许可法》第十二条,对于脑死亡判定的机构和人员,需要列入行政许可的范畴。对于进行脑死亡判定的机构和人员的"门槛"问题,需要进行深入的探讨。

3. 实施脑死亡的程序 脑死亡的确定必须在县级以上具备相应的医疗设备条件的地、市级医院进行,有两名以上具有相应资格的医师。实施脑死亡的程序主要包括医院的告知程序、患者的申请程序、医院的实施程序三个部分。

4. 脑死亡诊断证明书 在病人近亲属书面申请前提下,经过所在医院的医学伦

理委员会审查同意后,由病人近亲属签署知情同意书;经过临床脑死亡诊断小组确认并经全体诊断医师签名后,方可由所在医院签发脑死亡诊断证明书。

（四）明确法律责任

脑死亡判定具有极强的专业技术特征,对医务人员有着更高的职业情操和自律要求,任何的诊断失误与不当判定,都可能带来严重的危害后果。因此,在立法时,应当明确规定违反脑死亡法律应承担的法律责任。

第四节　基因工程的法律保护

一、基因工程的概念

基因是脱氧核糖核酸（DNA）分子上具有遗传效应的特定核苷酸序列的总称,是具有遗传效应的 DNA 分子片段。基因位于染色体上,并在染色体上呈线性排列。基因不仅可以通过复制把遗传信息传递给下一代,还可以使遗传信息得到表达。因此,基因决定着生物的性状、生长和发育,不同人种之间头发、肤色、眼睛、鼻子等不同,是基因差异所致。

基因工程,又称重组 DNA,是指通过一定的程序将具有遗传信息的基因,在离体条件下进行剪接、组合、拼接,再将经过人工重组的基因注入宿主细胞大量复制,并使遗传信息在新的宿主细胞或个体中表达,最终产生出基因产物。

基因工程诞生于 20 世纪 70 年代。1972 年,美国斯坦福大学的学者首先在体外进行了 DNA 改造的研究,他们把 SV40（一种猴病毒）的 DNA 和 λ 噬菌体 DNA 分别分割,又将两者连接起来,成功的构建了第一个体外重组的 DNA 分子。1973 年 Cohen 等人首次在体外将重组的 DNA 分子导入大肠杆菌中,成功地进行了无性繁殖,从而完成了 DNA 体外重组和扩增的全过程。在此基础上,基因工程就诞生了。

二、基因工程的立法概况

基因工程诞生于 20 世纪 70 年代。当时,由于人类对 DNA 重组的技术前途未知,高估了它的风险,担心终有一天人类会因此而毁灭自身。为控制基因工程发展,1979 年 6 月 23 日美国国立卫生研究院（NIH）被授权制定并公布了世界上第一个实验室基因工程应用法规《重组 DNA 分子实验准则》。此后,20 多个国家制定了类似法规。1980 年美国政府公布了修正的《重组 DNA 分子实验准则》,修改和放宽了实验准则,到 1983 年该准则已进行了五次修改。

1982 年后,随着基因工程的产业化、商业化的进展,为了防止重组 DNA 所导致的危险和灾害性事故的发生,一些西方国家和国际组织制定了重组 DNA 安全操作和有关领域中运用的技术方面的法规。1986 年通过了国际生物技术产业化准则,日本、澳大利亚等国制定了更为具体的《重组 DNA 技术工业化准则》《重组 DNA 技术制造药品的准则》等。1989 年,原联邦德国政府批准的基因技术法草案确定了国家对基因技术的监督地位。这些法规对这些国家基因工程技术的研究和应用,起到了积极的推动作用。

近年来,我国的生物技术发展较为迅猛,生物技术立法工作也在逐步推进。《中华

人民共和国专利法》《中华人民共和国环境保护法》等法律中均涉及一些生物技术的法律规定。国家科学技术委员会于 1993 年 12 月 24 日发布了《基因工程安全管理办法》，对基因工程的适用范围、安全性评价、申报审批和安全控制措施等方面做了规定。为了有效保护和合理利用我国的人类遗传资源，加强人类基因的研究与开发，促进平等互利的国际合作和交流，1998 年 9 月，经国务院批准，科学技术部、卫生部共同制定了《人类遗传资源管理暂行办法》。2000 年，在联合国环境规划和全球环境基金的支持下，国家环保总局联合科技、农业等部门制定了《中国国家生物安全框架》，提出了我国生物安全的政策体系、法规体系和能力建设的国家框架。2001 年 6 月，国务院发布了《农业转基因生物安全管理条例》，随后，农业部又发布了与之相配套的《农业转基因生物安全评价管理办法》《农业转基因生物进口安全管理办法》和《农业转基因生物标识管理办法》，并于 2002 年 3 月 20 日起正式实施。大豆、玉米、油菜及其制品将成为首批必须"贴标签"的农产品，这些都表明中国生物转基因安全管理已初步纳入规范化轨道。但国内目前还没有一部对基因技术的研究、开发、利用、转让，以及有关部门在基因资源的利用和保护职责划分等方面做出系统规范的法律。因此，尽快出台一部统一的专门性法律法规，大力宣传、普及有关基因科学的知识，提高人们生物安全的意识。

三、基因工程引发的法律问题

（一）基因诊断

基因诊断也称 DNA 诊断、DNA 探针技术或基因探针技术，是指通过直接探查基因的存在和缺陷来对人体的状态和疾病作出判断。

最早的基因诊断是 1976 年凯恩等人进行的地中海贫血的产前诊断。经过 40 多年的发展，目前基因诊断已广泛应用于许多疾病的诊断，特别是在遗传病诊断方面成绩尤为显著，现在可以用不同途径进行基因诊断的遗传病已达上百种。基因诊断的医学意义是巨大的，同时它也产生了许多法律问题：医生是否有为诊断出遗传病的患者保密的义务？如果医生为患者保密，是否损害了患者配偶或未来子女的利益？如果医生泄密，影响了患者的婚姻、就业、保险和教育，医生是否应负法律责任？这些原因使人们开始思考有关基因诊断的法律控制问题。

（二）基因治疗

基因疗法是改变人体活细胞遗传物质的一种医学治疗方法，即通过基因诊断诊断出异常的基因后，用正常的基因代替异常基因，达到治疗目的。基因治疗一般分为：体细胞基因治疗、生殖细胞基因治疗、增强基因工程和优生基因工程。目前许多国家对基因治疗采取非常审慎的态度，从法律角度对此作出调整、规范和控制。1985 年美国公布的《基因疗法实验准则》，对人类基因治疗实行有条件的开放。1993 年，我国卫生部制定了《人的体细胞治疗和基因治疗临床研究质控要点》，强调对基因体细胞治疗的临床试验要在运作之前进行安全性论证、有效性评价和免疫学考虑，同时还应注意社会伦理影响。

（三）无性生殖

无性生殖（cloning）也称为"克隆"（clone），是指生物体没有阴阳结合过程，而是由一个共同的细胞、组织或器官繁殖而得到群遗传结构完全相同的细胞或生物。简

言之，克隆就是生命的全息复制。

1997 年 2 月 22 日，英国科学家首次培育成功世界上第一只克隆羊"多莉"，"多莉"的问世，引发了一场如何看待克隆技术的全球性争论，也标志着 20 世纪基因工程全新的里程碑。

现代生物基因工程技术发展研究的下一步就是"克隆人"的问世。由此引发了一场如何看待克隆技术的全球争论。有两种观点：主张禁止的观点认为有性繁殖是高等生物繁衍生命的自然规律。克隆人以无性繁殖代替有性繁殖，克隆人将给社会带来以下危害：①造成人种退化；②冲击法律观念；③带来社会动荡；④诱发社会失控。另一种观点认为发现和发明是科学发展的动力。人类最终将会承认创设人的生命的方式不只有性繁殖一种，还应包括无性繁殖。

对待克隆人这一问题，由于克隆人本身包含着治疗性克隆人与生殖性克隆人两种技术，而两种技术的伦理评价又完全不同，因此不能全盘否定，应分情况决定克隆人的法律对策，首先，应限制性允许治疗克隆人；其次，禁止生殖性克隆人。这两种对策国际社会观点近乎一致。

我国目前还没有出台专门针对克隆技术的单行法律，这实际上不利于克隆技术尤其是克隆人技术在我国的健康发展。为此，我国有必要尽早制定一部专门引导和规范克隆技术研究与应用的《克隆技术管理法》，以保障克隆技术在我国的健康发展。在这样的一部立法中，应当明确规定指导我国克隆技术发展的基本原则与基本制度，并明确规定相关不规范操作的一般法律责任。

2020 年 12 月 26 日，《中华人民共和国刑法修正案（十一）》已由中华人民共和国第十三届全国人民代表大会常务委员会第二十四次会议通过，自 2021 年 3 月 1 日起施行，其中对我国人类遗传资源以及基因编辑 / 克隆的人类胚胎植入人体或者动物体内等相关条例做出了修改。

在《刑法》第三百三十六条后增加一条，作为第三百三十六条之一："将基因编辑、克隆的人类胚胎植入人体或者动物体内，或者将基因编辑、克隆的动物胚胎植入人体内，情节严重的，处三年以下有期徒刑或者拘役，并处罚金；情节特别严重的，处三年以上七年以下有期徒刑，并处罚金。"

（四）人类遗传资源

人类遗传资源是指含有人体基因组、基因及其产物的器官、组织、细胞、血液、制备物、重组脱氧核糖核酸（DNA）构件体等遗传材料及相关的信息资料。

人类基因组计划的研究结果表明，人类基因总数在 2.6 万至 3.9 万之间，与预计的 10 万个左右的数目相差甚远。可见，人类基因资源具有极度的稀缺性。为了有效保护和合理利用我国的人类遗传资源，加强人类基因的研究与开发，促进平等互利的国际合作和交流，科学技术部、卫生部在 1998 年联合制定了《人类遗传资源暂行管理办法》。凡从事涉及我国人类遗传资源的采集、收集、研究、开发、买卖、出口、出境等活动，必须遵守管理办法的规定。这是我国将人类遗传资源管理和基因研究纳入法制轨道的重要举措。

《人类遗传资源暂行管理办法》规定人类遗传资源的管理机构是由国务院科学技术行政主管部门和卫生行政主管部门联合成立中国人类遗传资源管理办公室，负责

日常工作。国家对人类遗传资源实行分级管理，统一审批制度。并规定我国境内的人类遗传资源信息，包括重要遗传家系和特定地区遗传资源及其数据、资料、样本等，我国研究开发机构享有专属持有权，未经许可，不得向其他单位转让。获得上述信息的外方合作单位和个人未经许可不得公开、发表、申请专利或以其他形式向他人披露，同时规定了相应的法律责任。

虽然《人类遗传资源暂行管理办法》做出相应的法律规定，但实践中还是存在体制和法律的问题，体制上的多头管理，部门分工不明确，存在交叉、重复和遗漏现象；立法上层次较低且内容不完善、规定不明确，办法属于部门规章，效力层次较低，而且在生物遗传资源的取得、利益分享和专利制度方面基本是一片空白，无法同国际规则接轨；操作上知情同意权保护不力，不能做到充分的告知和说明，我国在法律中应详细规定基因资料提供者知情同意的范围和内容，并建立监督机制，以保障其落实。

与以上基因工程技术开展的同时，我国基因工程法的出台比较有效地保障了基因技术在我国的研发和应用，但另一方面，与规范我国基因技术研发与应用以推动其深入发展的现实需要相比，现有基因技术法还需要在立法层次、立法步伐、立法体系上进一步加强。首先应提高立法层次，应当将《基因工程安全管理办法》升格为《基因工程安全管理法》，使该法与我国基因技术基本法的地位相适应，更好地在基因技术管理方面发挥作用。此外，相应地提高《人类遗传资源管理暂行办法》《人的体细胞治疗及基因治疗临床研究质控要点》等规章及法律文件的效力层次，使我国基因技术法形成一个以《基因工程安全管理法》为核心，以其他相关基因技术行政法规和规章为主干的法律体系。其次，加快基因技术法在民事领域和刑事领域立法的步伐，在我国正在酝酿的《人格权法》中明确规定基因权方面的内容，并将基因权纳入到修改《侵权责任法》的保护范围内。同时，针对医疗实践中可能会出现的侵犯基因隐私、非法买卖人类遗传资料、进行生殖克隆人研究等方面的犯罪，相应地在《刑法》中规定非法利用人体基因信息罪、非法买卖人类遗传资料罪、非法从事克隆人研究罪、研制基因武器罪等犯罪，并规定相应的刑罚措施。最后，应当尽快制定包括《人类基因检测管理办法》《反基因歧视法》《亲子鉴定法》等在内的专门规范人体基因技术应用的法律，使我国基因技术法更符合保障人体基因技术研发与应用的现实需要。

第五节　生殖技术引发的法律问题

一、人类辅助生殖技术的概念

案例评析

警惕对"辅助生殖技术"的滥用

案例：广州某富商夫妇久婚不孕，借助试管婴儿技术孕育的 8 个胚胎成功，大喜望外的富商夫妇最终找来两位代孕妈妈，再加上自身共 3 个子宫采取"2+3+3"队形，经过十月怀胎后，前后 1 个月的时间内先后诞下 4 个男婴和 4 个

女婴，引起社会热议。其操作过程存在许多有违道德伦理甚至法律法规的地方，是人类辅助生殖技术的滥用。

　　评析：此案是人类辅助生殖技术的滥用，其操作过程存在许多有违道德伦理甚至法律法规的地方。首先，聘请代理孕母是在将人体工具化，有违法嫌疑。"代理受孕"将代母的子宫和身体工具化或商品化，令女性器官沦为制造、加工婴儿的机器，这是对母职的价值与意义的否定，也是对人性的亵渎，是技术的滥用、异化和迷失。其次，通过"辅助生殖技术"孕育 8 个胚胎存在规避计划生育的嫌疑，而其商业化倾向也容易带来价值观的扭曲。

　　人类辅助生殖技术（assisted reproductive technology），又称人工生殖技术，是指运用医学技术和方法对配子、合子、胚胎进行人工操作，以达到受孕目的的技术，分为人工授精和体外受精——胚胎移植技术及其各种衍生技术。其中，人工授精根据精子的来源分为丈夫精液人工授精和供精液人工授精。

　　人工授精（artificial insemination，AI），是指用人工方式将精液注入女性体内以取代性交途径使其妊娠的一种方法。根据精液来源的不同，人工授精分为夫精人工授精（AIH），即使用丈夫的精子所进行的人工授精；供精人工授精（AID），即使用供精者的精子所进行的人工授精。夫精人工授精，又称同源人工授精，适用于丈夫性生活射精不能和精子状况不良症，以及妻子输卵管异常或子宫位置异常等；供精人工授精，又称异源性人工授精，适用于丈夫无生殖能力（无精、精子死灭症）、有严重的遗传病，以及因血型不合而出现的习惯性流产或不育症。人工授精作为治疗男性不育的技术被广泛运用。

　　体外受精（in vitro fertilization，IVF），又叫体外受精胚胎移植，是指从女性体内取出卵子，在器皿内培养后，加入经技术处理的精子，待卵子受精后，继续培养，到形成早期胚胎时，再转移到子宫内着床，发育成胎儿直至分娩的技术。由于受孕过程的最早阶段发生在体外试管内，因此也称试管婴儿技术，生育出来的婴儿成为"试管婴儿"。自 1978 年世界上第一个试管婴儿路易斯·布朗在英国诞生以来，体外受精技术现在已成为一种越来越广泛应用的技术。该项技术主要适用于妇女因输卵管阻塞或男子精子数量很低等不孕症，同时，对开展人类胚胎学和遗传工程学的研究具有重要意义。

　　代孕母亲（surrogate mother）是指代人妊娠的妇女。代孕母亲或用他人的受精卵植入自己的子宫妊娠，或用自己的卵子人工授精后妊娠，分娩后孩子交给委托人抚养。代孕母亲出现于 20 世纪 70 年代末。由于体外受精的幼胚可以植入任何一个能够正常怀孕的妇女子宫中孕育，因此在一些国家和地区出现"借腹生子"代人怀孕的代孕母亲。但是代理生育一般以金钱交易为基础，容易使因代孕行为而出生的婴儿被视为商品，进而引发法律问题和社会伦理问题。

二、我国人工生殖技术的法律规范

　　我国生殖技术的研究和应用比发达国家起步较晚，但发展迅速。为了保证人工生殖技术安全、有效和健康发展，规范人工生殖技术的应用和管理，2001 年 2 月，卫生部颁发了《人类辅助生殖技术管理办法》和《人类精子库管理办法》，同年 5 月，又发布了

《人类精子库基本标准》《人类精子库技术规范》和《实施人类辅助生殖技术的伦理原则》。2003 年 10 月，卫生部参考和借鉴其他国家的相应技术规范、基本标准和伦理原则，结合我国实际，对原有的规定进行了修改，重新修订了《人类辅助生殖技术规范》《人类精子库基本标准和技术规范》《人类辅助生殖技术和人类精子库伦理原则》。新规定在原有的基础上提高了应用相关技术的机构设置标准、技术实施人员的资质要求和技术操作的质量标准和技术规范，并进一步对技术实施中的伦理原则加以明确和细化。

（一）实施人类辅助生殖技术的条件和审批

开展人类辅助生殖技术的医疗机构应当符合下列条件：①具有与开展人类辅助生殖技术相适应的卫生专业技术人员及其他专业技术人员；②具有与开展人类辅助生殖技术相适应的技术和设备；③设有医学伦理委员会；④符合原卫生部制定的《人类辅助生殖技术规范》的要求。

申请开展供精人工授精和体外受精 - 胚胎移植技术及其衍生技术的医疗机构，由省级卫生行政部门提出初审意见，卫生部（卫生部现为国家卫生健康委员会，下同）审批。

（二）人类辅助生殖技术的应用规则

1. 严格精子管理 实施供精人工授精和体外受精 - 胚胎移植技术及其各种衍生技术的医疗机构应当与卫生部批准的人类精子库签订供精协议。严禁私自采精。医疗机构在实施人类辅助生殖技术时应当索取精子检验合格证明。

2. 履行知情同意 实施人类辅助生殖技术应当遵循知情同意的原则，并签署知情同意书。涉及伦理问题的，应当提交医学伦理委员会讨论。

3. 遵守保密义务 实施人类辅助生殖技术的医疗机构应当为当事人保密，不得泄露有关信息。

4. 定期评估 卫生行政部门指定卫生技术评估机构对开展人类辅助生殖技术的医疗机构进行技术质量监测和定期评估。技术评估的主要内容为人类辅助生殖技术的安全性、有效性、经济性和社会影响。监测结果和技术评估报告报医疗机构所在地的省、自治区、直辖市人民政府卫生行政部门和卫生部备案。

5. 档案管理 实施人类辅助生殖技术的医疗机构应当建立健全技术档案管理制度。供精人工授精医疗行为方面的医疗技术档案和法律文书应当永久保存。

6. 禁止事项 不得买卖配子、合子、胚胎；不得实施代孕技术；不得擅自进行性别选择。

（三）人类精子库的管理

人类精子库是指以治疗不育症及预防遗传病等为目的，利用超低温冷冻技术，采集、检测、保存和提供精子的机构。人类精子库管理办法规定，设置人类精子库应当经卫生部批准。

精子的采集与提供应当在经过批准的人类精子库中依法进行，未经批准，任何单位和个人不得从事精子的采集与提供活动。

供精者应当是年龄在 22～45 周岁的健康男性，只能在一个人类精子库中供精。一个供精者的精子最多只能提供给 5 名妇女受孕。

人类精子库应当对供精者进行健康检查和严格筛选，不得采集有遗传病家族史或者患遗传性疾病、精神病患者、传染病患者或者病源携带者、长期接触放射线和有

害物质者、精液检查不合格者、其他严重器质性疾病患者的精液。精子库采集精子后,应当进行检验和筛查。精子冷冻6个月后,经过复检合格,方可向经卫生行政部门批准开展人类辅助生殖技术的医疗机构提供,并向医疗机构提交检验结果。未经检验或检验不合格的,不得向医疗机构提供。严禁精子库向医疗机构提供新鲜精子和向未经批准开展人类辅助生殖技术的医疗机构提供精子。

人类精子库的工作人员应当向供精者说明精子的用途、保存方式以及可能带来的社会伦理等问题。人类精子库应当和供精者签署知情同意书。

人类精子库应当建立供精者档案,对供精者的详细资料和精子使用情况进行计算机管理并永久保存。人类精子库应当为供精者和受精者保密,未经供精者和受精者同意不得泄露有关信息。

卫生部指定卫生技术评估机构,对人类精子库进行技术质量监测和定期检查。监测结果和检验报告报人类精子库所在地的省、自治区、直辖市人民政府卫生行政部门和卫生部备案。

（四）法律责任

1. 行政责任 对未取得医疗机构执业许可证擅自执业的,由县级以上人民政府卫生行政部门责令其停止执业活动,没收非法所得和药品、器械,并可以根据情节处以1万元以上的罚款。

对未经批准擅自开展人类辅助生殖技术和设置人类精子库的医疗机构,对诊疗活动超出登记范围的,由县级以上人民政府卫生行政部门予以警告、责令其改正,并可以根据情节处以3 000元以下的罚款;情节严重,譬如给患者造成伤害的,诊疗活动累计收入较大的,吊销其医疗机构执业许可证。

2. 刑事责任 对开展人类辅助生殖技术和设置人类精子库的医疗机构违反有关规定,构成犯罪的,依法追究刑事责任。

三、人工生殖技术引发的法律问题

（一）丈夫精液人工授精（AIH）

丈夫精液人工授精所生子女与父母存在着自然血亲关系,被视为婚生子女一般没有问题。但在丈夫死亡后,利用亡夫生前存于"精子银行"的冷冻精液怀孕所生子女是否具有同等的权利,现在法律没有明文规定。但《继承法》有两项原则:①继承人与被继承人存在配偶、子女、父母关系的,均为第一顺序的继承人,享有同等的继承权;②继承从被继承人死亡时开始,如果遗产分割时被继承人的遗腹子尚未出生的,应当保留胎儿的继承份额。那么,按照《继承法》的第一项原则亡夫精子怀孕分娩的子女若被视为婚生子女,那么他们应享有同样的继承权;按照第二项原则,他们在其父死亡时根本不存在,就不能享有继承权。传统的《继承法》对丈夫精液人工授精的遗腹子在适用时发生了碰撞。

（二）供精人工授精（AID）

AID提出"谁是父亲"的问题,从世界上大多数法学界人士的意见和许多国家的有关立法来看,大都认定养育父亲与子女虽无生物学上的血缘关系,但夫妻合意进行人工授精的行为,已表达了愿将婴儿作为夫妻双方共同子女的意思表示,所以应视其

为子女的亲生父亲、合法父亲,承担相应的权利和义务,而否认供精者的父亲权利。1967 年美国俄克拉荷马州首次就 AID 子女的法律地位作了以下法律判定:凡由指定的开业医师进行的 AID,并附有夫妻双方同意书的,AID 子女对其生母的丈夫具有婚生子女身份。目前,美国陆续有 25 个州制定了类似的专门法律。丹麦、法国、瑞典、澳大利亚、以色列也都有类似的规定。以上列举可以看出,这些法律规定的基本前提是"夫妻双方共同同意"。

（三）体外授精（IVF）

体外授精的问题应该是"谁是婴儿的父母"。各国的法律观念一般认为,生下婴儿的妇女应当是孩子的合法母亲。如 1990 年英国《人生育和胚胎法》规定,一个由植入体内的胚胎或精子和卵子而孕育孩子的妇女应被视为该名孩子的母亲,而非其他妇女。因此,尽管试管婴儿与准备充当孩子养育父母的夫妇双方无任何遗传关系,仍应确定这对夫妻为孩子的合法父母。体外授精所生的子女是婚生子女,享有婚生子女的一切权利,因为孩子的遗传父母仅仅是分别提供了精子和卵子。

（四）代孕生育

谁是代孕母亲所生婴儿的父母,世界各国法律规定不一,主要有三种情况:①生者为母:不论精子、卵子由谁提供,生育婴儿的妇女与其丈夫是婴儿的父母,如澳大利亚;②根据遗传学来确定亲子关系,如英国;③按契约约定来确定亲子关系,即代孕母亲所生的婴儿为委托方夫妇的子女,如美国新泽西州。

同时,代孕也会出现是否合法的问题。代孕母亲以收取报酬为目的,出租子宫,被他人看作生育机器,是对妇女尊严的侵犯,也变相地使婴儿成为商品;加之有的母亲替女儿代孕,姐姐替妹妹代孕,祖母替孙女代孕,造成家庭亲属关系制度的混乱。有很多国家立法禁止代孕母亲。如瑞典认为,代孕母亲是违背法律基本原则的,所以代生协议是无效的。

我国原卫生部在 2001 年发布生效的《人类辅助生殖技术管理办法》(以下简称《办法》)中曾明确做出过规定,即:医疗机构和医务人员不得实施任何形式的代孕技术。而为了避免因这一规定过于空泛而缺乏操作性,《办法》还明确规定了医疗机构违法实施代孕的法律责任,即:由省、自治区、直辖市人民政府卫生行政部门给予警告、3 万元以下罚款,并给予有关责任人行政处分;构成犯罪的,依法追究刑事责任。

我国原卫生部 2003 年制定的人类辅助生殖技术与人类精子库相关技术规范、基本准则和伦理原则也明确禁止了代孕技术的实施。然而,原卫生部的部门规章仅仅是对医疗机构、医务人员产生了约束力,并不能制止医疗机构之外的组织和个人实施代孕、不能阻止公民之间订立代孕合同。

第六节　器官移植的法律保护

一、器官移植的概念

器官移植(organ transplantation),是指通过手术等方法,替换体内已损伤的、病态的或者衰竭的器官。从理论上讲,器官移植分为三大类:自体移植、同种移植和异种

移植。从临床上看,则包括脏器移植,组织移植和细胞移植三种类型。这三种类型不仅实施条件与难度相差甚远,而且在涉及伦理、法律问题上也有重大差别。现今一般所指移植实际仅指脏器移植,而且是同种异体脏器移植,即用手术方法,切取某一人体(活体或尸体)内的脏器,移植到另一人体内,替换其已损伤的病态的或衰竭的器官,以救治其疾病。

二、国外相关法律规定

对于器官移植手术而言,最重要的莫过于供体器官的获得。而人体器官来源的不足已成为阻碍器官移植的关键。由于缺乏人体器官,美国每年有 31.1% 的病人在等待心脏移植的过程中死亡。而围绕如何解决器官来源,产生了许多复杂的法律问题:如公民是否有提供器官的义务;什么情况下采集器官是合法的;能否采取强制措施获取尸体器官;人体器官是否可以买卖,等等。为了解决供体来源,国外许多国家制定了一些相应的法律规定。

(一)自愿捐献

自愿捐献,即由死者生前自愿或其家属自愿将死者器官捐献给他人。它强调鼓励自愿和知情同意的两大基本原则。死者生前同意捐献则可切除其遗体的器官。如果死者生前明确表示死后不愿捐献器官,则他人无权摘除其器官。美国 1968 年通过的《统一组织捐献法》中规定,超过 18 岁的个人可以捐献他身体的全部或一部分用于教学、研究、治疗或移植的器官;如果个人死前未作捐献表示的,他的近亲有权作出捐赠表示,除非已知死者反对。如果个人已作出捐赠表示的不能被亲属取消。对于采集活体器官,许多国家的法律规定,必须优先考虑供体利益,并预料对供体的健康不会发生损害;该器官的移植足以挽救受体的生命或足以恢复或改善受体的健康状况;没有任何第三者压力,保证同意是在真实自愿的基础上作出的,知情同意是必经程序;供体必须是已达法定年龄的成年人。

(二)推定同意

推定同意是指法律规定公民在生前未作出不愿意捐出器官的表示,都可被认为是自愿的器官捐献者。推定同意原则是针对人口中大多数既未表示同意,又未表示反对的人提出的。包括医师推定同意和亲属推定同意两种形式。

医师推定同意是指只要死者生前未表示反对,医生就可推定其同意而不必考虑亲属的意愿。法国、匈牙利、奥地利、瑞士、丹麦、新加坡等国采取了这种做法。采取这种方式既能大大增加可用于移植的器官的数量,又可避免因征求家属意见延误时间而影响移植的质量。但因其具有强制处理死者尸体的性质,因而难以为一些国家所接受和采用。

亲属推定同意是要求医师在明确家属无反对意见,同意捐献时才可进行。其优点是避免死者家属诉讼,芬兰、希腊、瑞典、挪威等国的法律采用了这种形式。

三、我国器官移植相关的法律规定

为了规范人体器官移植,保证医疗质量,保障人体健康,维护公民的合法权益,2006 年卫生部制定颁布了《人体器官移植技术临床应用管理暂行规定》,2007 年国务院制定了《人体器官移植条例》,并于 2007 年 5 月 1 日实施,但不适用于从事人体细

胞和角膜、骨髓等人体组织移植。2009年卫生部颁布的《关于规范活体器官移植的若干规定》进一步限定了《人体器官移植条例》允许捐献器官的范围。

（一）人体器官移植的概念和原则

人体器官移植，是指摘取人体器官捐献人具有特定功能的心脏、肺脏、肝脏、肾脏或者胰腺等器官的全部或者部分，将其植入接受人身体以代替其病损器官的过程。

人体器官捐献应当遵循自愿、无偿的原则。公民享有捐献或者不捐献其人体器官的权利；任何组织或者个人不得强迫、欺骗或者利诱他人捐献人体器官。对已经表示捐献其人体器官的意愿，有权予以撤销。任何组织或者个人不得以任何形式买卖人体器官，不得从事与买卖人体器官有关的活动。国家通过建立人体器官移植工作体系，开展人体器官捐献的宣传、推动工作，确定人体器官移植预约者名单，组织协调人体器官的使用。

（二）人体器官的捐献规则

捐献人体器官的公民应当具有完全民事行为能力。任何组织或者个人不得摘取未满18周岁公民的活体器官用于移植。公民捐献其人体器官应当有书面形式的捐献意愿，对已经表示捐献其人体器官的意愿，公民有权予以撤销。公民生前表示不同意捐献其人体器官的，任何组织或者个人不得捐献、摘取该公民的人体器官；公民生前未表示不同意捐献其人体器官的，该公民死亡后，其配偶、成年子女、父母可以以书面形式共同表示同意捐献该公民人体器官的意愿。

活体器官的接受人限于活体器官捐献人的配偶、直系血亲或者三代以内旁系血亲，或者有证据证明与活体器官捐献人存在因帮扶等形成亲情关系的人员。

医疗机构进行活体器官摘取前，应当确认符合法律、法规和医学伦理学原则、确认是活体器官捐赠者本人真实意愿后，方可进行活体器官移植。医疗机构在摘取活体器官捐赠者所同意捐赠的器官前，应当充分告知捐赠者及其家属摘取器官手术风险、术后注意事项、可能发生的并发症及预防措施等，并签署知情同意书。活体器官移植不应当因捐献活体器官而损害捐赠者相应的正常生理功能。

（三）人体器官的移植规则

医疗机构从事人体器官移植，应当向所在地省、自治区、直辖市人民政府卫生行政主管部门申请办理人体器官移植诊疗科目登记。同时应具备下列条件：①有与从事人体器官移植相适应的执业医师和其他医务人员；②有满足人体器官移植所需要的设备、设施；③有由医学、法学、伦理学等方面专家组成的人体器官移植技术临床应用与伦理委员会，该委员会中从事人体器官移植的医学专家不超过委员人数的1/4；④有完善的人体器官移植质量监控等管理制度。

在摘取活体器官前或者尸体器官捐献人死亡前，负责人体器官移植的执业医师应当向所在医疗机构的人体器官移植技术临床应用与伦理委员会提出摘取人体器官审查申请。伦理委员会在全体委员一致同意并签名确认后，方可出具同意摘取活体器官的书面意见，人体器官移植技术临床应用与伦理委员会不同意摘取人体器官的，医疗机构不得做出摘取人体器官的决定，医务人员不得摘取人体器官。

申请人体器官移植手术患者的排序，应当符合医疗需要，遵循公平、公正和公开的原则。

（四）人体器官移植的监督管理

国务院卫生主管部门负责全国人体器官移植的监督管理工作。县级以上地方人民政府卫生主管部门负责本行政区域人体器官移植的监督管理工作。

任何组织或者个人违反法律规定，有权向卫生主管部门和其他有关部门举报；卫生主管部门和其他有关部门未依法履行监督管理职责的行为，有权向本级人民政府、上级人民政府有关部门举报。

从事人体器官移植的医疗机构应当定期将实施人体器官移植的情况向所在地的省、自治区、直辖市人民政府卫生行政主管部门报告。省级以上人民政府卫生行政主管部门应当定期组织专家根据人体器官移植手术成功率、植入的人体器官和术后患者的长期存活率，对医疗机构的人体器官移植临床应用能力进行评估，并及时公布评估结果；对评估不合格的，由原登记部门撤销人体器官移植诊疗科目登记。具体办法由国务院卫生主管部门制订。

（五）法律责任

未经公民本人同意摘取其活体器官的，公民生前表示不同意捐献其人体器官而摘取其尸体器官的，或摘取未满 18 周岁公民的活体器官的，如构成犯罪，依法追究刑事责任。

买卖人体器官或者从事与买卖人体器官有关活动的，由设区的市级以上地方人民政府卫生主管部门依照职责分工没收违法所得，并处交易额 8 倍以上 10 倍以下的罚款；医疗机构参与上述活动的，还应当对负有责任的主管人员和其他直接责任人员依法给予处分，并由原登记部门撤销该医疗机构人体器官移植诊疗科目登记，该医疗机构 3 年内不得再申请人体器官移植诊疗科目登记；医务人员参与上述活动的，由原发证部门吊销其执业证书。国家工作人员参与买卖人体器官或者从事与买卖人体器官有关活动的，由有关国家机关依据职权依法给予撤职、开除的处分。

《中华人民共和国刑法修正案（八）》（全国人大常委会，2011）针对社会上买卖人体器官的现象，新设了"组织贩卖人体器官罪"，即组织他人出卖人体器官的，处五年以下有期徒刑，并处罚金；情节严重的，处五年以上有期徒刑，并处罚金或者没收财产。

医疗机构未办理人体器官移植诊疗科目登记，擅自从事人体器官移植的，依照《医疗机构管理条例》的规定予以处罚。医疗机构有下列情形之一的，对负有责任的主管人员和其他直接责任人员依法给予处分；情节严重的，由原登记部门撤销该医疗机构人体器官移植诊疗科目登记，该医疗机构 3 年内不得再申请人体器官移植诊疗科目登记：①不再具备条例规定条件，仍从事人体器官移植的；②未经人体器官移植技术临床应用与伦理委员会审查同意，做出摘取人体器官的决定，或者胁迫医务人员违反本条例规定摘取人体器官的；③摘取活体器官前未依照条例规定履行说明、查验、确认义务的；④对摘取器官完毕的尸体未进行符合伦理原则的医学处理，恢复尸体原貌的。医务人员有上述②～④情形，或参与尸体器官捐献人的死亡判定的，依法给予处分；情节严重的，由县级以上地方人民政府卫生行政主管部门依照职责分工暂停其 6 个月以上 1 年以下执业活动；情节特别严重的，由原发证部门吊销其执业证书。

国家工作人员参与买卖人体器官或者从事与买卖人体器官有关活动的，由有关

国家机关依据职权依法给予撤职、开除的处分。国家机关工作人员在人体器官移植监督管理工作中滥用职权、玩忽职守、徇私舞弊，构成犯罪的，依法追究刑事责任；尚不构成犯罪的，依法给予处分。

第七节　互联网医疗的法律规定

互联网医疗，是互联网在医疗行业的新应用。近些年来，为了进一步推动互联网医疗的健康发展，国家相关政策规划及时跟进，从而进一步推动互联网医疗产业在我国各地的落地生根，也进一步促进了更多的发展机遇从我国的医疗体制改革中迸发出来，更多的医疗方式的改革都以与互联网结合的形式出现。

为了贯彻落实《国务院办公厅关于促进"互联网＋医疗健康"发展的意见》有关要求，进一步规范互联网的诊疗行为，发挥远程医疗服务的积极作用，提高医疗服务的效率，保证医疗质量和安全，2018 年 7 月 17 日国家卫生健康委员会和国家中医药管理局制定了《互联网诊疗管理办法（试行）》《互联网医院管理办法（试行）》《远程医疗服务管理规范（试行）》三个文件。

一、"互联网＋医疗服务"的分类

根据使用的人员和服务方式将"互联网＋医疗服务"分为三类。第一类为远程医疗，由医疗机构之间使用本机构注册的医务人员，利用互联网等信息技术开展远程会诊和远程诊断。第二类为互联网诊疗活动，由医疗机构使用本机构注册的医务人员，利用互联网技术直接为患者提供部分常见病、慢性病复诊和家庭医生的签约服务。第三类为互联网医院，包括作为实体医疗机构第二名称的互联网医院，以及依托实体医疗机构独立设置的互联网医院。互联网医院可以使用在本机构和其他医疗机构注册的医师开展互联网诊疗活动。互联网医院可以为患者提供部分常见病、慢性病复诊和家庭医生的签约服务。此外，当患者到实体医疗机构就诊时，由接诊的医师通过互联网医院邀请其他医师进行会诊时，会诊的医师可以直接出具诊断意见并开具处方。其中，第二类和第三类均属于医疗机构通过互联网为患者来提供服务。

> **知识拓展**
>
> ### 5G 医疗健康
>
> 5G 医疗健康是指以第五代移动通信技术为依托，充分利用有限的医疗人力和设备资源，同时发挥大医院的医疗技术优势，在疾病诊断、监护和治疗等方面提供的信息化、移动化和远程化医疗服务，创新智慧医疗业务应用，节省医院运营成本，促进医疗资源共享下沉，提升医疗效率和诊断水平，缓解患者看病难的问题，协助推进偏远地区的精准扶贫。
>
> 远程医疗场景方面分为六种：远程会诊，提升诊断准确率和指导效率；远程超声，保障下级医院超声工作的规范性和合理性；远程手术，跨地市远程精准手

术操控和指导；应急救援，实现院前急救与院内救治的无缝对接；远程视教，受教者的沉浸感更强；远程监护，做出及时的病情判断和处理。

院内应用场景方面分为四种：智能导诊，减少医患矛盾纠纷，提高导诊效率；移动医护，提高查房和护理服务的质量和效率；智慧园区管理，提升医院管理效率和患者就医体验；AI辅助诊疗，为医生提供决策支持，提升医疗效率和质量。

面对这些挑战，5G医疗健康发展建议：一是统筹5G医疗健康顶层设计，完善产业发展宏观蓝图；二是加强5G医疗健康技术研发，推动技术自主创新突破；三是加快5G医疗健康标准研制，实现行业规范快速发展；四是推进医疗健康物联网应用示范，促进行业规模深度应用。

5G+智慧医疗的应用，将实现医院范围内的5G全网络覆盖，并构建基于5G技术的移动智慧护理、移动智慧医生、患者实时监护、AI辅助导诊、远程在线会诊、远程重症探视及生命体征在线监测、远程手术操作、远程手术示教、远程超声检查等多个应用系统，为患者提供智能机器人导诊、健康管理、院内精准导航等应用服务。提升患者就医服务体验，便捷开展预约诊疗、双向转诊服务，推动构建有序的分级诊疗格局。同时借助5G技术，偏远地区的医院可以与三甲医院的医生进行实时视频，进行远程病理诊断、远程医学影像诊断、远程监护、远程会诊、远程门诊、远程查体、远程病例讨论等。可有效解决偏远贫困地区资金、设备、技术不足的问题，大幅度提升医疗服务质量。

二、互联网医院和互联网诊疗活动的准入程序

互联网医院作为一类医疗机构，可以按照医疗机构设置程序申请设置，也可以作为实体医疗机构的第二名称，由实体医疗机构申请设置并按规定进行执业登记；已经取得《医疗机构执业许可证》的医疗机构准备建立互联网医院，由核发证机关按照《医疗机构管理条例》《医疗机构管理条例实施细则》的有关规定办理执业登记。

新申请设置的医疗机构拟开展互联网诊疗活动，应当在设置申请书注明，并在设置可行性研究报告中写明开展互联网诊疗活动的有关情况。如果与第三方机构合作建立互联网诊疗服务信息系统，应当提交合作协议。

申请设置互联网医院，应当向其依托的实体医疗机构执业登记机关提出设置申请，并提交以下材料：①设置申请书；②设置可行性研究报告，可根据情况适当简化报告内容；③所依托实体医疗机构的地址；④申请设置方与实体医疗机构共同签署的合作建立互联网医院的协议书。

互联网医院的命名应当符合有关规定，并满足以下要求：①实体医疗机构独立申请互联网医院作为第二名称，应当包括"本机构名称+互联网医院"；②实体医疗机构与第三方机构合作申请互联网医院作为第二名称，应当包括"本机构名称+合作方识别名称+互联网医院"；③独立设置的互联网医院，名称应当包括"申请设置方识别名称+互联网医院"。

要求互联网医院根据开展业务内容确定诊疗科目，不得超出所依托的实体医疗

机构诊疗科目范围。互联网医院开设的临床科室,其对应的实体医疗机构临床科室至少有 1 名正高级、1 名副高级职称的执业医师注册在本机构。

开展互联网诊疗活动的医师应取得相应执业资质并能够在国家医师电子注册系统中查询,具有 3 年以上独立临床工作经验。开展互联网诊疗活动的医务人员要进行电子实名认证,鼓励有条件的医疗机构通过人脸识别等人体特征识别技术加强医务人员管理。

三、互联网医院的法律责任

取得《医疗机构执业许可证》的互联网医院,独立作为法律责任主体,实体医疗机构以互联网医院作为第二名称时,实体医疗机构为法律责任主体。互联网医院合作各方按照合作协议书承担相应法律责任。

患者与互联网医院发生医疗纠纷时,应当向互联网医院登记机关提出处理申请,按照有关法律、法规和规定追偿法律责任。

（周　嘉　王　洋）

复习思考题

1. 医学的发展会引发哪些司法实践的困惑与反思?
2. 试述界定安乐死的分类及原则。
3. 确立脑死亡有哪些意义?
4. 开展人类辅助生殖技术的医疗机构应当符合下列哪些条件?
5. 医疗机构从事人体器官移植应具备哪些条件?
6. 克隆人将给社会带来哪些危害?

扫一扫
测一测

附录　相关卫生法规

1.《中华人民共和国执业医师法》
2.《医疗机构管理条例》
3.《中华人民共和国药品管理法》
4.《中华人民共和国传染病防治法》
5.《突发公共卫生事件应急条例》
6.《艾滋病防治条例》
7.《医疗事故处理条例》
8.《中华人民共和国侵权责任法》
9.《中华人民共和国人民调解法》
10.《血液制品管理条例》
11.《中华人民共和国母婴保健法》
12.《中华人民共和国职业病防治法》
13.《中华人民共和国精神卫生法》
14.《人体器官移植条例》
15.《病历书写基本规范》
16.《处方管理办法》
17.《中华人民共和国中医药法》
18.《医疗纠纷预防和处理条例》
19.《中华人民共和国人口与计划生育法》
20.《医师定期考核管理办法》

主要参考书目

[1] 达庆东, 田侃. 卫生法学纲要 [M]. 4 版. 上海: 复旦大学出版社, 2011.

[2] 张静, 赵敏. 卫生法学 [M]. 北京: 清华大学出版社, 2014.

[3] 田侃, 冯秀云. 卫生法学 [M]. 3 版. 北京: 中国中医药出版社, 2017.

[4] 王岳. 医事法 [M]. 2 版. 北京: 人民卫生出版社, 2013.

[5] 赵西巨. 论知情同意法则的疆域拓展——医生对非医疗信息的告知 [J]. 东方法学, 2010, (5): 30-41.

[6] 赵西巨. 医生对新疗法的使用和告知 [J]. 东方法学, 2009, (6): 119-133.

[7] 郑戈. 迈向生命宪制——法律如何回应基因编辑技术应用中的风险 [J]. 法商研究, 2019, 26 (2): 3-15.

[8] 黎东生. 卫生法学 [M]. 北京: 人民卫生出版社, 2013.

[9] 汪建荣. 卫生法 [M]. 5 版. 北京: 人民卫生出版社, 2018.

[10] 田侃. 卫生法规 [M]. 北京: 中国中医药出版社, 2010.

[11] 黎东生. 卫生法学 [M]. 北京: 人民卫生出版社, 2013.

[12] 段小贝, 陈少贤. 公共卫生应急处置与案例评析 [M]. 北京: 人民卫生出版社, 2010.

[13] 钟森, 夏前明. 突发公共事件应急医学 [M]. 成都: 四川科学技术出版社, 2012.

[14] 杨绍基. 传染病学 [M]. 北京: 人民卫生出版社, 2005.

[15] 梁慧星. 论《侵权责任法》中的医疗损害责任 [J], 法商研究, 2010, 27 (6): 35-39.

[16] 沈德咏, 杜万华. 最高人民法院医疗损害责任司法解释理解与适用 [M]. 北京: 人民法院出版社, 2018.

[17] 李冬. 侵权责任法之医疗损害责任三方解读 [M]. 北京: 中国政法大学出版社, 2015.

复习思考题答案要点与模拟试卷